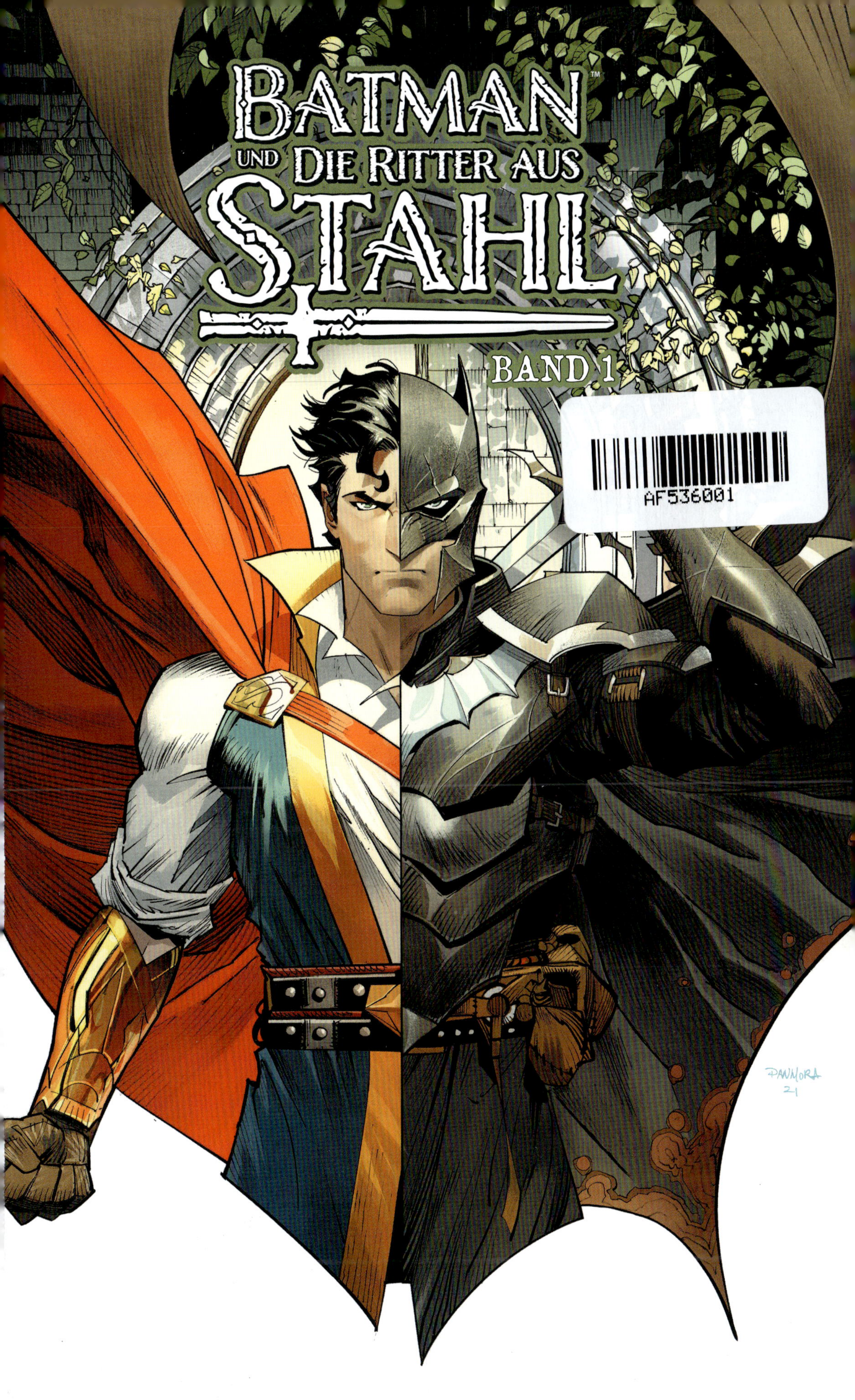
BATMAN™
UND DIE RITTER AUS
STAHL
BAND 1
AF536001
PANMORA
21

# BATMAN UND DIE RITTER AUS STAHL

## BAND 1



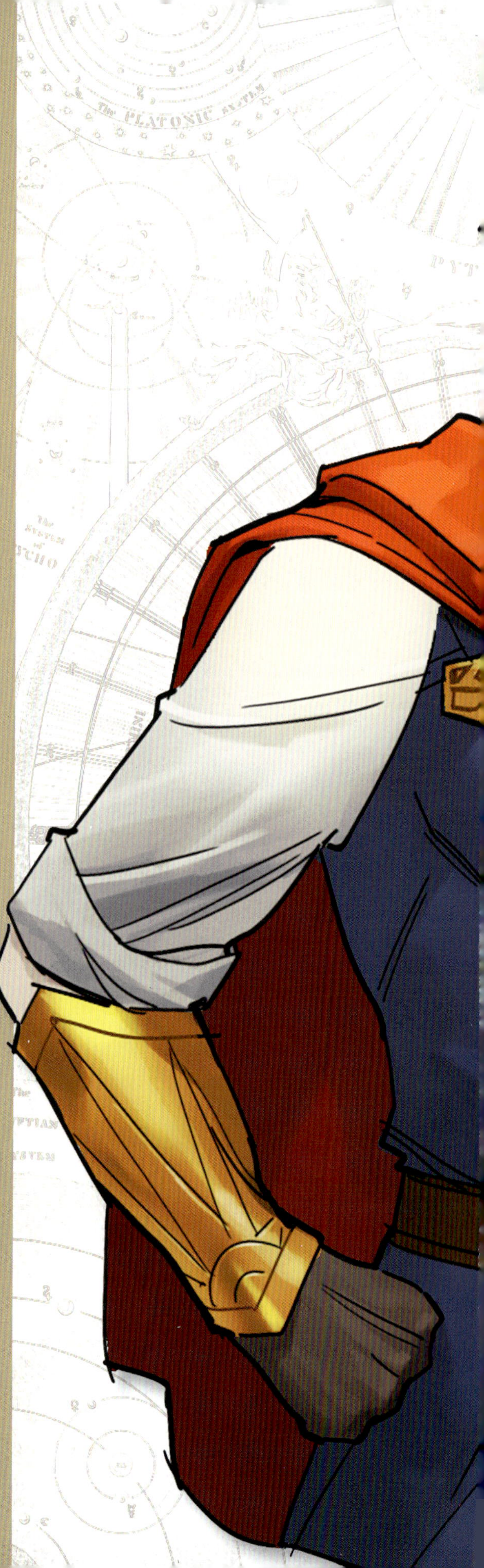

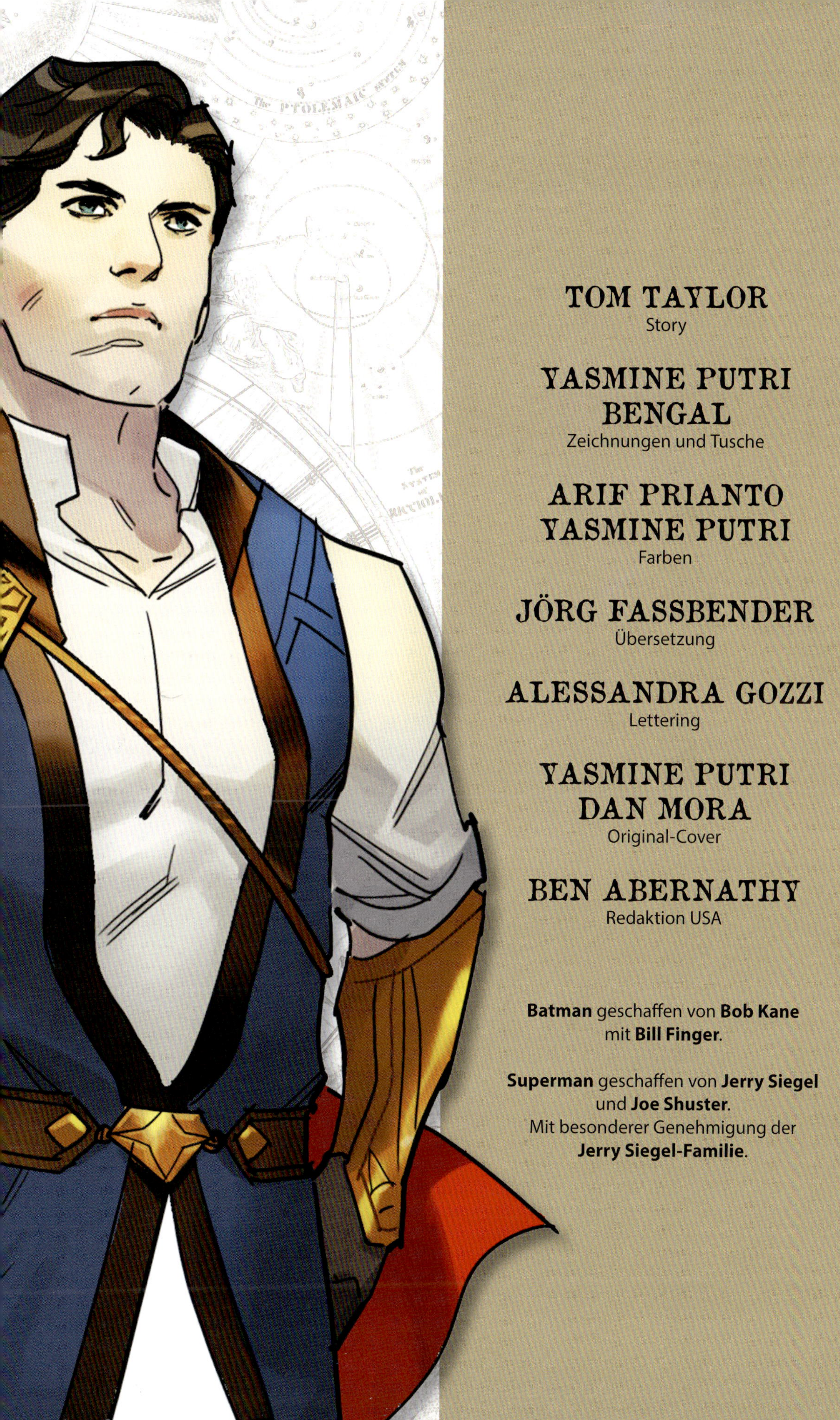

**TOM TAYLOR**
Story

**YASMINE PUTRI BENGAL**
Zeichnungen und Tusche

**ARIF PRIANTO YASMINE PUTRI**
Farben

**JÖRG FASSBENDER**
Übersetzung

**ALESSANDRA GOZZI**
Lettering

**YASMINE PUTRI DAN MORA**
Original-Cover

**BEN ABERNATHY**
Redaktion USA

**Batman** geschaffen von **Bob Kane** mit **Bill Finger**.

**Superman** geschaffen von **Jerry Siegel** und **Joe Shuster**.
Mit besonderer Genehmigung der **Jerry Siegel-Familie**.

# SUPER-MITTELALTER

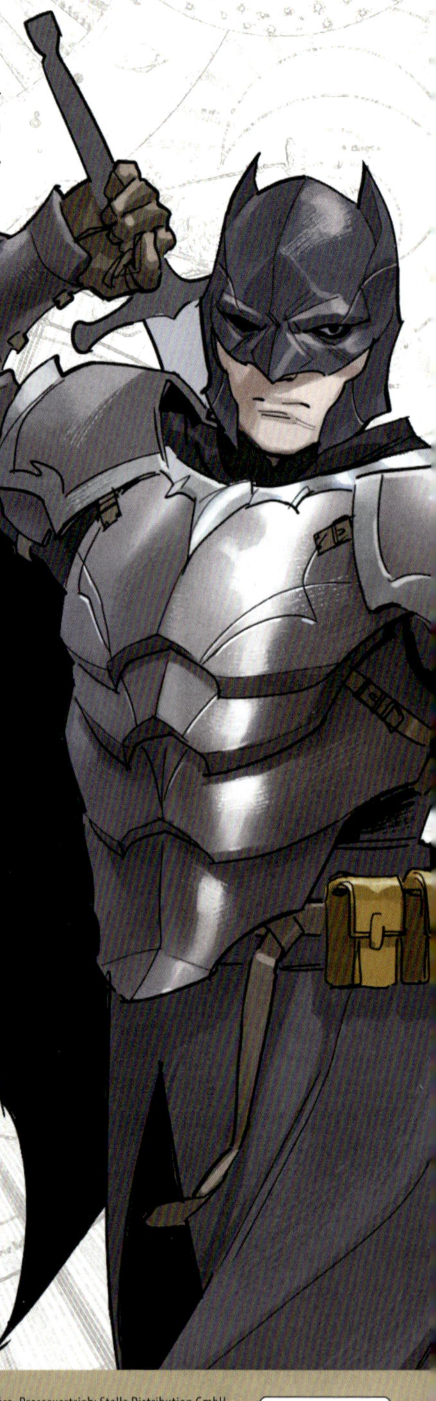

Durch die finsteren, vom gleichnamigen Videogame inspirierten Alternativwelt-Comics INJUSTICE – GÖTTER UNTER UNS wurde **Tom Taylor** zum Bestseller-Autor. Das Konzept, bekannte Superhelden-Ikonen in neue Konstellationen und Settings zu bringen, in denen alles möglich ist, hat er inzwischen noch ein paarmal angewandt, nicht zuletzt bei DC-HORROR: DER ZOMBIE-VIRUS, worin sich **Superman** und Co. der Zombie-Apokalypse stellen mussten. Taylor ist ohne Frage der Alternativwelt-König des gegenwärtigen Comics, und das neuerdings sogar verlagsübergreifend. Gerade bei DC Comics bedient er mit Parallelwelt-Panel-Storys eine lange Tradition. Der Heimatverlag von Superman **Kal-El**, Batman **Bruce Wayne**, den Amazonen um **Wonder Woman**, dem Bogenschützen Green Arrow **Oliver Queen**, dem Okkultisten **John Constantine**, der närrischen **Harley Quinn**, Black Lightning **Jefferson Pierce** und anderen kennt seit über einem halben Jahrhundert abgefahrene Gedankenspiele mit den Helden. Anfang der 1990er führte man sogar das **Elseworlds**-Label ein. Vorausgegangen war dem 1989 der Klassiker BATMAN: GOTHAM BY GASLIGHT, worin die Mythen von **Jack the Ripper** und dem **Mitternachtsdetektiv** fusionierten. Viele prominente Kreative nutzten ihre Elseworlds-Geschichten, um die DC-Legenden als Piraten, Gangster, Vampire, Ritter, Westernhelden oder etwas völlig anderes neu zu interpretieren – manchmal tauschten sie auch die Kräfte oder die Lebensumstände mehrerer Fanlieblinge. In vielen Fällen ein großes Vergnügen, und noch heute von einem unbestreitbaren Reiz, wie dieser neue Titel lange nach dem offiziellen Ende der Elseworlds zeigt. In ihrer zweibändigen Saga nutzen Taylor, Zeichnerin **Yasmine Putri** und andere ein fantastisch-mittelalterliches Setting, in dem es Macht, Intrigen und Magie, aber eben auch Superkräfte gibt – und drei Flüchtlinge vom zerstörten Planeten **Krypton**. Und nicht zuletzt werden mehrere DC-Ikonen zu den Wurzeln ihrer Archetypen (**Batman** als Ritter, Harley Quinn als Hofnärrin, **Green Arrow** als Robin Hood) zurückgeführt …

**Christian Endres**

**BATMAN UND DIE RITTER AUS STAHL** erscheint bei **PANINI COMICS**, Schloßstraße 76, D-70176 Stuttgart. Druck: Lito Terrazzi Industria Grafica. Pressevertrieb: Stella Distribution GmbH, D-22297 Hamburg. Direkt-Abos auf **www.paninicomics.de**. Anzeigenverkauf: BLAUFEUER VERLAGSVERTRETUNGEN GmbH, info@blaufeuer.com. Es gilt die Anzeigenpreisliste Nr. 19 vom 01.10.2021. Geschäftsführer **Hermann Paul**, Publishing Director Europe **Marco M. Lupoi**, Finanzen/Logistik **Felix Bauer**, Marketing Director **Holger Wiest**, Marketing **Thorsten Kleinheinz**, Vertrieb **Alexander Bubenheimer**, PR/Presse **Steffen Volkmer**, Publishing Manager **Lisa Pancaldi**, Redaktion **Tommaso Caretti**, **Christian Endres**, **Christian Grass**, **Aline Reinelt**, **Peter Thannisch**, **Monika Trost**, **Daniela Uhlmann**, Übersetzung **Jörg Faßbender**, Proofreading **Tomislav Subasic**, Lettering **Alessandra Gozzi**, grafische Gestaltung **Rudy Remitti**, **Nicola Spano**, Art Director **Alessandro Gucciardo**, Redaktion Panini Comics **Annalisa Califano**, **Beatrice Doti**, Prepress **Francesca Aiello**, **Andrea Bisi**, Repro/Packager **Alessandro Nalli** (coordinator), **Mario Da Rin Zanco**, **Valentina Esposito**, **Luca Ficarelli**, **Linda Leporati**.  Cover von **Yasmine Putri**, *Dark Knights of Steel* 1. Variant-Cover von **Dan Mora**, *Dark Knights of Steel* 1 Variant.

**Digitale Ausgaben:**
ISBN 978-3-7367-8815-2 (pdf) / ISBN 978-3-7367-8816-9 (.epub) / ISBN 978-3-7367-8814-5 (.mobi)

**Bibliografische Information der Deutschen Nationalbibliothek**
Die Deutsche Nationalbibliothek verzeichnet diese Publikation in der Deutschen Nationalbibliografie; detaillierte bibliografische Daten sind im Internet über dnb.d-nb.de abrufbar.

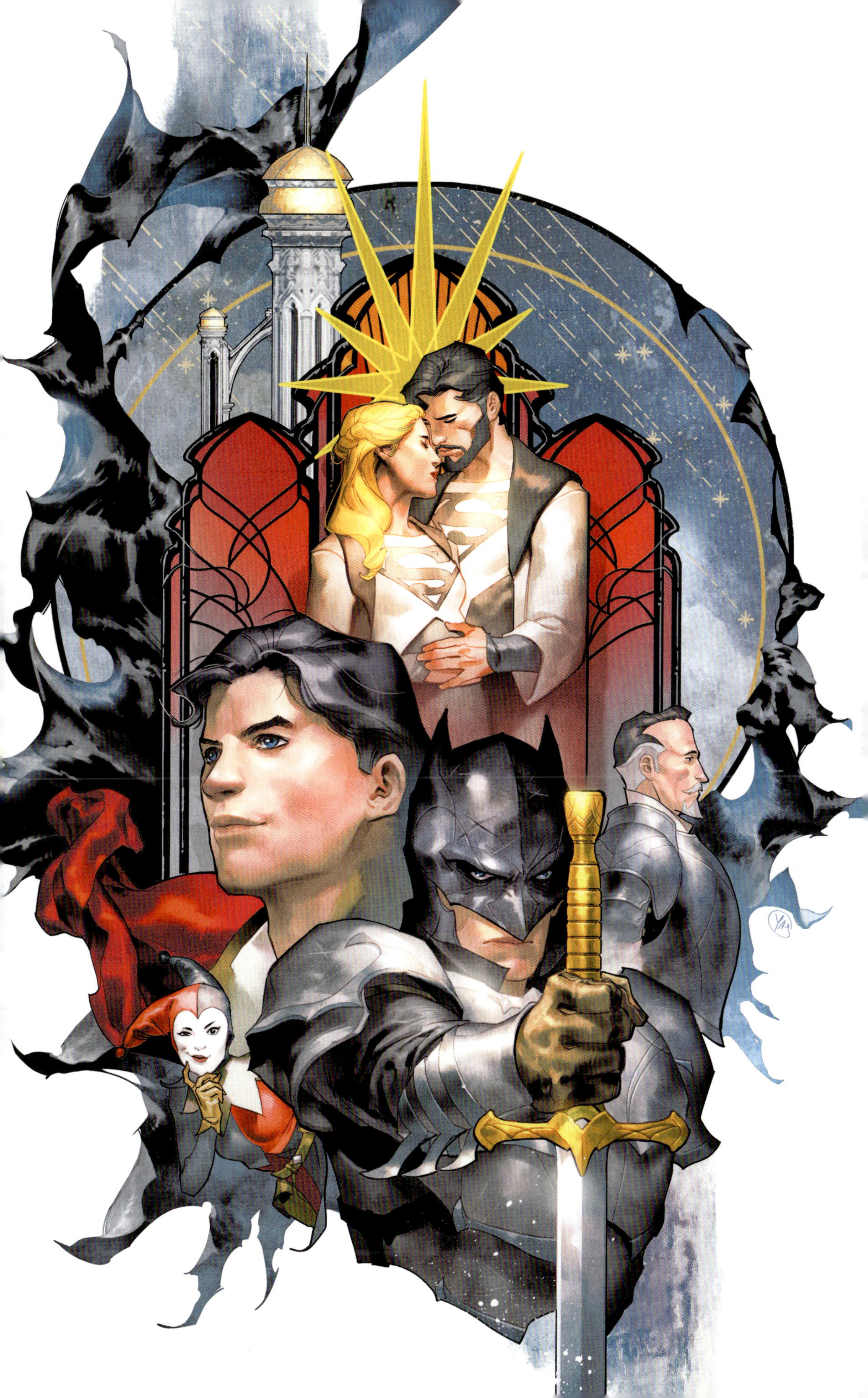

# DARK KNIGHTS OF STEEL 1
# AM ANFANG

TOM TAYLOR
Story

YASMINE PUTRI
Zeichnungen und Farben

YASMINE PUTRI
Original-Cover

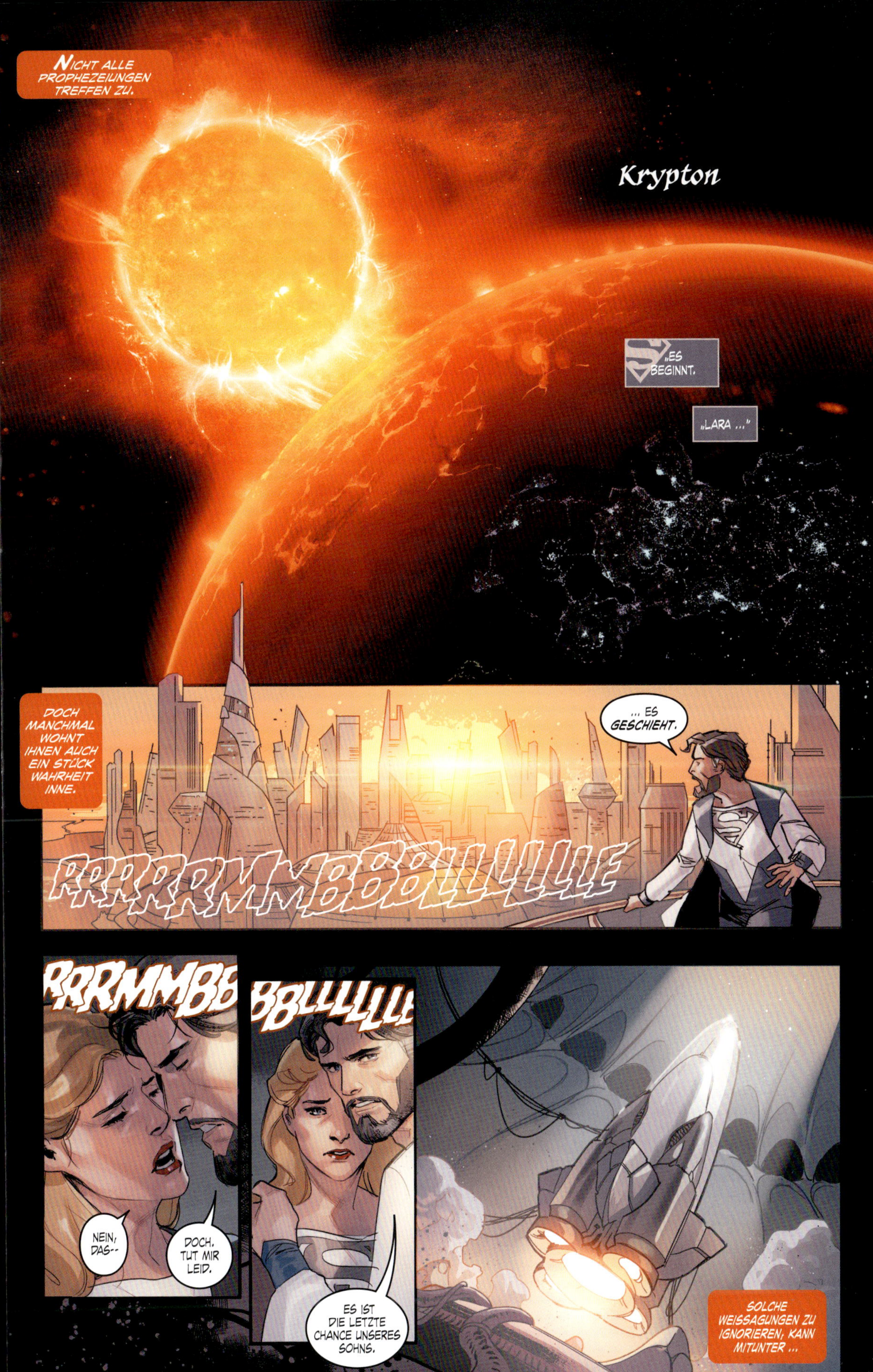
NICHT ALLE PROPHEZEIUNGEN TREFFEN ZU.
Krypton
„ES BEGINNT.
„LARA ...“
DOCH MANCHMAL WOHNT IHNEN AUCH EIN STÜCK WAHRHEIT INNE.
... ES GESCHIEHT.
RRRRRMMBBBLLLLLE
RRRMMBB
BBLLLLLE
NEIN, DAS--
DOCH. TUT MIR LEID.
ES IST DIE LETZTE CHANCE UNSERES SOHNS.
SOLCHE WEISSAGUNGEN ZU IGNORIEREN, KANN MITUNTER ...

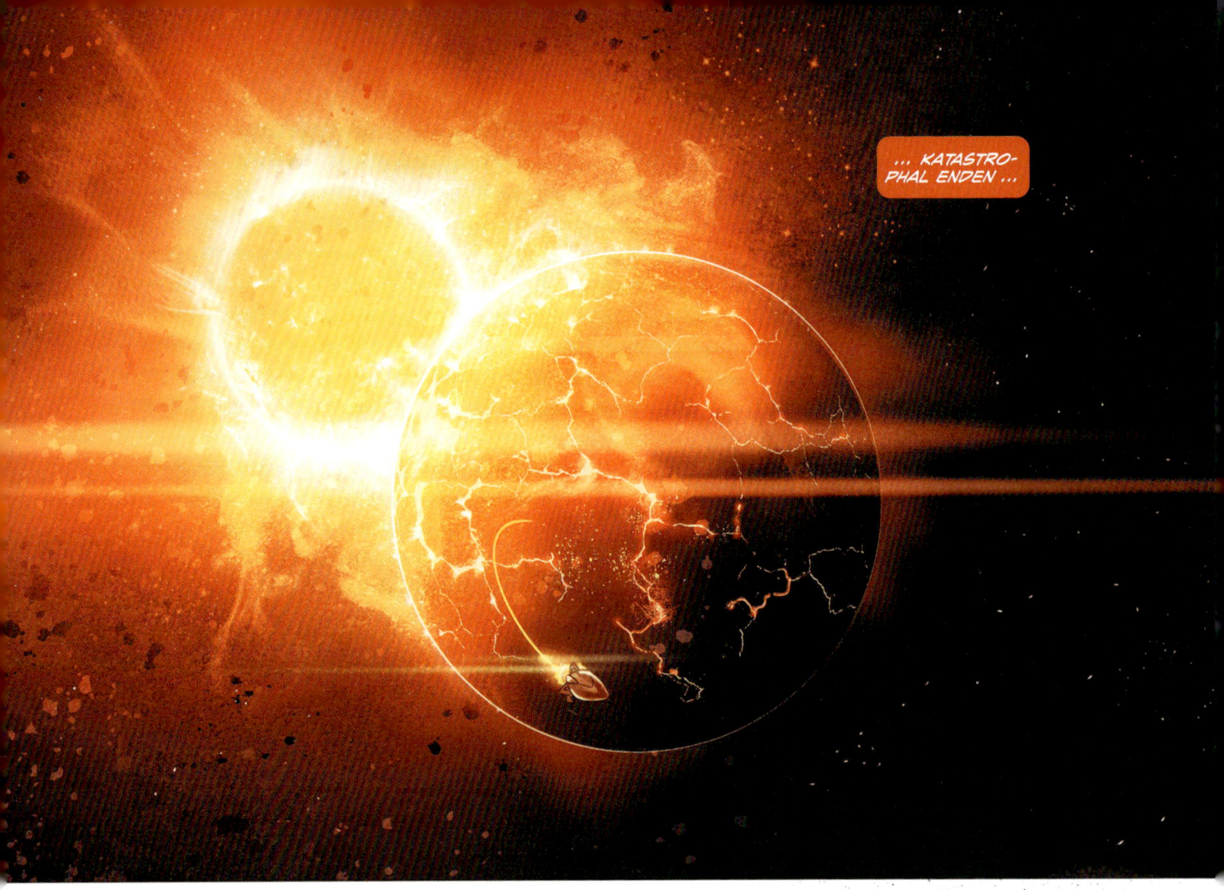

... KATASTRO-
PHAL ENDEN ...

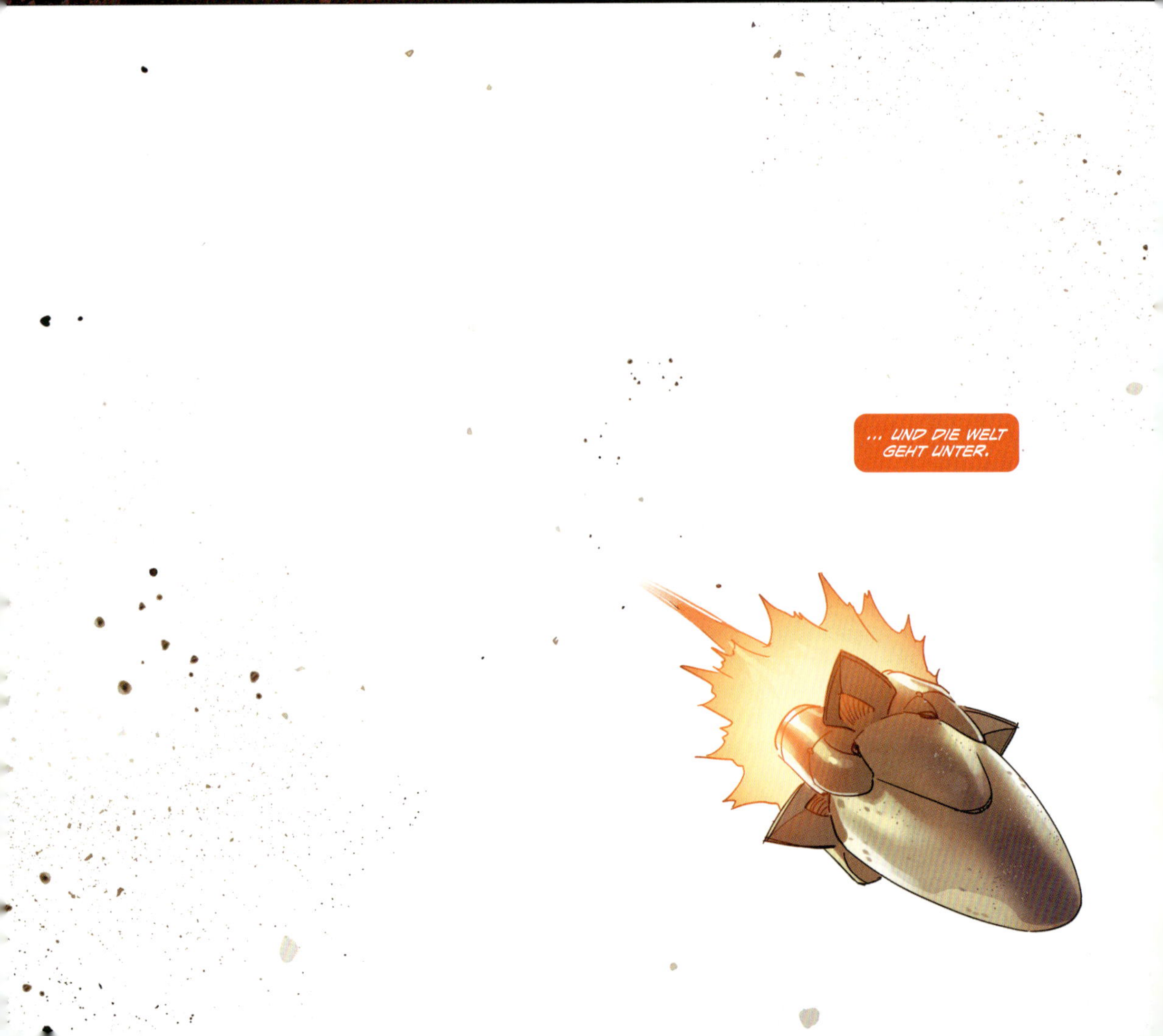

... UND DIE WELT
GEHT UNTER.

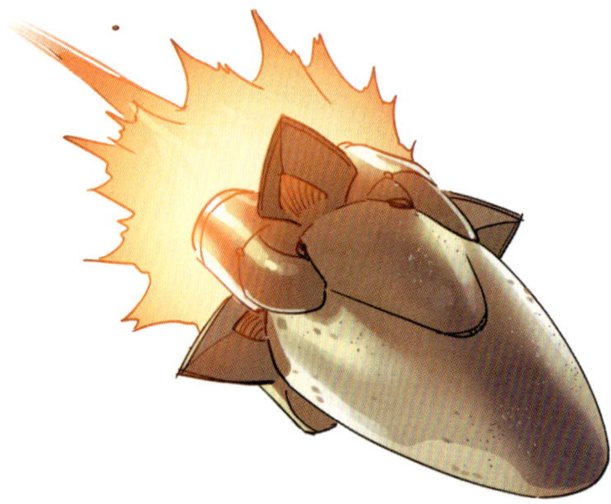

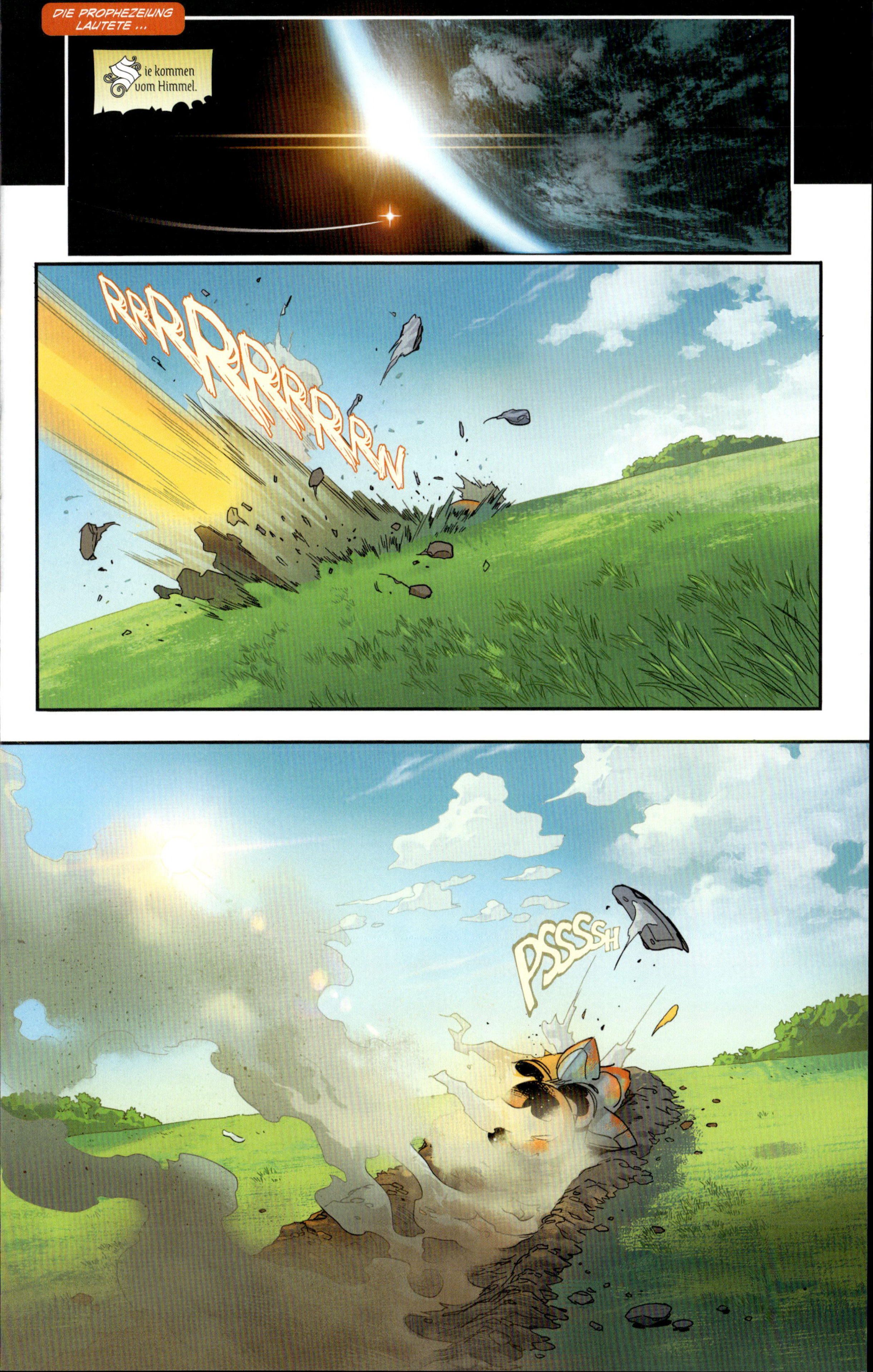

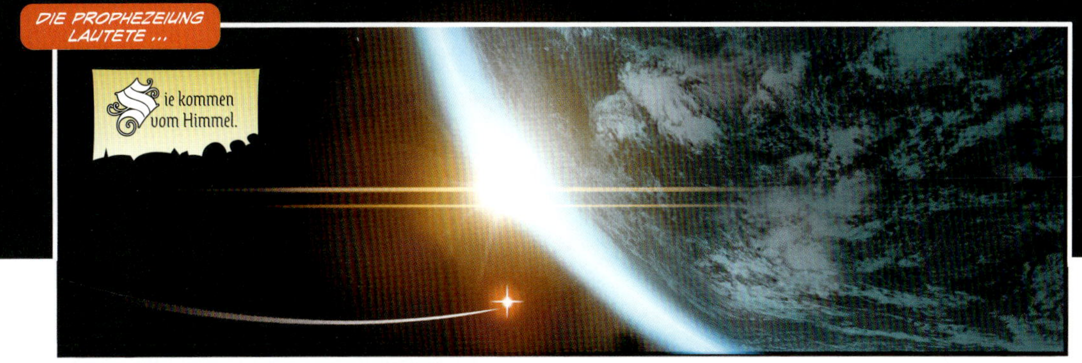
DIE PROPHEZEIUNG LAUTETE ...
Sie kommen vom Himmel.

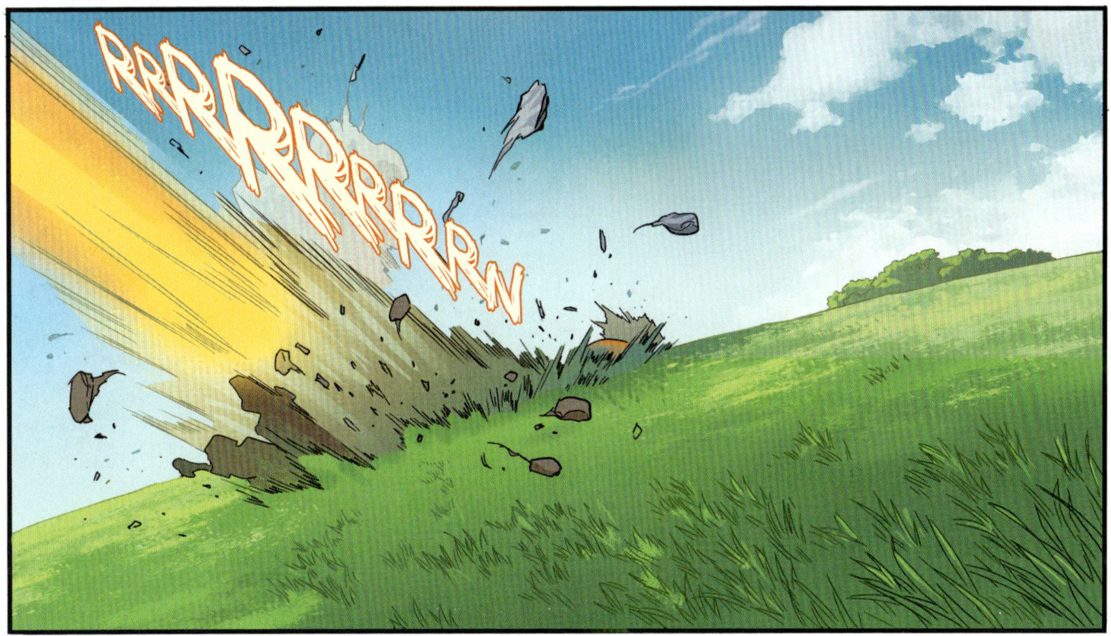
RRRRRRRRRN

PSSSSH

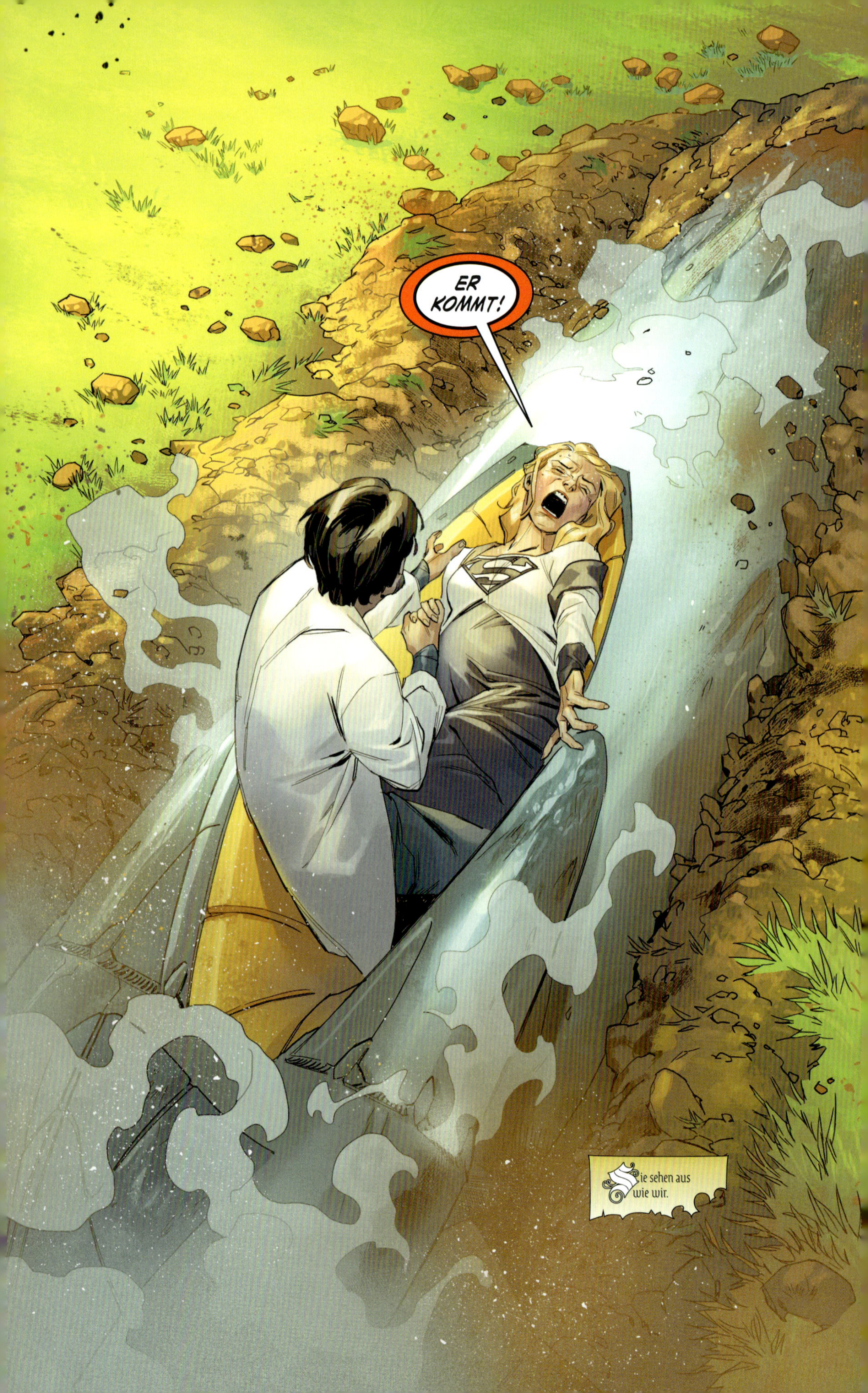
ER KOMMT!
Sie sehen aus wie wir.

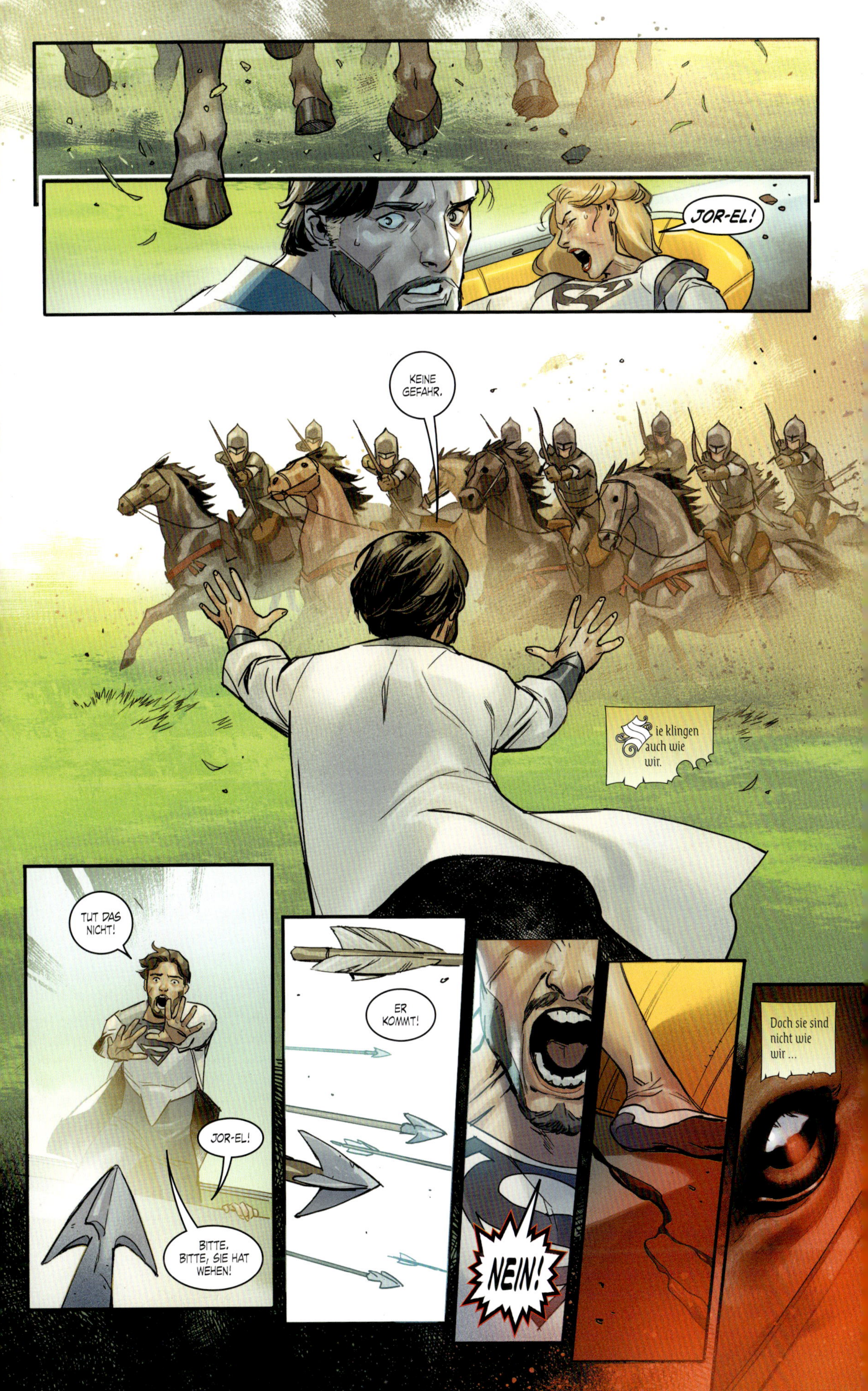
JOR-EL!
KEINE GEFAHR.
Sie klingen auch wie wir.
TUT DAS NICHT!
JOR-EL!
BITTE. BITTE, SIE HAT WEHEN!
ER KOMMT!
NEIN!
Doch sie sind nicht wie wir ...

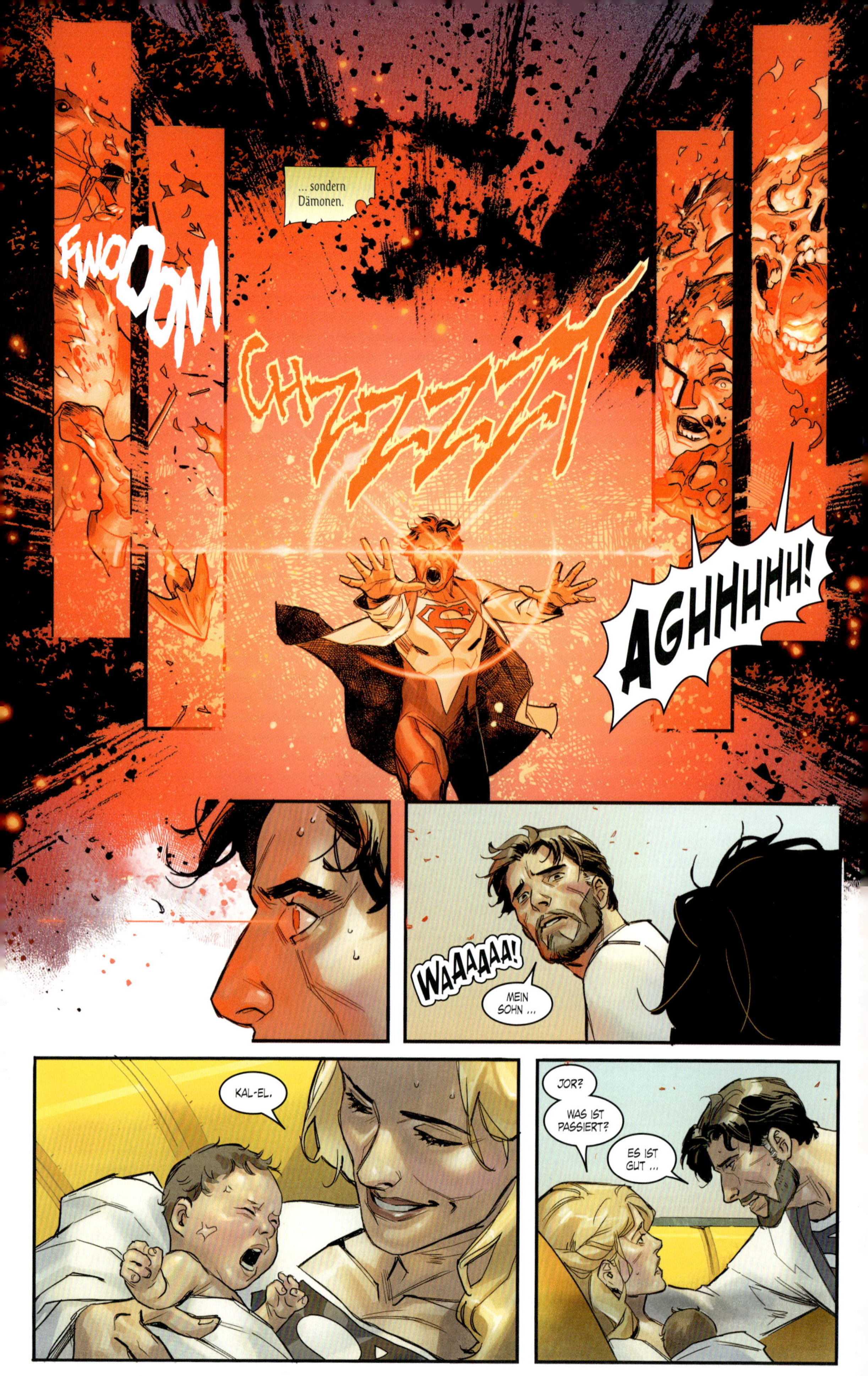

... sondern Dämonen.

FWOOOM

CHZZZZT

AGHHHHH!

WAAAAAA!

MEIN SOHN ...

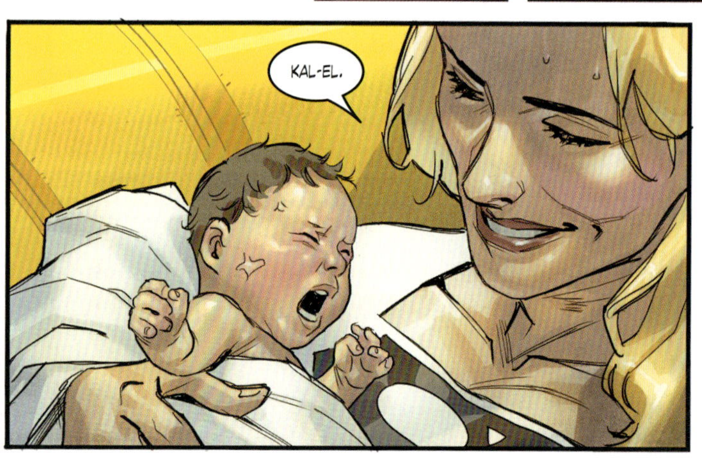


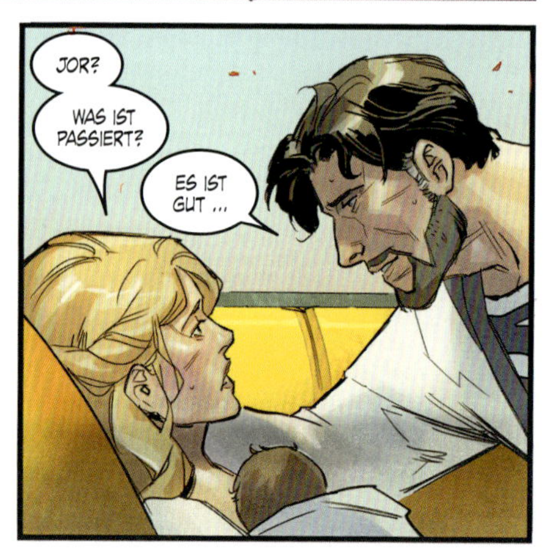

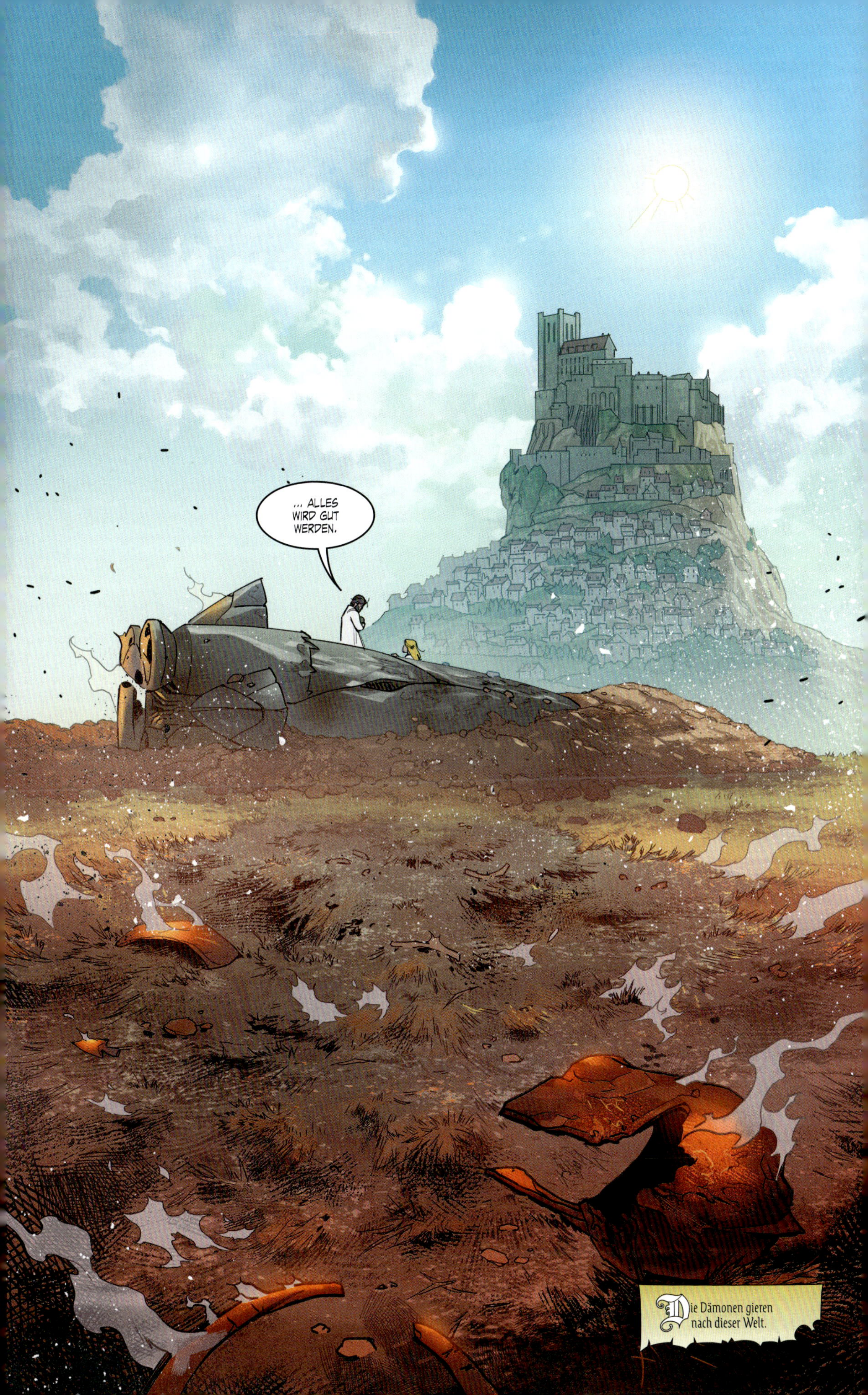
... ALLES WIRD GUT WERDEN.
Die Dämonen gieren nach dieser Welt.

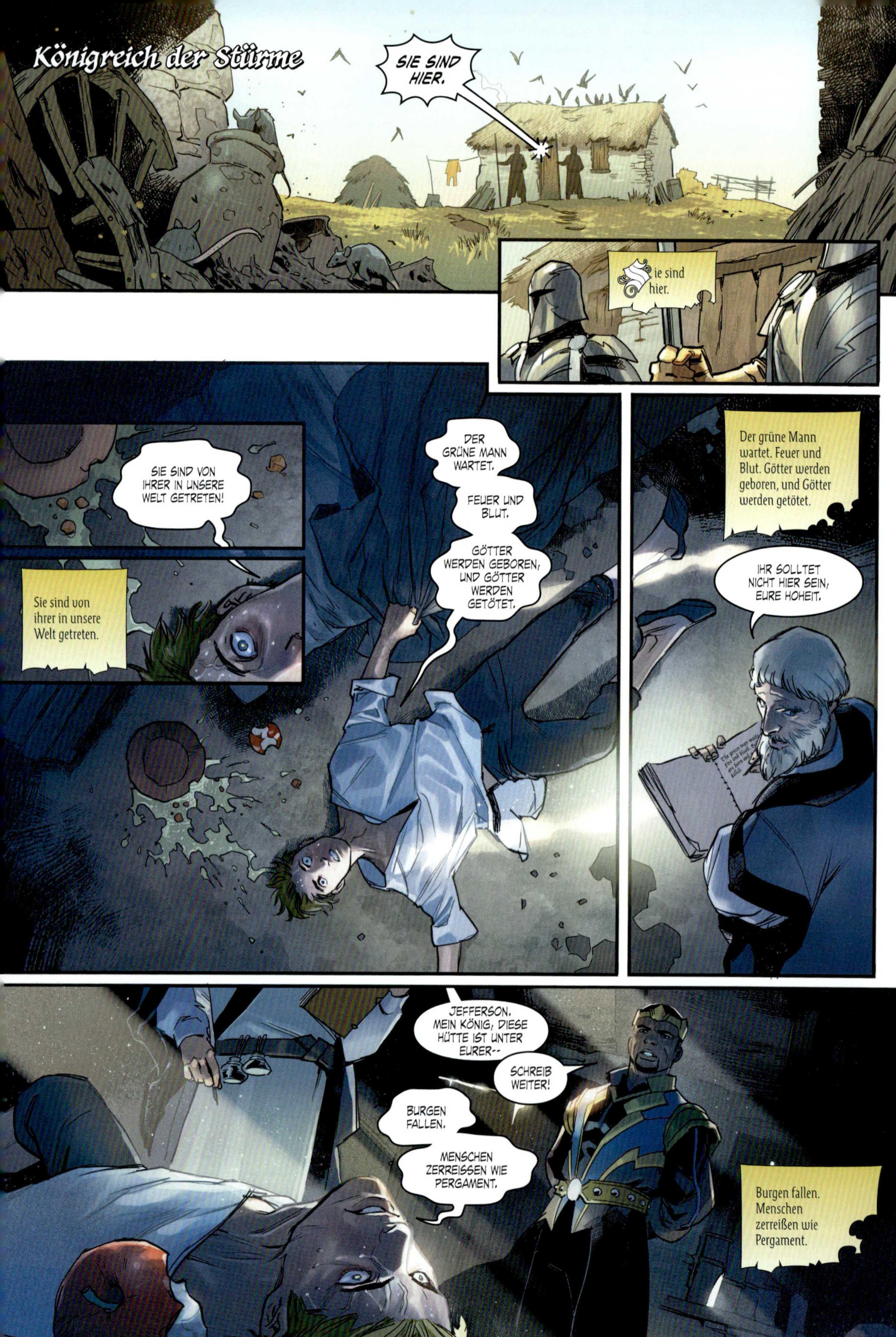

Königreich der Stürme
SIE SIND HIER.
Sie sind hier.
SIE SIND VON IHRER IN UNSERE WELT GETRETEN!
Sie sind von ihrer in unsere Welt getreten.
DER GRÜNE MANN WARTET.
FEUER UND BLUT.
GÖTTER WERDEN GEBOREN, UND GÖTTER WERDEN GETÖTET.
Der grüne Mann wartet. Feuer und Blut. Götter werden geboren, und Götter werden getötet.
IHR SOLLTET NICHT HIER SEIN, EURE HOHEIT.
JEFFERSON. MEIN KÖNIG, DIESE HÜTTE IST UNTER EURER--
SCHREIB WEITER!
BURGEN FALLEN.
MENSCHEN ZERREISSEN WIE PERGAMENT.
Burgen fallen. Menschen zerreißen wie Pergament.

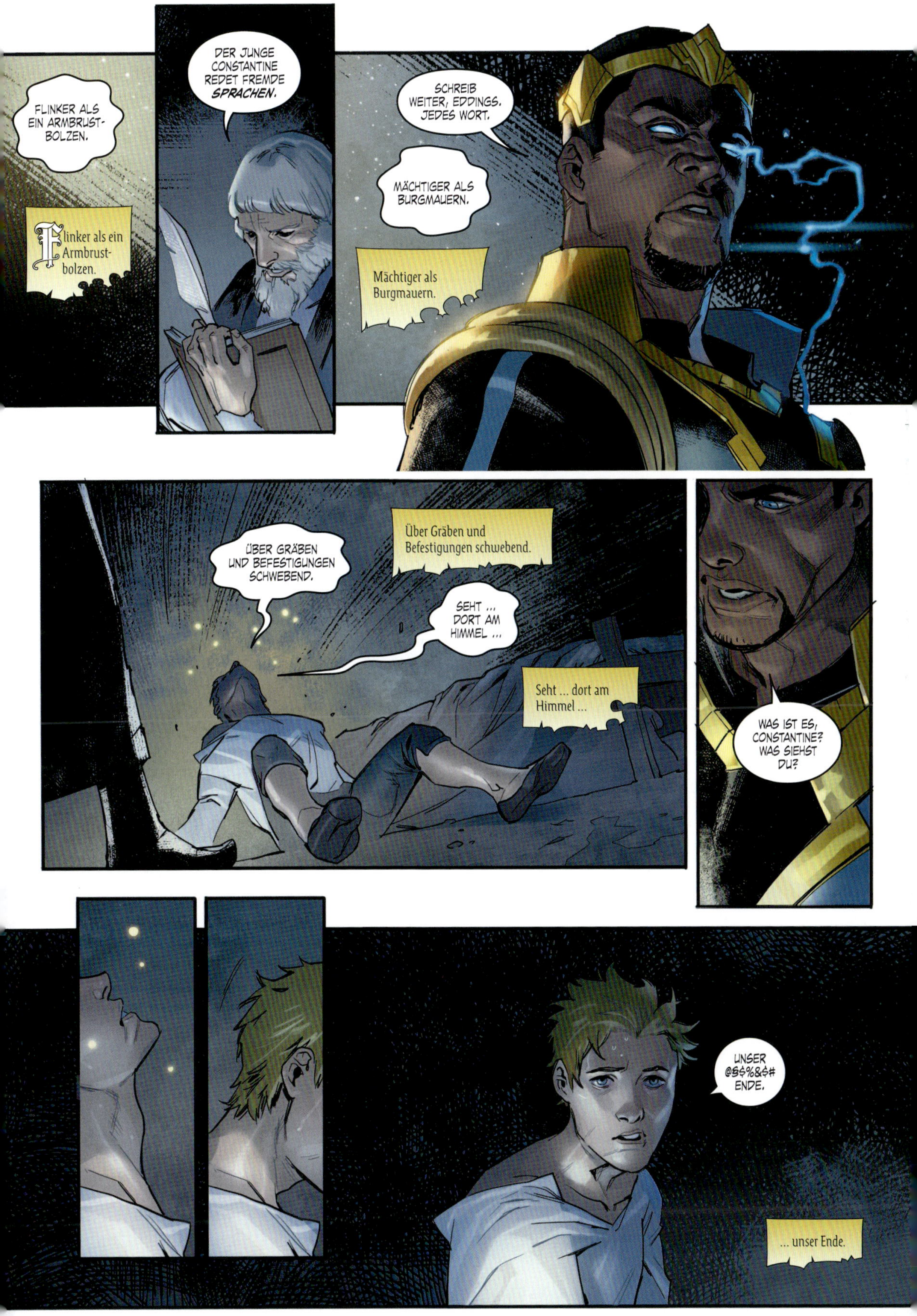

FLINKER ALS EIN ARMBRUST-BOLZEN.

Flinker als ein Armbrust-bolzen.

DER JUNGE CONSTANTINE REDET FREMDE ***SPRACHEN***.

SCHREIB WEITER, EDDINGS. JEDES WORT.

MÄCHTIGER ALS BURGMAUERN.

Mächtiger als Burgmauern.

ÜBER GRÄBEN UND BEFESTIGUNGEN SCHWEBEND.

Über Gräben und Befestigungen schwebend.

SEHT ... DORT AM HIMMEL ...

Seht ... dort am Himmel ...

WAS IST ES, CONSTANTINE? WAS SIEHST DU?

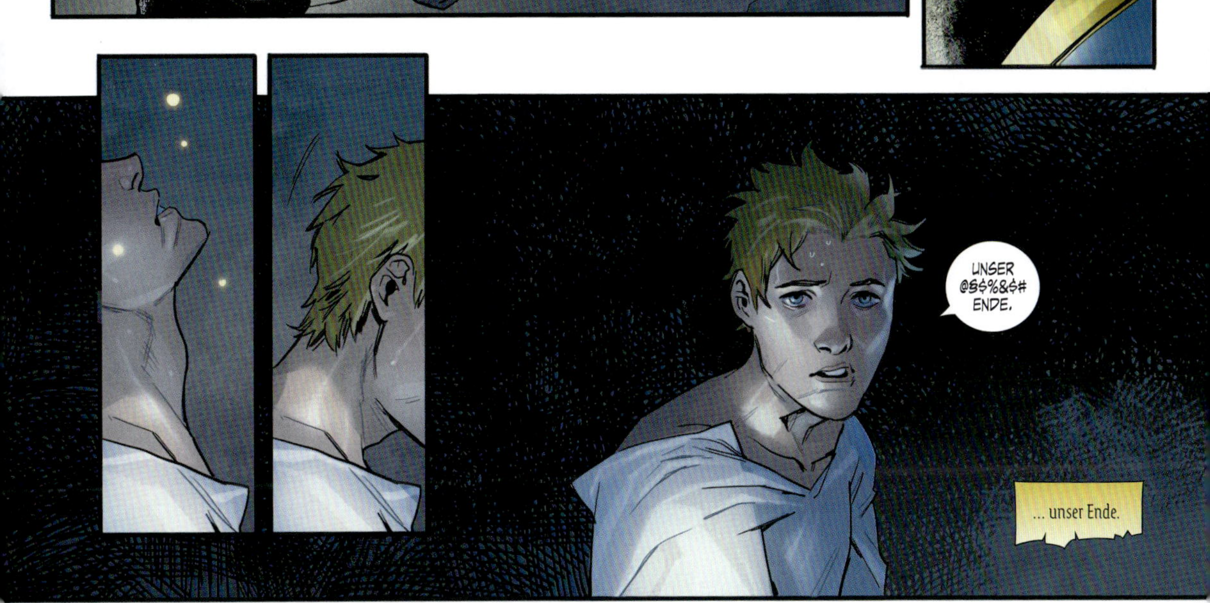

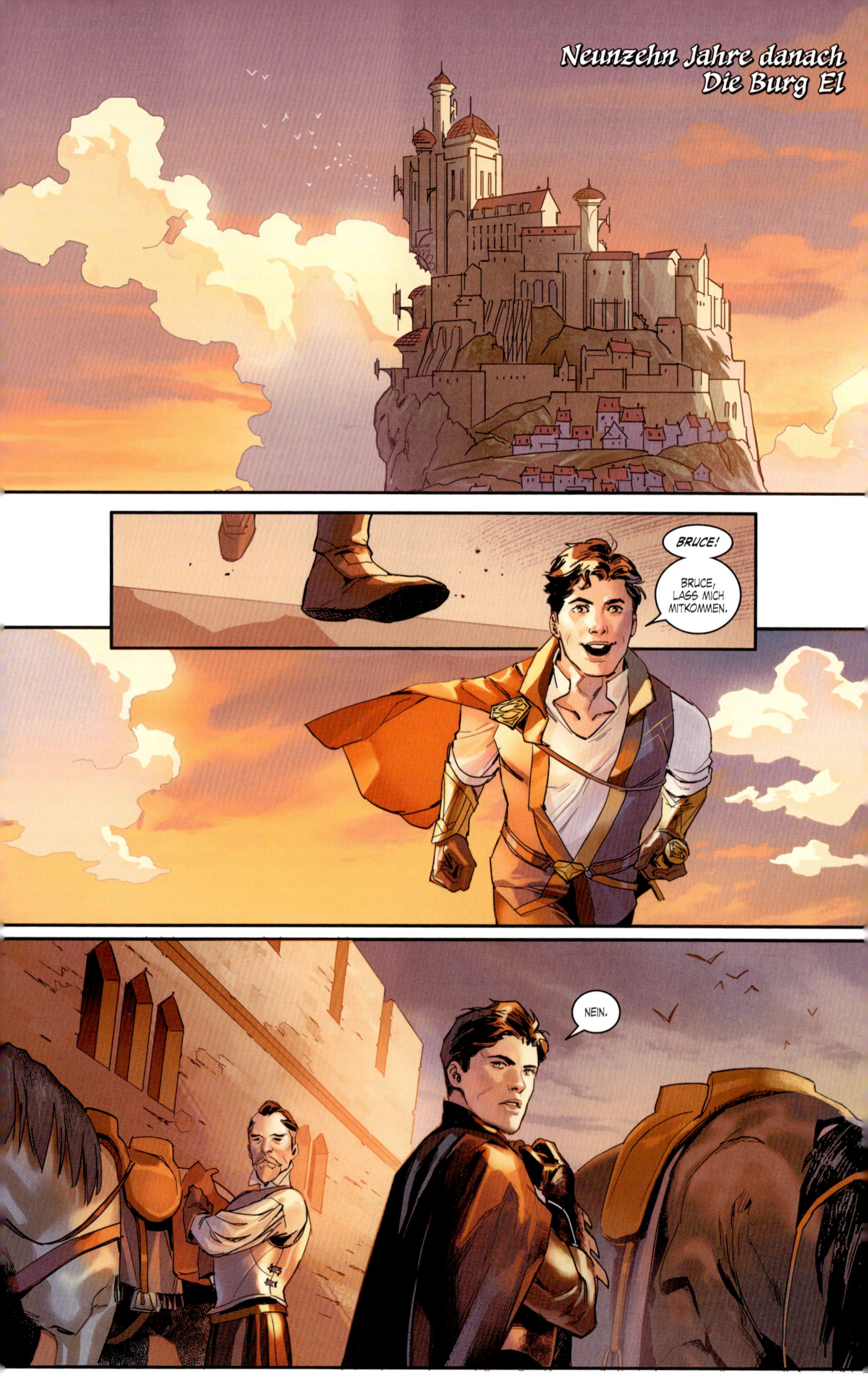

Neunzehn Jahre danach
Die Burg El

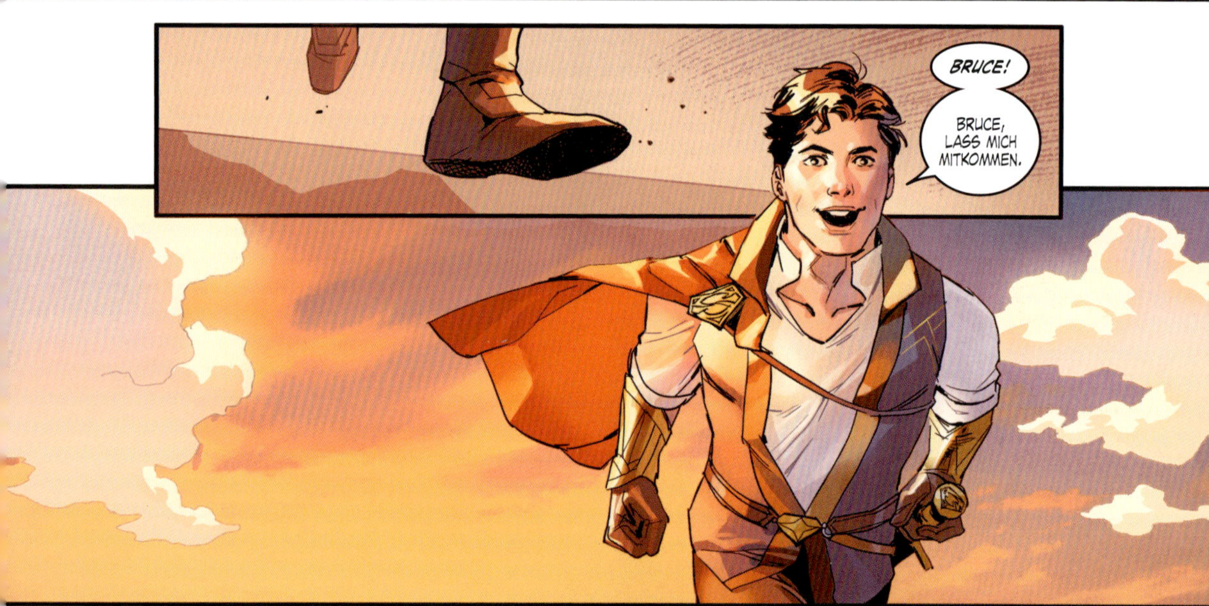


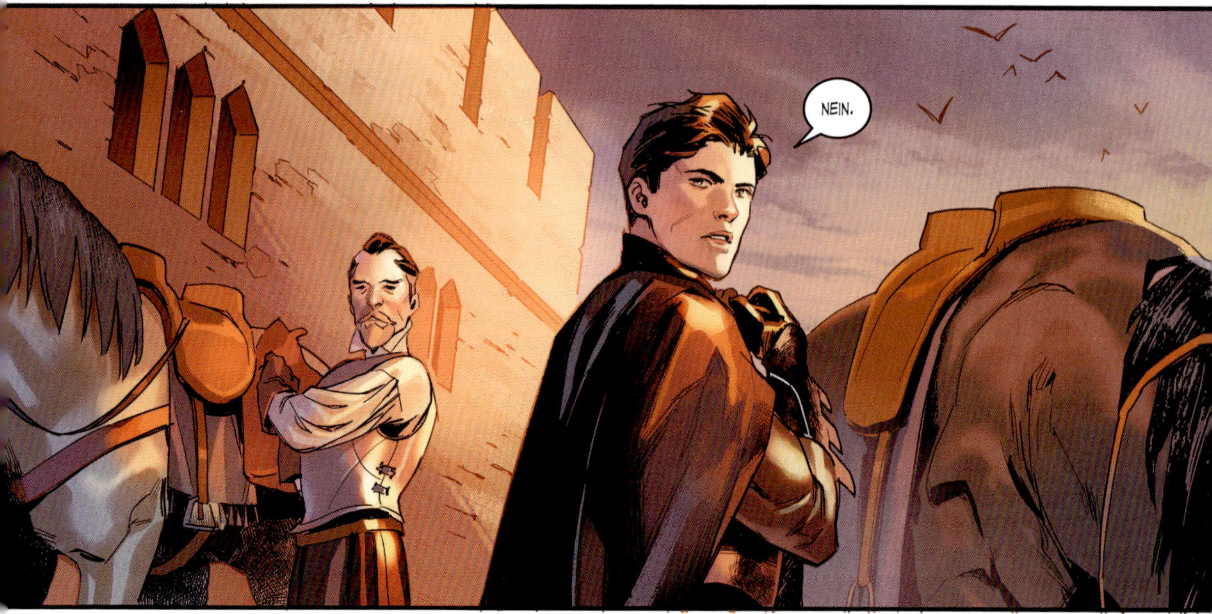

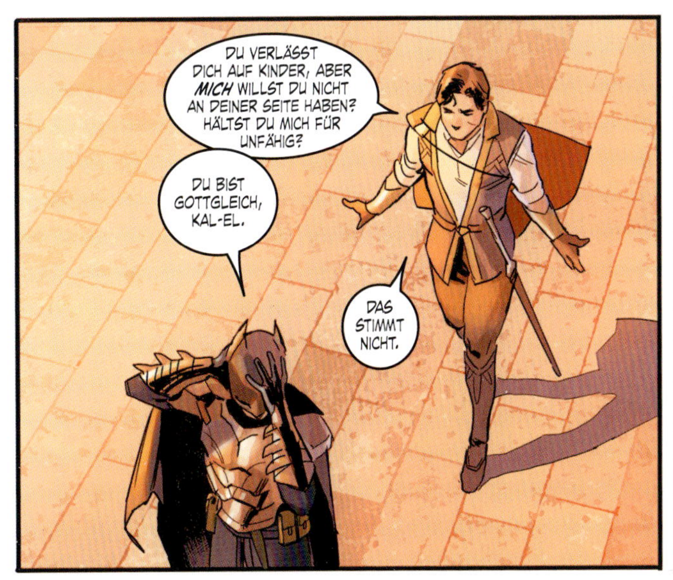
DU VERLÄSST DICH AUF KINDER, ABER *MICH* WILLST DU NICHT AN DEINER SEITE HABEN? HÄLTST DU MICH FÜR UNFÄHIG?
DU BIST GOTTGLEICH, KAL-EL.
DAS STIMMT NICHT.

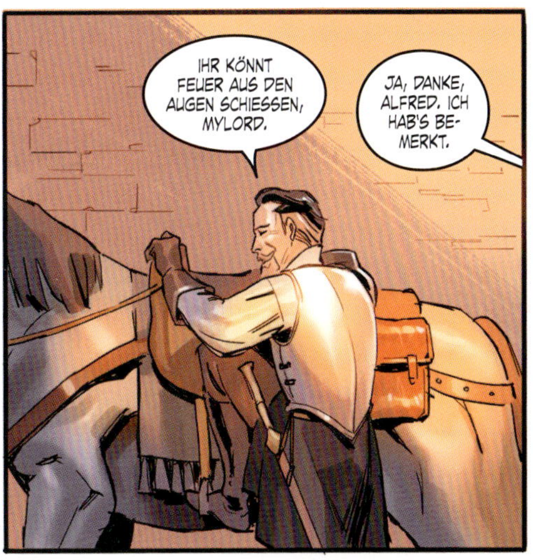
IHR KÖNNT FEUER AUS DEN AUGEN SCHIESSEN, MYLORD.
JA, DANKE, ALFRED. ICH HAB'S BEMERKT.

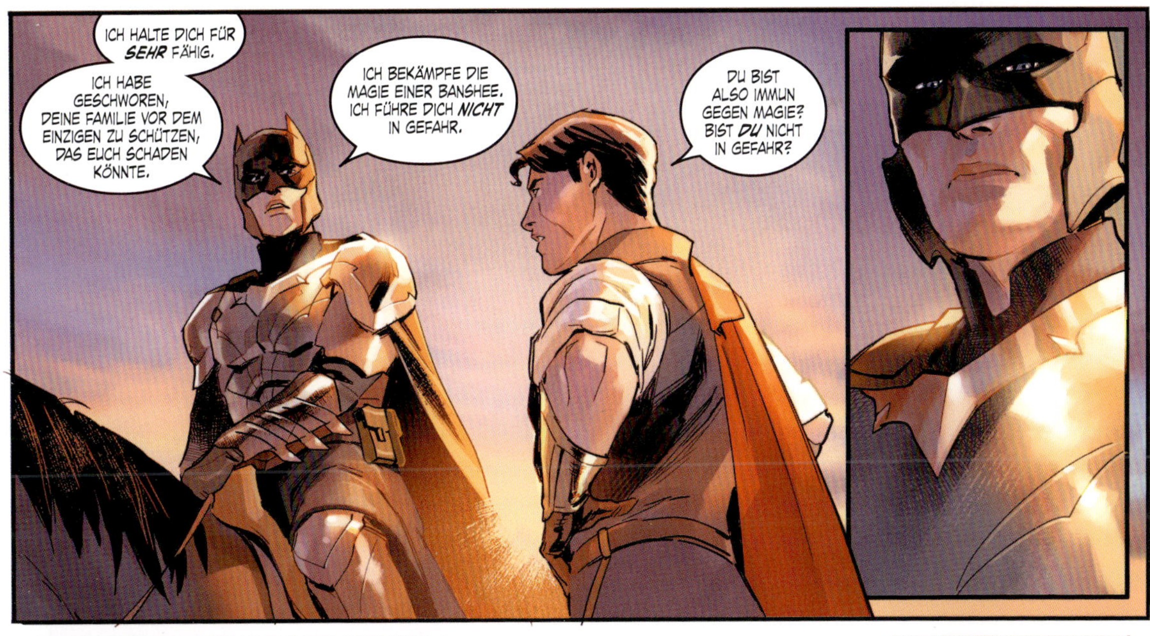
ICH HALTE DICH FÜR *SEHR* FÄHIG.
ICH HABE GESCHWOREN, DEINE FAMILIE VOR DEM EINZIGEN ZU SCHÜTZEN, DAS EUCH SCHADEN KÖNNTE.
ICH BEKÄMPFE DIE MAGIE EINER BANSHEE. ICH FÜHRE DICH *NICHT* IN GEFAHR.
DU BIST ALSO IMMUN GEGEN MAGIE? BIST *DU* NICHT IN GEFAHR?

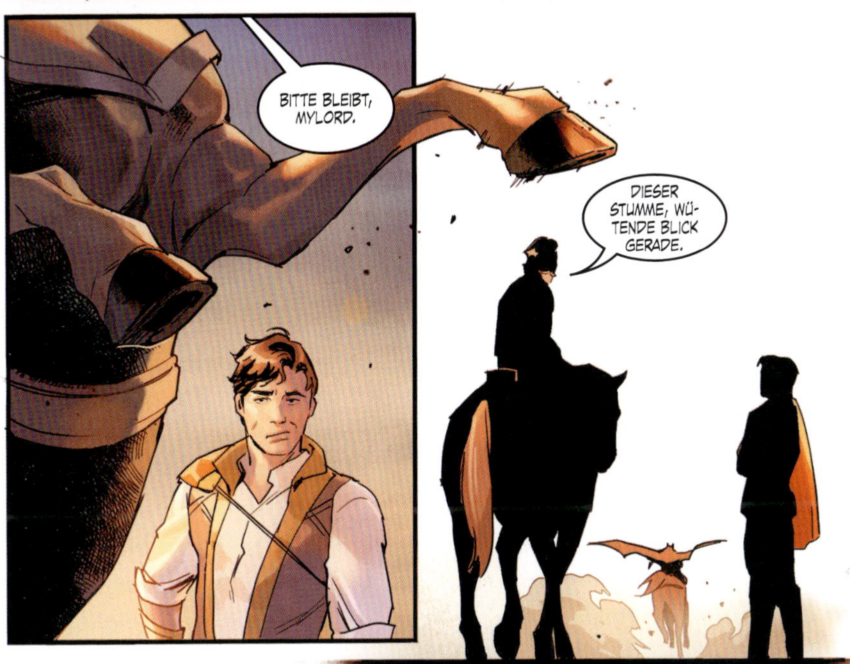
BITTE BLEIBT, MYLORD.
DIESER STUMME, WÜTENDE BLICK GERADE.

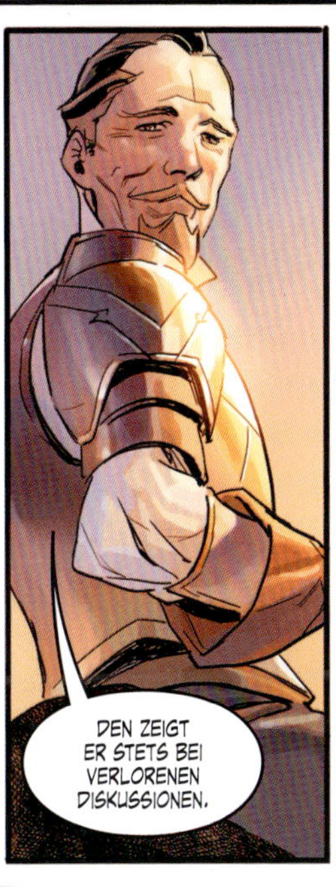
DEN ZEIGT ER STETS BEI VERLORENEN DISKUSSIONEN.

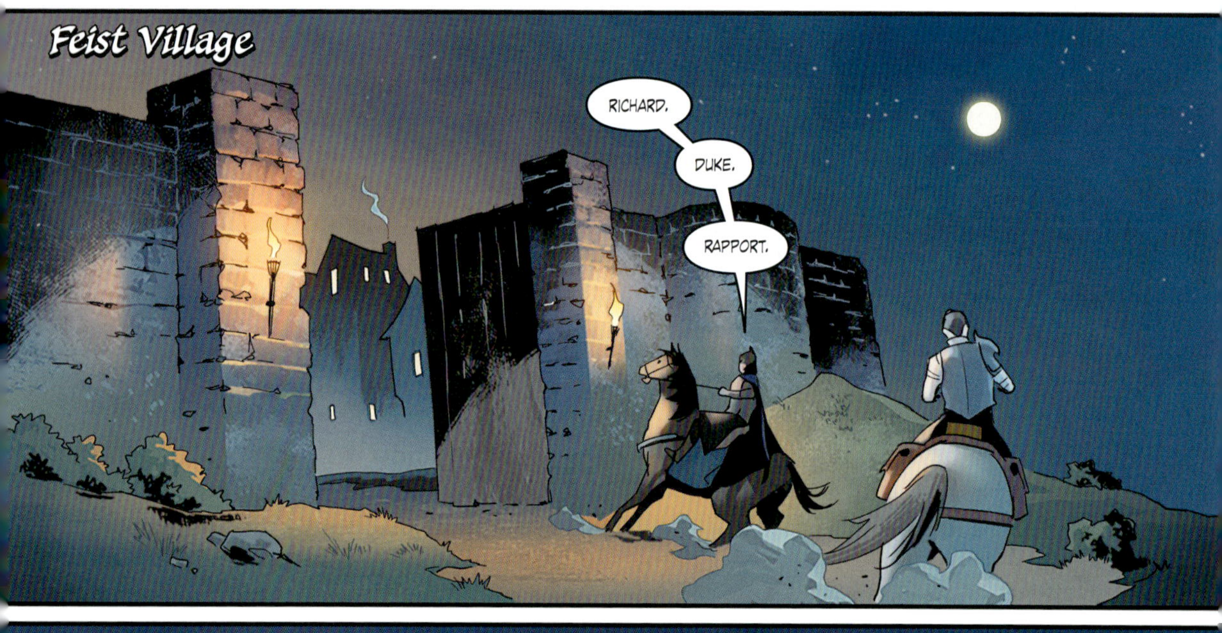
Feist Village
RICHARD.
DUKE.
RAPPORT.

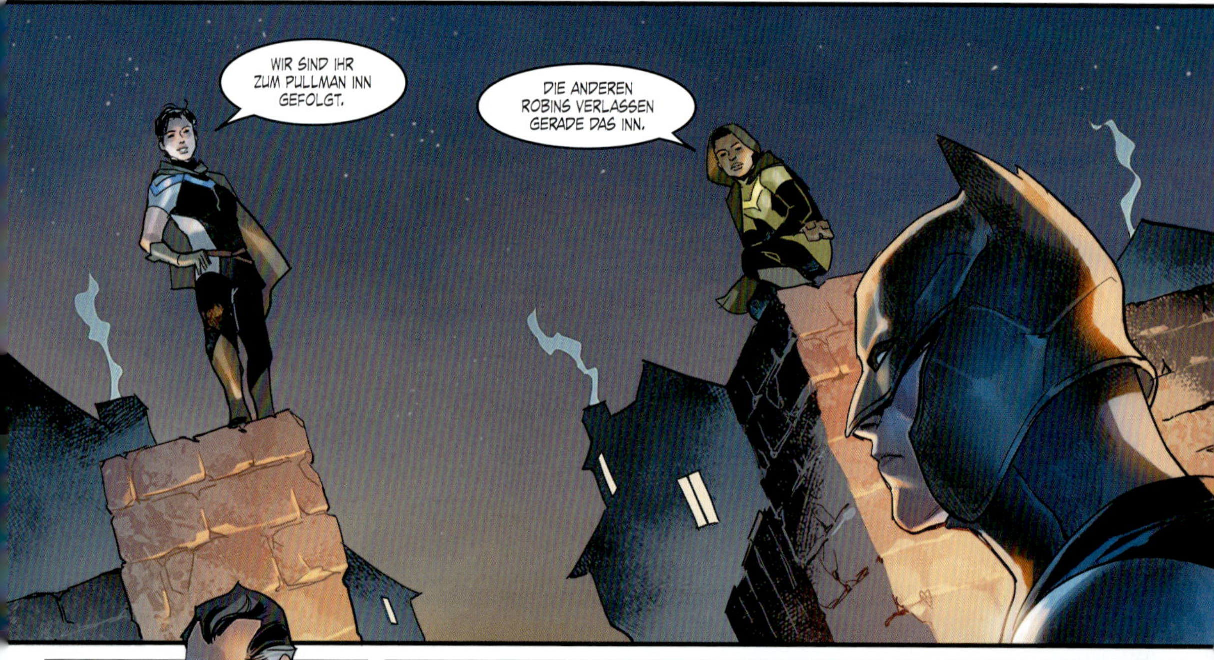
WIR SIND IHR ZUM PULLMAN INN GEFOLGT.
DIE ANDEREN ROBINS VERLASSEN GERADE DAS INN.

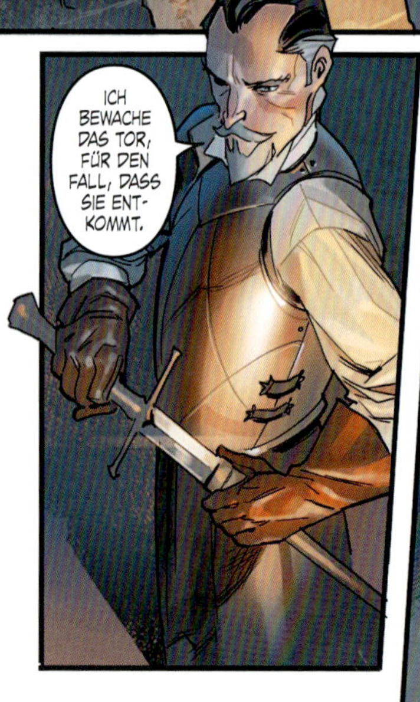
ICH BEWACHE DAS TOR, FÜR DEN FALL, DASS SIE ENT-KOMMT.

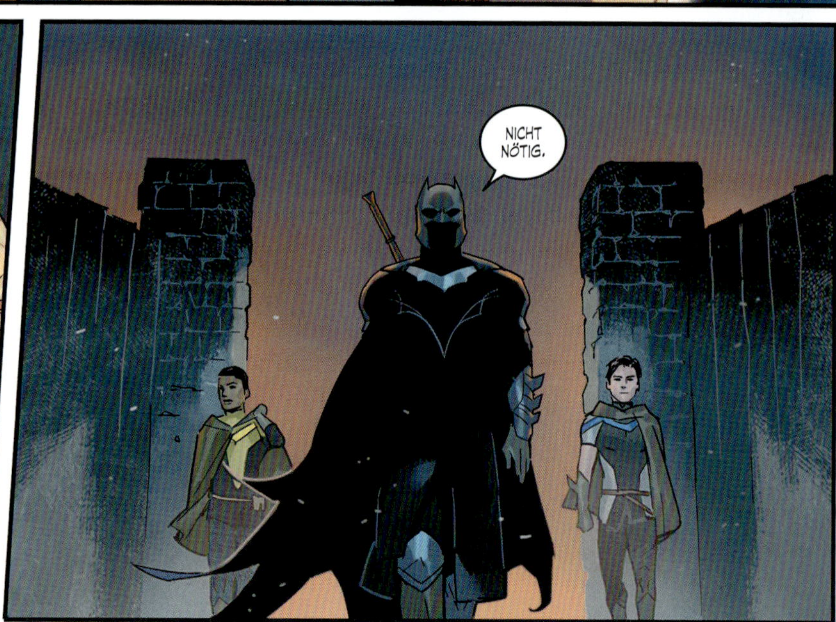
NICHT NÖTIG.

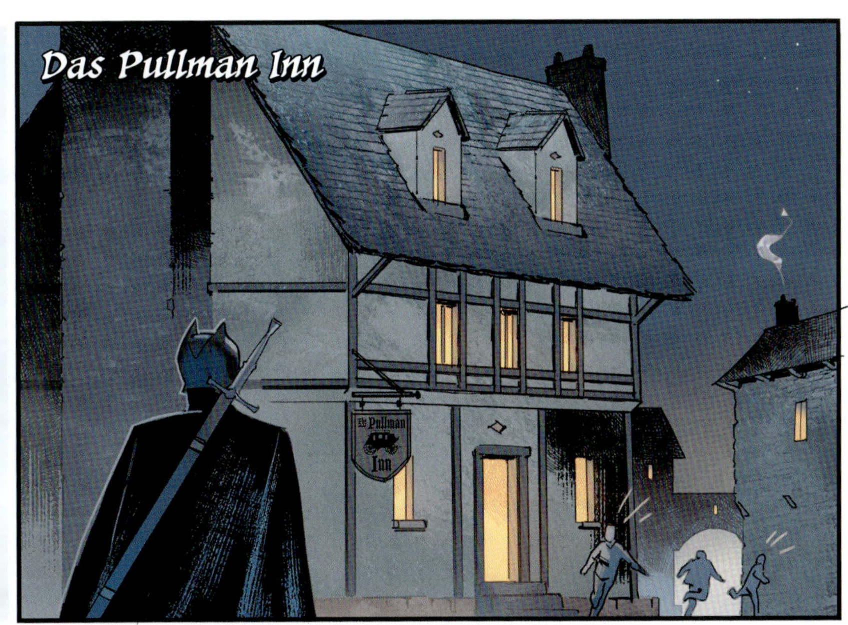
Das Pullman Inn
The Pullman Inn

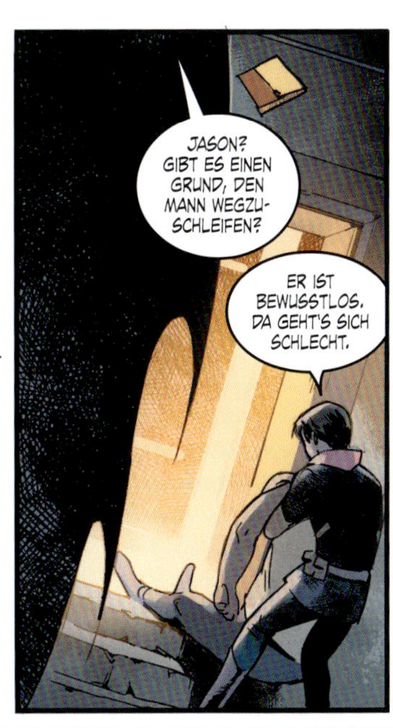
JASON? GIBT ES EINEN GRUND, DEN MANN WEGZUSCHLEIFEN?
ER IST BEWUSSTLOS. DA GEHT'S SICH SCHLECHT.

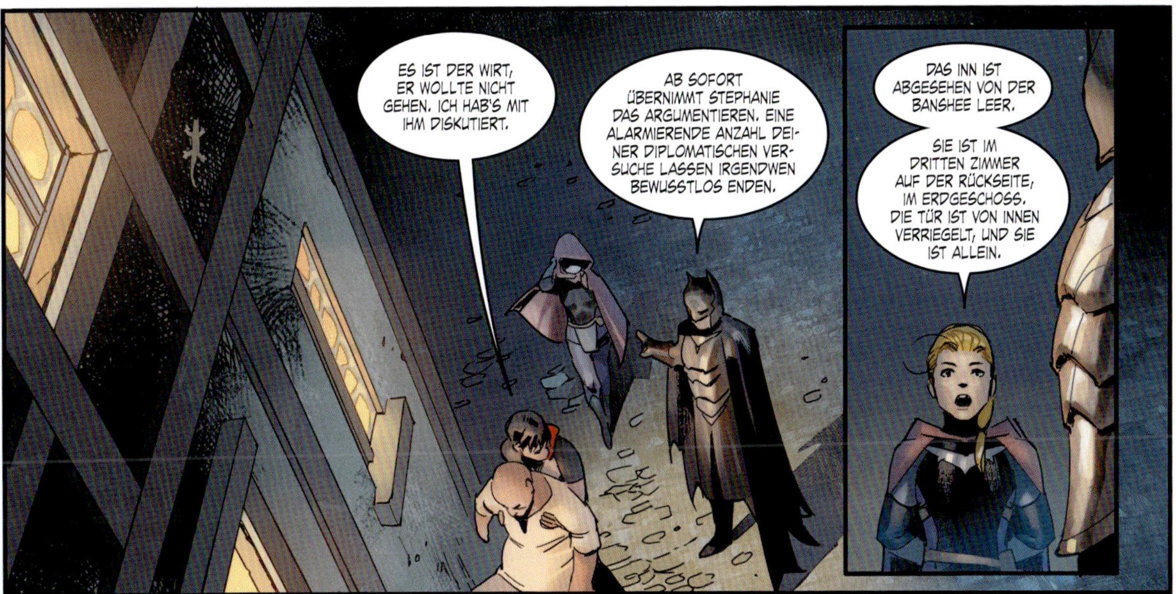
ES IST DER WIRT, ER WOLLTE NICHT GEHEN. ICH HAB'S MIT IHM DISKUTIERT.
AB SOFORT ÜBERNIMMT STEPHANIE DAS ARGUMENTIEREN. EINE ALARMIERENDE ANZAHL DEINER DIPLOMATISCHEN VERSUCHE LASSEN IRGENDWEN BEWUSSTLOS ENDEN.
DAS INN IST ABGESEHEN VON DER BANSHEE LEER.
SIE IST IM DRITTEN ZIMMER AUF DER RÜCKSEITE, IM ERDGESCHOSS. DIE TÜR IST VON INNEN VERRIEGELT, UND SIE IST ALLEIN.

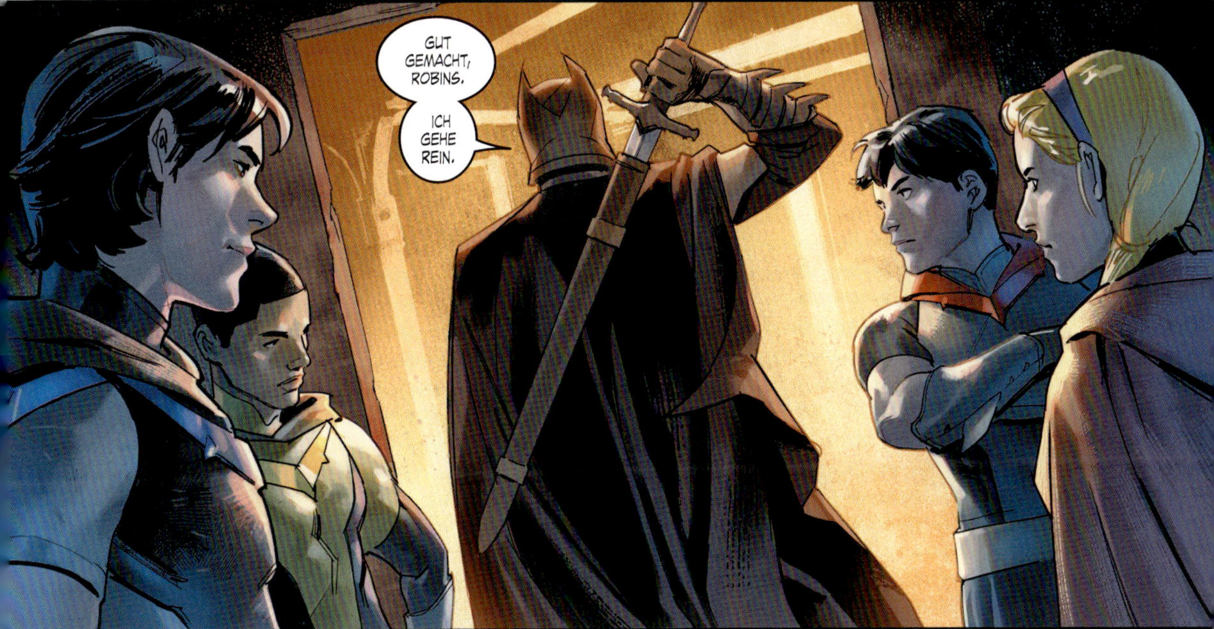
GUT GEMACHT, ROBINS.
ICH GEHE REIN.

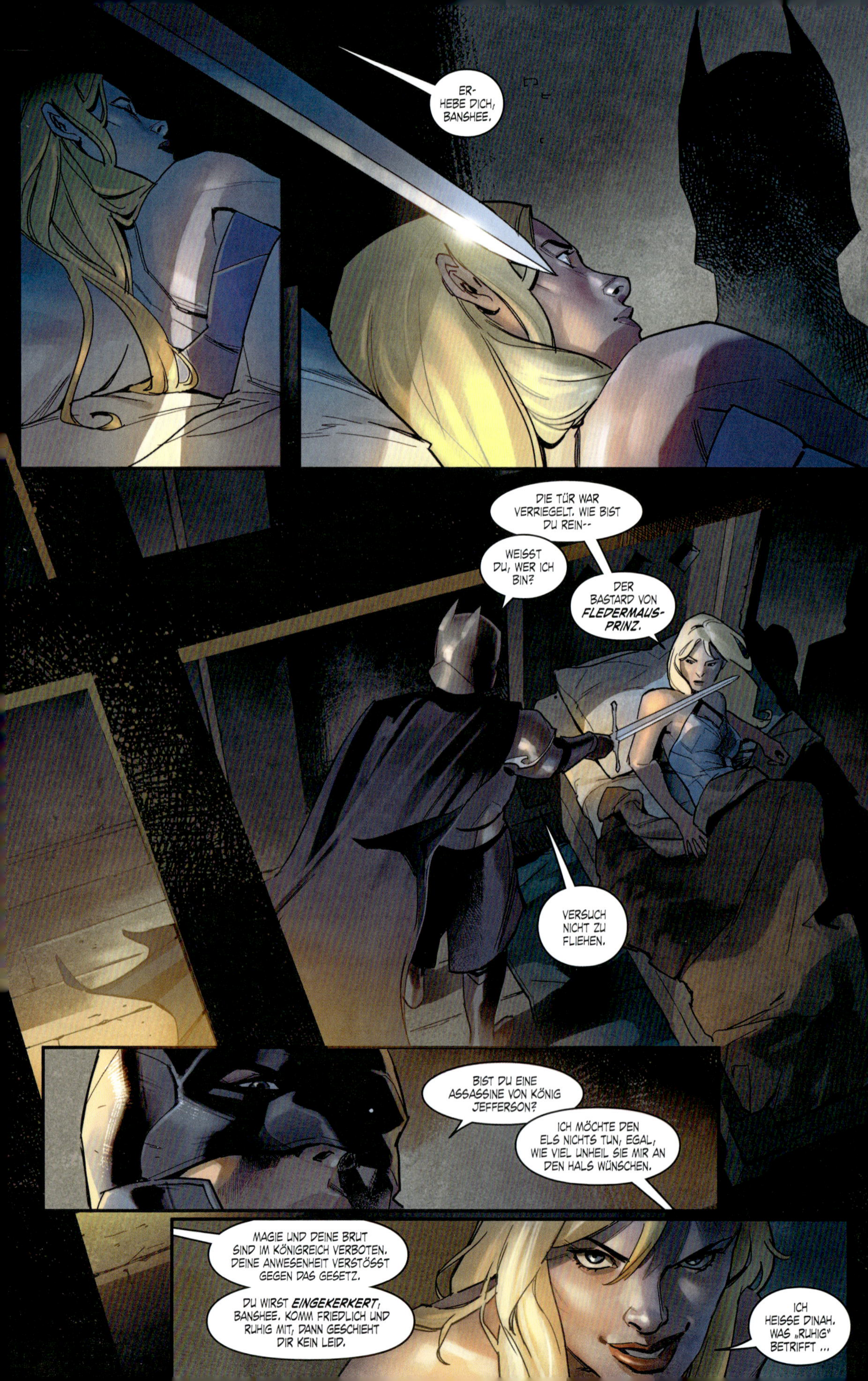
ER-
HEBE DICH,
BANSHEE.
DIE TÜR WAR VERRIEGELT. WIE BIST DU REIN--
WEISST DU, WER ICH BIN?
DER BASTARD VON **FLEDERMAUS-PRINZ.**
VERSUCH NICHT ZU FLIEHEN.
BIST DU EINE ASSASSINE VON KÖNIG JEFFERSON?
ICH MÖCHTE DEN ELS NICHTS TUN, EGAL, WIE VIEL UNHEIL SIE MIR AN DEN HALS WÜNSCHEN.
MAGIE UND DEINE BRUT SIND IM KÖNIGREICH VERBOTEN. DEINE ANWESENHEIT VERSTÖSST GEGEN DAS GESETZ.
DU WIRST ***EINGEKERKERT***, BANSHEE. KOMM FRIEDLICH UND RUHIG MIT, DANN GESCHIEHT DIR KEIN LEID.
ICH HEISSE DINAH. WAS „RUHIG" BETRIFFT ...

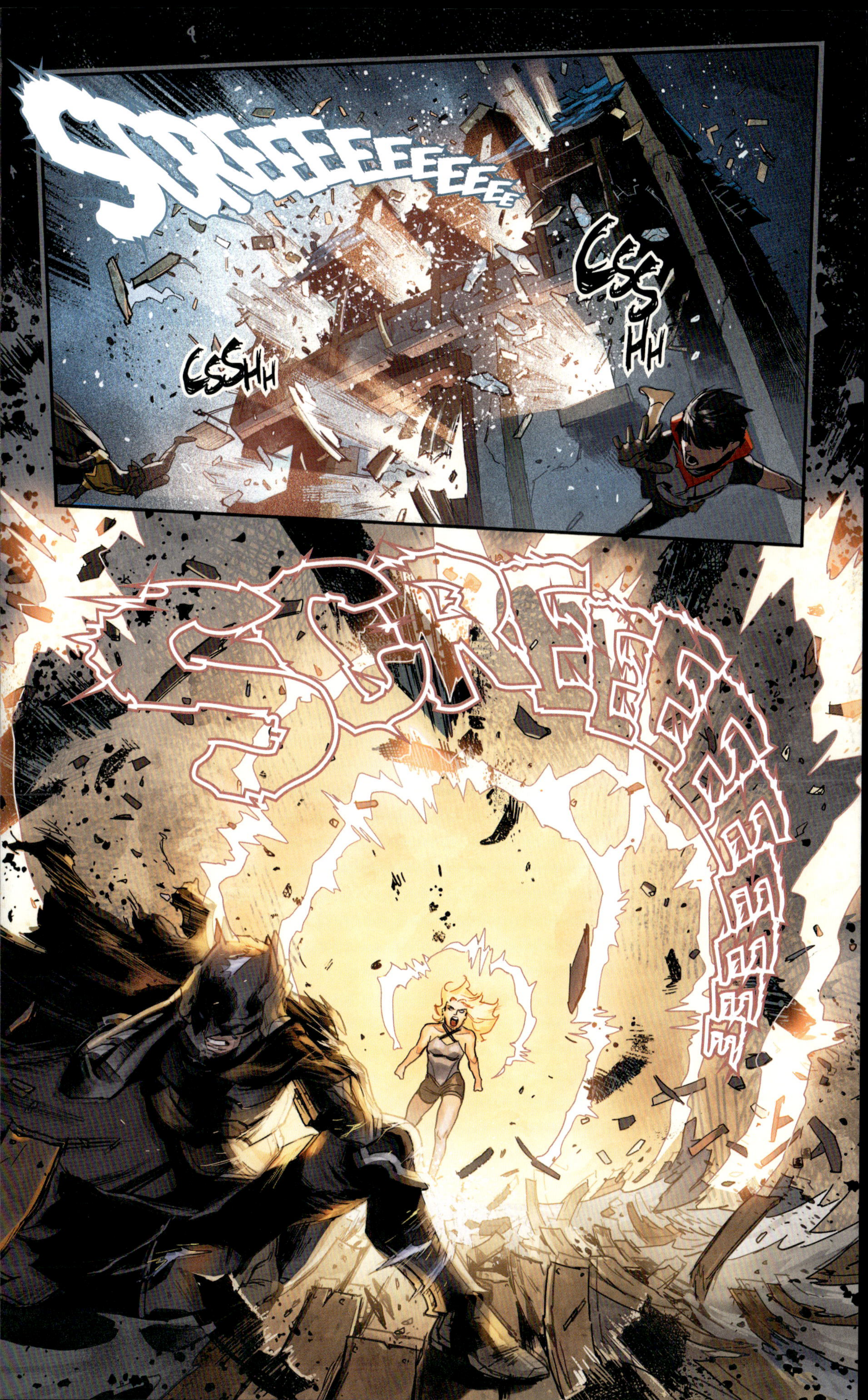
CSSHH
CSSHH

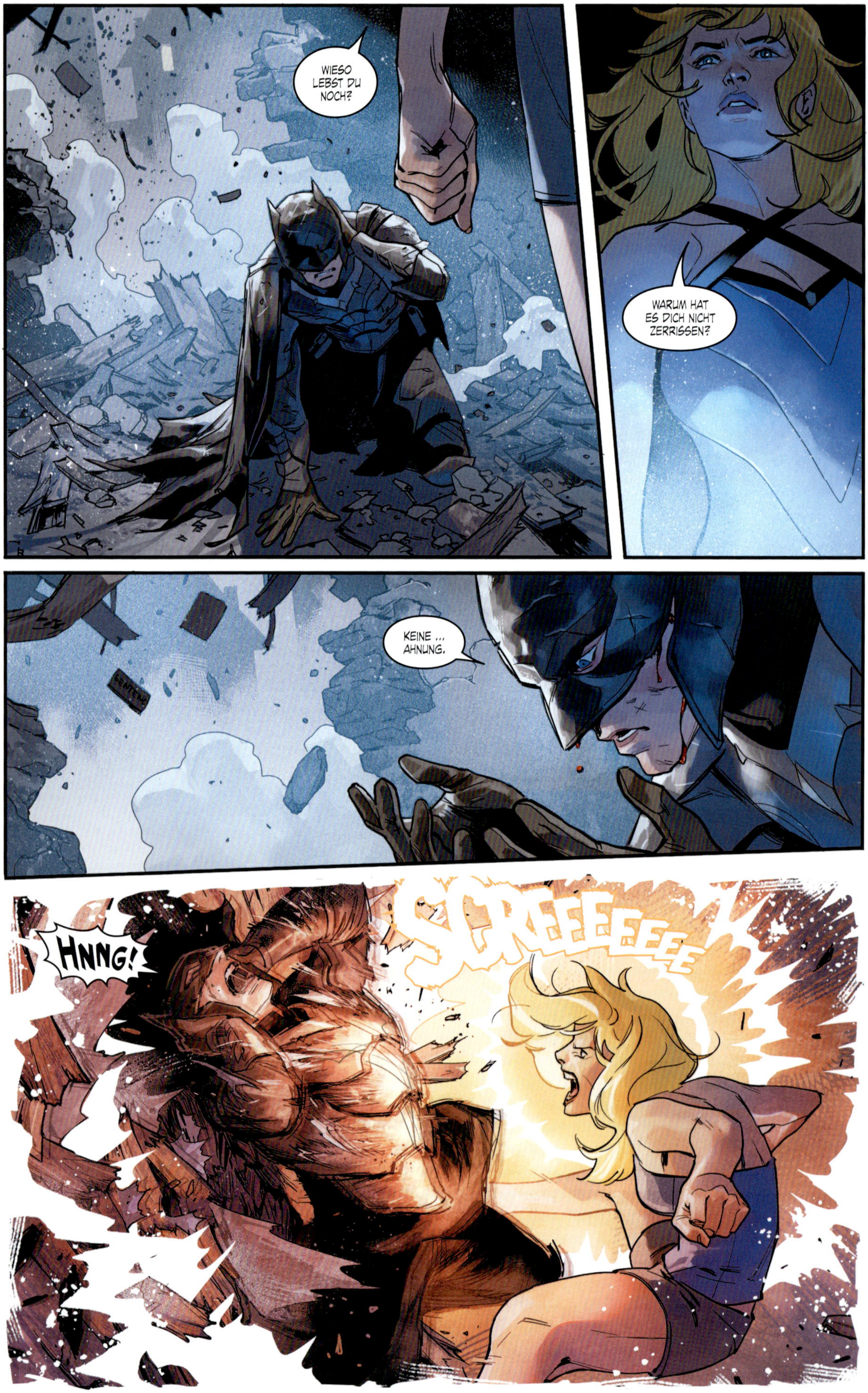

WIESO LEBST DU NOCH?

WARUM HAT ES DICH NICHT ZERRISSEN?

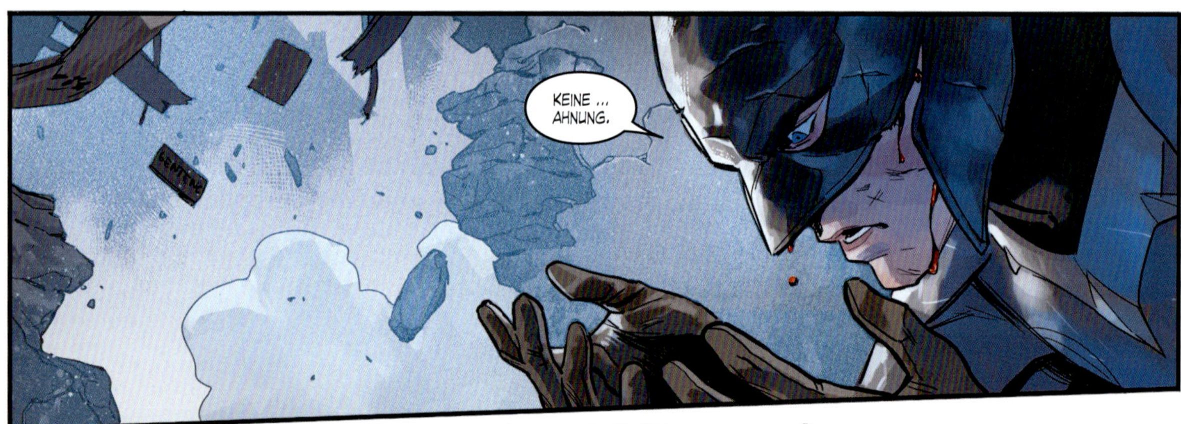


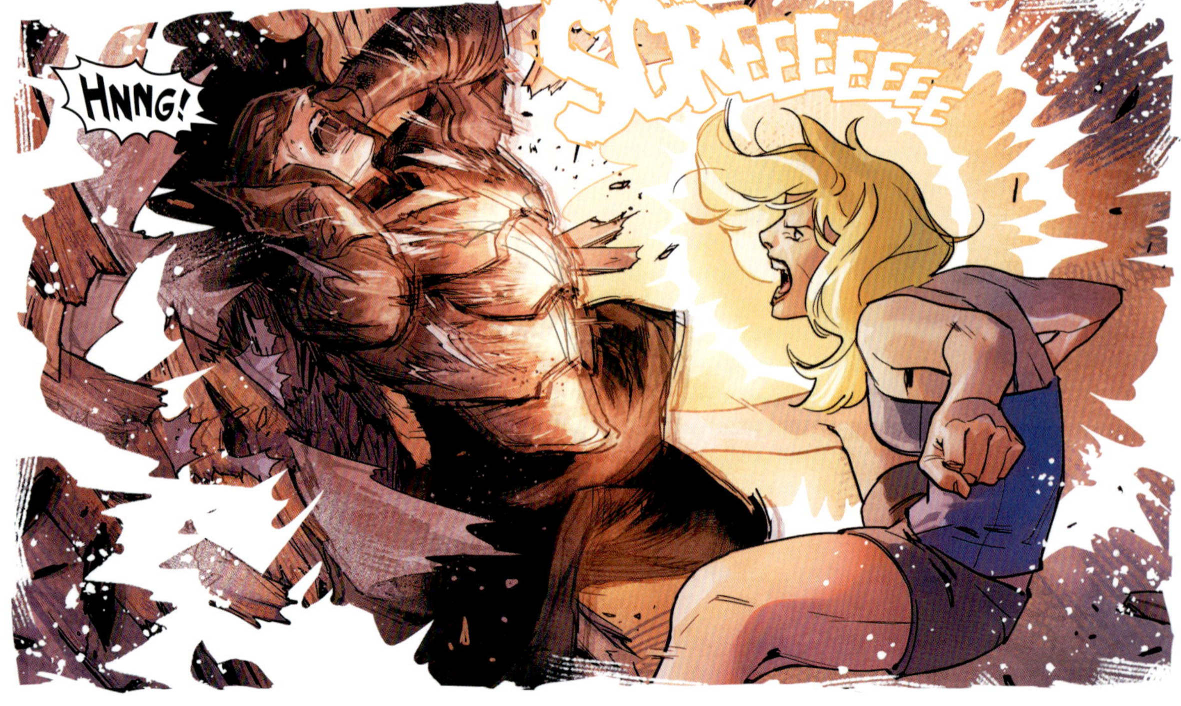

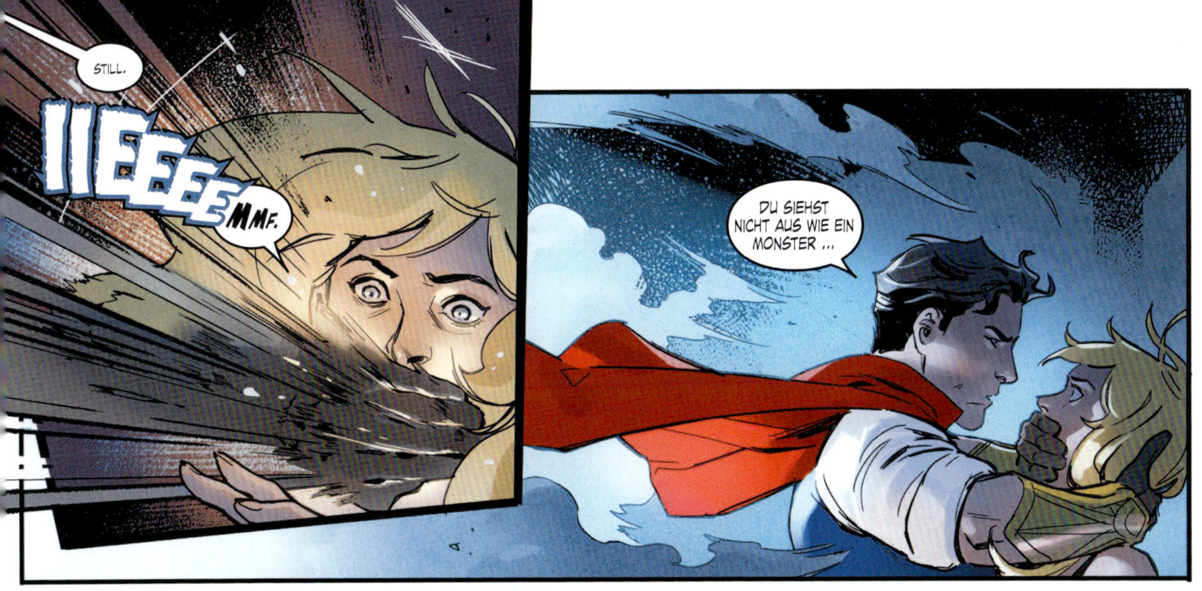
STILL.
IIEEEEEMMF.
DU SIEHST NICHT AUS WIE EIN MONSTER ...
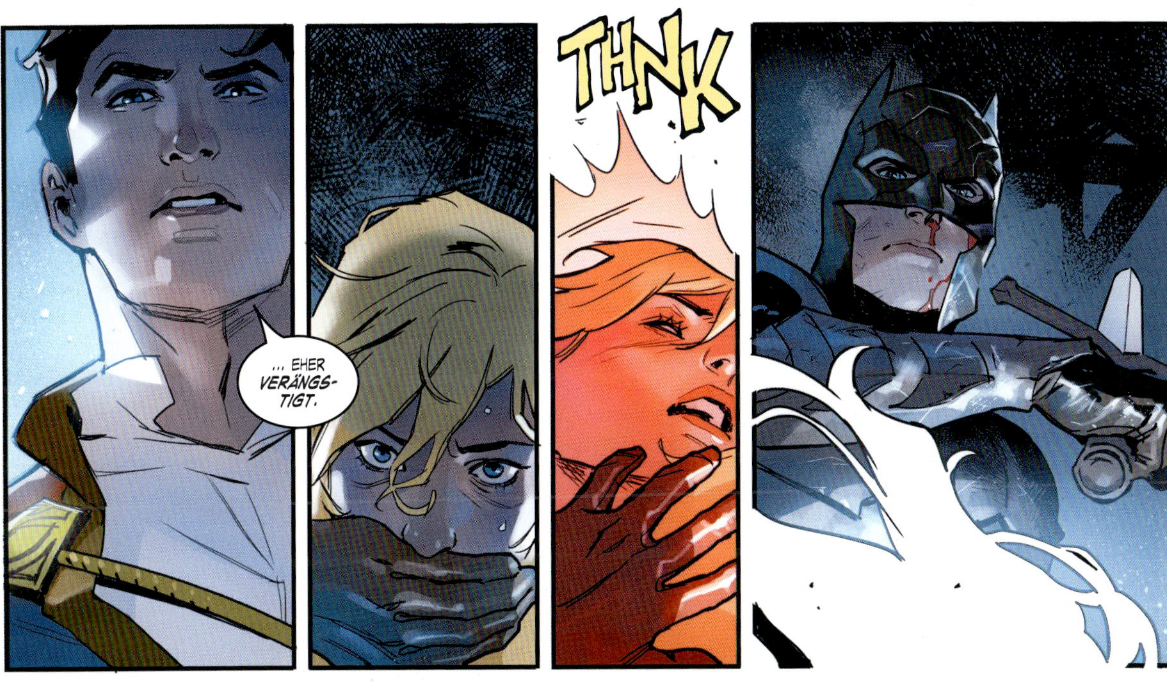
... EHER VERÄNGS-TIGT.
THNK
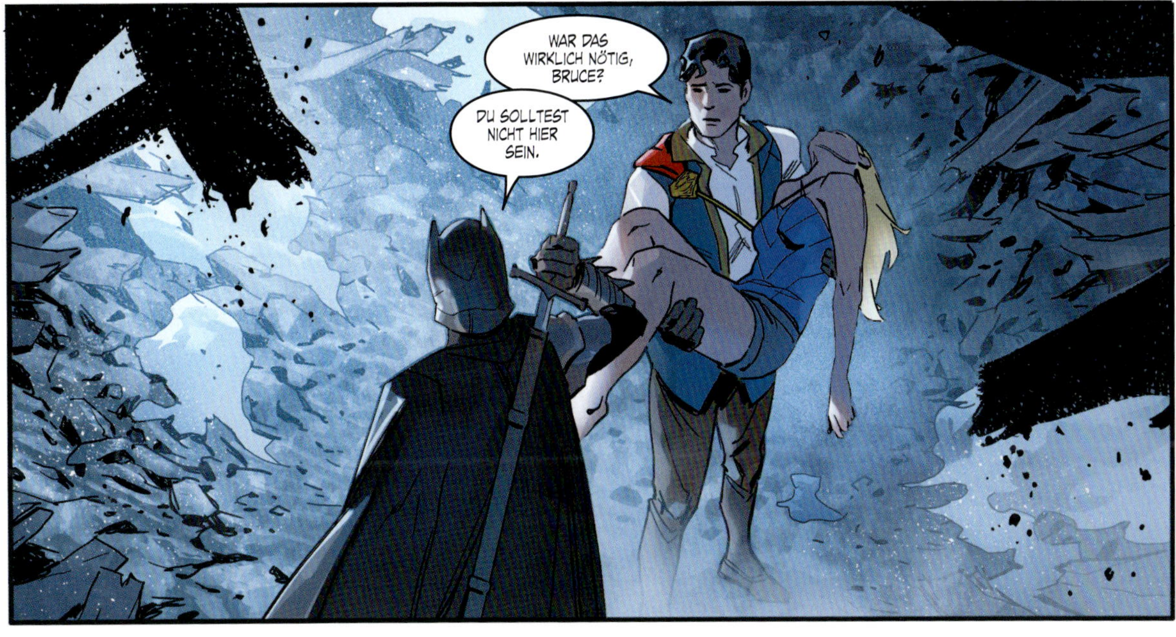
WAR DAS WIRKLICH NÖTIG, BRUCE?
DU SOLLTEST NICHT HIER SEIN.

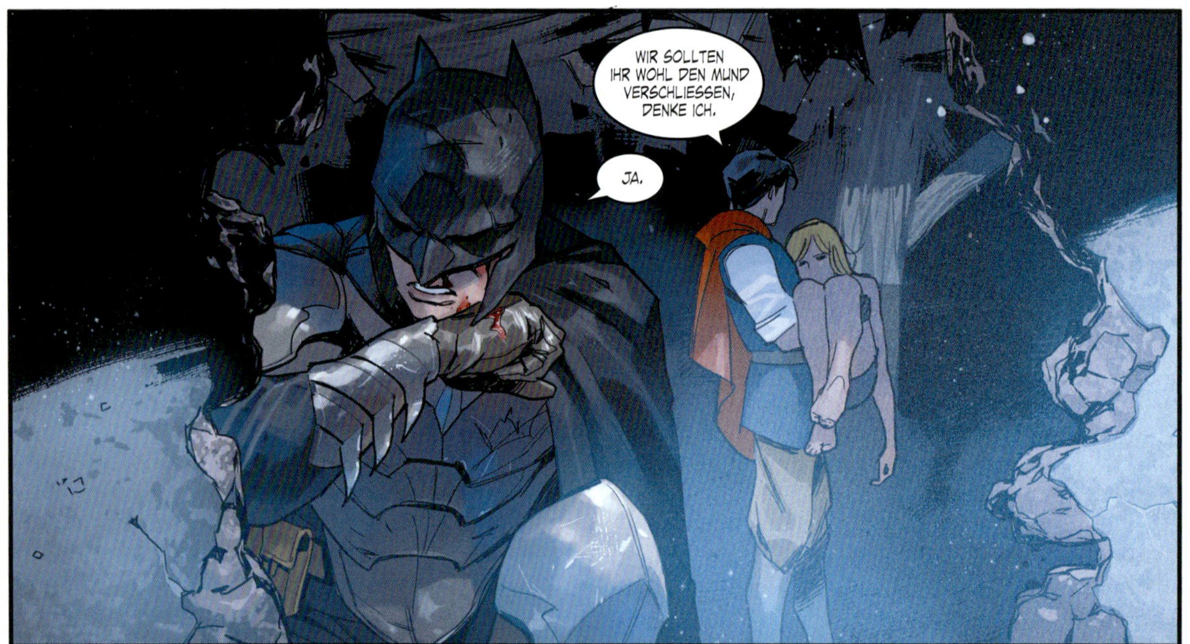
WIR SOLLTEN IHR WOHL DEN MUND VERSCHLIESSEN, DENKE ICH.
JA.

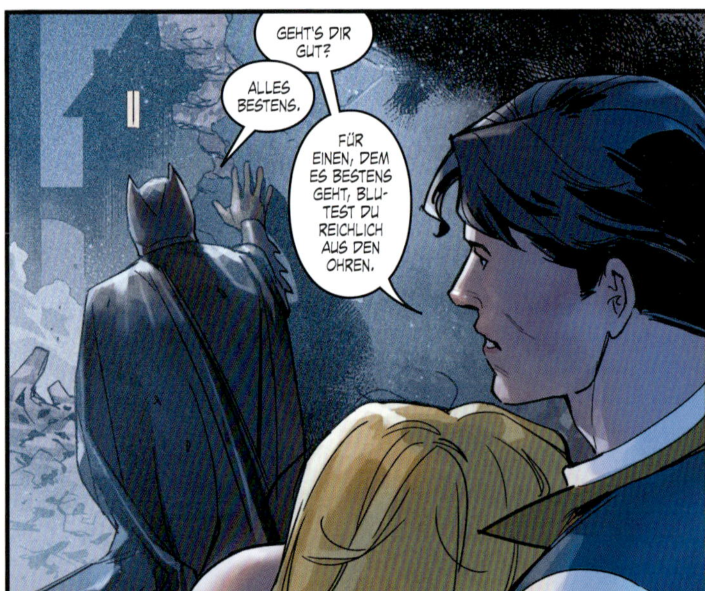
GEHT'S DIR GUT?
ALLES BESTENS.
FÜR EINEN, DEM ES BESTENS GEHT, BLUTEST DU REICHLICH AUS DEN OHREN.

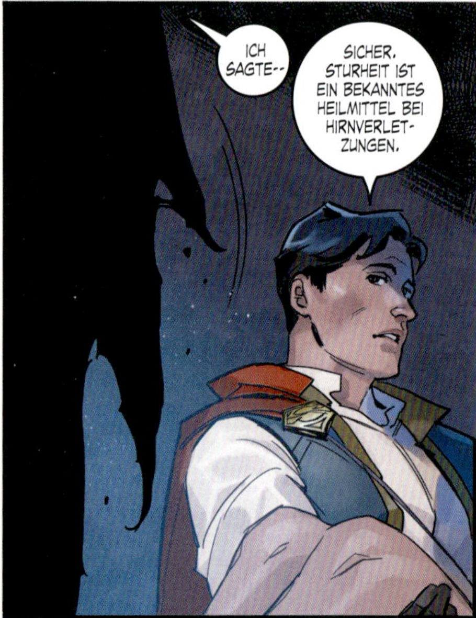
ICH SAGTE--
SICHER. STURHEIT IST EIN BEKANNTES HEILMITTEL BEI HIRNVERLETZUNGEN.

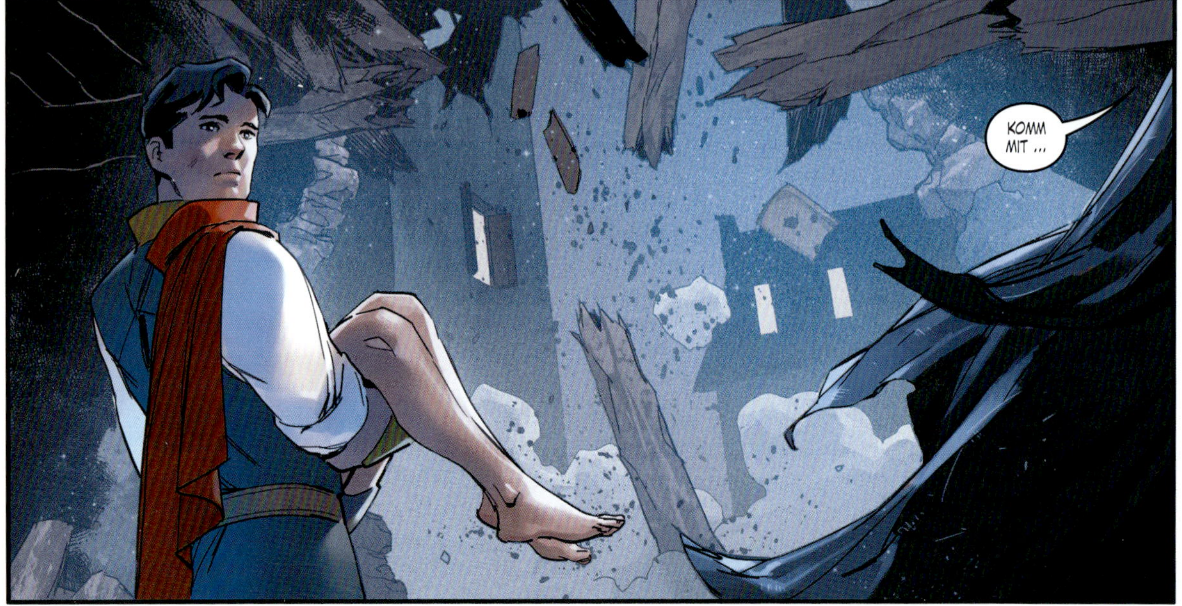
KOMM MIT ...

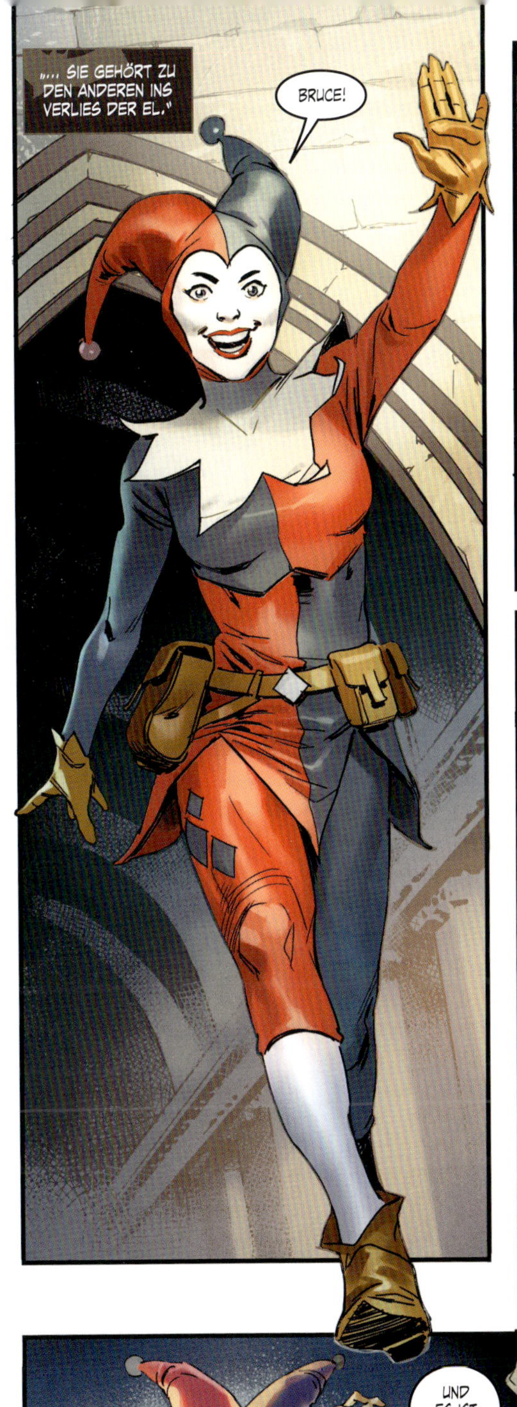
„... SIE GEHÖRT ZU DEN ANDEREN INS VERLIES DER EL."
BRUCE!

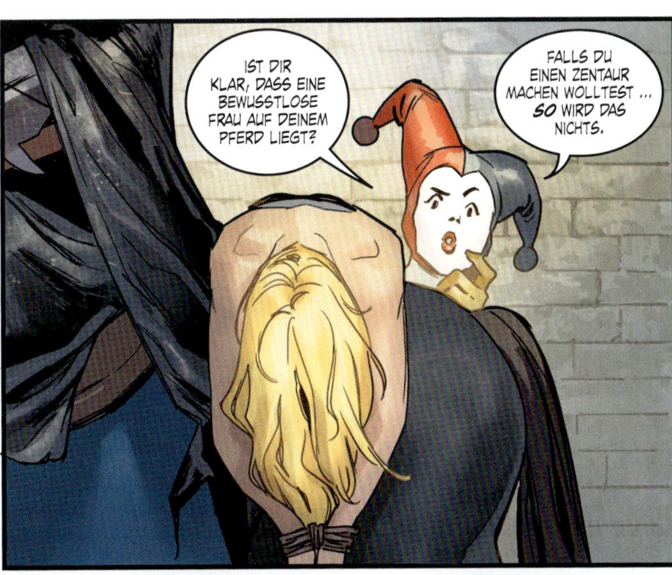
IST DIR KLAR, DASS EINE BEWUSSTLOSE FRAU AUF DEINEM PFERD LIEGT?
FALLS DU EINEN ZENTAUR MACHEN WOLLTEST ... SO WIRD DAS NICHTS.

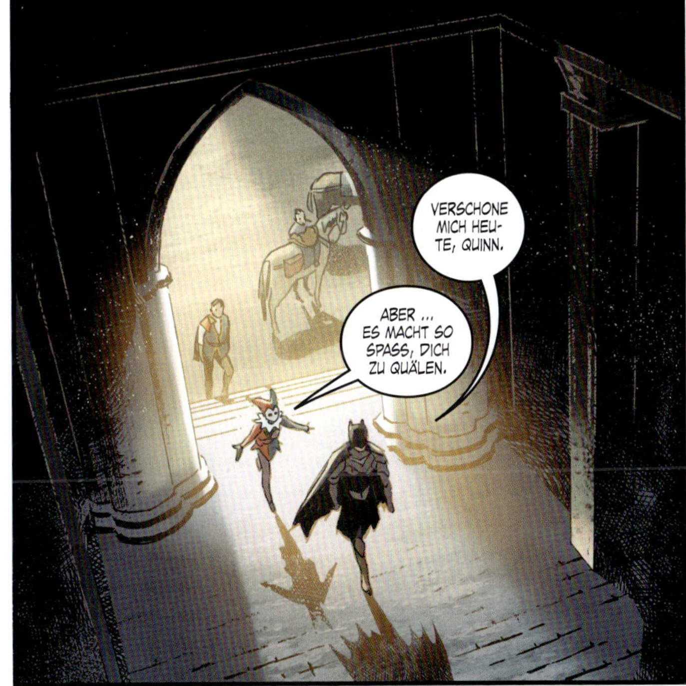
VERSCHONE MICH HEUTE, QUINN.
ABER ... ES MACHT SO SPASS, DICH ZU QUÄLEN.

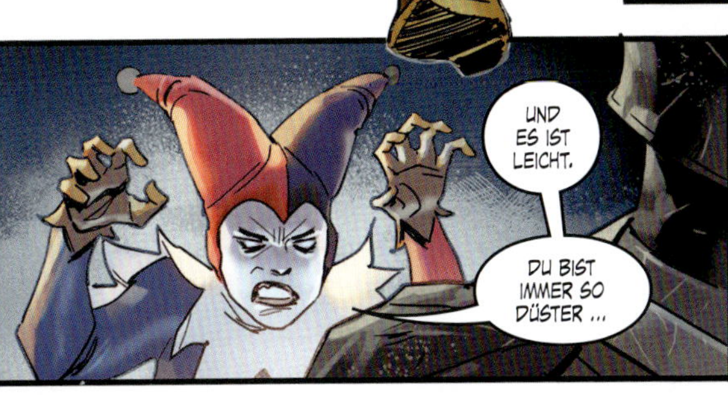
UND ES IST LEICHT.
DU BIST IMMER SO DÜSTER ...

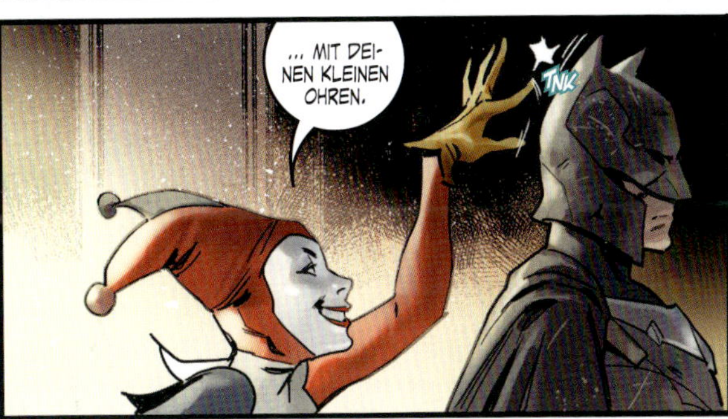
... MIT DEINEN KLEINEN OHREN.
TINK

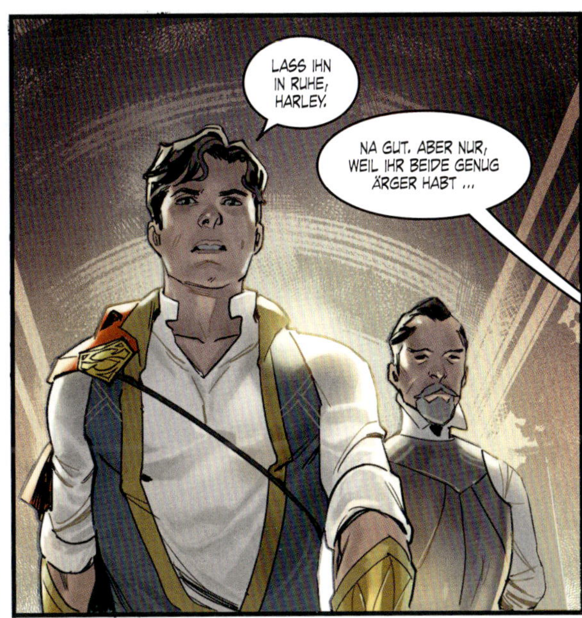
LASS IHN IN RUHE, HARLEY.
NA GUT. ABER NUR, WEIL IHR BEIDE GENUG ÄRGER HABT ...

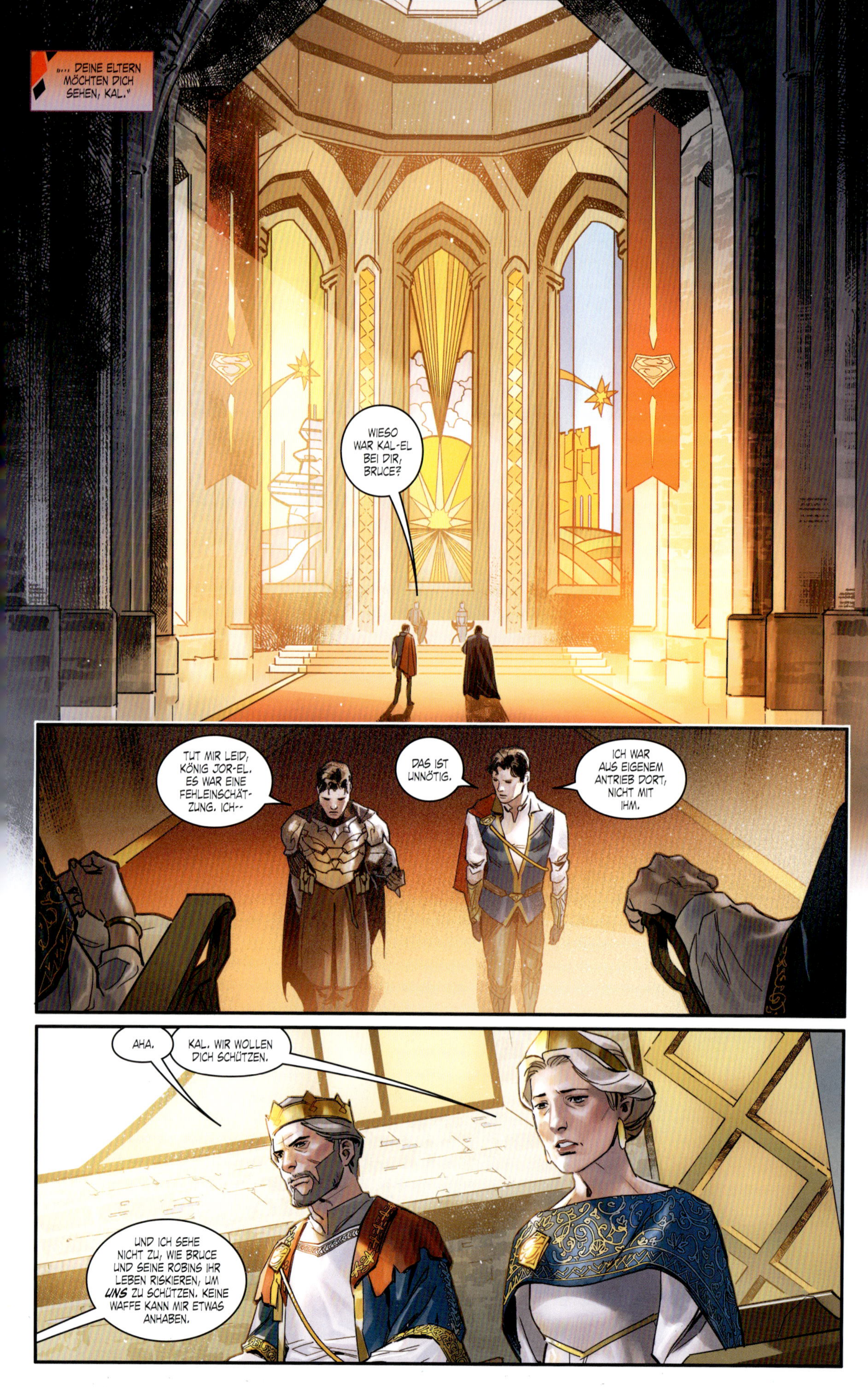
„… DEINE ELTERN MÖCHTEN DICH SEHEN, KAL.“
WIESO WAR KAL-EL BEI DIR, BRUCE?
TUT MIR LEID, KÖNIG JOR-EL. ES WAR EINE FEHLEINSCHÄTZUNG. ICH--
DAS IST UNNÖTIG.
ICH WAR AUS EIGENEM ANTRIEB DORT, NICHT MIT IHM.
AHA.
KAL. WIR WOLLEN DICH SCHÜTZEN.
UND ICH SEHE NICHT ZU, WIE BRUCE UND SEINE ROBINS IHR LEBEN RISKIEREN, UM *UNS* ZU SCHÜTZEN. KEINE WAFFE KANN MIR ETWAS ANHABEN.

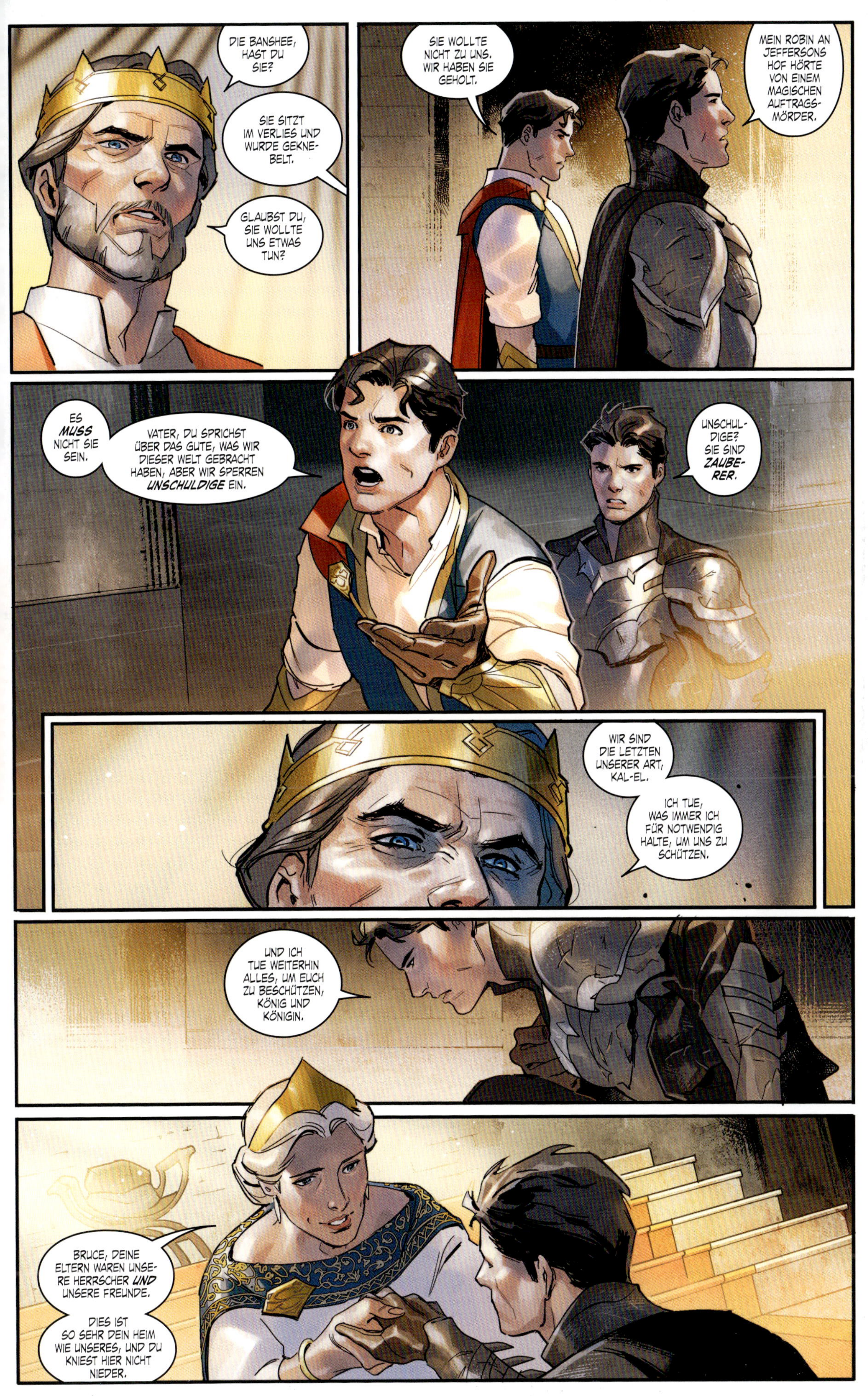
DIE BANSHEE, HAST DU SIE?
SIE WOLLTE NICHT ZU UNS. WIR HABEN SIE GEHOLT.
MEIN ROBIN AN JEFFERSONS HOF HÖRTE VON EINEM MAGISCHEN AUFTRAGS-MÖRDER.
SIE SITZT IM VERLIES UND WURDE GEKNE-BELT.
GLAUBST DU, SIE WOLLTE UNS ETWAS TUN?
ES MUSS NICHT SIE SEIN.
VATER, DU SPRICHST ÜBER DAS GUTE, WAS WIR DIESER WELT GEBRACHT HABEN, ABER WIR SPERREN UNSCHULDIGE EIN.
UNSCHUL-DIGE? SIE SIND ZAUBE-RER.
WIR SIND DIE LETZTEN UNSERER ART, KAL-EL.
ICH TUE, WAS IMMER ICH FÜR NOTWENDIG HALTE, UM UNS ZU SCHÜTZEN.
UND ICH TUE WEITERHIN ALLES, UM EUCH ZU BESCHÜTZEN, KÖNIG UND KÖNIGIN.
BRUCE, DEINE ELTERN WAREN UNSE-RE HERRSCHER UND UNSERE FREUNDE.
DIES IST SO SEHR DEIN HEIM WIE UNSERES, UND DU KNIEST HIER NICHT NIEDER.

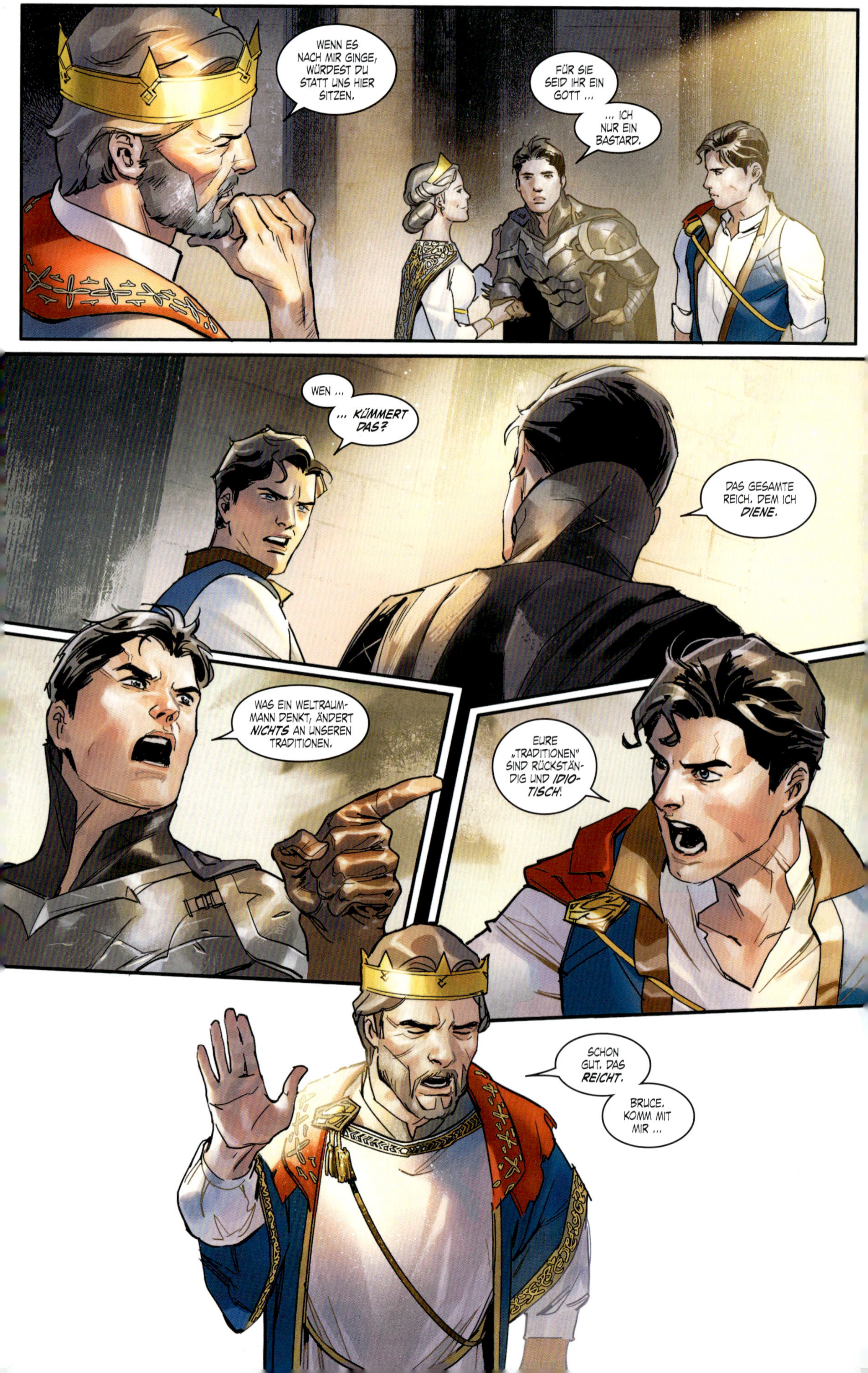

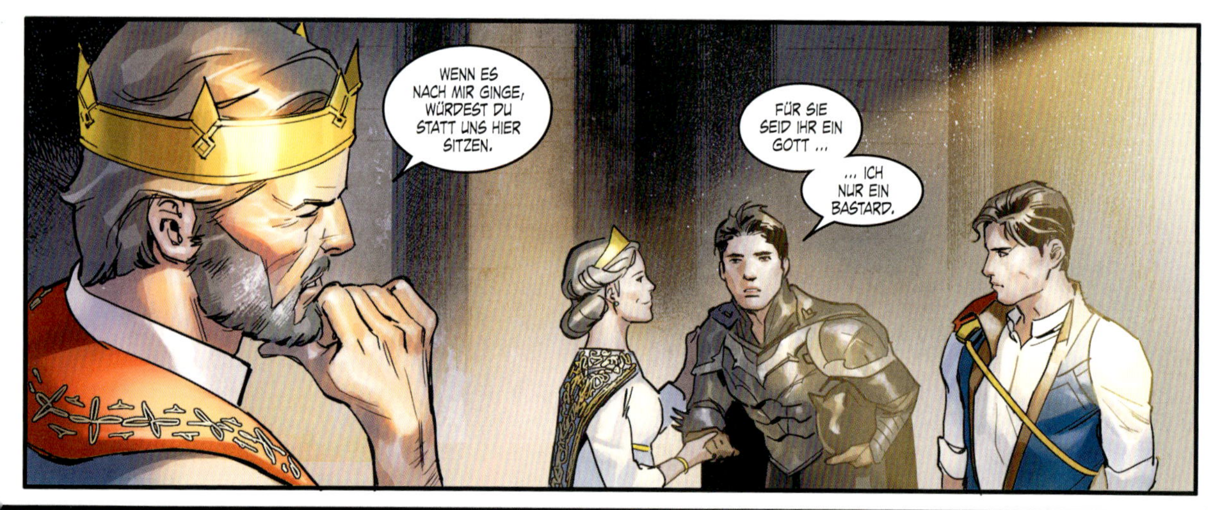
WENN ES NACH MIR GINGE, WÜRDEST DU STATT UNS HIER SITZEN.
FÜR SIE SEID IHR EIN GOTT …
… ICH NUR EIN BASTARD.

WEN …
… *KÜMMERT DAS?*
DAS GESAMTE REICH. DEM ICH *DIENE.*
WAS EIN WELTRAUM-MANN DENKT, ÄNDERT *NICHTS* AN UNSEREN TRADITIONEN.
EURE „TRADITIONEN" SIND RÜCKSTÄN-DIG UND *IDIO-TISCH*!
SCHON GUT. DAS *REICHT.*
BRUCE. KOMM MIT MIR …

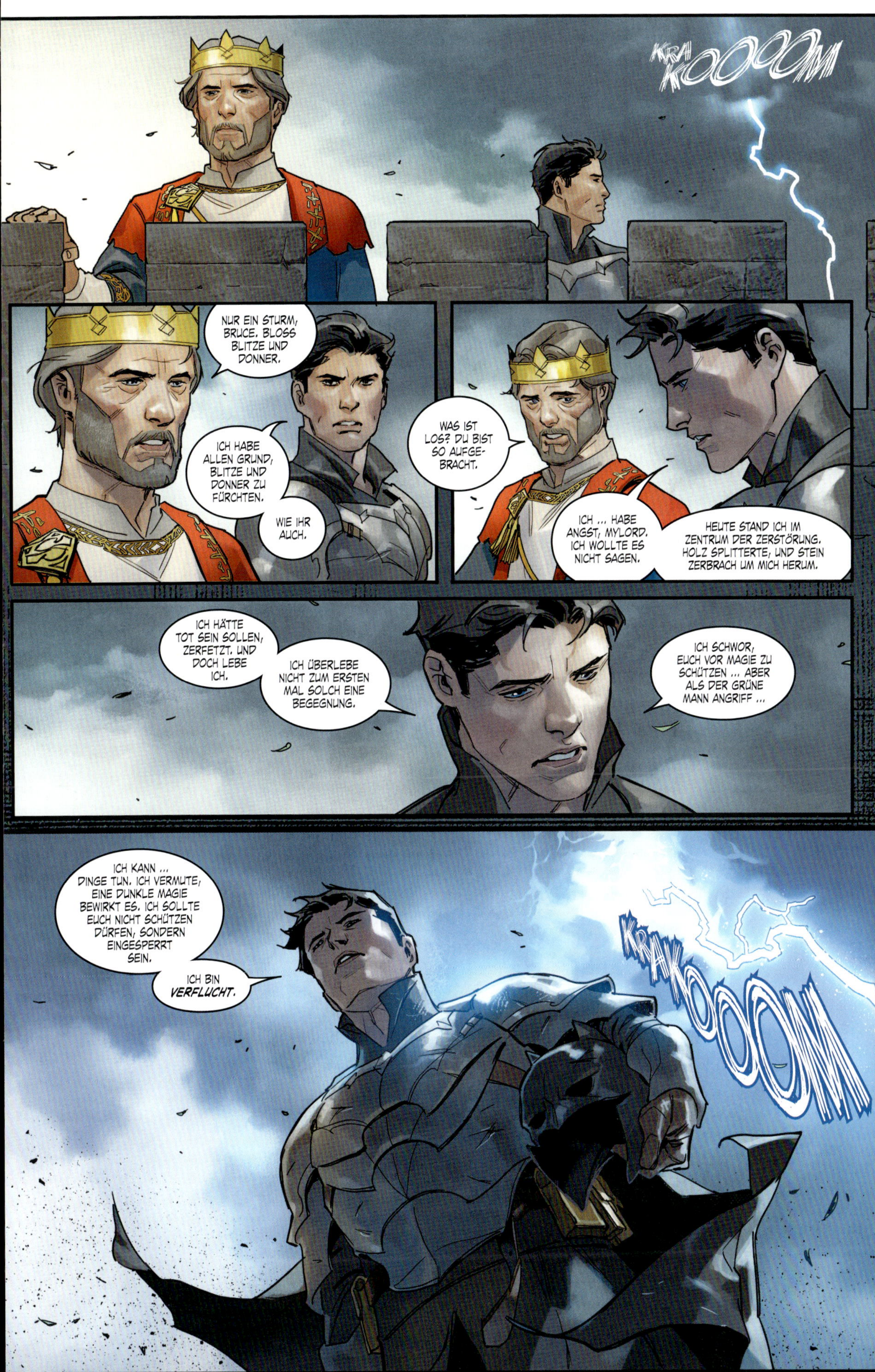

KRA KOOOOM
NUR EIN STURM, BRUCE. BLOSS BLITZE UND DONNER.
ICH HABE ALLEN GRUND, BLITZE UND DONNER ZU FÜRCHTEN.
WIE IHR AUCH.
WAS IST LOS? DU BIST SO AUFGEBRACHT.
ICH ... HABE ANGST, MYLORD. ICH WOLLTE ES NICHT SAGEN.
HEUTE STAND ICH IM ZENTRUM DER ZERSTÖRUNG. HOLZ SPLITTERTE, UND STEIN ZERBRACH UM MICH HERUM.
ICH HÄTTE TOT SEIN SOLLEN, ZERFETZT. UND DOCH LEBE ICH.
ICH ÜBERLEBE NICHT ZUM ERSTEN MAL SOLCH EINE BEGEGNUNG.
ICH SCHWOR, EUCH VOR MAGIE ZU SCHÜTZEN ... ABER ALS DER GRÜNE MANN ANGRIFF ...
ICH KANN ... DINGE TUN. ICH VERMUTE, EINE DUNKLE MAGIE BEWIRKT ES. ICH SOLLTE EUCH NICHT SCHÜTZEN DÜRFEN, SONDERN EINGESPERRT SEIN.
ICH BIN *VERFLUCHT*.
KRAKOOOOM

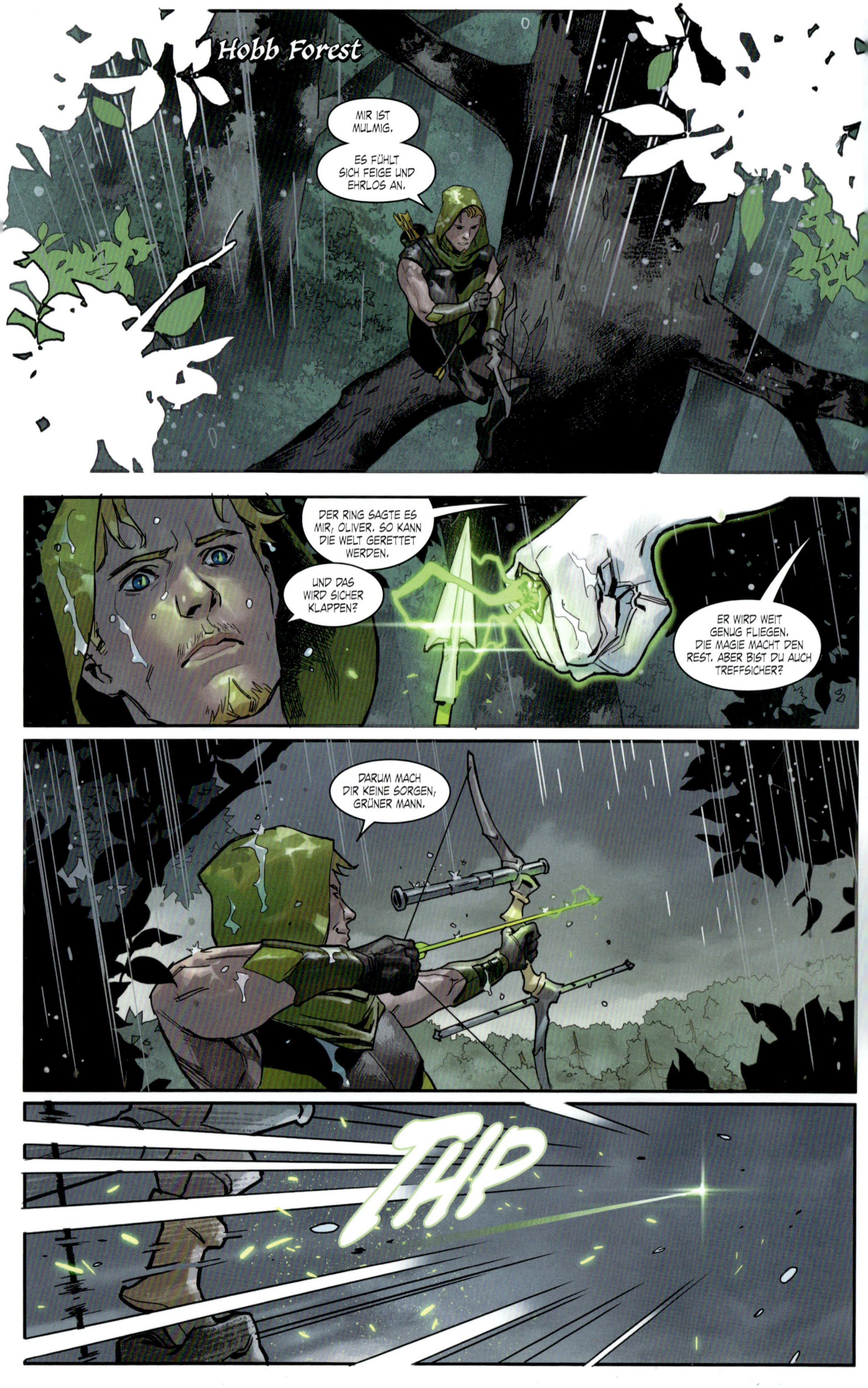

Hobb Forest

MIR IST MULMIG.

ES FÜHLT SICH FEIGE UND EHRLOS AN.

DER RING SAGTE ES MIR, OLIVER. SO KANN DIE WELT GERETTET WERDEN.

UND DAS WIRD SICHER KLAPPEN?

ER WIRD WEIT GENUG FLIEGEN. DIE MAGIE MACHT DEN REST. ABER BIST DU AUCH TREFFSICHER?

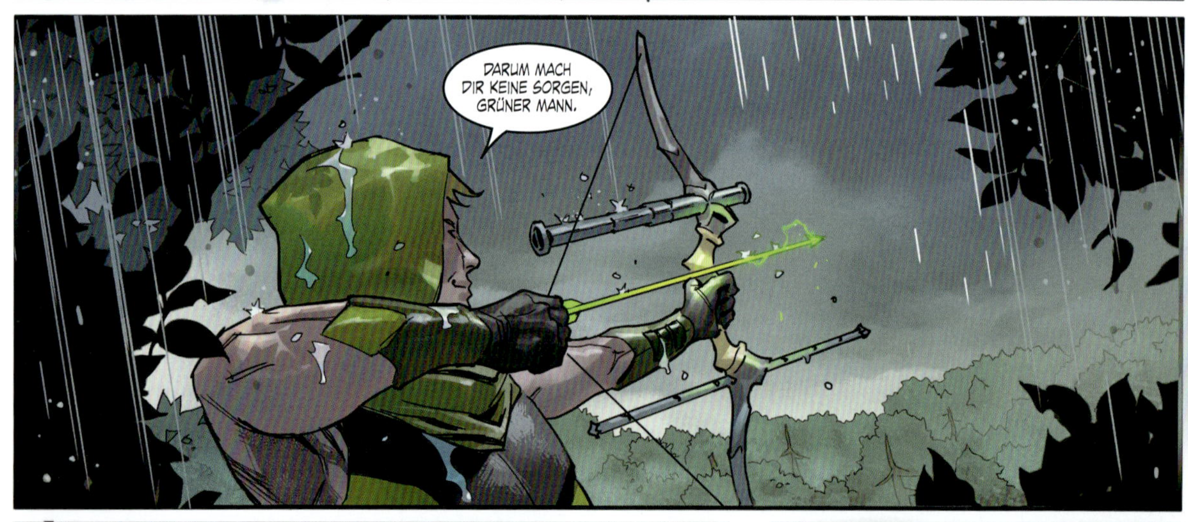


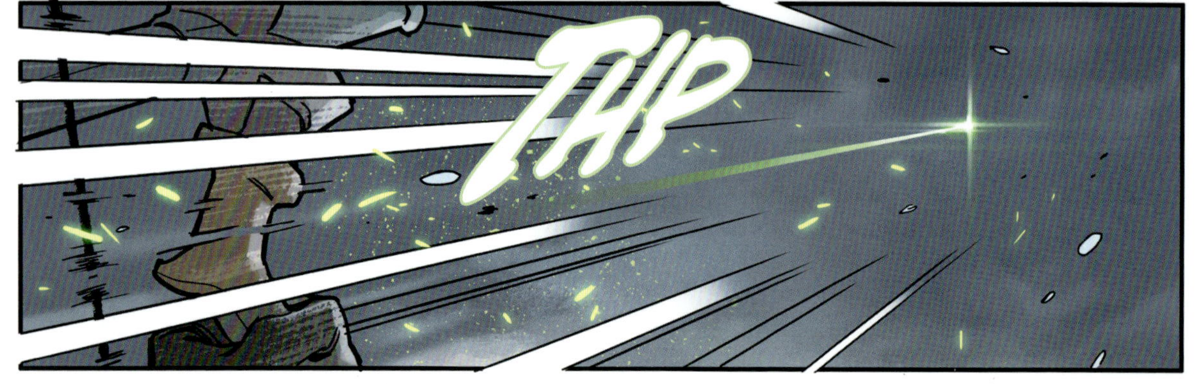

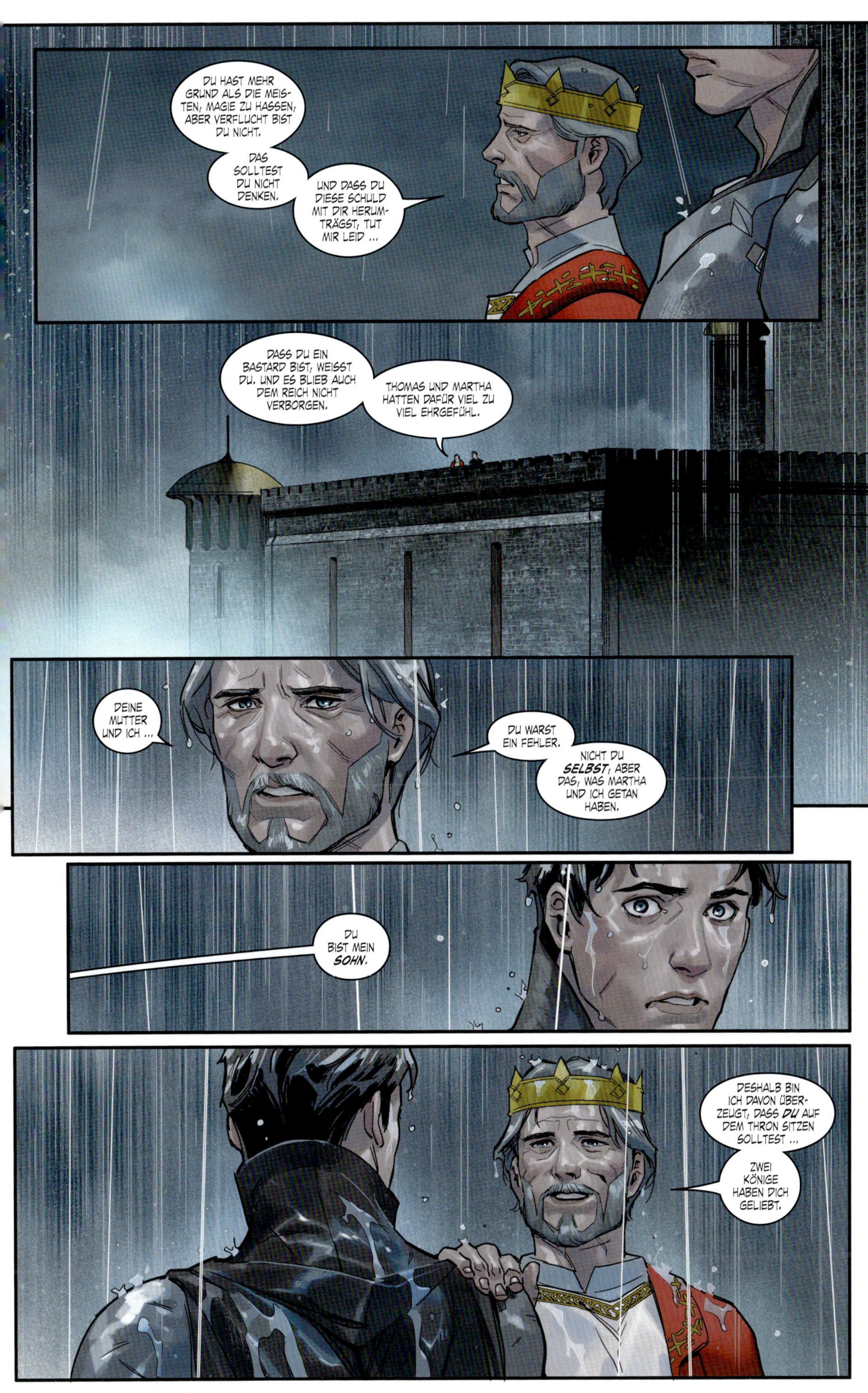
DU HAST MEHR GRUND ALS DIE MEISTEN, MAGIE ZU HASSEN, ABER VERFLUCHT BIST DU NICHT.
DAS SOLLTEST DU NICHT DENKEN.
UND DASS DU DIESE SCHULD MIT DIR HERUMTRÄGST, TUT MIR LEID ...
DASS DU EIN BASTARD BIST, WEISST DU. UND ES BLIEB AUCH DEM REICH NICHT VERBORGEN.
THOMAS UND MARTHA HATTEN DAFÜR VIEL ZU VIEL EHRGEFÜHL.
DEINE MUTTER UND ICH ...
DU WARST EIN FEHLER.
NICHT DU *SELBST*, ABER DAS, WAS MARTHA UND ICH GETAN HABEN.
DU BIST MEIN *SOHN*.
DESHALB BIN ICH DAVON ÜBERZEUGT, DASS *DU* AUF DEM THRON SITZEN SOLLTEST ...
ZWEI KÖNIGE HABEN DICH GELIEBT.

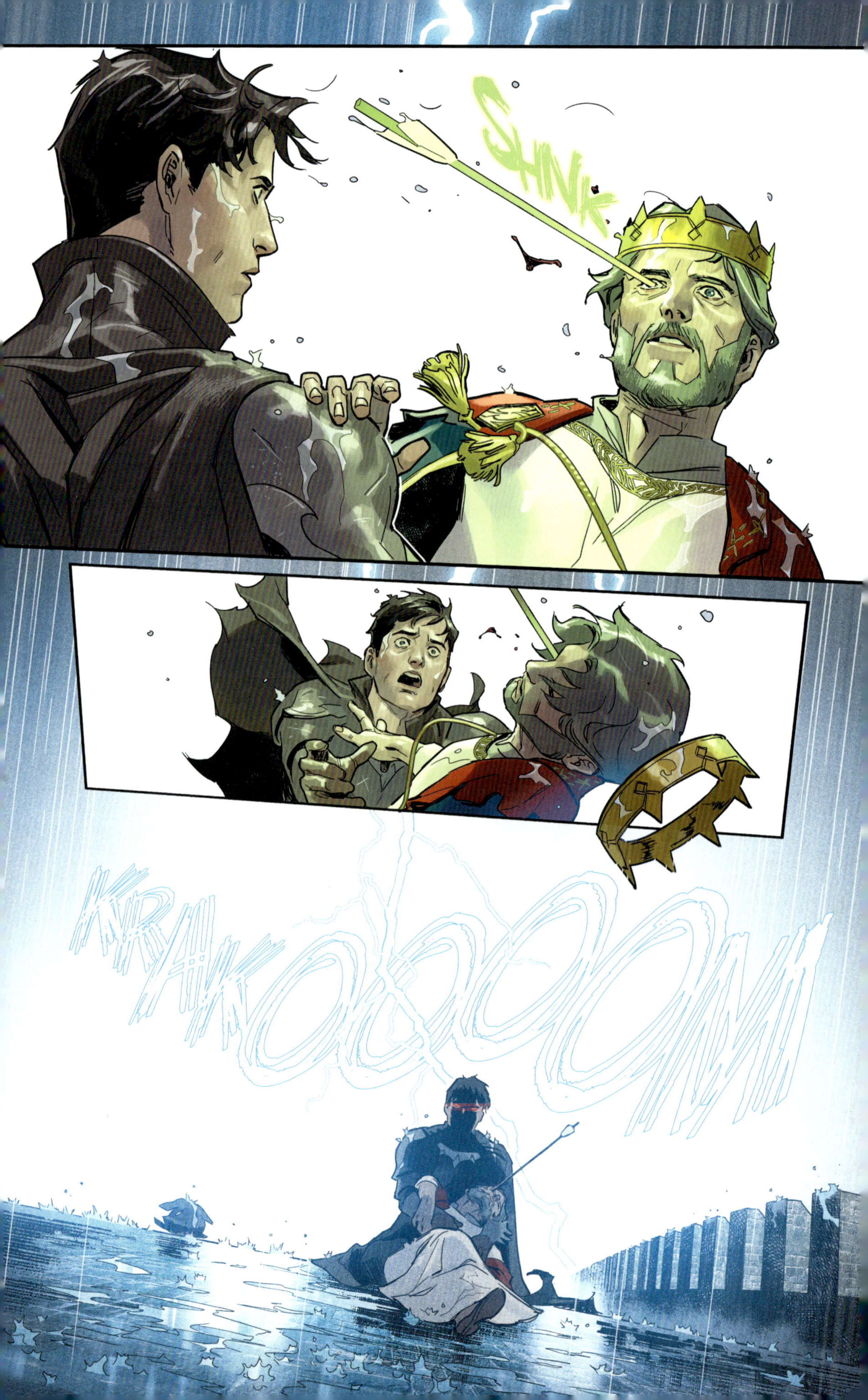
SHINK
KRAKOOOOOOM

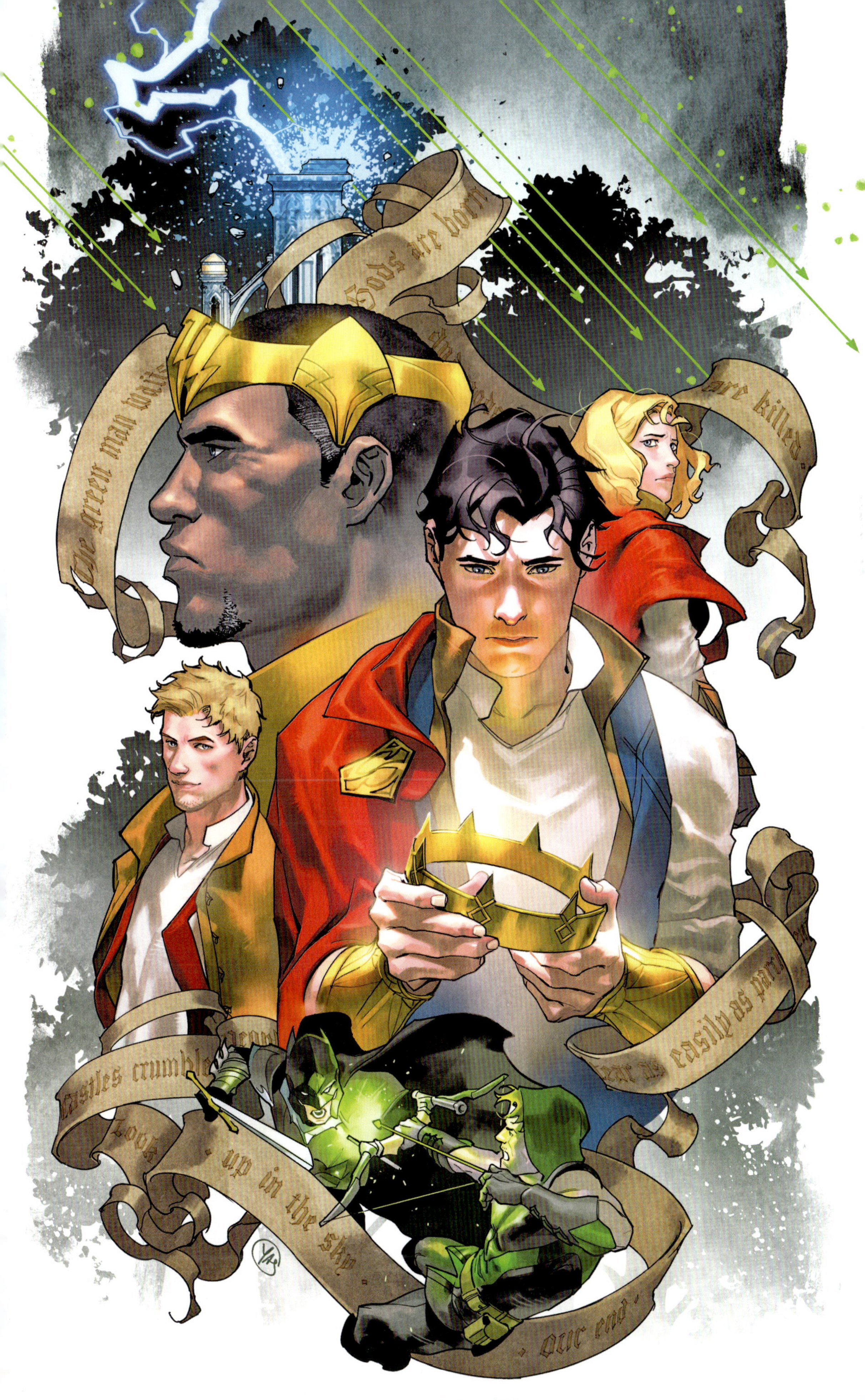

The green man waits
Gods are born
are killed.
Castles crumble
easily as part
Look
up in the sky
Our end

# DARK KNIGHTS OF STEEL 2
# DONNERGROLLEN


**TOM TAYLOR**
Story

**YASMINE PUTRI**
Zeichnungen und Tusche

**ARIF PRIANTO**
Farben

**YASMINE PUTRI**
Original-Cover

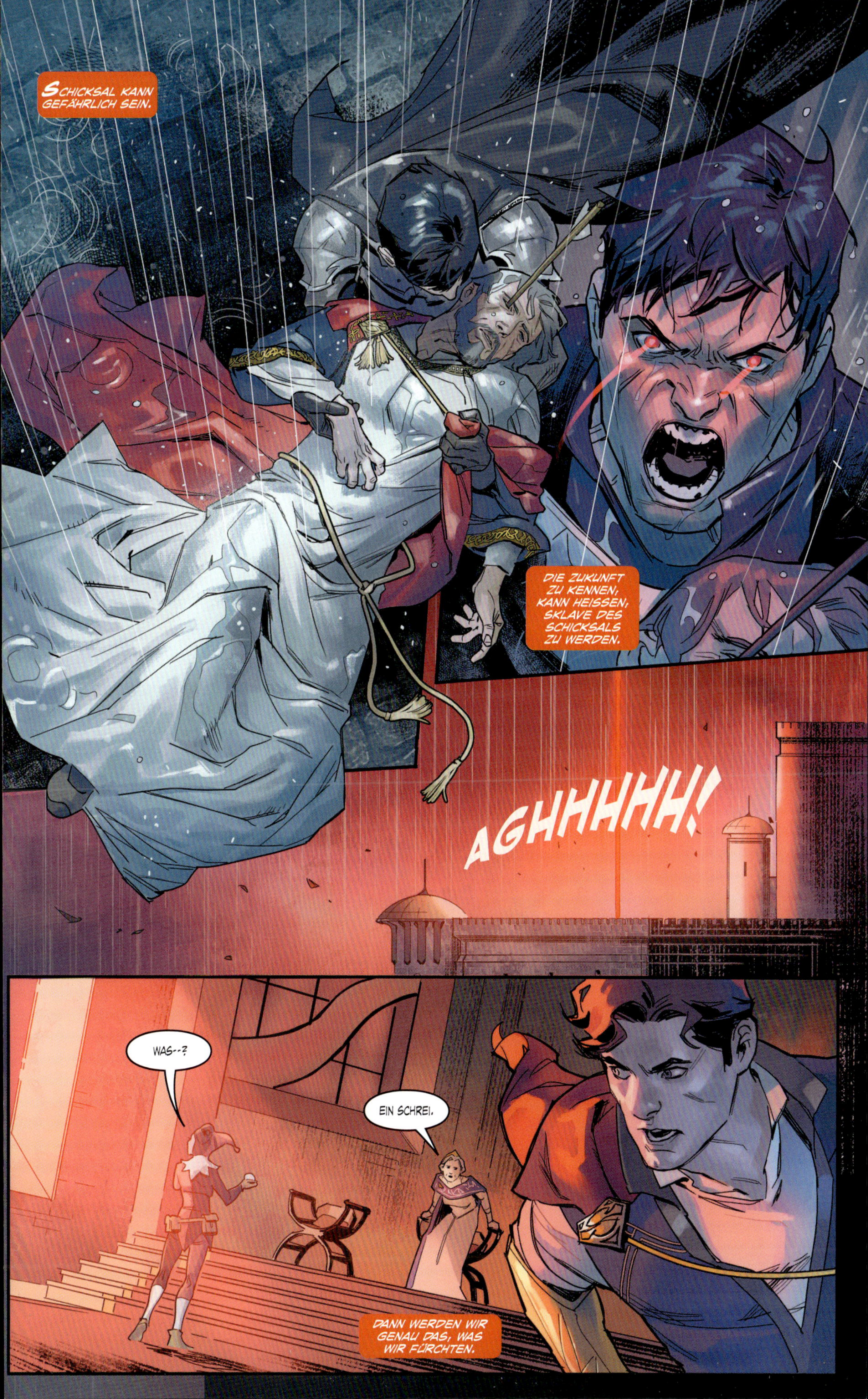
SCHICKSAL KANN GEFÄHRLICH SEIN.
DIE ZUKUNFT ZU KENNEN, KANN HEISSEN, SKLAVE DES SCHICKSALS ZU WERDEN.
AGHHHHH!
WAS--?
EIN SCHREI.
DANN WERDEN WIR GENAU DAS, WAS WIR FÜRCHTEN.

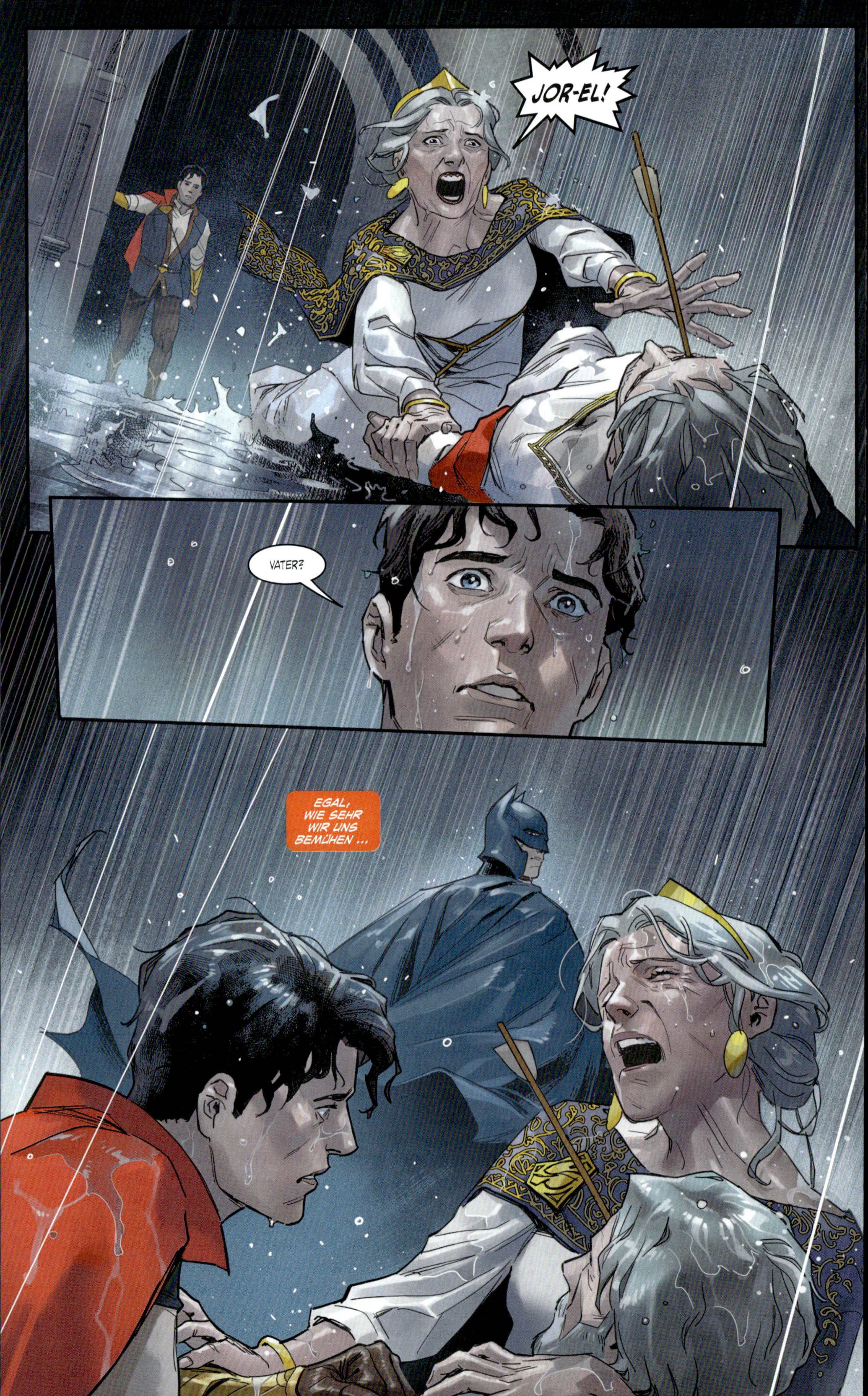
JOR-EL!
VATER?
EGAL, WIE SEHR WIR UNS BEMÜHEN ...

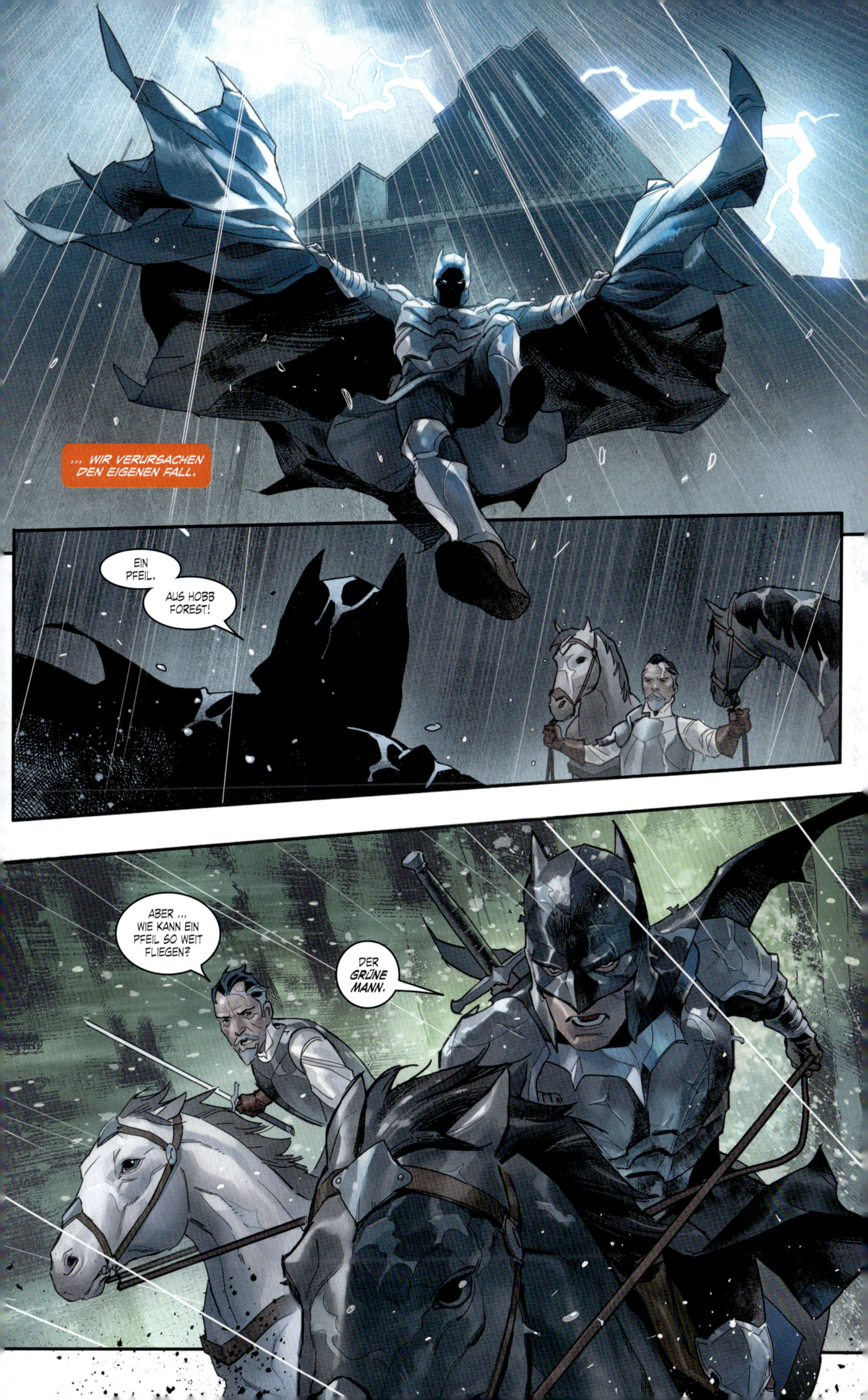
... WIR VERURSACHEN DEN EIGENEN FALL.
EIN PFEIL.
AUS HOBB FOREST!
ABER ... WIE KANN EIN PFEIL SO WEIT FLIEGEN?
DER *GRÜNE* MANN.

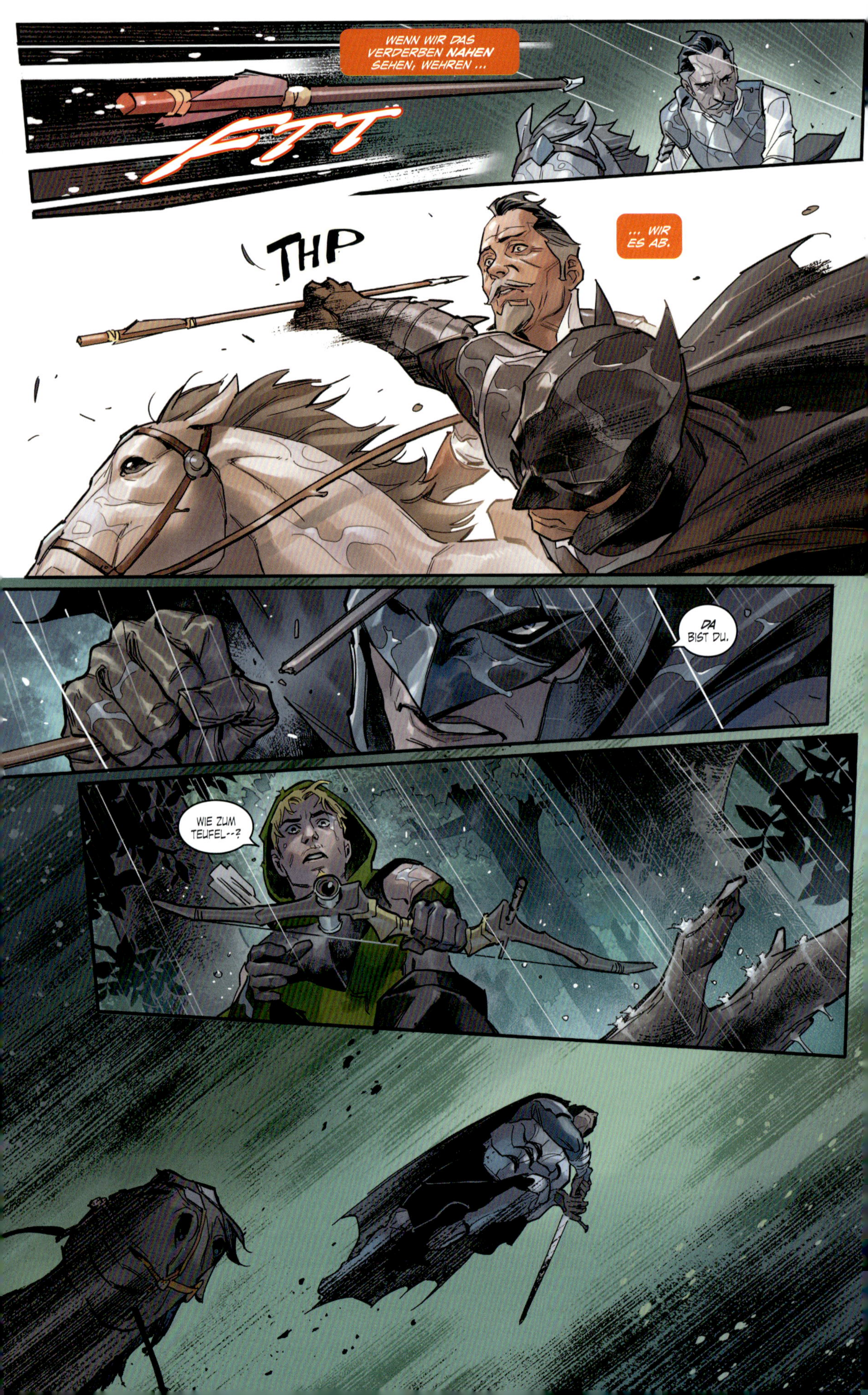
WENN WIR DAS VERDERBEN NAHEN SEHEN, WEHREN ...
FTT
THP
... WIR ES AB.
DA BIST DU.
WIE ZUM TEUFEL--?

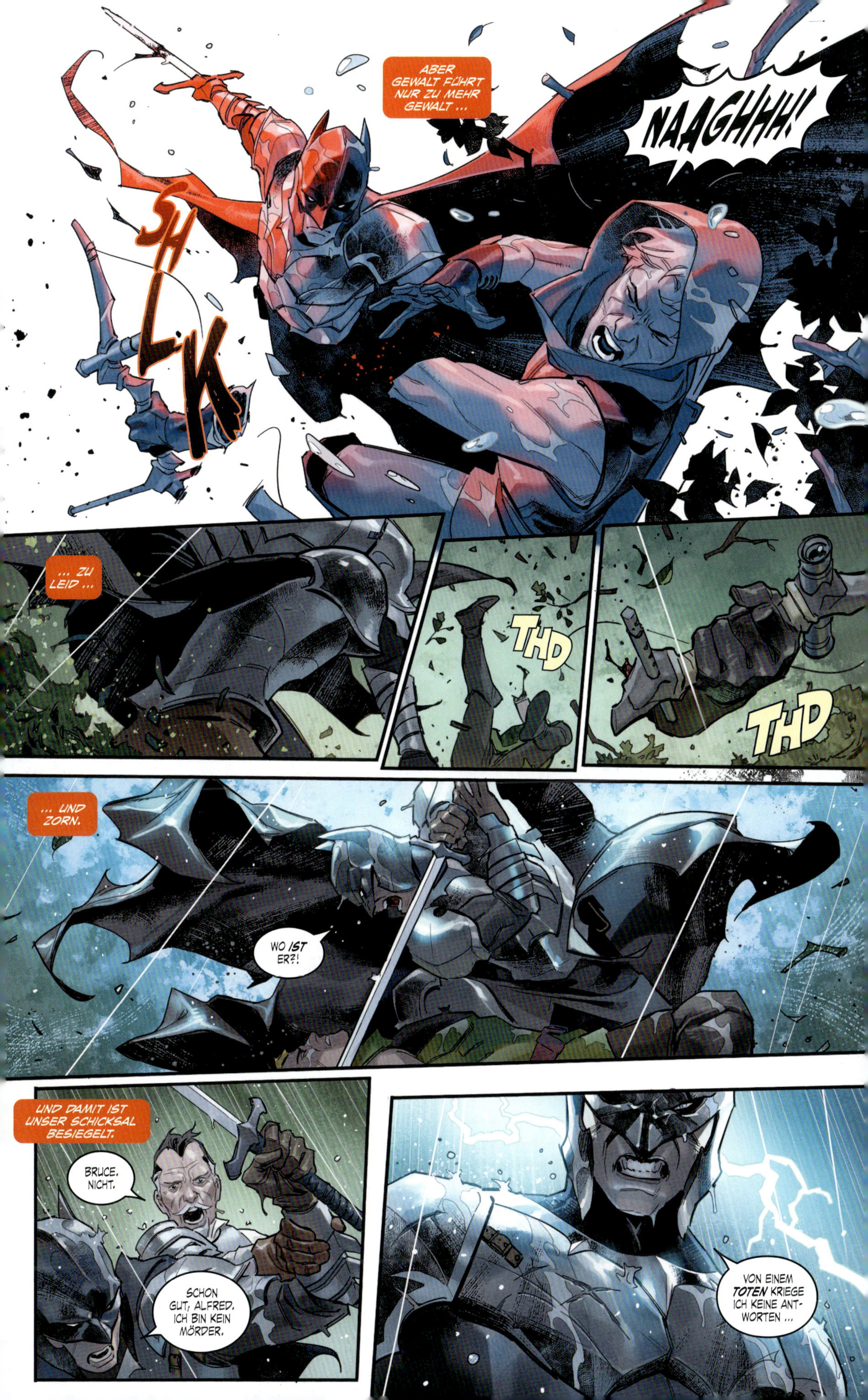

ABER GEWALT FÜHRT NUR ZU MEHR GEWALT ...

NAAGHHH!

SHLLK

... ZU LEID ...

THD

THD

... UND ZORN.

WO *IST* ER?!

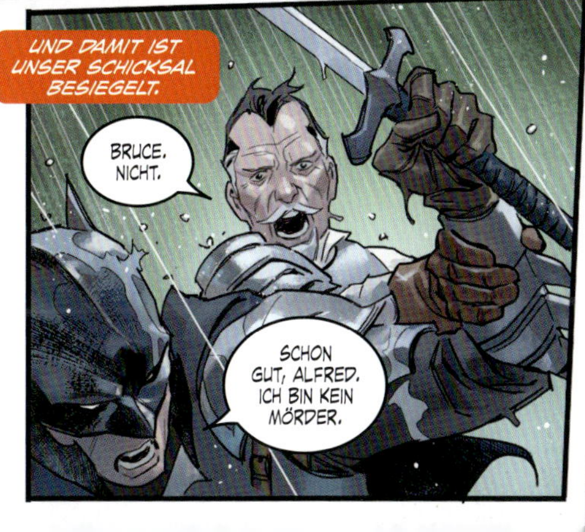


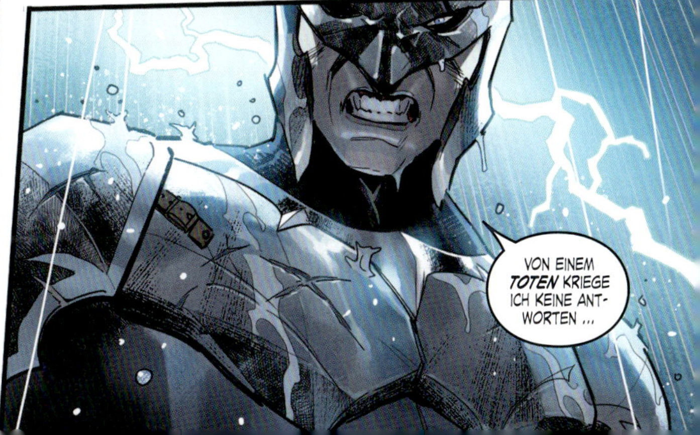

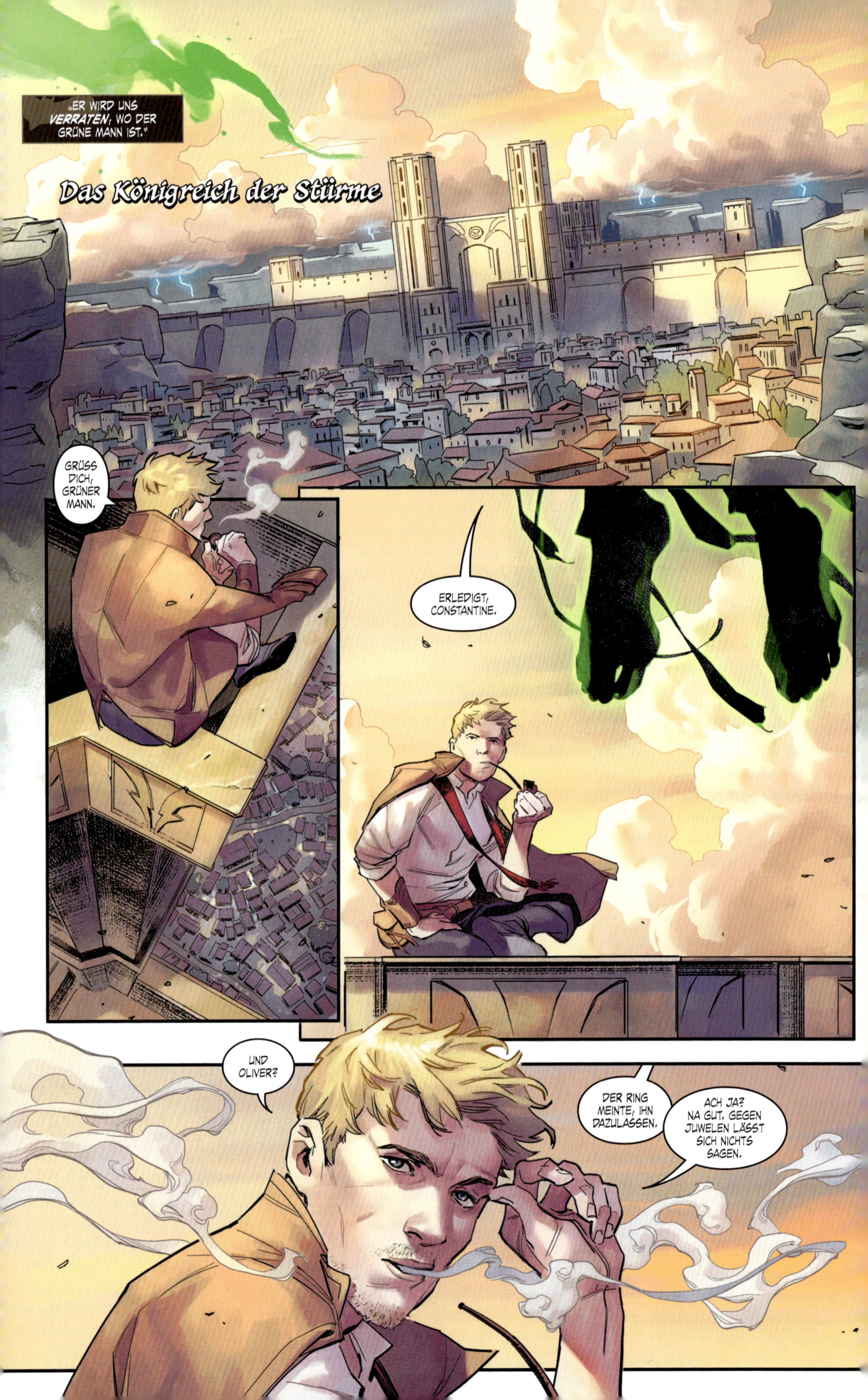
„ER WIRD UNS VERRATEN, WO DER GRÜNE MANN IST."
Das Königreich der Stürme
GRÜSS DICH, GRÜNER MANN.
ERLEDIGT, CONSTANTINE.
UND OLIVER?
DER RING MEINTE, IHN DAZULASSEN.
ACH JA? NA GUT. GEGEN JUWELEN LÄSST SICH NICHTS SAGEN.

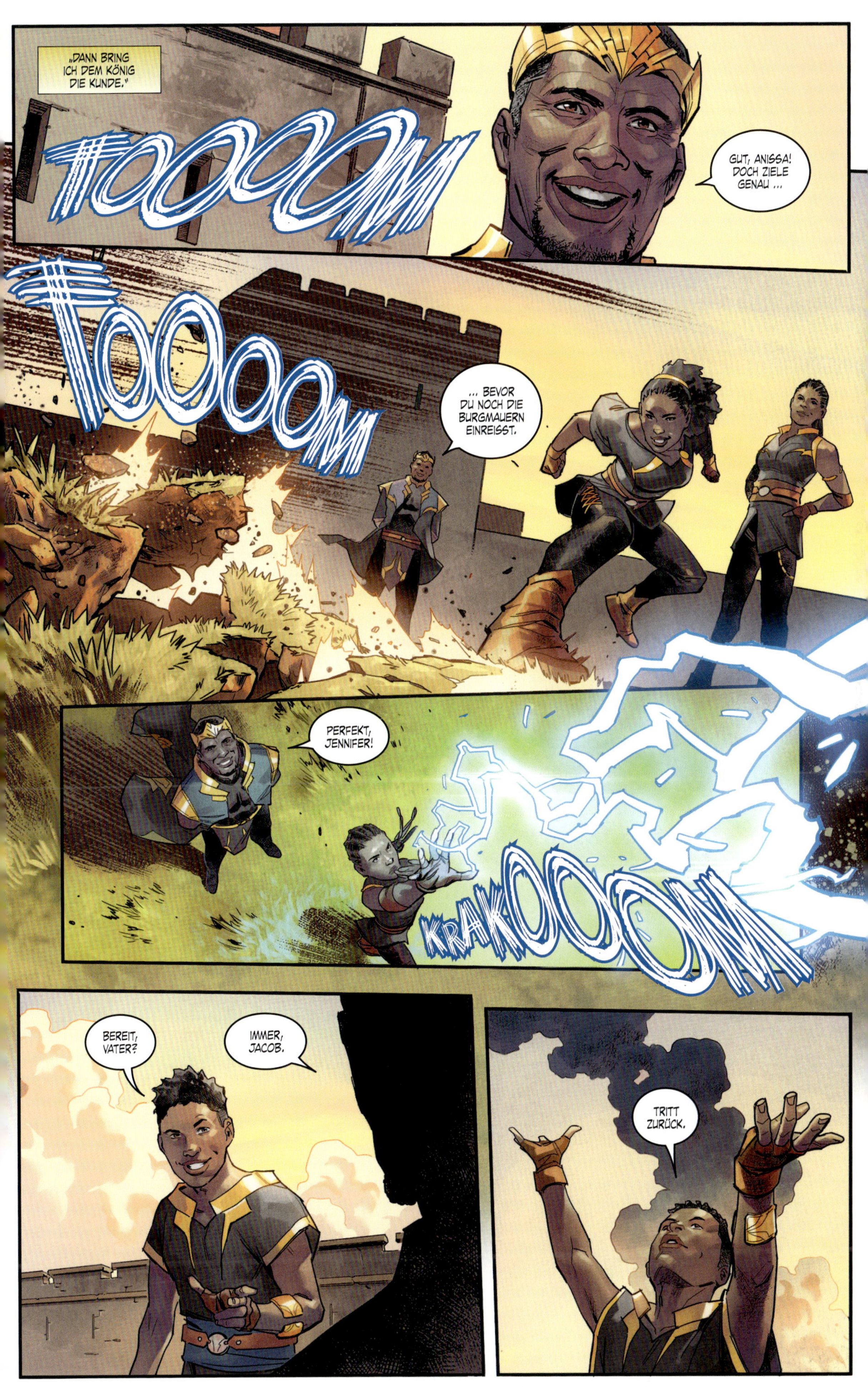
„DANN BRING ICH DEM KÖNIG DIE KUNDE."
TOOOOOM
GUT, ANISSA! DOCH ZIELE GENAU ...
TOOOOOM
... BEVOR DU NOCH DIE BURGMAUERN EINREISST.
PERFEKT, JENNIFER!
KRAKOOOOM
BEREIT, VATER?
IMMER, JACOB.
TRITT ZURÜCK.

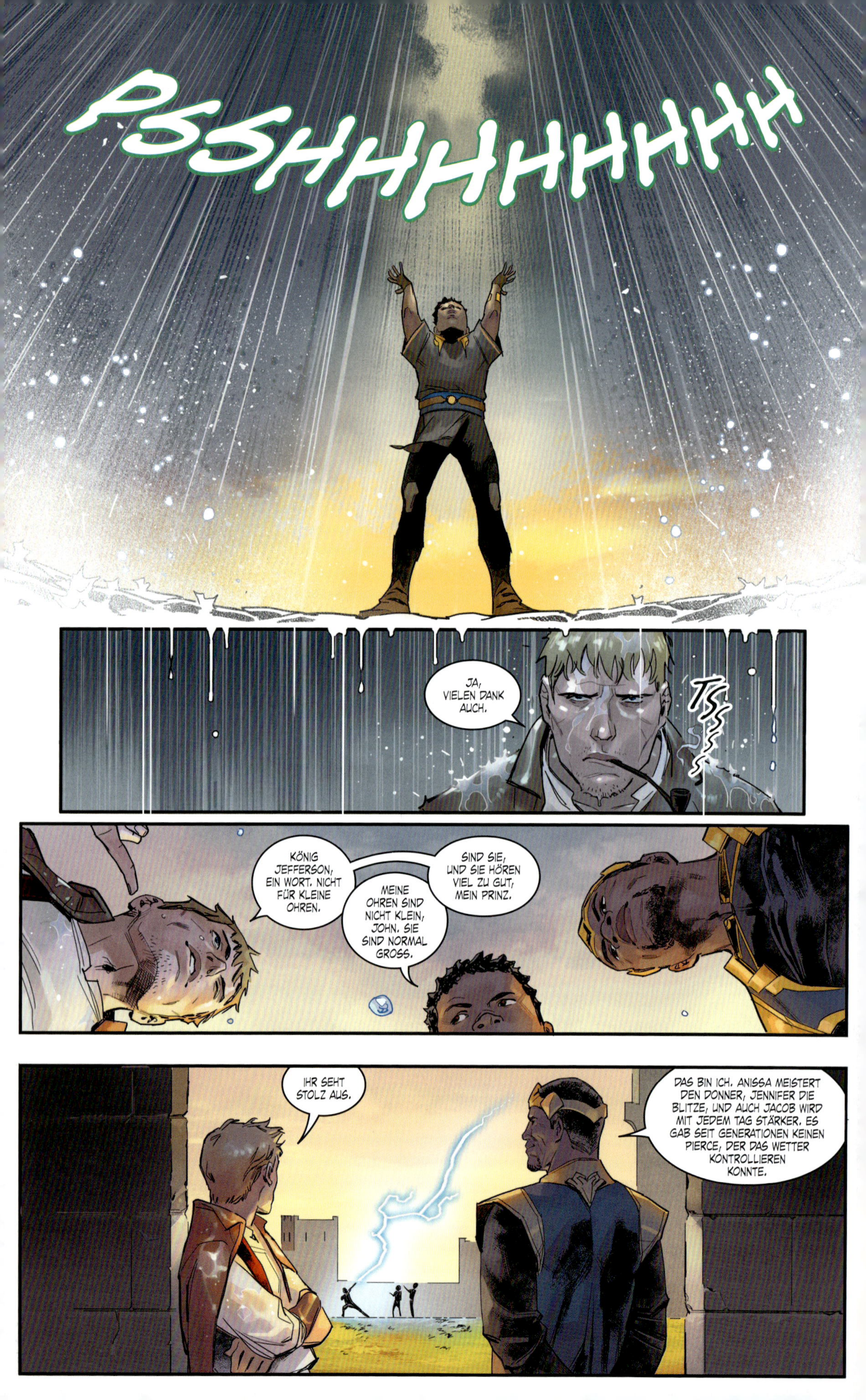

PSSHHHHHHHHH

TSSSS

JA, VIELEN DANK AUCH.

KÖNIG JEFFERSON, EIN WORT. NICHT FÜR KLEINE OHREN.

MEINE OHREN SIND NICHT KLEIN, JOHN. SIE SIND NORMAL GROSS.

SIND SIE, UND SIE HÖREN VIEL ZU GUT, MEIN PRINZ.

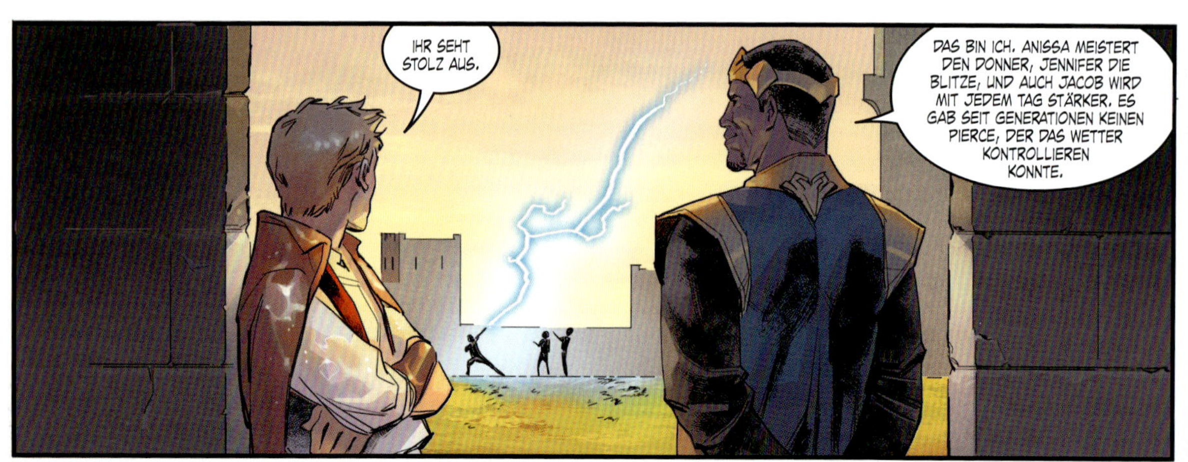

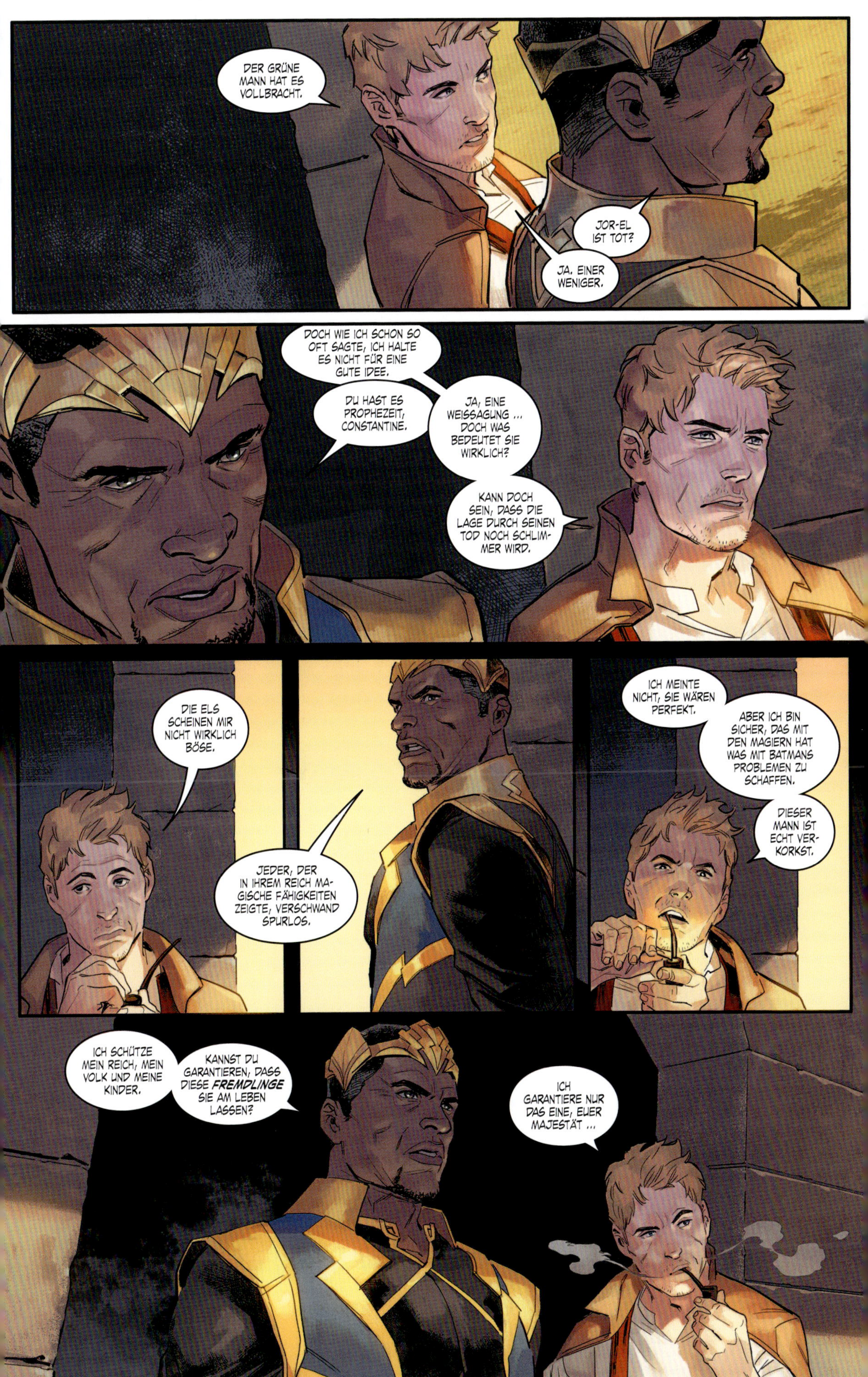
DER GRÜNE MANN HAT ES VOLLBRACHT.
JOR-EL IST TOT?
JA. EINER WENIGER.
DOCH WIE ICH SCHON SO OFT SAGTE, ICH HALTE ES NICHT FÜR EINE GUTE IDEE.
DU HAST ES PROPHEZEIT, CONSTANTINE.
JA, EINE WEISSAGUNG ... DOCH WAS BEDEUTET SIE WIRKLICH?
KANN DOCH SEIN, DASS DIE LAGE DURCH SEINEN TOD NOCH SCHLIMMER WIRD.
DIE ELS SCHEINEN MIR NICHT WIRKLICH BÖSE.
JEDER, DER IN IHREM REICH MAGISCHE FÄHIGKEITEN ZEIGTE, VERSCHWAND SPURLOS.
ICH MEINTE NICHT, SIE WÄREN PERFEKT.
ABER ICH BIN SICHER, DAS MIT DEN MAGIERN HAT WAS MIT BATMANS PROBLEMEN ZU SCHAFFEN.
DIESER MANN IST ECHT VERKORKST.
ICH SCHÜTZE MEIN REICH, MEIN VOLK UND MEINE KINDER.
KANNST DU GARANTIEREN, DASS DIESE ***FREMDLINGE*** SIE AM LEBEN LASSEN?
ICH GARANTIERE NUR DAS EINE, EUER MAJESTÄT ...

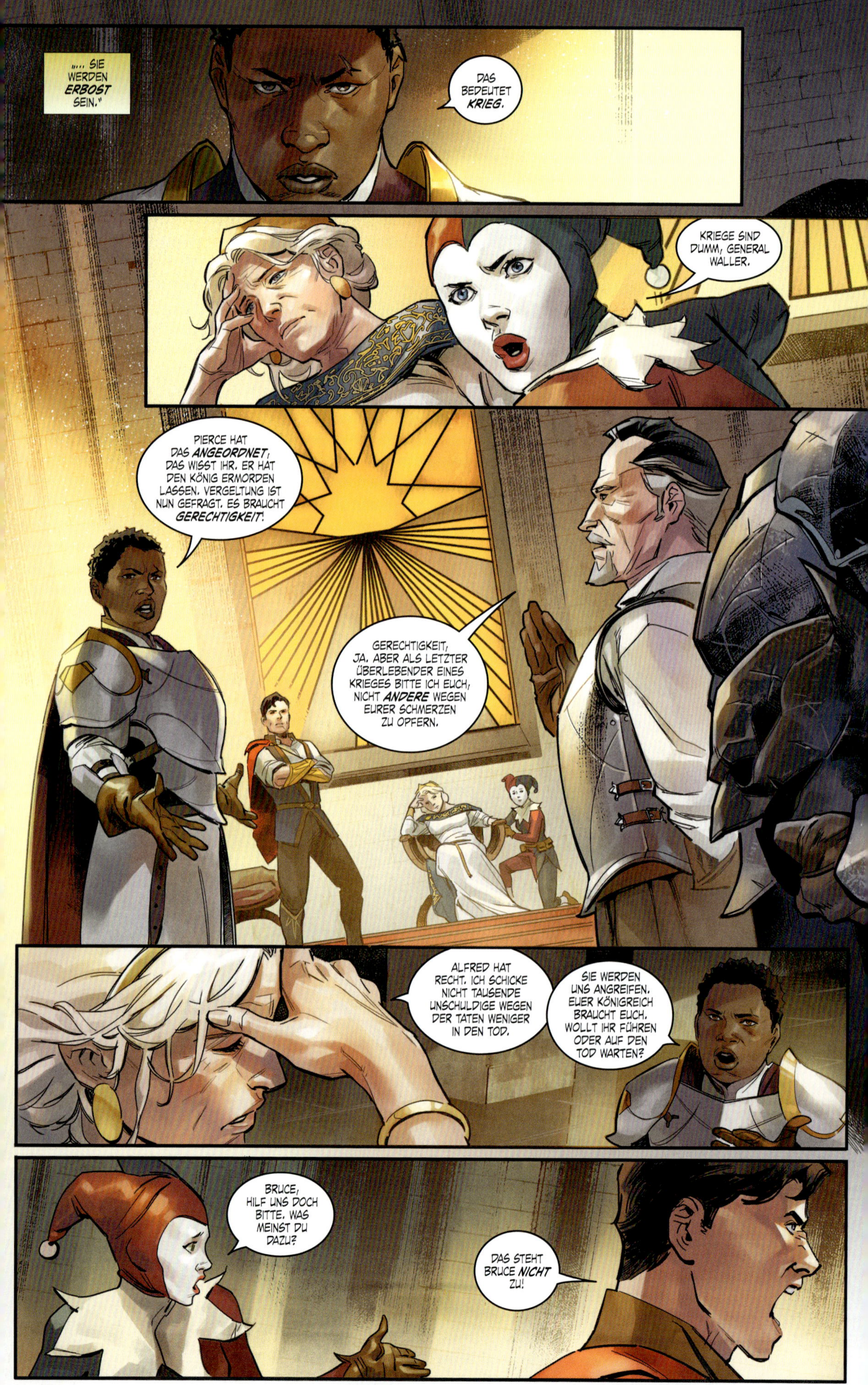
„… SIE WERDEN **ERBOST** SEIN."
DAS BEDEUTET **KRIEG**.
KRIEGE SIND DUMM, GENERAL WALLER.
PIERCE HAT DAS **ANGEORDNET**, DAS WISST IHR. ER HAT DEN KÖNIG ERMORDEN LASSEN. VERGELTUNG IST NUN GEFRAGT. ES BRAUCHT **GERECHTIGKEIT**!
GERECHTIGKEIT, JA. ABER ALS LETZTER ÜBERLEBENDER EINES KRIEGES BITTE ICH EUCH, NICHT **ANDERE** WEGEN EURER SCHMERZEN ZU OPFERN.
ALFRED HAT RECHT. ICH SCHICKE NICHT TAUSENDE UNSCHULDIGE WEGEN DER TATEN WENIGER IN DEN TOD.
SIE WERDEN UNS ANGREIFEN. EUER KÖNIGREICH BRAUCHT EUCH. WOLLT IHR FÜHREN ODER AUF DEN TOD WARTEN?
BRUCE, HILF UNS DOCH BITTE. WAS MEINST DU DAZU?
DAS STEHT BRUCE **NICHT** ZU!

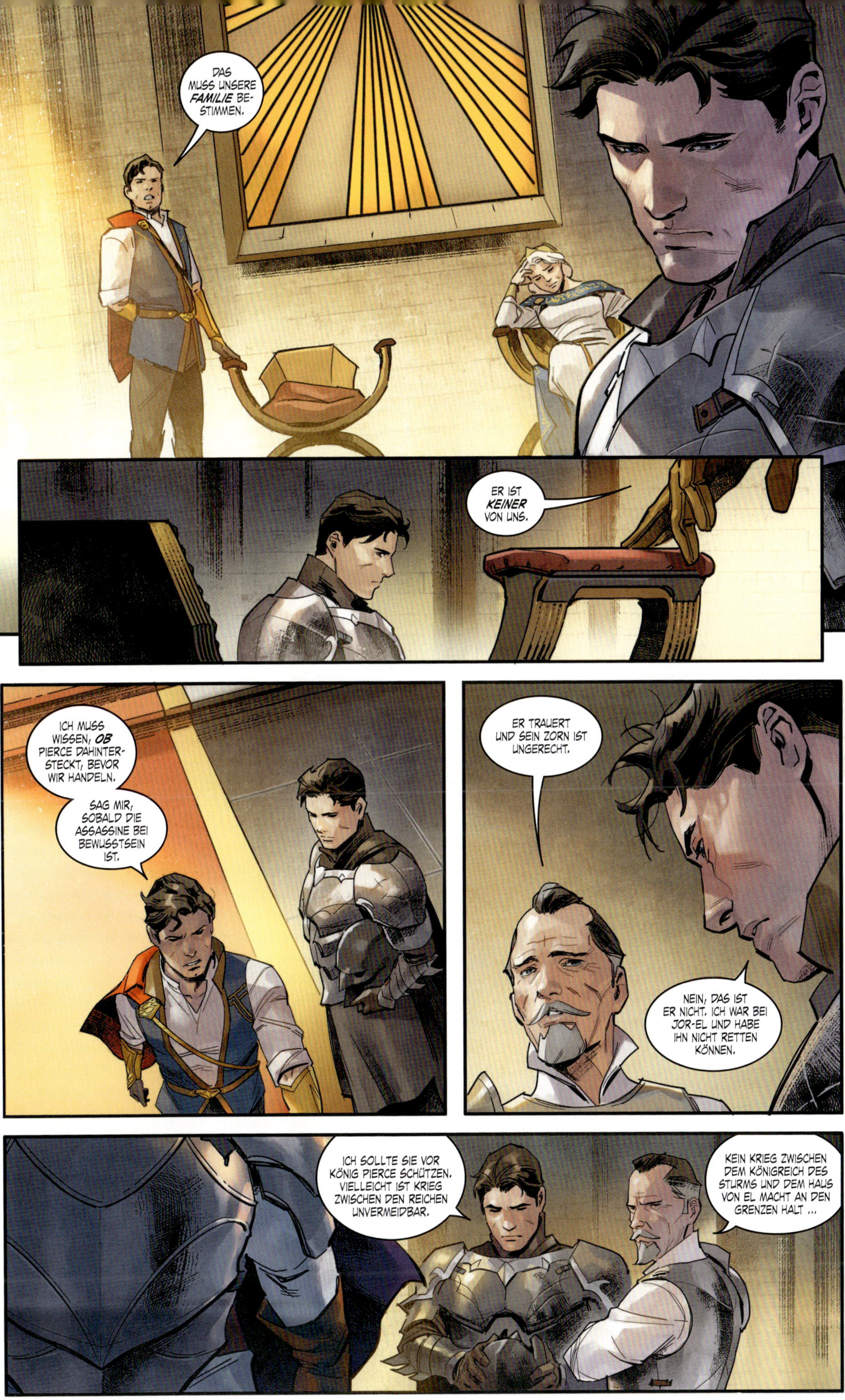

DAS MUSS UNSERE ***FAMILIE*** BESTIMMEN.

ER IST ***KEINER*** VON UNS.

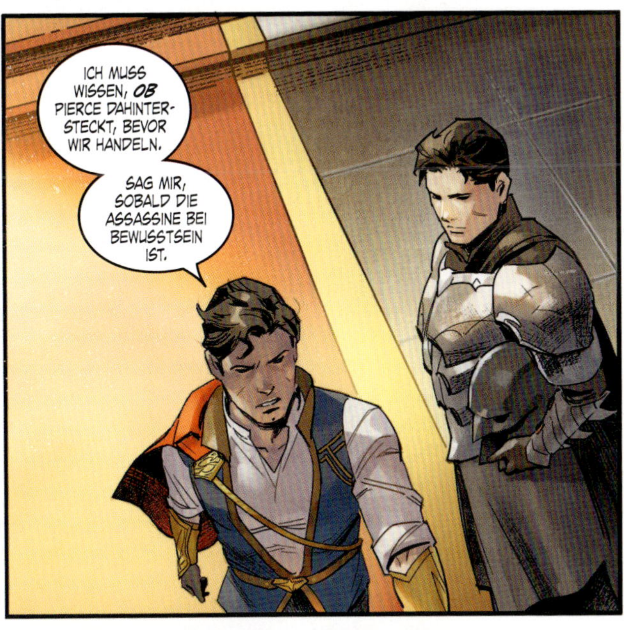


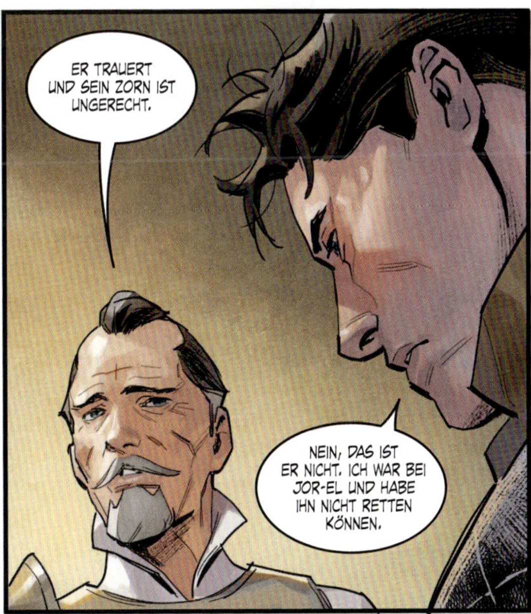


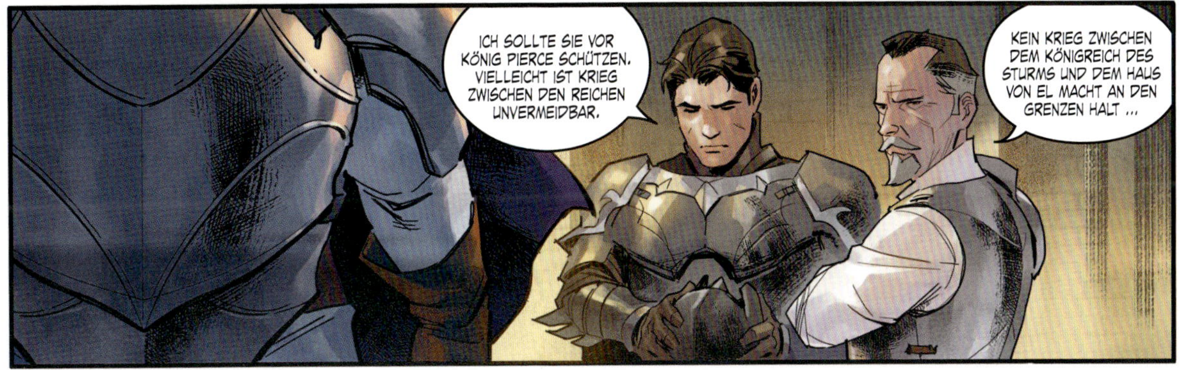

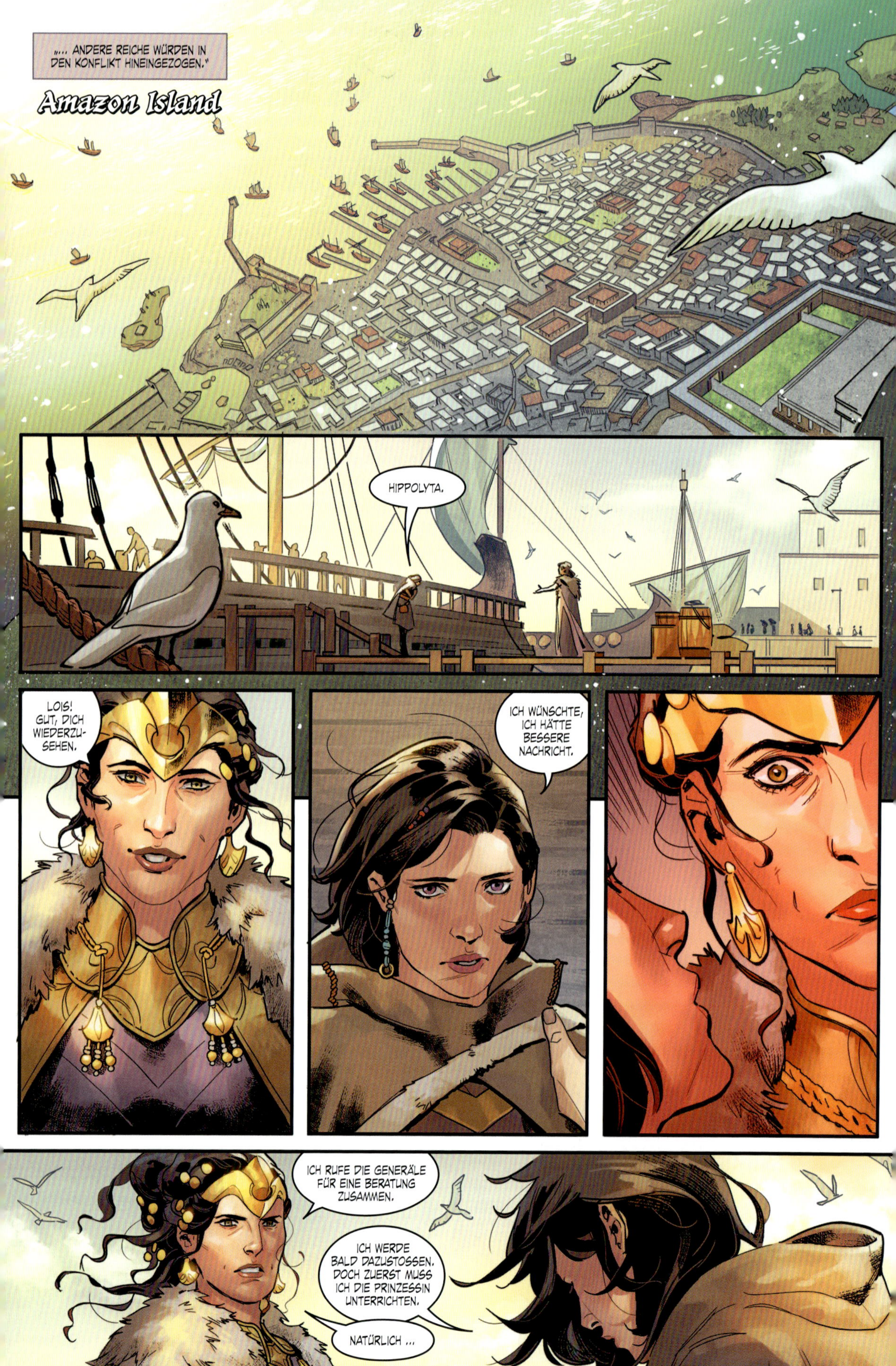
„... ANDERE REICHE WÜRDEN IN DEN KONFLIKT HINEINGEZOGEN."
Amazon Island
HIPPOLYTA.
LOIS! GUT, DICH WIEDERZU-SEHEN.
ICH WÜNSCHTE, ICH HÄTTE BESSERE NACHRICHT.
ICH RUFE DIE GENERÄLE FÜR EINE BERATUNG ZUSAMMEN.
ICH WERDE BALD DAZUSTOSSEN. DOCH ZUERST MUSS ICH DIE PRINZESSIN UNTERRICHTEN.
NATÜRLICH ...

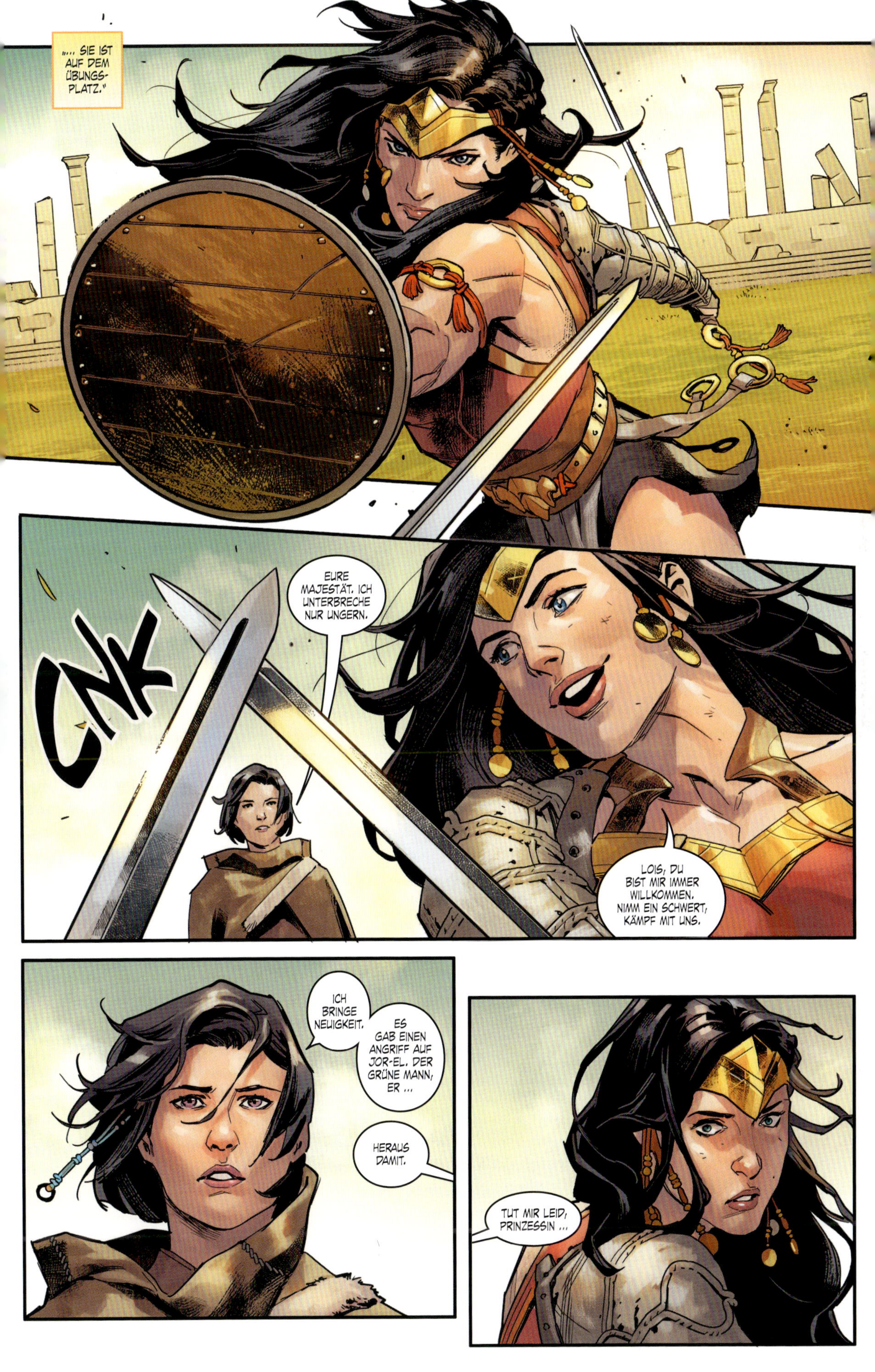

„... SIE IST AUF DEM ÜBUNGS-PLATZ."

CNK

EURE MAJESTÄT. ICH UNTERBRECHE NUR UNGERN.

LOIS, DU BIST MIR IMMER WILLKOMMEN. NIMM EIN SCHWERT, KÄMPF MIT UNS.

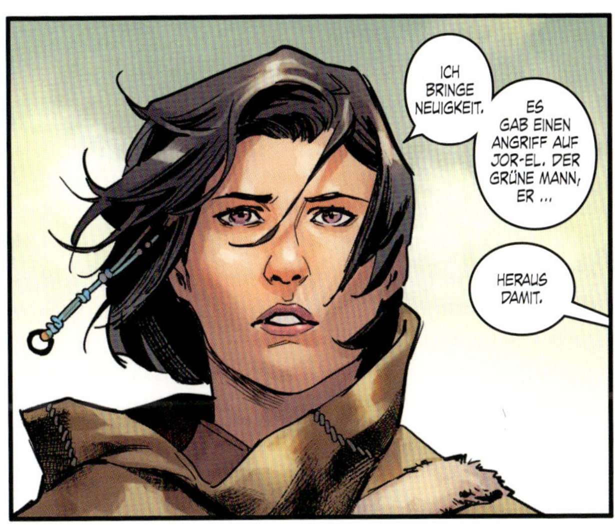


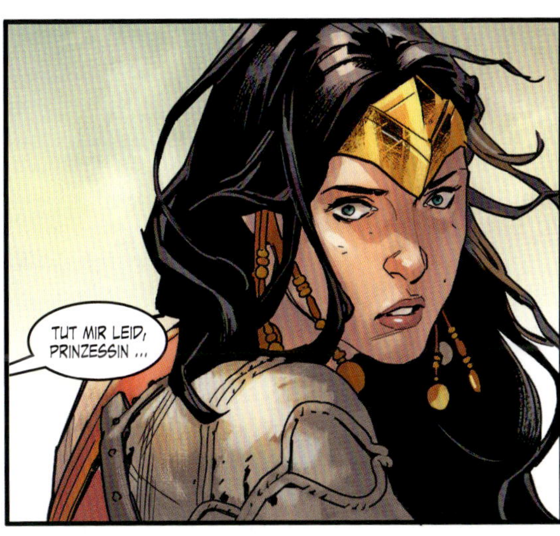

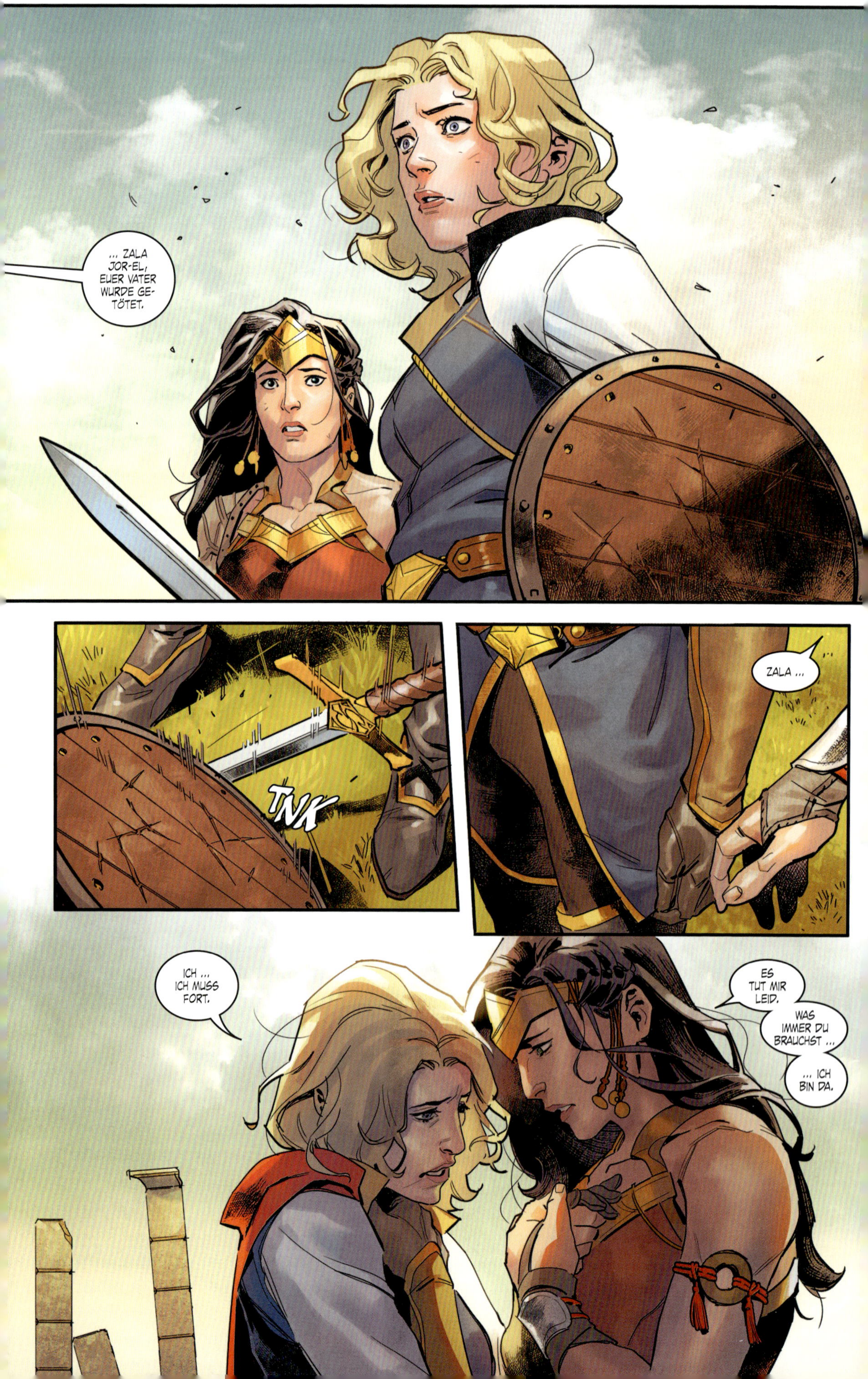

... ZALA JOR-EL, EUER VATER WURDE GE-TÖTET.
TNK
ZALA ...
ICH ... ICH MUSS FORT.
ES TUT MIR LEID.
WAS IMMER DU BRAUCHST ...
... ICH BIN DA.

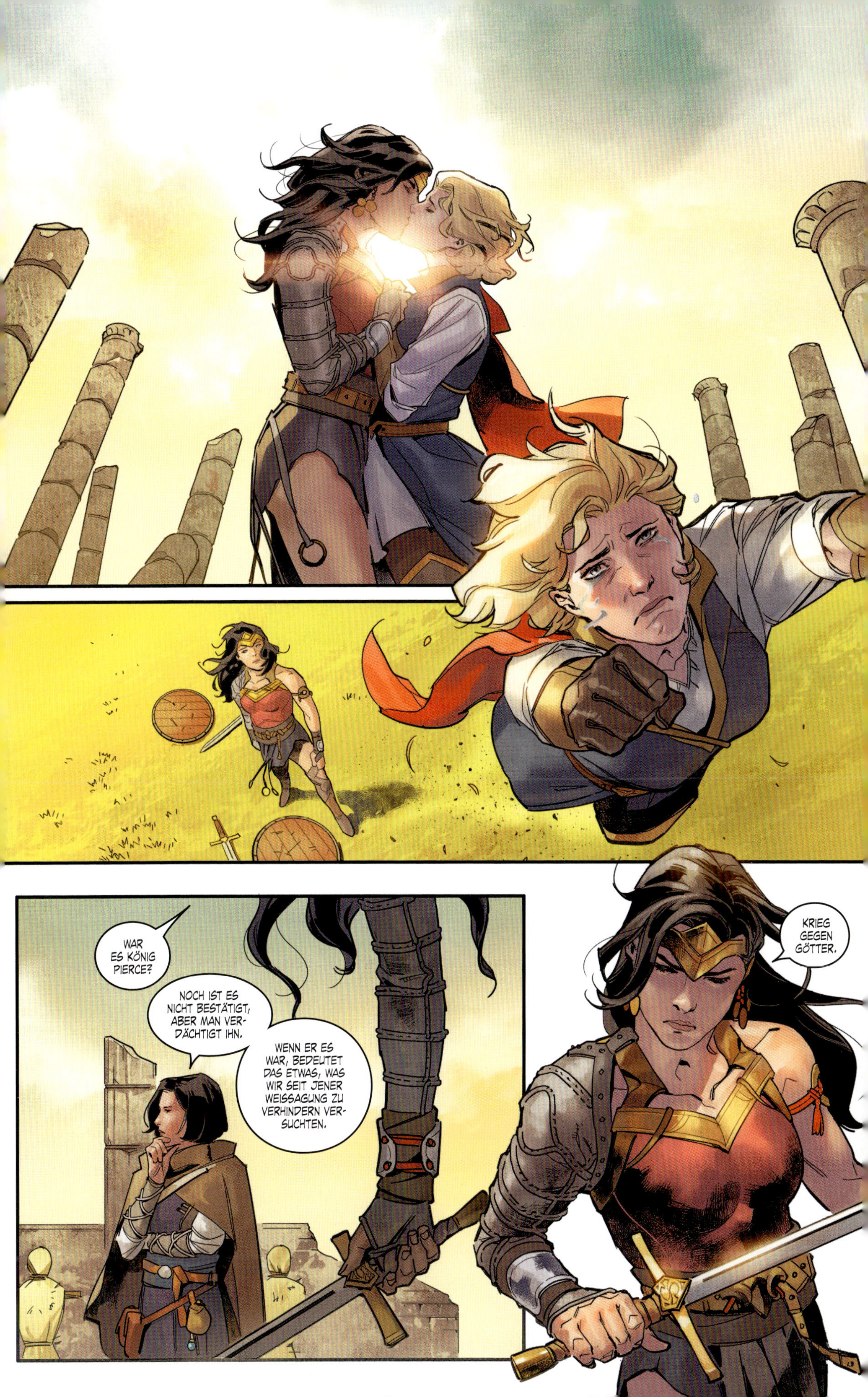
WAR ES KÖNIG PIERCE?
NOCH IST ES NICHT BESTÄTIGT, ABER MAN VERDÄCHTIGT IHN.
WENN ER ES WAR, BEDEUTET DAS ETWAS, WAS WIR SEIT JENER WEISSAGUNG ZU VERHINDERN VERSUCHTEN.
KRIEG GEGEN GÖTTER.

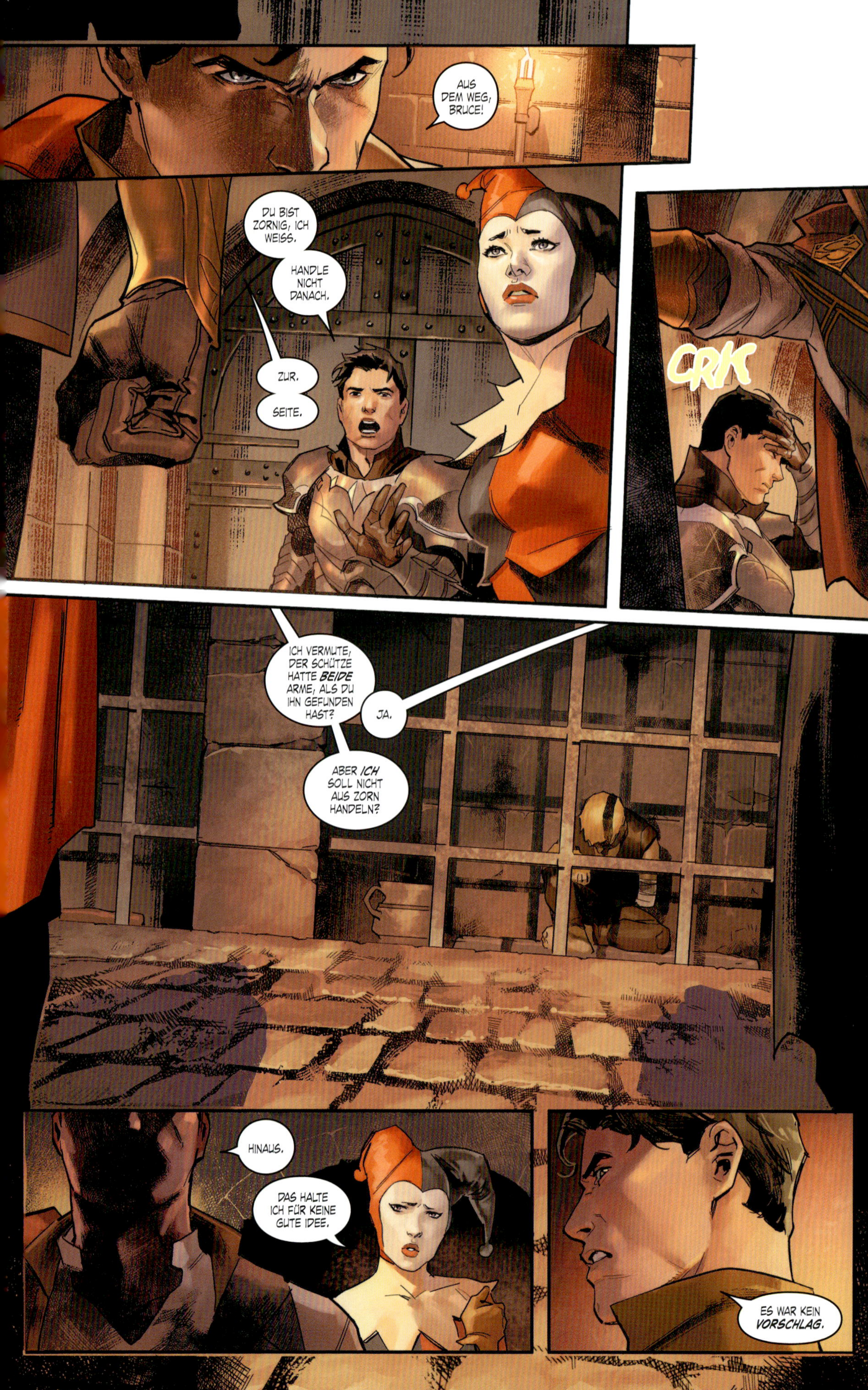
AUS DEM WEG, BRUCE!
DU BIST ZORNIG, ICH WEISS.
HANDLE NICHT DANACH.
ZUR.
SEITE.
CRIK
ICH VERMUTE, DER SCHÜTZE HATTE BEIDE ARME, ALS DU IHN GEFUNDEN HAST?
JA.
ABER ICH SOLL NICHT AUS ZORN HANDELN?
HINAUS.
DAS HALTE ICH FÜR KEINE GUTE IDEE.
ES WAR KEIN VORSCHLAG.

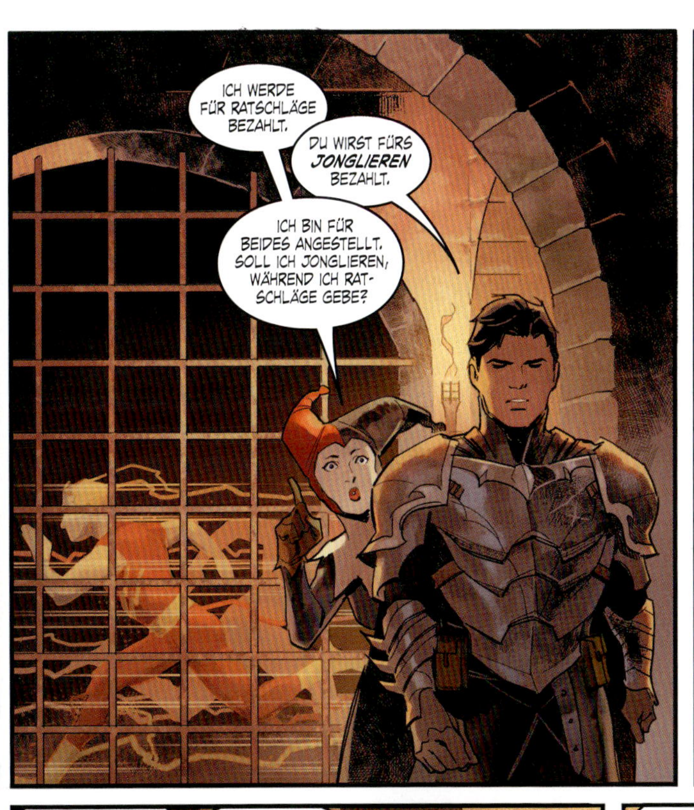
ICH WERDE FÜR RATSCHLÄGE BEZAHLT.
DU WIRST FÜRS JONGLIEREN BEZAHLT.
ICH BIN FÜR BEIDES ANGESTELLT. SOLL ICH JONGLIEREN, WÄHREND ICH RATSCHLÄGE GEBE?

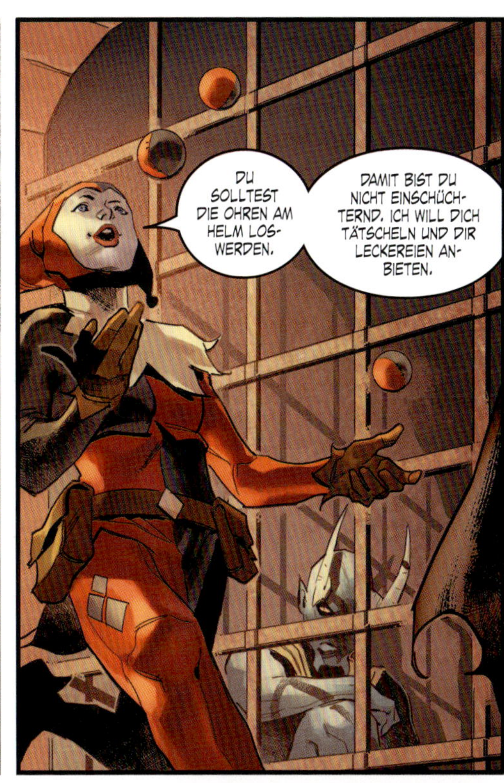
DU SOLLTEST DIE OHREN AM HELM LOSWERDEN.
DAMIT BIST DU NICHT EINSCHÜCHTERND. ICH WILL DICH TÄTSCHELN UND DIR LECKEREIEN ANBIETEN.

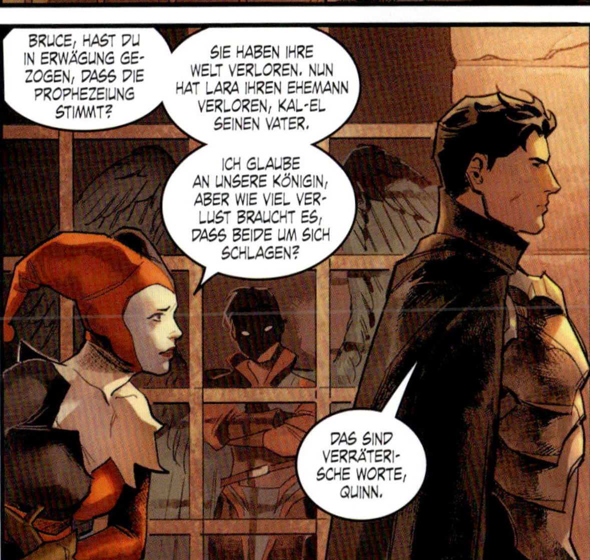
BRUCE, HAST DU IN ERWÄGUNG GEZOGEN, DASS DIE PROPHEZEIUNG STIMMT?
SIE HABEN IHRE WELT VERLOREN. NUN HAT LARA IHREN EHEMANN VERLOREN, KAL-EL SEINEN VATER.
ICH GLAUBE AN UNSERE KÖNIGIN, ABER WIE VIEL VERLUST BRAUCHT ES, DASS BEIDE UM SICH SCHLAGEN?
DAS SIND VERRÄTERISCHE WORTE, QUINN.

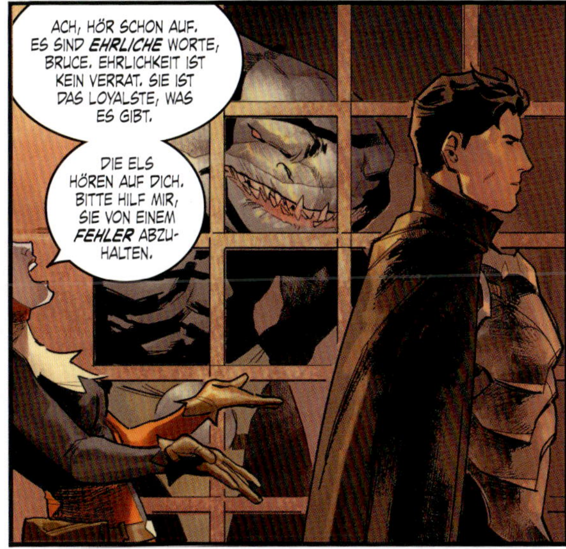
ACH, HÖR SCHON AUF. ES SIND EHRLICHE WORTE, BRUCE. EHRLICHKEIT IST KEIN VERRAT. SIE IST DAS LOYALSTE, WAS ES GIBT.
DIE ELS HÖREN AUF DICH. BITTE HILF MIR, SIE VON EINEM FEHLER ABZUHALTEN.

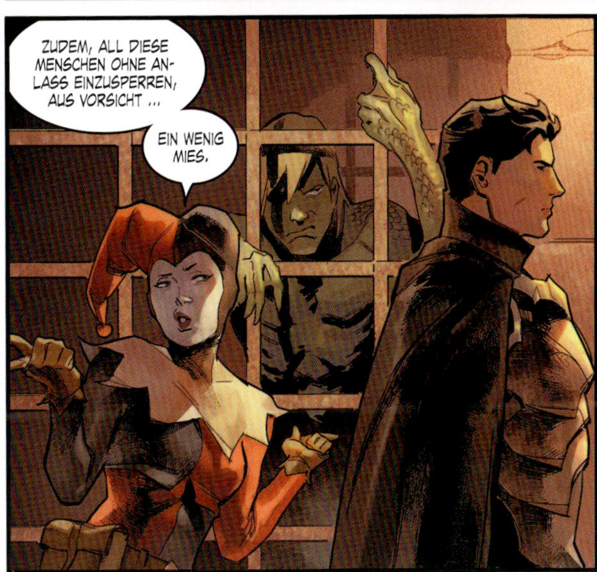
ZUDEM, ALL DIESE MENSCHEN OHNE ANLASS EINZUSPERREN, AUS VORSICHT ...
EIN WENIG MIES.

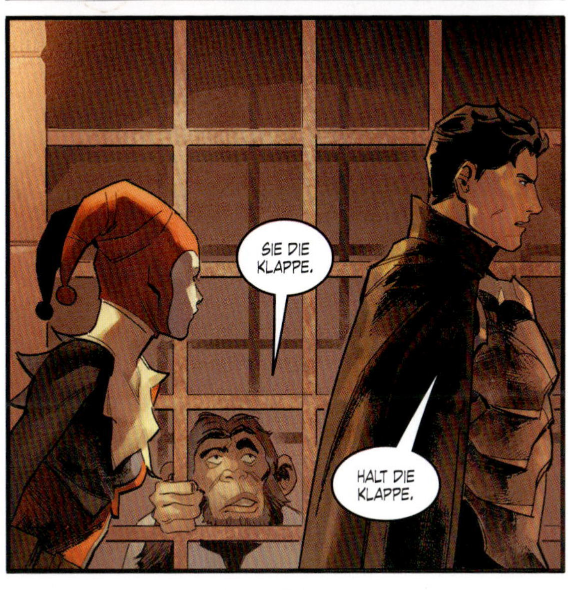
SIE DIE KLAPPE.
HALT DIE KLAPPE.

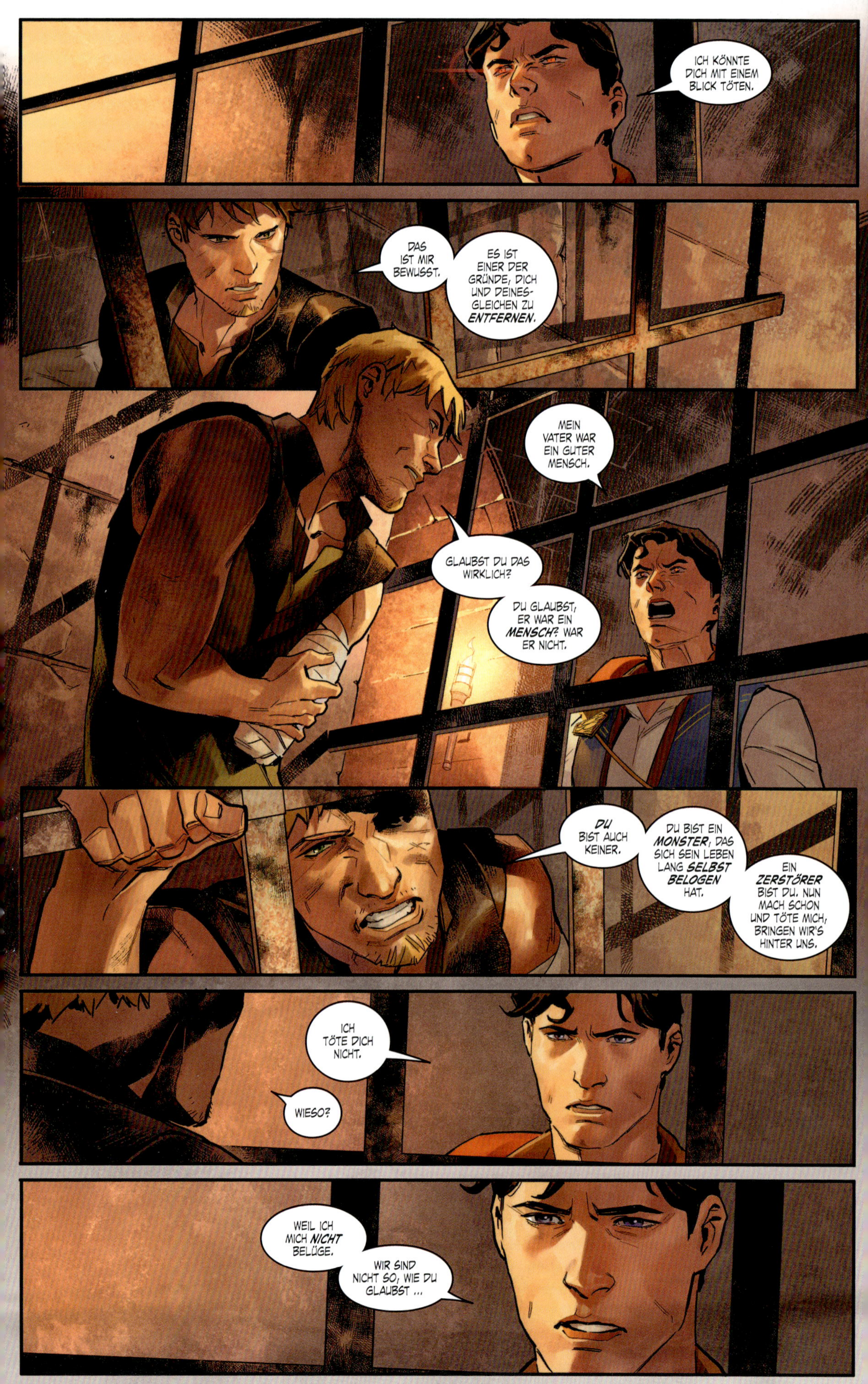
ICH KÖNNTE DICH MIT EINEM BLICK TÖTEN.
DAS IST MIR BEWUSST.
ES IST EINER DER GRÜNDE, DICH UND DEINESGLEICHEN ZU *ENTFERNEN*.
MEIN VATER WAR EIN GUTER MENSCH.
GLAUBST DU DAS WIRKLICH?
DU GLAUBST, ER WAR EIN *MENSCH*? WAR ER NICHT.
*DU* BIST AUCH KEINER.
DU BIST EIN *MONSTER*, DAS SICH SEIN LEBEN LANG *SELBST BELOGEN* HAT.
EIN *ZERSTÖRER* BIST DU. NUN MACH SCHON UND TÖTE MICH, BRINGEN WIR'S HINTER UNS.
ICH TÖTE DICH NICHT.
WIESO?
WEIL ICH MICH *NICHT* BELÜGE.
WIR SIND NICHT SO, WIE DU GLAUBST ...

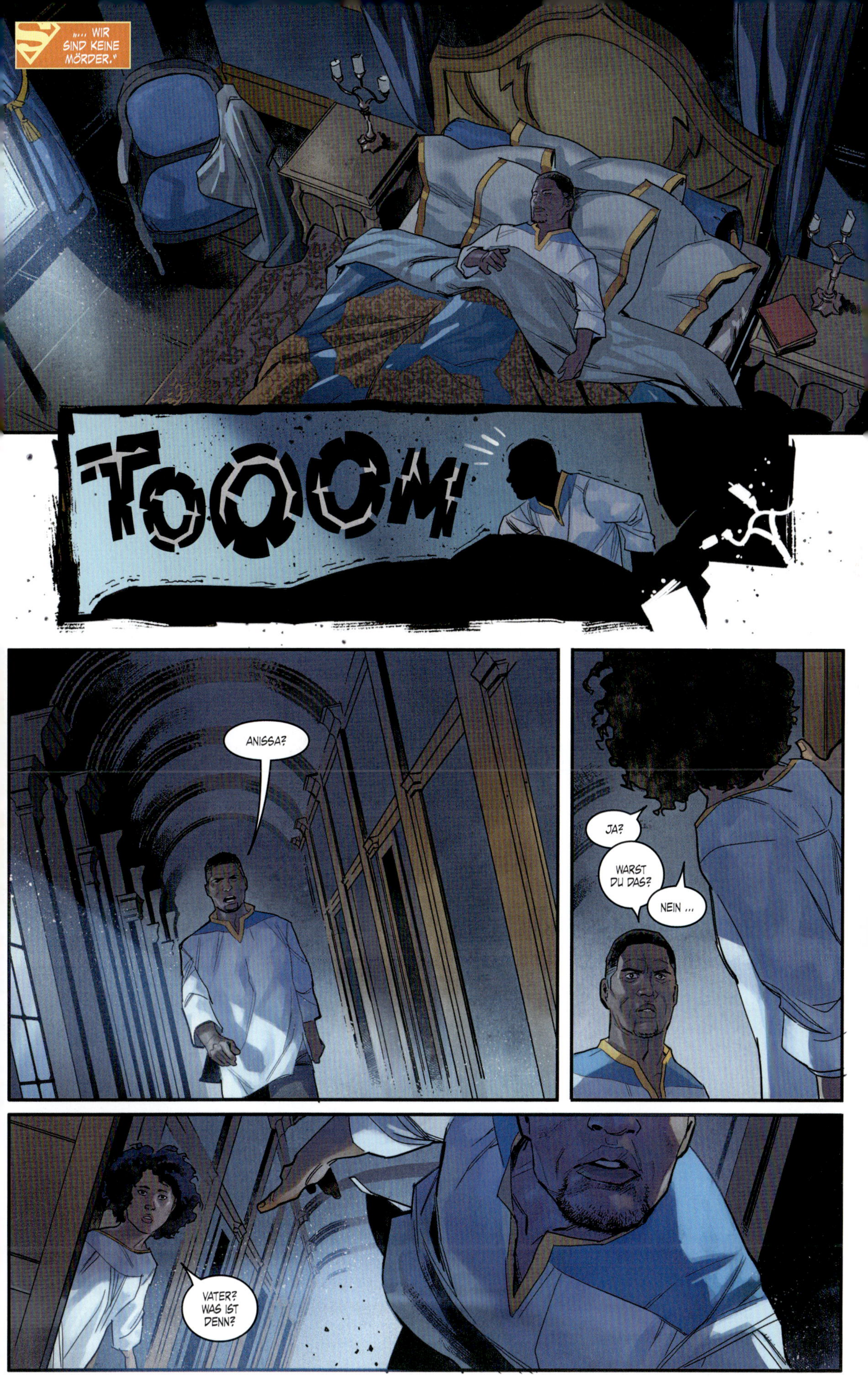

„… WIR SIND KEINE MÖRDER.“

TOOOM

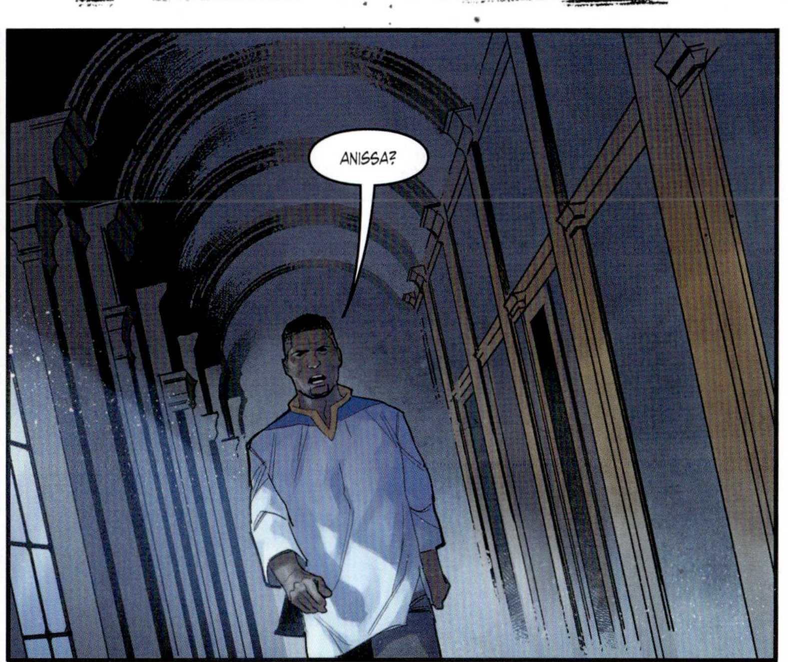


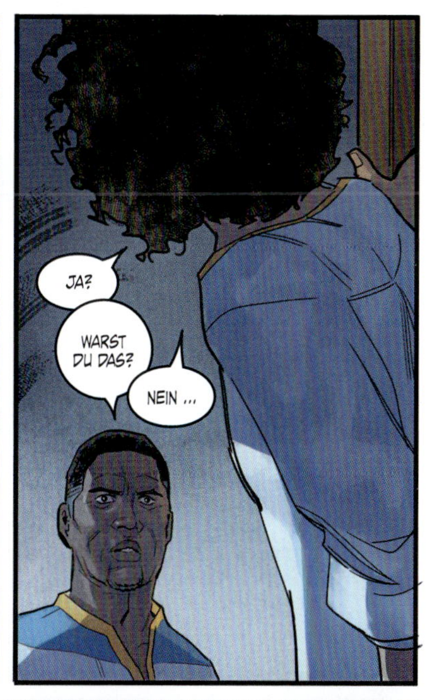


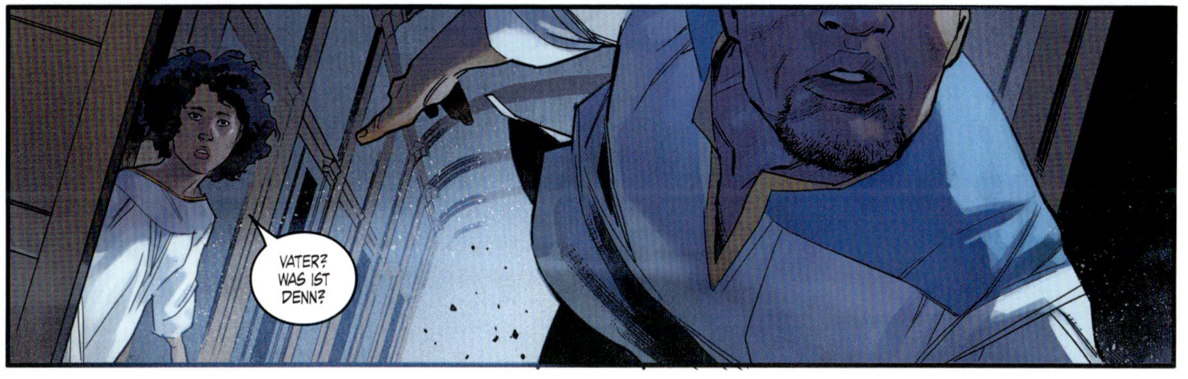

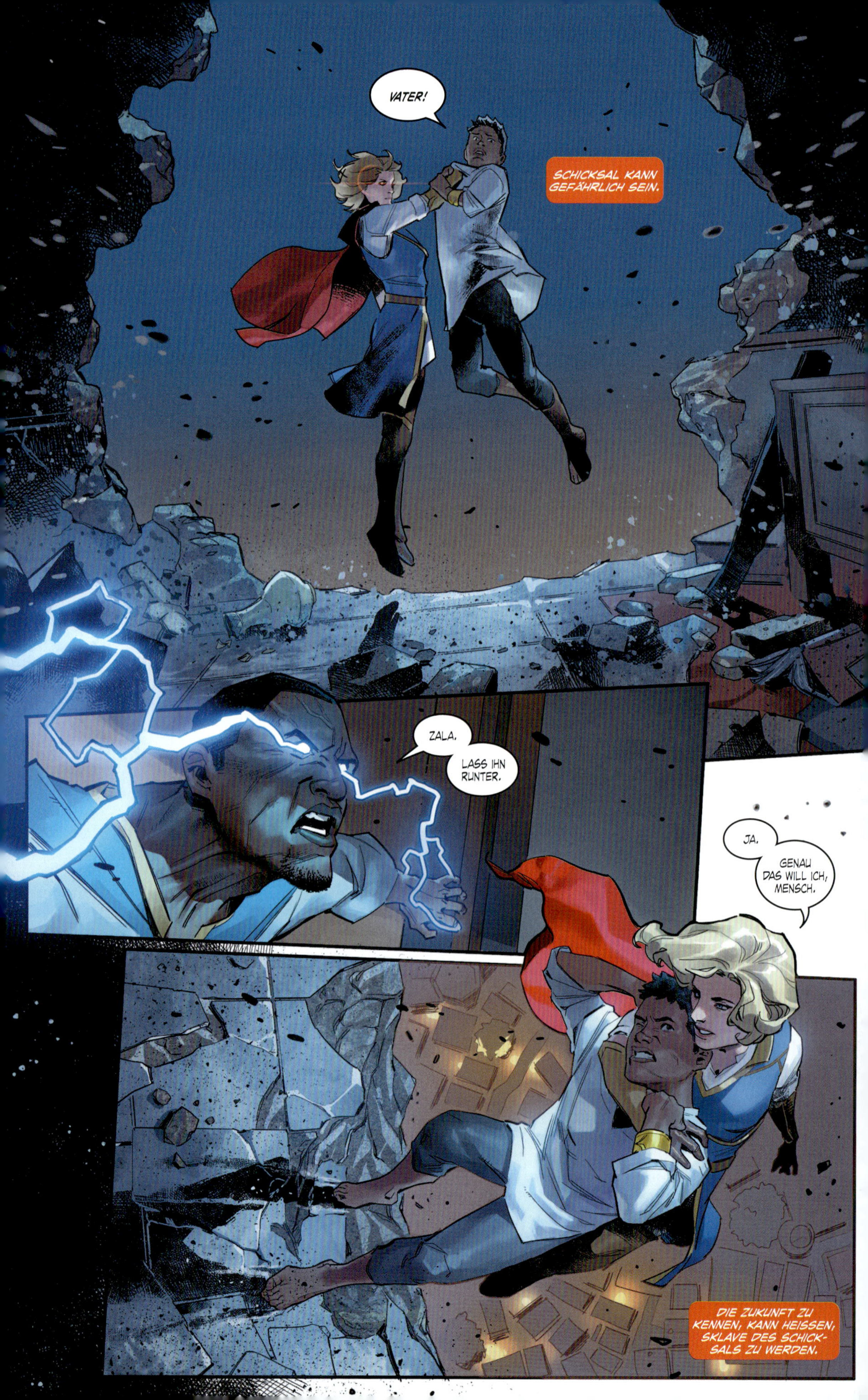
VATER!
SCHICKSAL KANN GEFÄHRLICH SEIN.
ZALA.
LASS IHN RUNTER.
JA.
GENAU DAS WILL ICH, MENSCH.
DIE ZUKUNFT ZU KENNEN, KANN HEISSEN, SKLAVE DES SCHICKSALS ZU WERDEN.

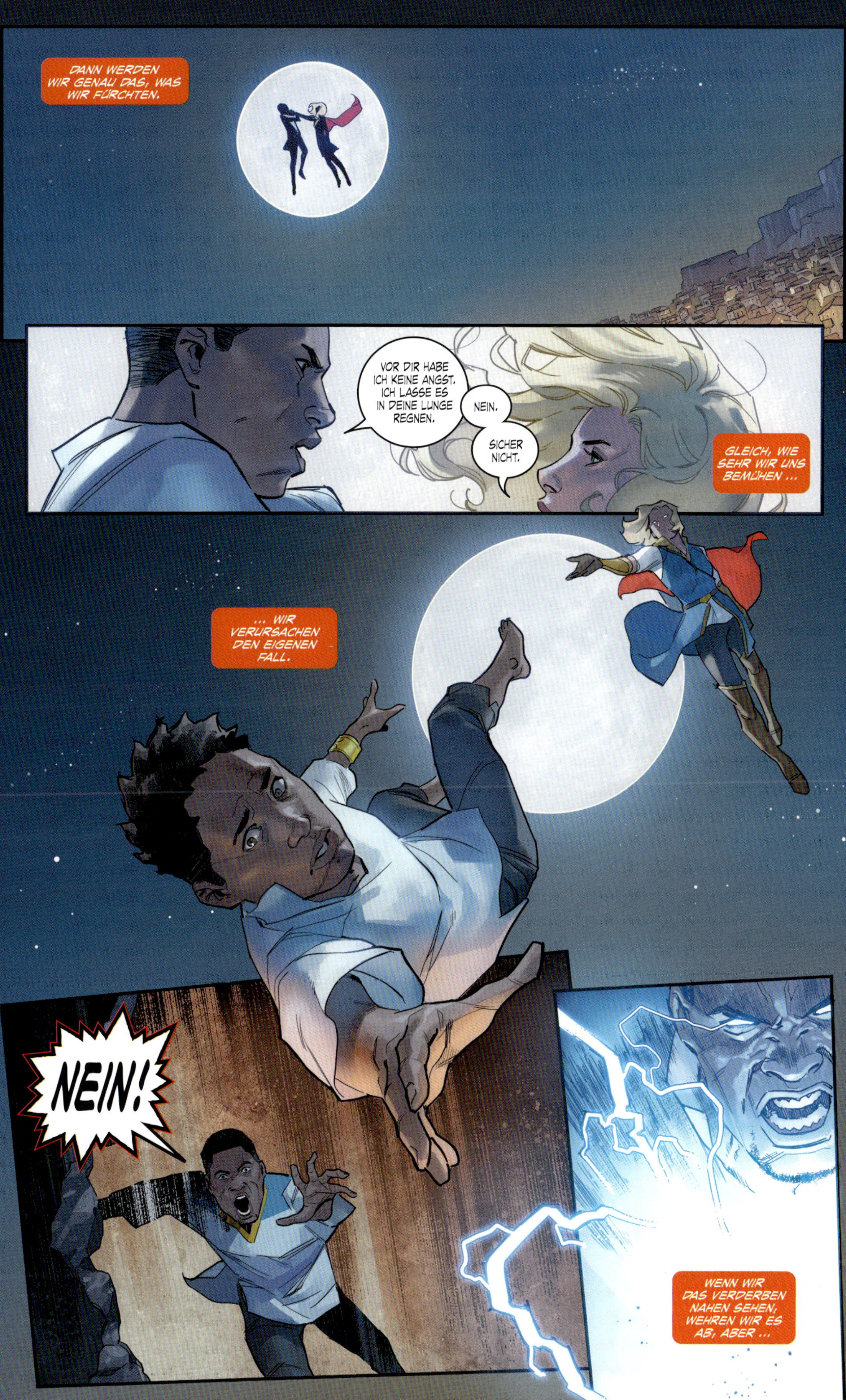
DANN WERDEN WIR GENAU DAS, WAS WIR FÜRCHTEN.
VOR DIR HABE ICH KEINE ANGST. ICH LASSE ES IN DEINE LUNGE REGNEN.
NEIN.
SICHER NICHT.
GLEICH, WIE SEHR WIR UNS BEMÜHEN ...
... WIR VERURSACHEN DEN EIGENEN FALL.
NEIN!
WENN WIR DAS VERDERBEN NAHEN SEHEN, WEHREN WIR ES AB, ABER ...

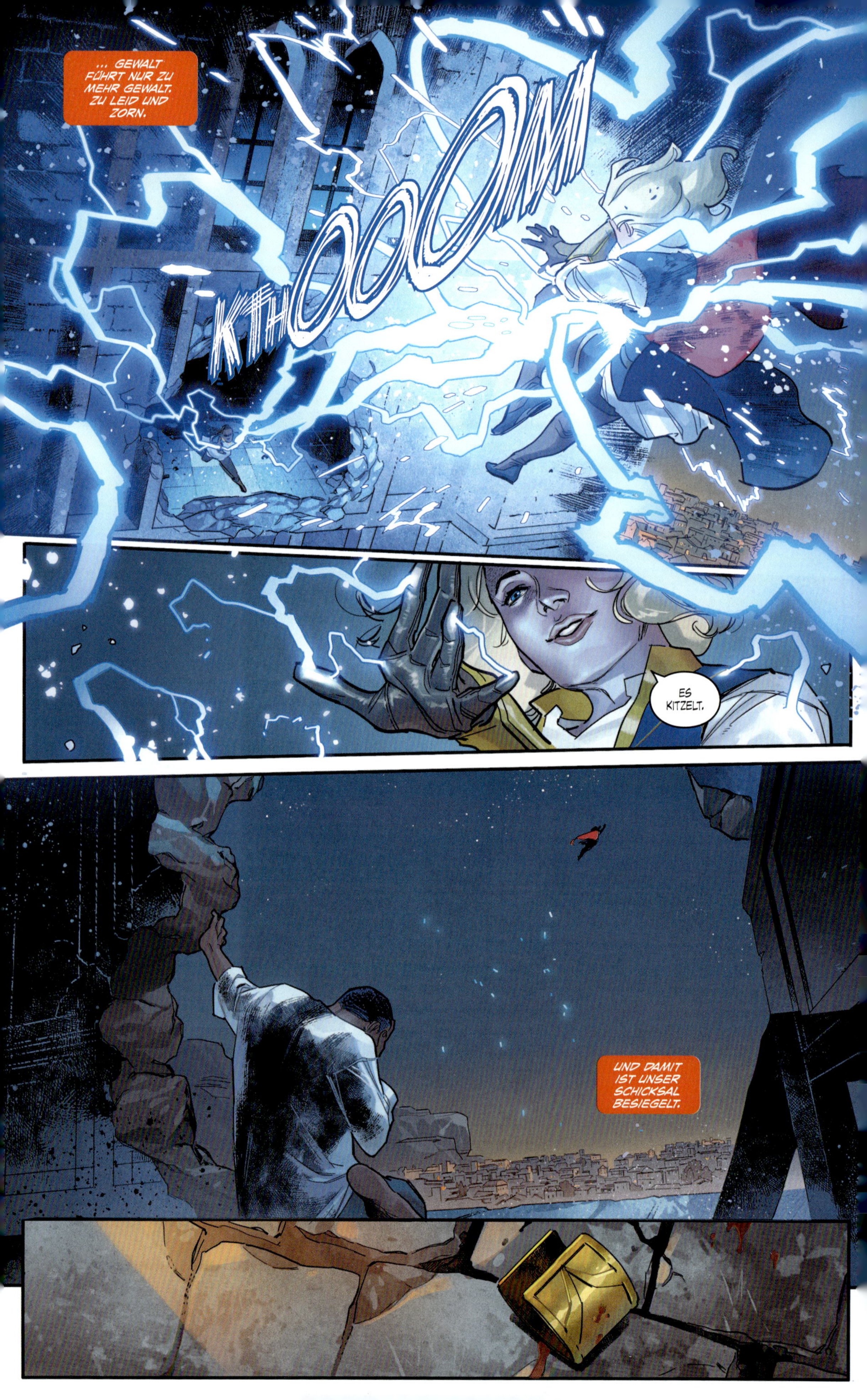

... GEWALT FÜHRT NUR ZU MEHR GEWALT. ZU LEID UND ZORN.

KTHOOOOM

ES KITZELT.

UND DAMIT IST UNSER SCHICKSAL BESIEGELT.

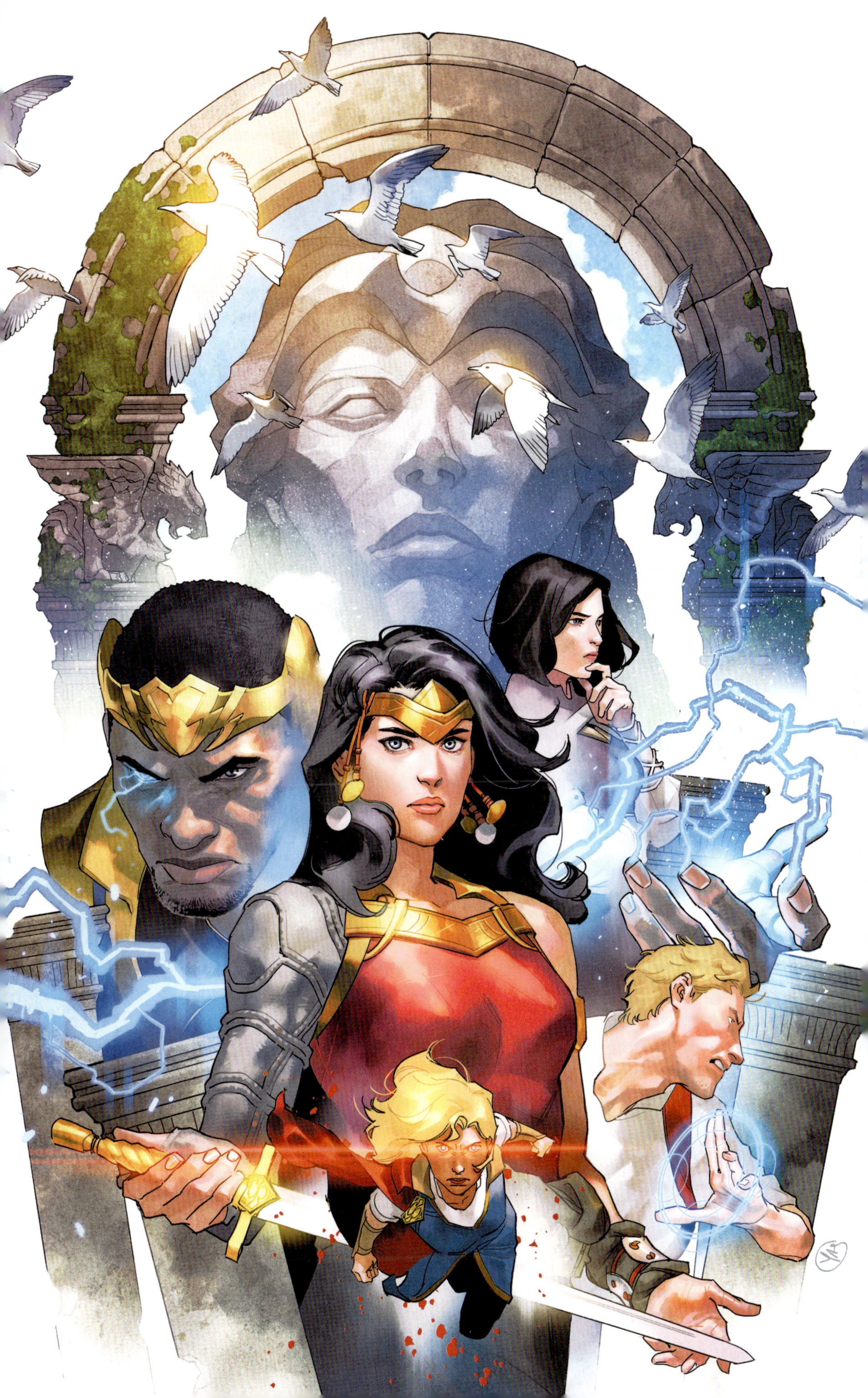

DARK KNIGHTS OF STEEL 3

# EIN STURM ZIEHT AUF

TOM TAYLOR
Story

YASMINE PUTRI
Zeichnungen und Tusche

ARIF PRIANTO
Farben

YASMINE PUTRI
Original-Cover

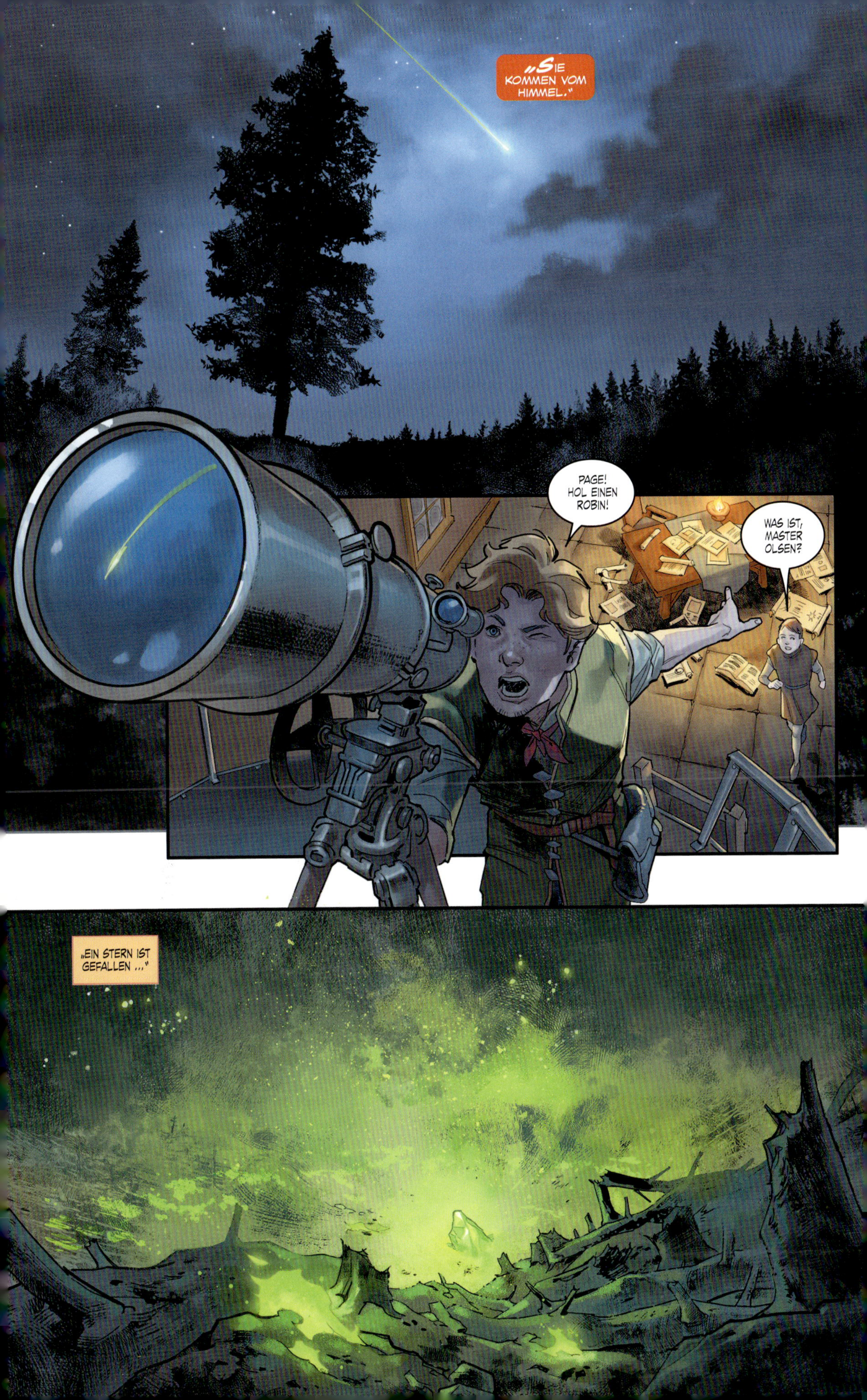
„SIE KOMMEN VOM HIMMEL."
PAGE! HOL EINEN ROBIN!
WAS IST, MASTER OLSEN?
„EIN STERN IST GEFALLEN ..."

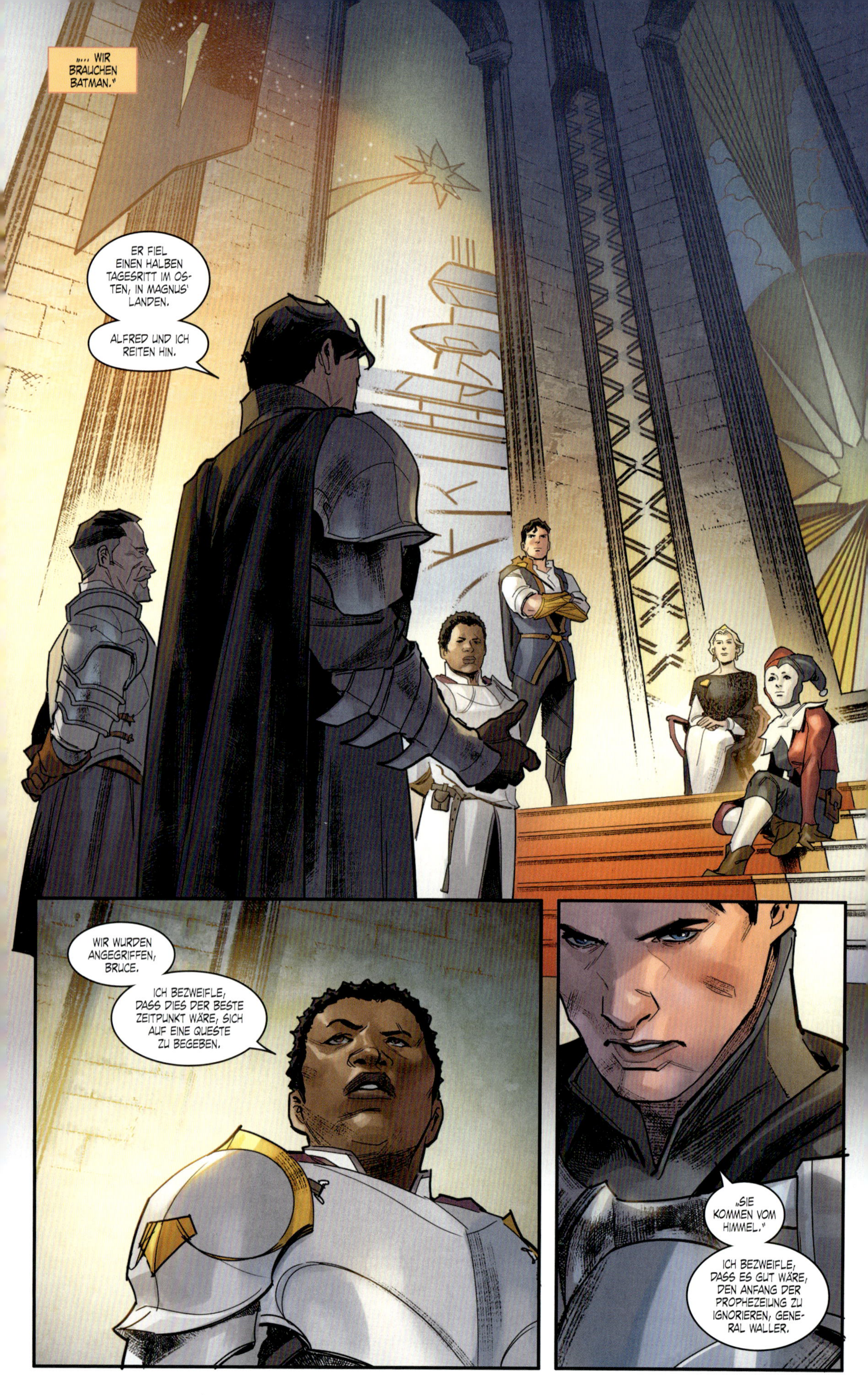
„… WIR BRAUCHEN BATMAN."
ER FIEL EINEN HALBEN TAGESRITT IM OSTEN, IN MAGNUS' LANDEN.
ALFRED UND ICH REITEN HIN.
WIR WURDEN ANGEGRIFFEN, BRUCE.
ICH BEZWEIFLE, DASS DIES DER BESTE ZEITPUNKT WÄRE, SICH AUF EINE QUESTE ZU BEGEBEN.
„SIE KOMMEN VOM HIMMEL."
ICH BEZWEIFLE, DASS ES GUT WÄRE, DEN ANFANG DER PROPHEZEIUNG ZU IGNORIEREN, GENERAL WALLER.

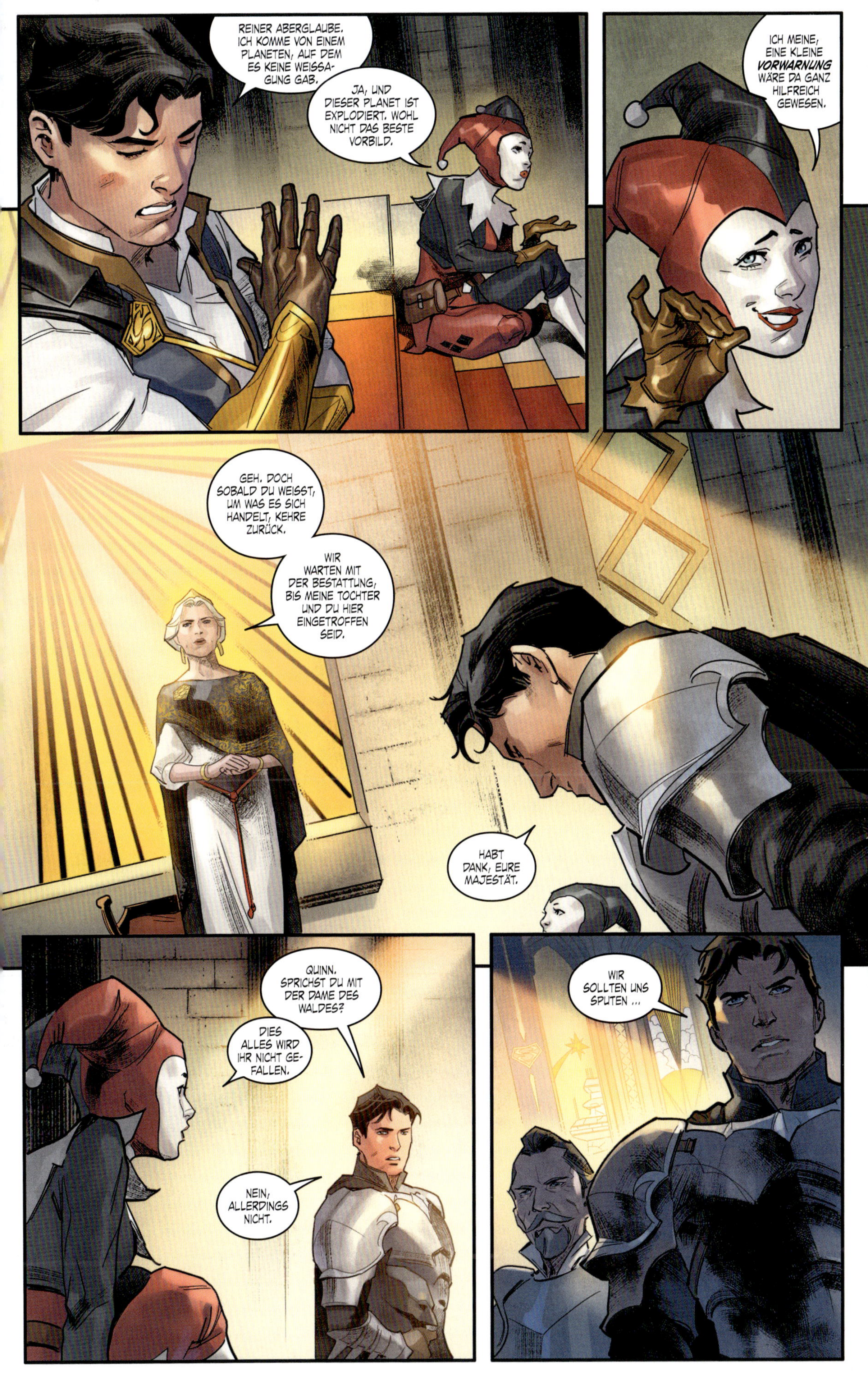
REINER ABERGLAUBE. ICH KOMME VON EINEM PLANETEN, AUF DEM ES KEINE WEISSA-GUNG GAB.
JA, UND DIESER PLANET IST EXPLODIERT. WOHL NICHT DAS BESTE VORBILD.
ICH MEINE, EINE KLEINE VORWARNUNG WÄRE DA GANZ HILFREICH GEWESEN.
GEH. DOCH SOBALD DU WEISST, UM WAS ES SICH HANDELT, KEHRE ZURÜCK.
WIR WARTEN MIT DER BESTATTUNG, BIS MEINE TOCHTER UND DU HIER EINGETROFFEN SEID.
HABT DANK, EURE MAJESTÄT.
QUINN. SPRICHST DU MIT DER DAME DES WALDES?
DIES ALLES WIRD IHR NICHT GE-FALLEN.
NEIN, ALLERDINGS NICHT.
WIR SOLLTEN UNS SPUTEN ...

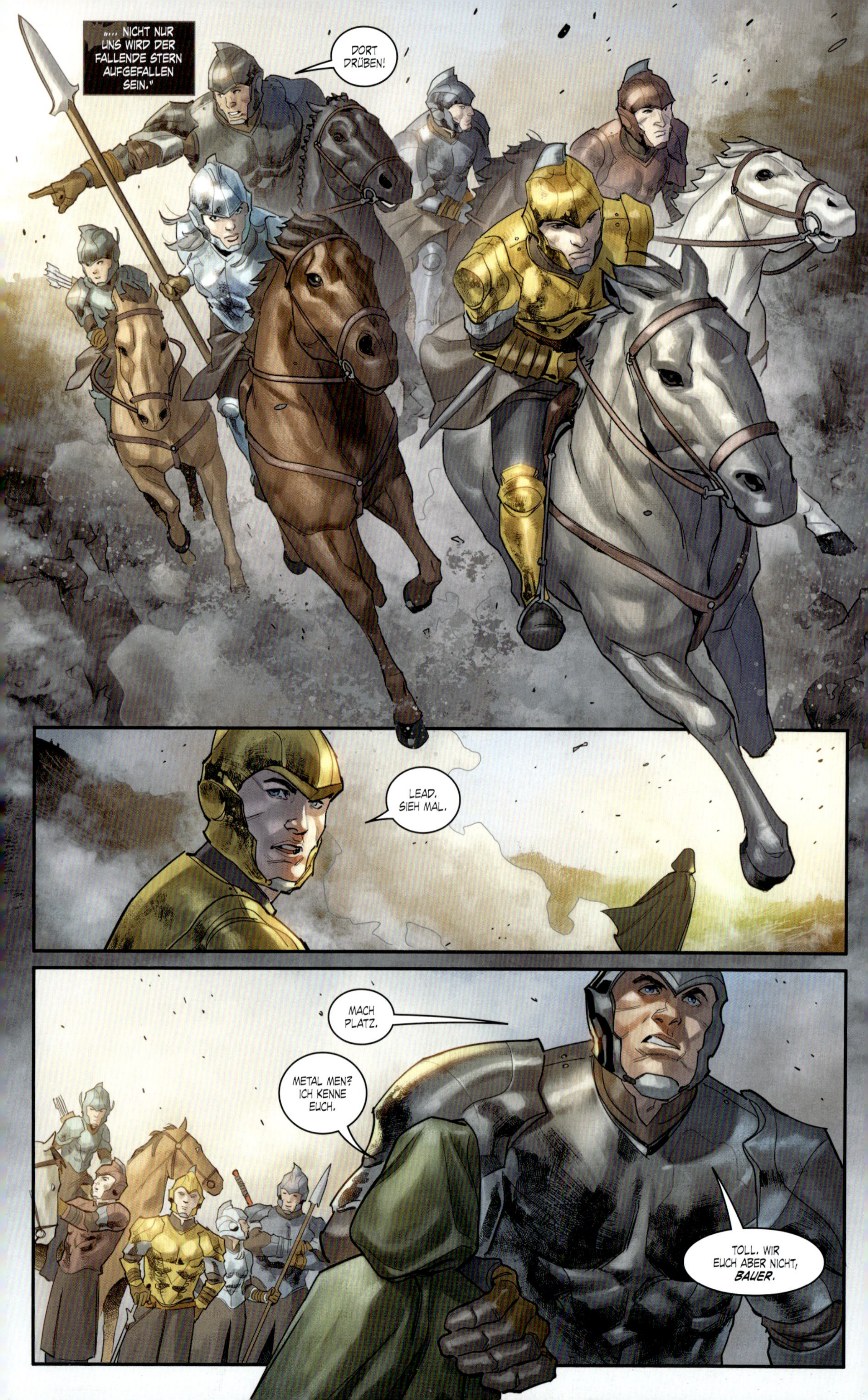
"... NICHT NUR UNS WIRD DER FALLENDE STERN AUFGEFALLEN SEIN."
DORT DRÜBEN!
LEAD. SIEH MAL.
MACH PLATZ.
METAL MEN? ICH KENNE EUCH.
TOLL. WIR EUCH ABER NICHT, BAUER.

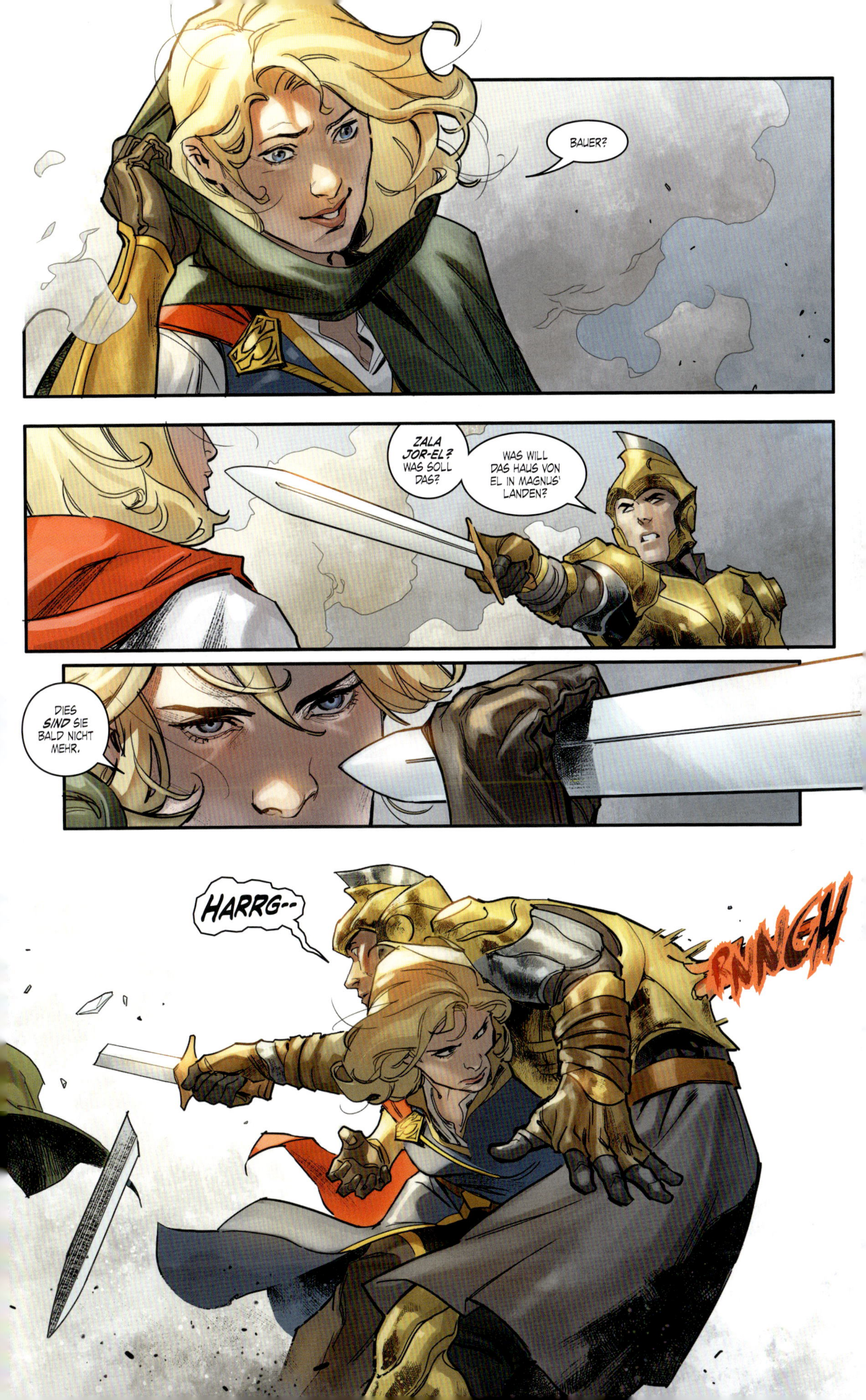

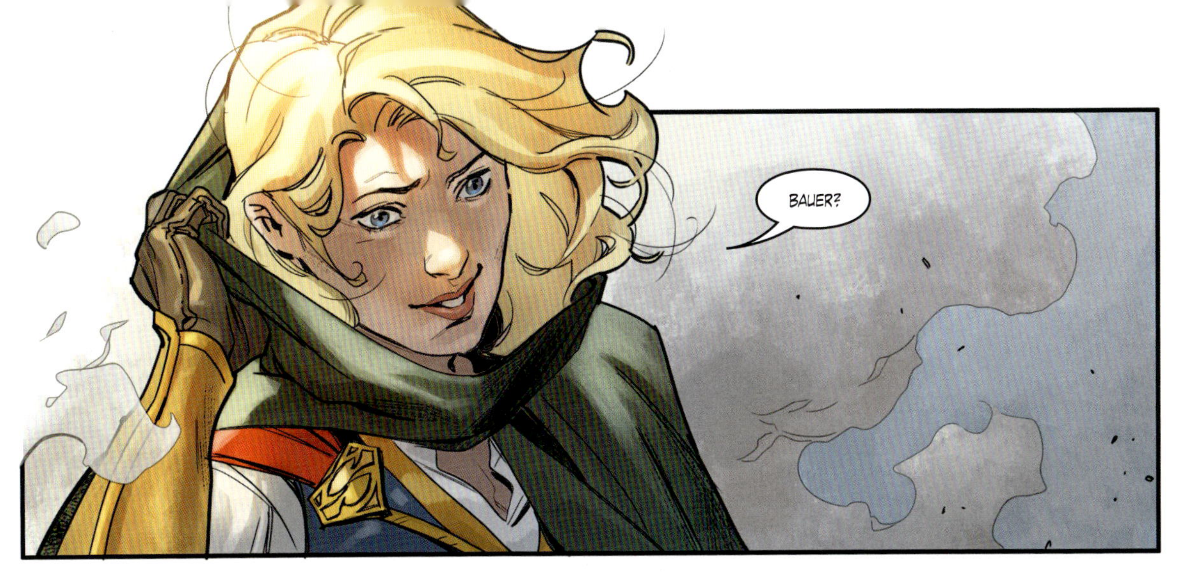
BAUER?

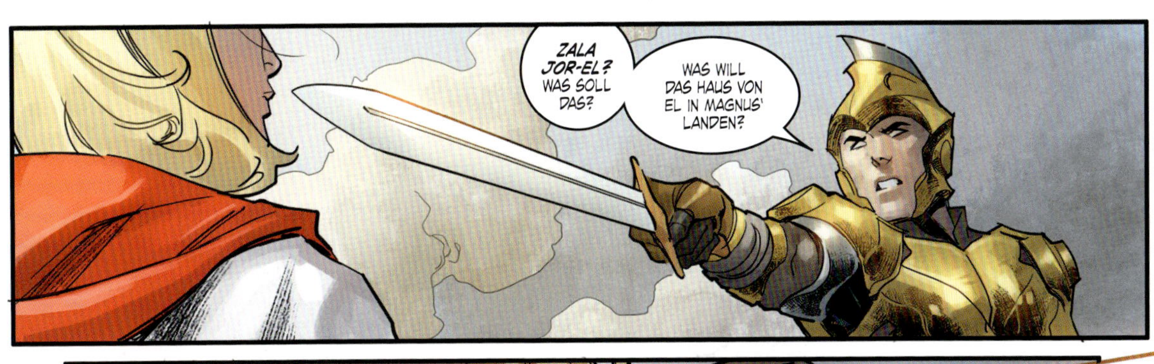
ZALA JOR-EL? WAS SOLL DAS?
WAS WILL DAS HAUS VON EL IN MAGNUS' LANDEN?

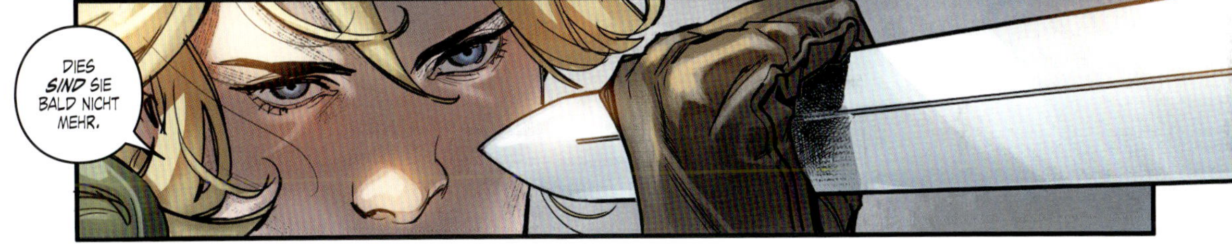
DIES SIND SIE BALD NICHT MEHR.

HARRG--
RNNGH

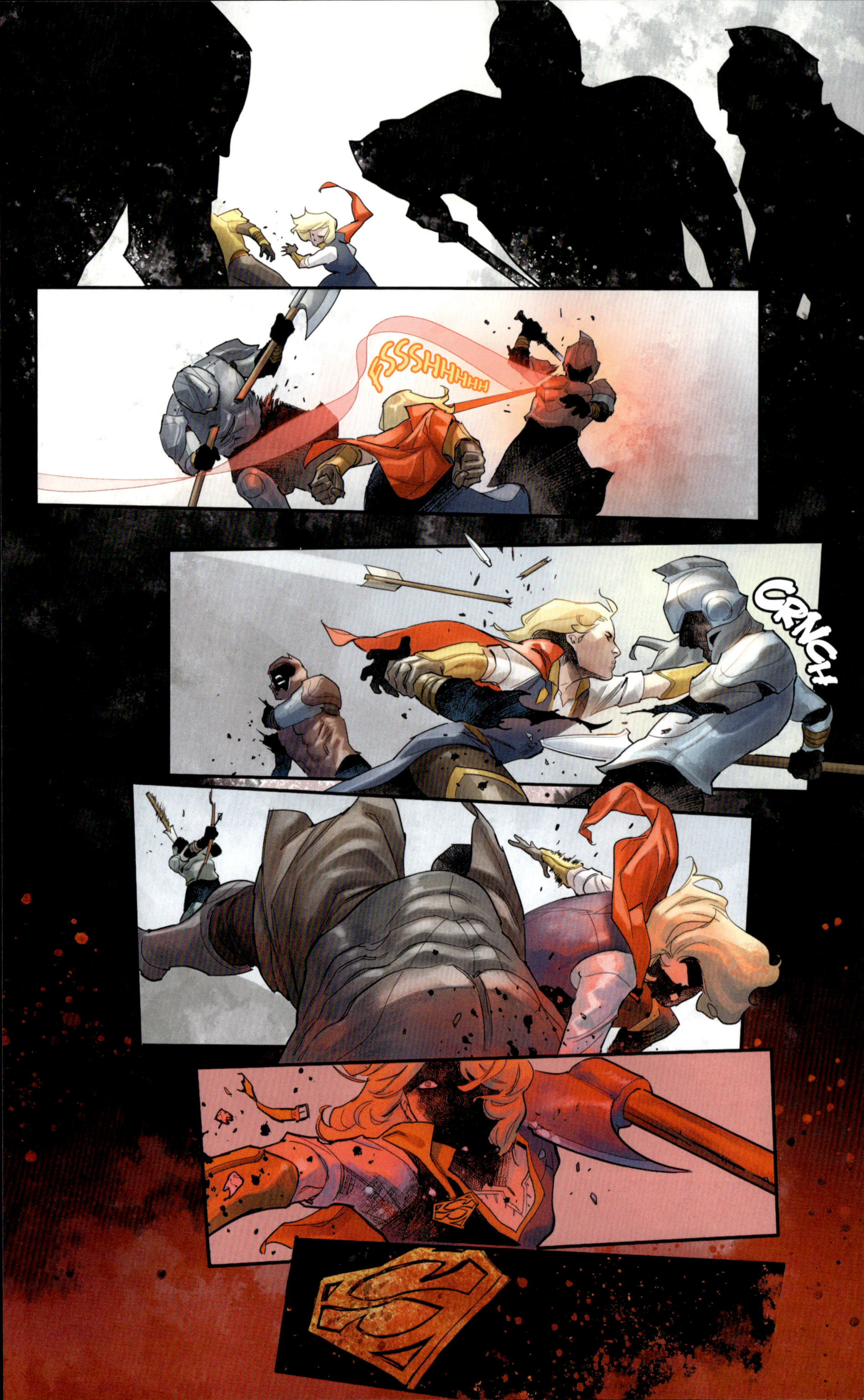
FSSSHHHHHH
CRNCH

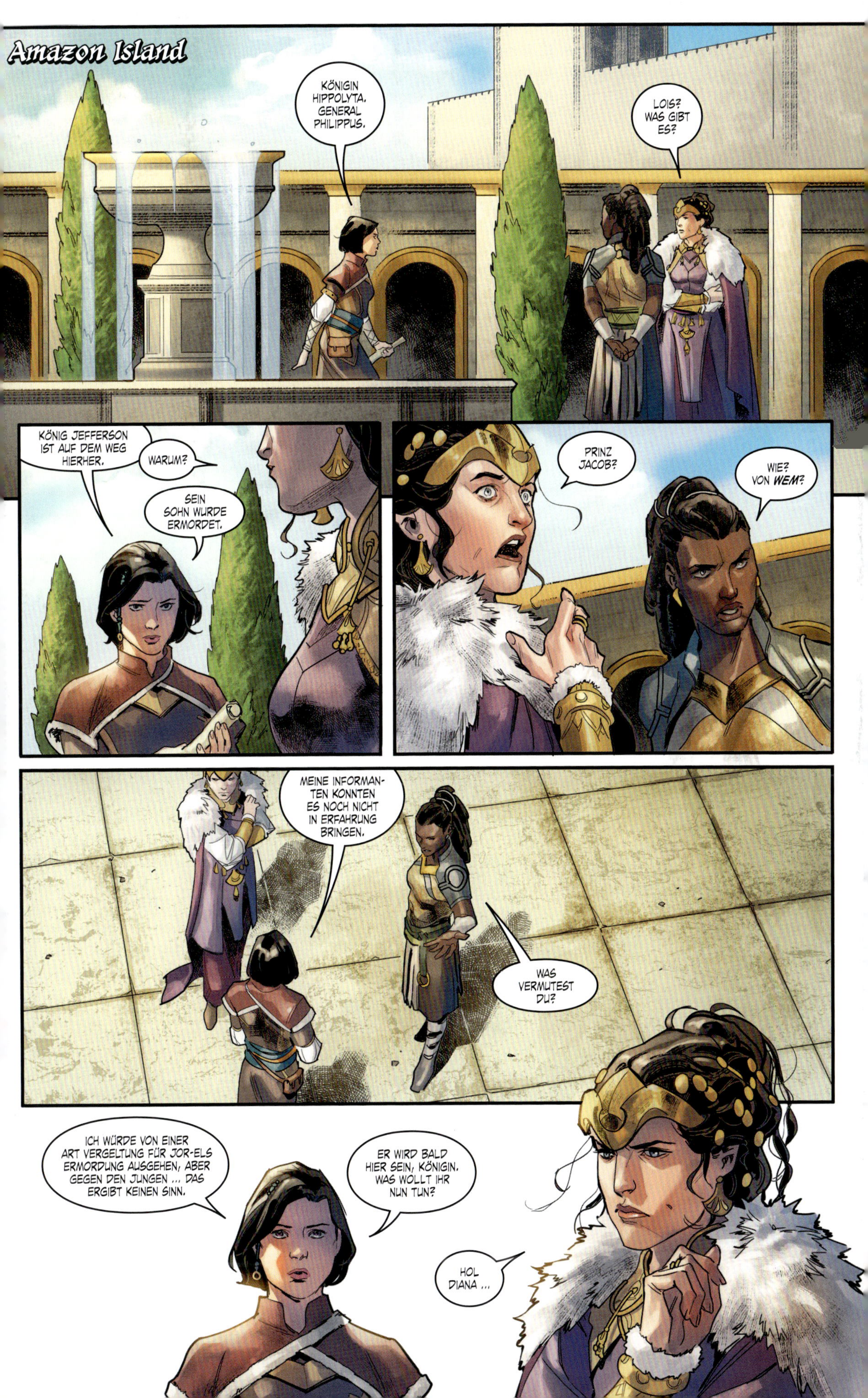
Amazon Island
KÖNIGIN HIPPOLYTA. GENERAL PHILIPPUS.
LOIS? WAS GIBT ES?
KÖNIG JEFFERSON IST AUF DEM WEG HIERHER.
WARUM?
SEIN SOHN WURDE ERMORDET.
PRINZ JACOB?
WIE? VON *WEM*?
MEINE INFORMANTEN KONNTEN ES NOCH NICHT IN ERFAHRUNG BRINGEN.
WAS VERMUTEST DU?
ICH WÜRDE VON EINER ART VERGELTUNG FÜR JOR-ELS ERMORDUNG AUSGEHEN, ABER GEGEN DEN JUNGEN ... DAS ERGIBT KEINEN SINN.
ER WIRD BALD HIER SEIN, KÖNIGIN. WAS WOLLT IHR NUN TUN?
HOL DIANA ...

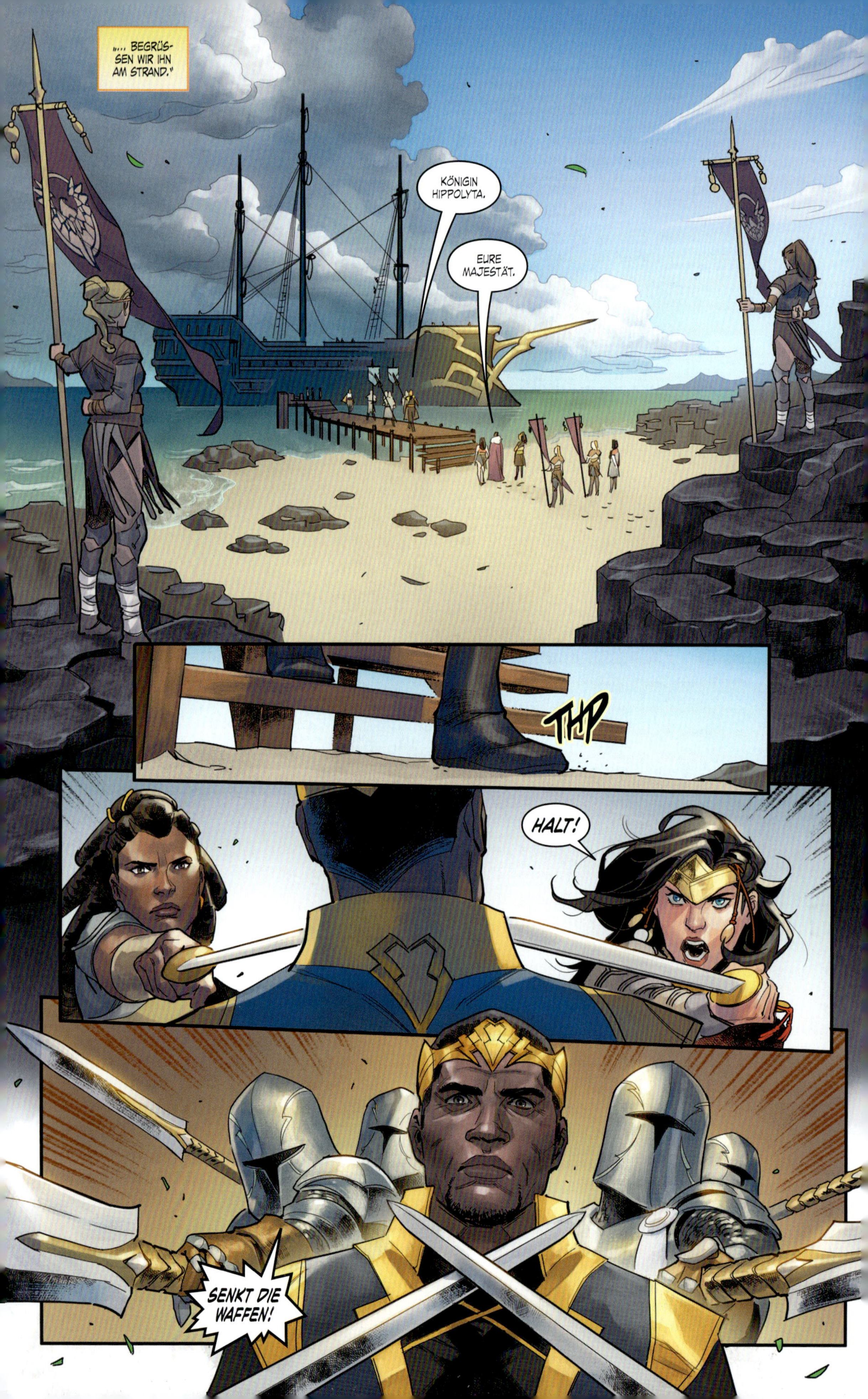
"... BEGRÜSSEN WIR IHN AM STRAND."
KÖNIGIN HIPPOLYTA.
EURE MAJESTÄT.
THP
HALT!
SENKT DIE WAFFEN!

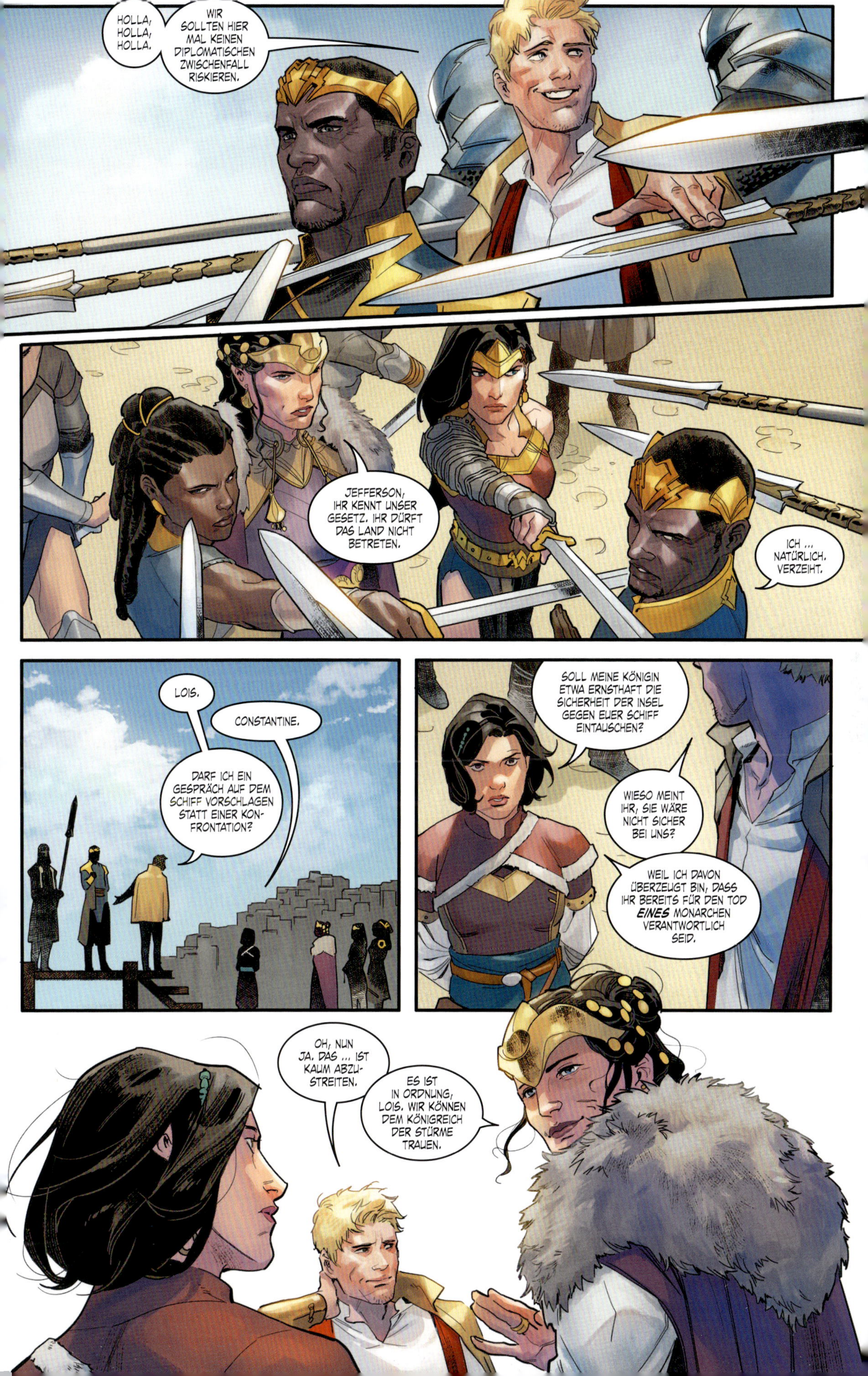

HOLLA, HOLLA, HOLLA.
WIR SOLLTEN HIER MAL KEINEN DIPLOMATISCHEN ZWISCHENFALL RISKIEREN.
JEFFERSON, IHR KENNT UNSER GESETZ. IHR DÜRFT DAS LAND NICHT BETRETEN.
ICH ... NATÜRLICH. VERZEIHT.
LOIS.
CONSTANTINE.
DARF ICH EIN GESPRÄCH AUF DEM SCHIFF VORSCHLAGEN STATT EINER KONFRONTATION?
SOLL MEINE KÖNIGIN ETWA ERNSTHAFT DIE SICHERHEIT DER INSEL GEGEN EUER SCHIFF EINTAUSCHEN?
WIESO MEINT IHR, SIE WÄRE NICHT SICHER BEI UNS?
WEIL ICH DAVON ÜBERZEUGT BIN, DASS IHR BEREITS FÜR DEN TOD ***EINES*** MONARCHEN VERANTWORTLICH SEID.
OH, NUN JA. DAS ... IST KAUM ABZUSTREITEN.
ES IST IN ORDNUNG, LOIS. WIR KÖNNEN DEM KÖNIGREICH DER STÜRME TRAUEN.

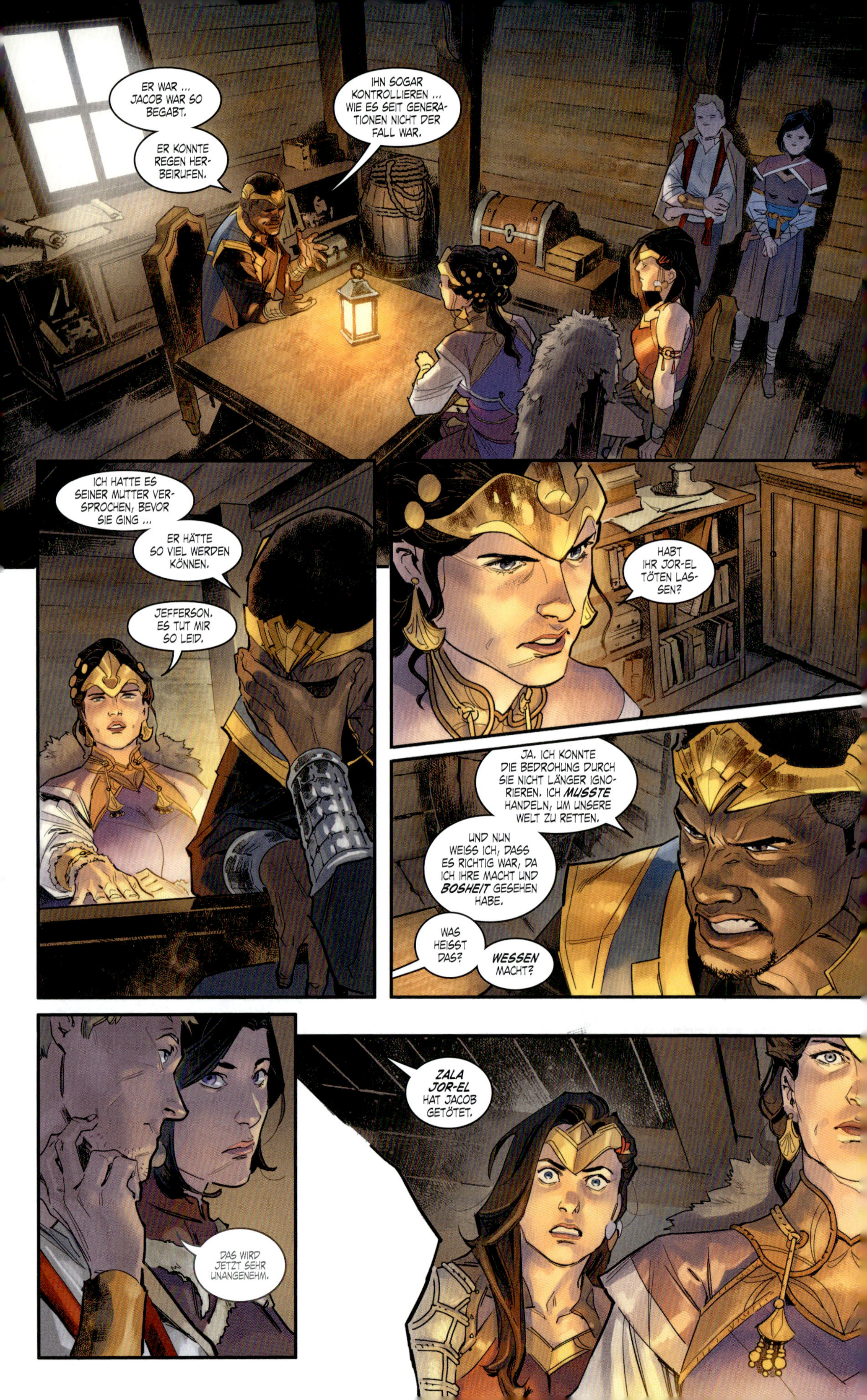

ER WAR ... JACOB WAR SO BEGABT.
ER KONNTE REGEN HERBEIRUFEN.
IHN SOGAR KONTROLLIEREN ... WIE ES SEIT GENERATIONEN NICHT DER FALL WAR.
ICH HATTE ES SEINER MUTTER VERSPROCHEN, BEVOR SIE GING ...
ER HÄTTE SO VIEL WERDEN KÖNNEN.
JEFFERSON. ES TUT MIR SO LEID.
HABT IHR JOR-EL TÖTEN LASSEN?
JA. ICH KONNTE DIE BEDROHUNG DURCH SIE NICHT LÄNGER IGNORIEREN. ICH **MUSSTE** HANDELN, UM UNSERE WELT ZU RETTEN.
UND NUN WEISS ICH, DASS ES RICHTIG WAR, DA ICH IHRE MACHT UND **BOSHEIT** GESEHEN HABE.
WAS HEISST DAS?
**WESSEN** MACHT?

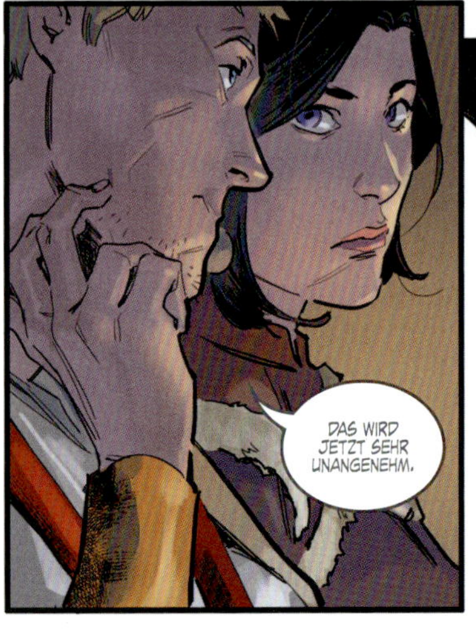
DAS WIRD JETZT SEHR UNANGENEHM.

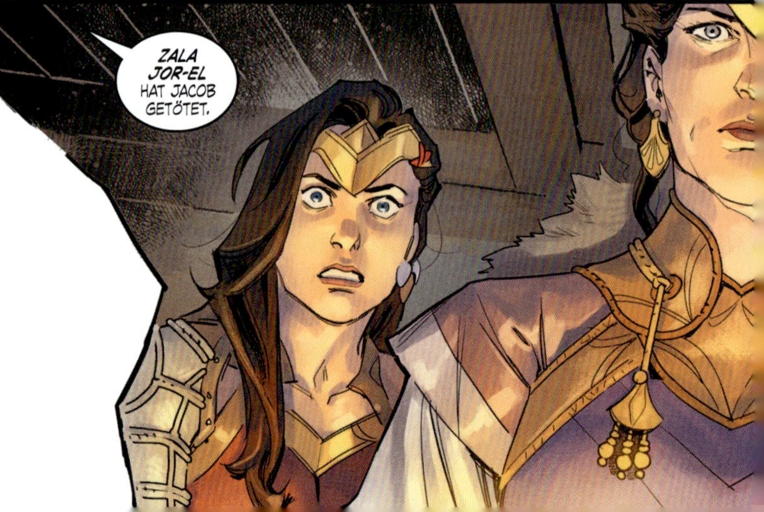
**ZALA JOR-EL** HAT JACOB GETÖTET.

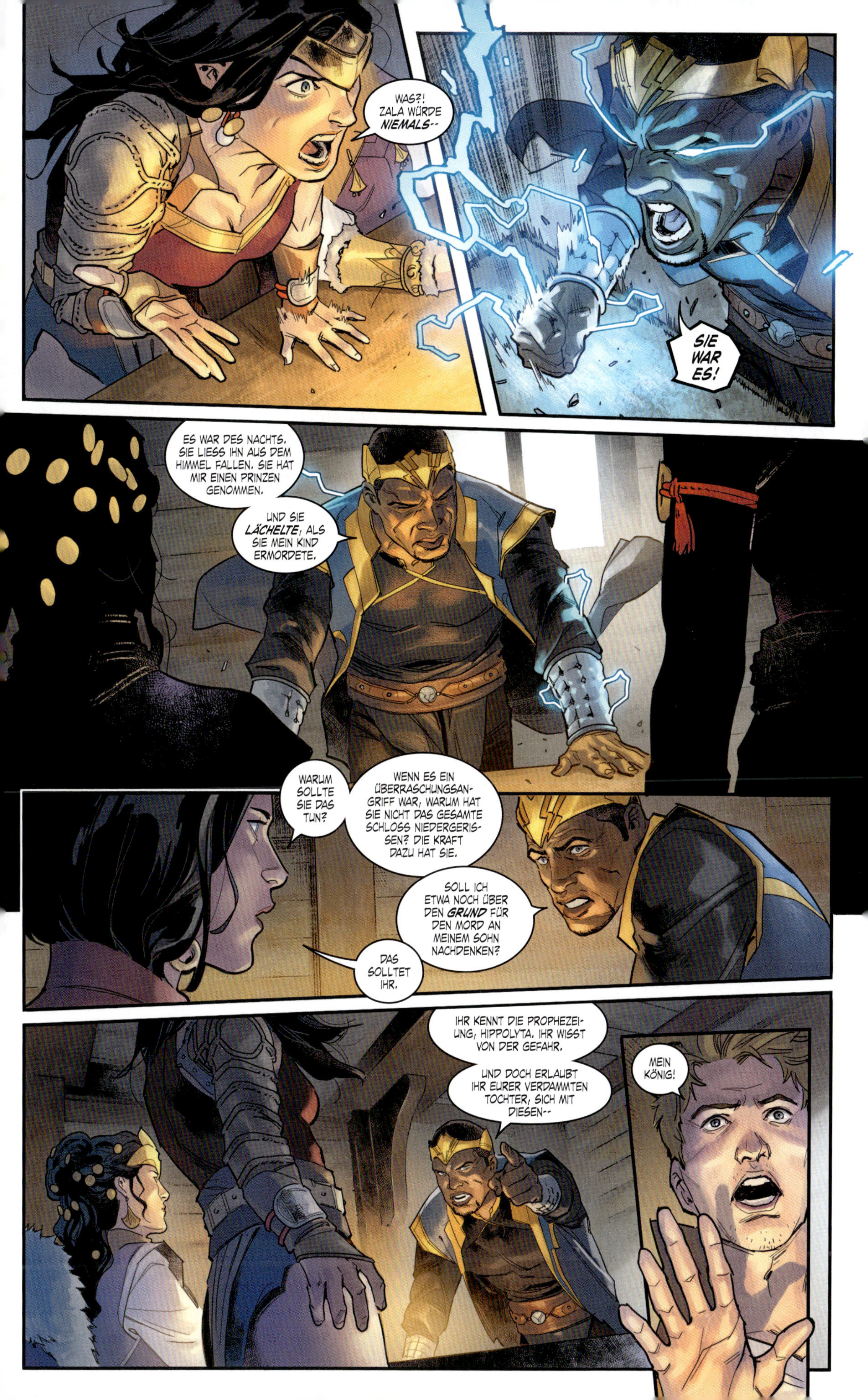

WAS?! ZALA WÜRDE NIEMALS--
SIE WAR ES!
ES WAR DES NACHTS. SIE LIESS IHN AUS DEM HIMMEL FALLEN. SIE HAT MIR EINEN PRINZEN GENOMMEN.
UND SIE LÄCHELTE, ALS SIE MEIN KIND ERMORDETE.
WARUM SOLLTE SIE DAS TUN?
WENN ES EIN ÜBERRASCHUNGSANGRIFF WAR, WARUM HAT SIE NICHT DAS GESAMTE SCHLOSS NIEDERGERISSEN? DIE KRAFT DAZU HAT SIE.
SOLL ICH ETWA NOCH ÜBER DEN GRUND FÜR DEN MORD AN MEINEM SOHN NACHDENKEN?
DAS SOLLTET IHR.

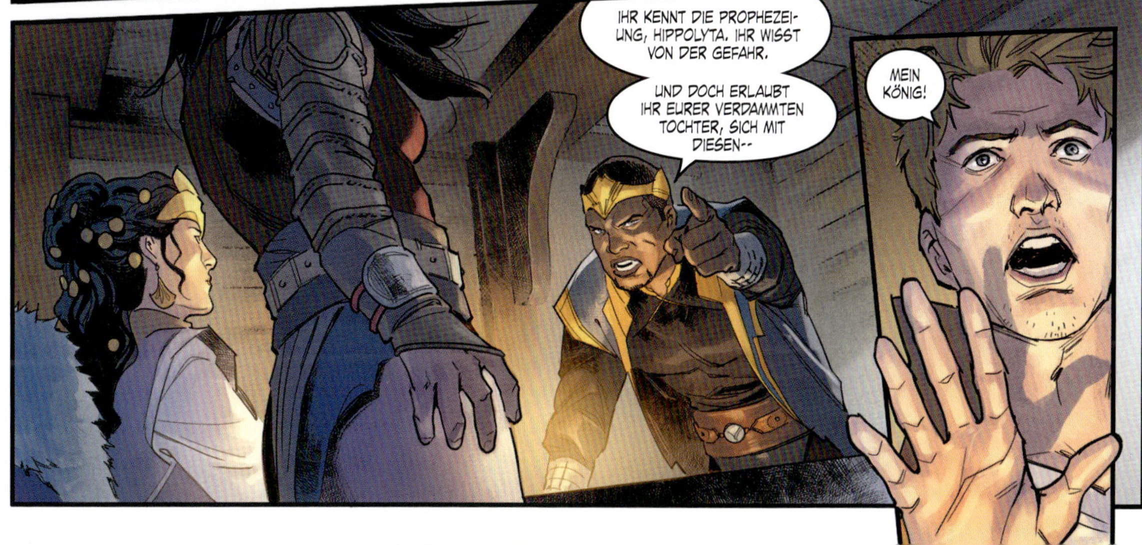
IHR KENNT DIE PROPHEZEIUNG, HIPPOLYTA. IHR WISST VON DER GEFAHR.
UND DOCH ERLAUBT IHR EURER VERDAMMTEN TOCHTER, SICH MIT DIESEN--
MEIN KÖNIG!

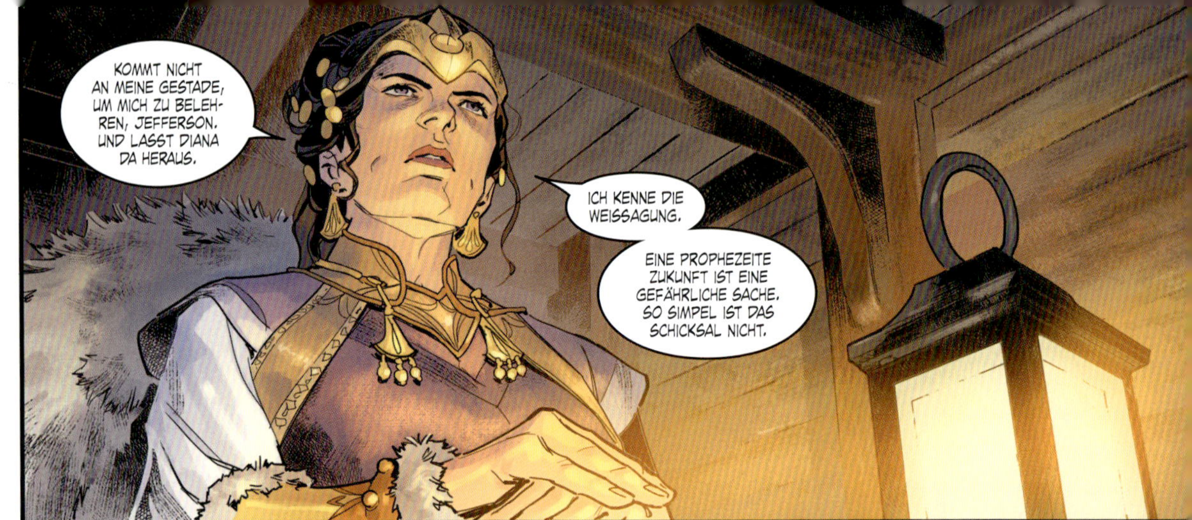
KOMMT NICHT AN MEINE GESTADE, UM MICH ZU BELEHREN, JEFFERSON. UND LASST DIANA DA HERAUS.
ICH KENNE DIE WEISSAGUNG.
EINE PROPHEZEITE ZUKUNFT IST EINE GEFÄHRLICHE SACHE. SO SIMPEL IST DAS SCHICKSAL NICHT.

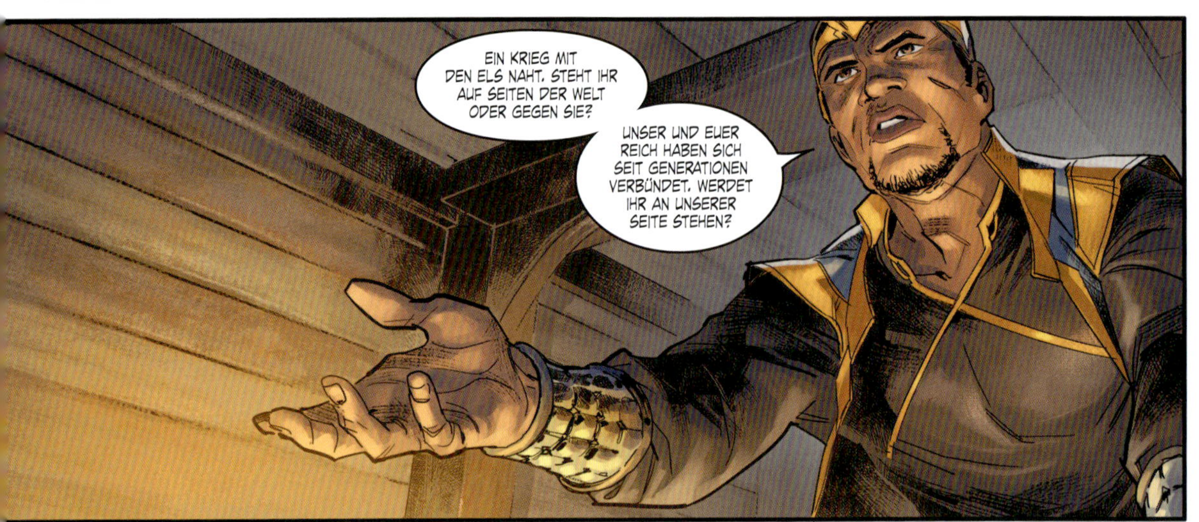
EIN KRIEG MIT DEN ELS NAHT. STEHT IHR AUF SEITEN DER WELT ODER GEGEN SIE?
UNSER UND EUER REICH HABEN SICH SEIT GENERATIONEN VERBÜNDET. WERDET IHR AN UNSERER SEITE STEHEN?

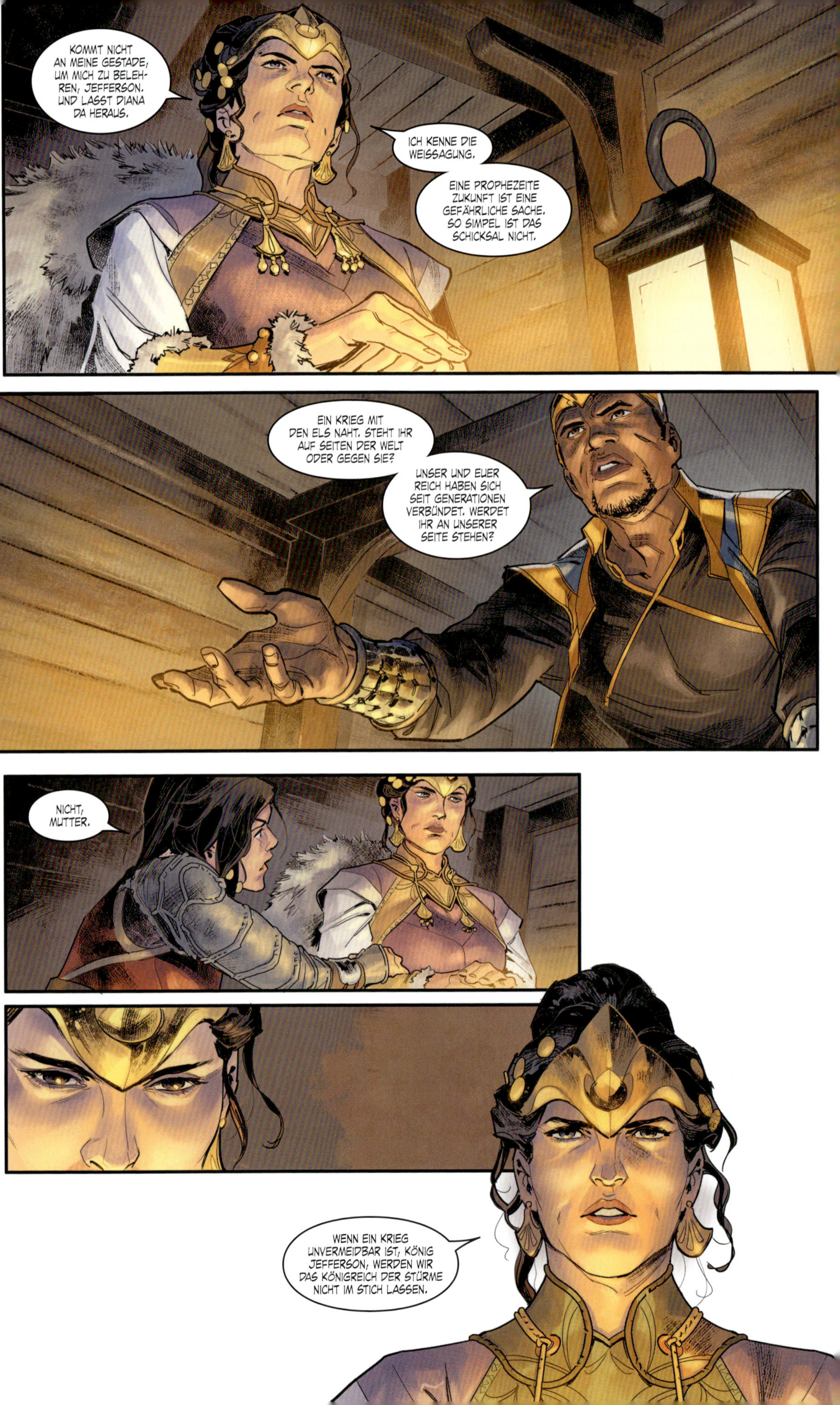

NICHT, MUTTER.
WENN EIN KRIEG UNVERMEIDBAR IST, KÖNIG JEFFERSON, WERDEN WIR DAS KÖNIGREICH DER STÜRME NICHT IM STICH LASSEN.

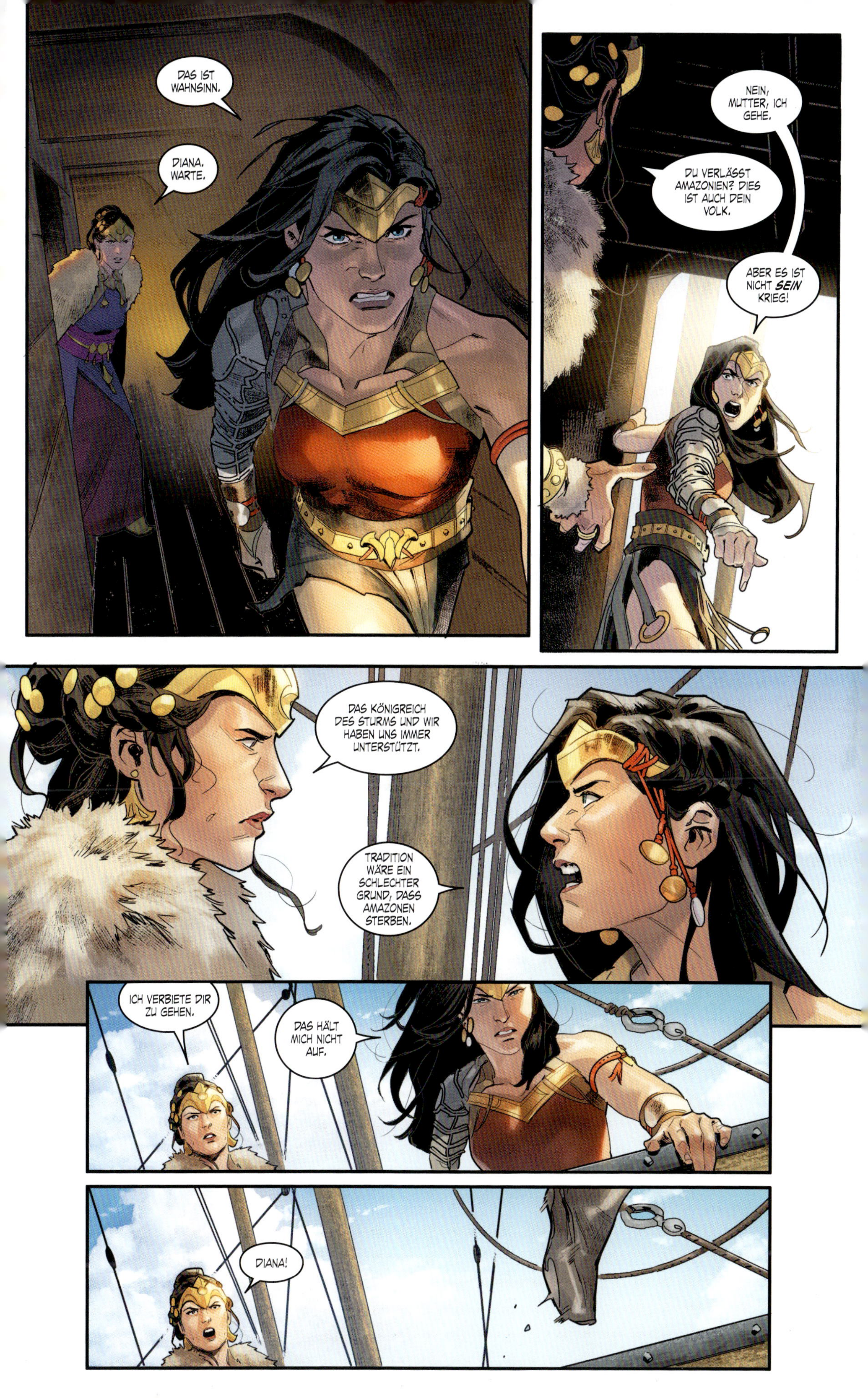

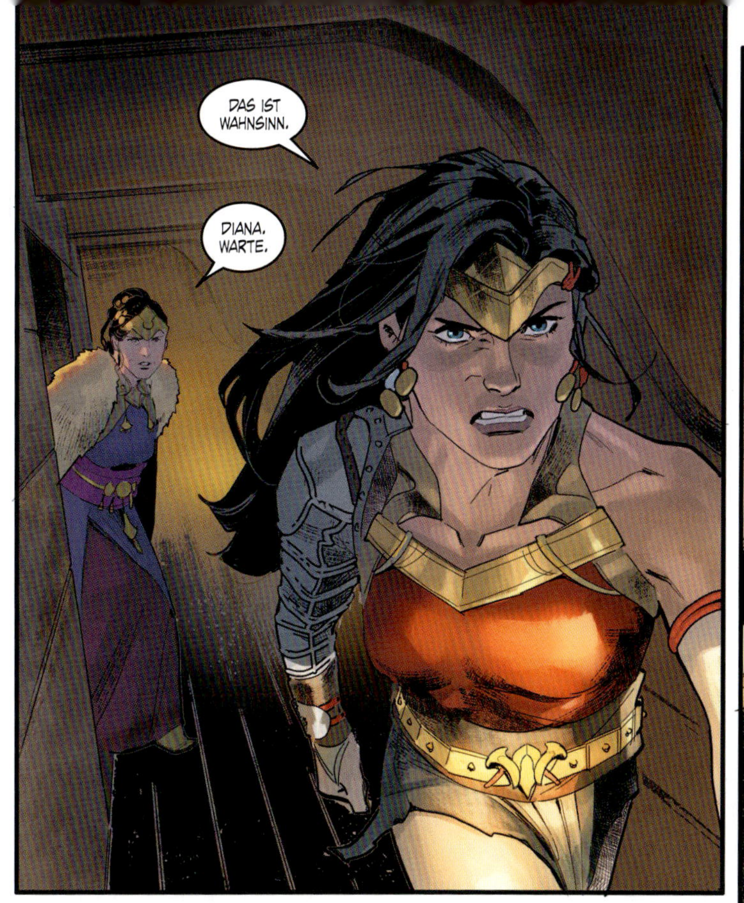


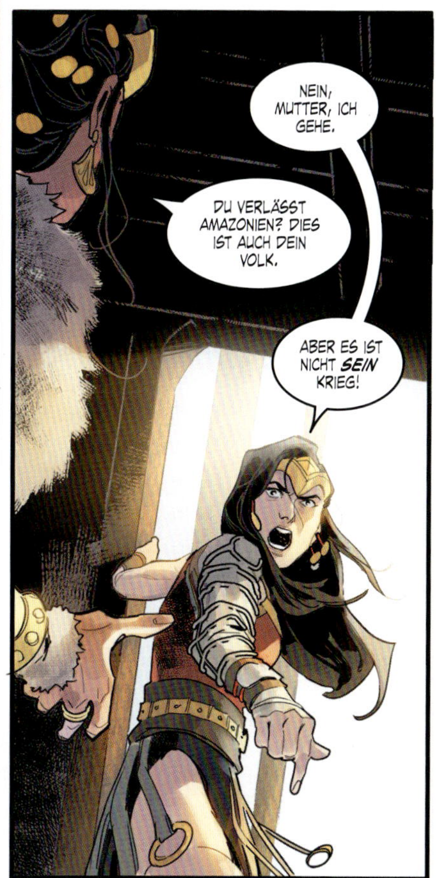


DAS KÖNIGREICH DES STURMS UND WIR HABEN UNS IMMER UNTERSTÜTZT.

TRADITION WÄRE EIN SCHLECHTER GRUND, DASS AMAZONEN STERBEN.

ICH VERBIETE DIR ZU GEHEN.

DAS HÄLT MICH NICHT AUF.

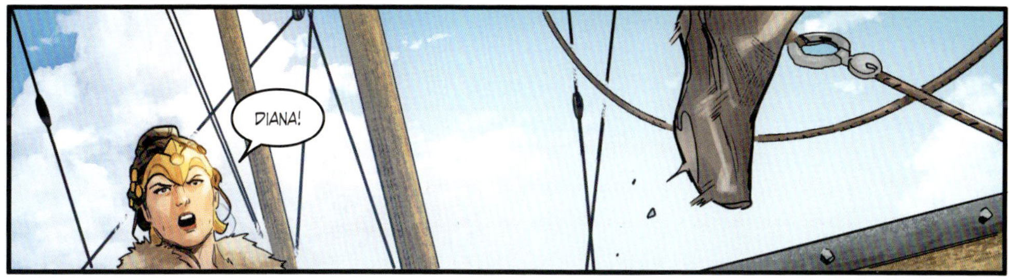

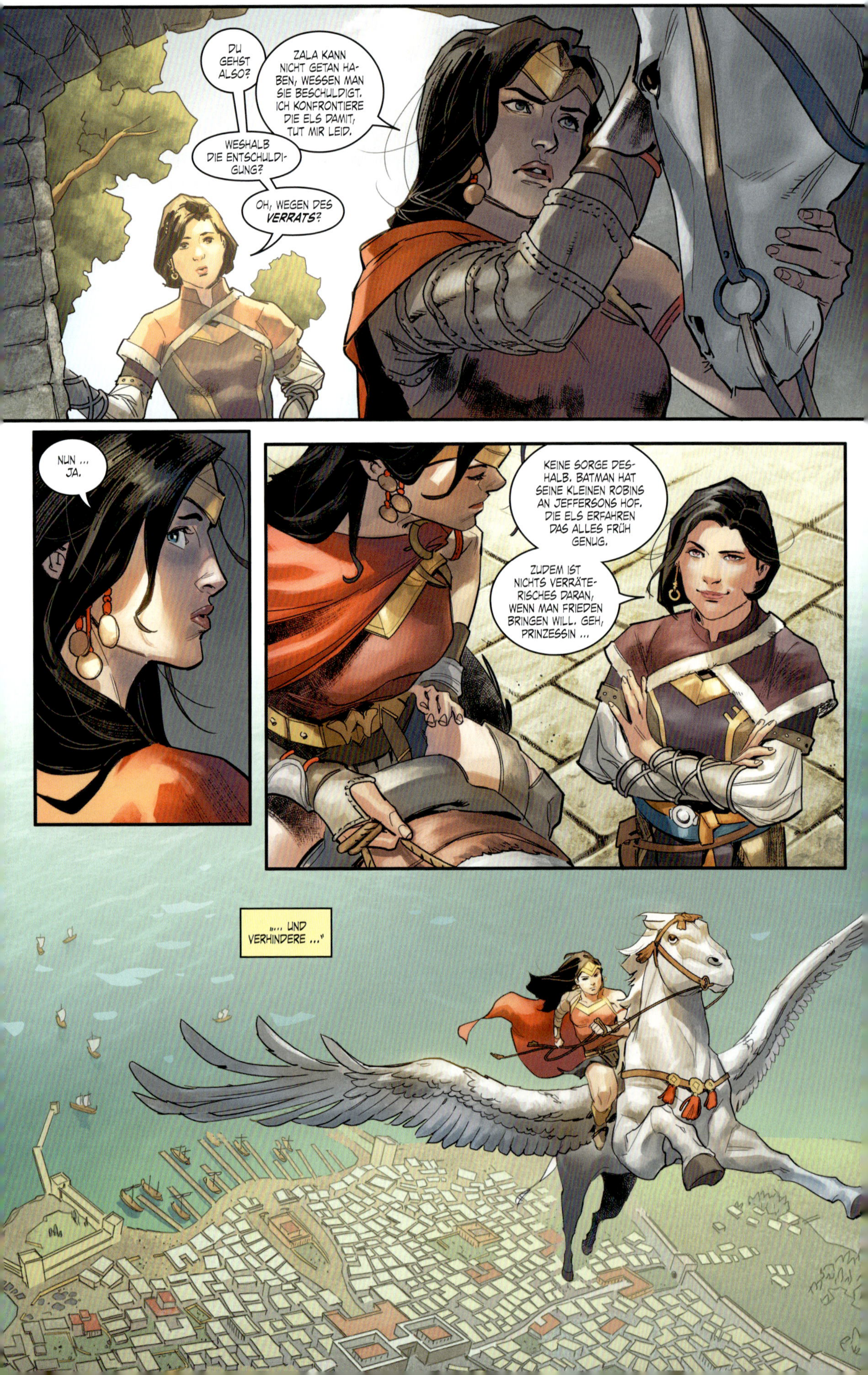

DU GEHST ALSO?
ZALA KANN NICHT GETAN HABEN, WESSEN MAN SIE BESCHULDIGT. ICH KONFRONTIERE DIE ELS DAMIT, TUT MIR LEID.
WESHALB DIE ENTSCHULDIGUNG?
OH, WEGEN DES *VERRATS*?

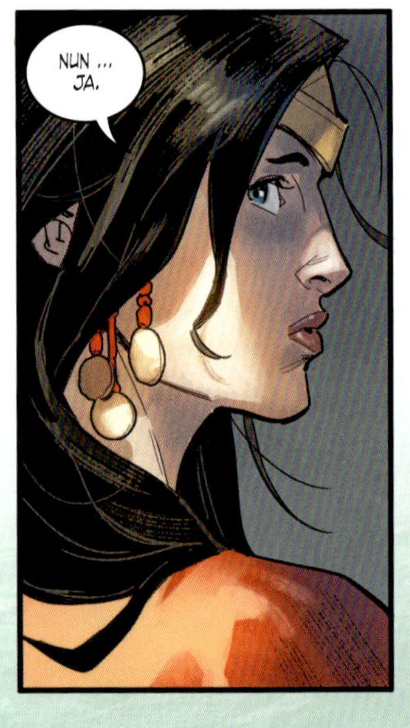
NUN ... JA.

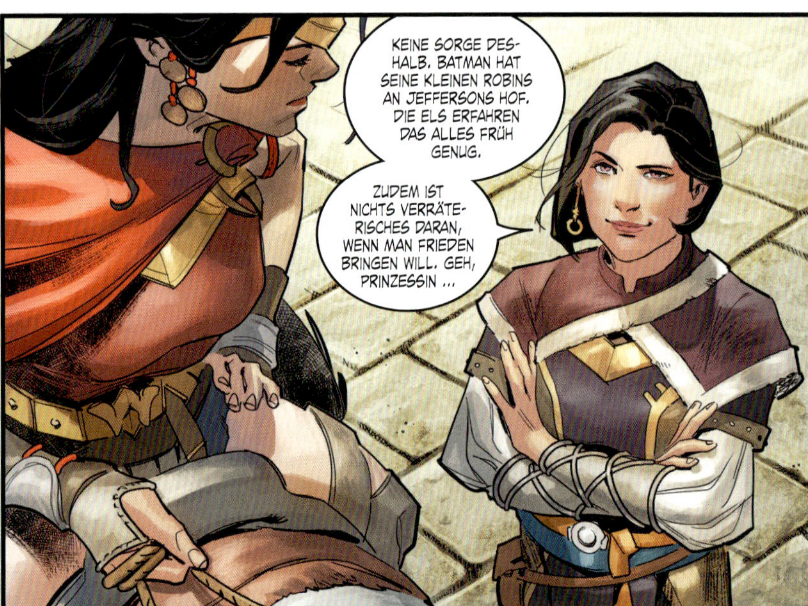
KEINE SORGE DESHALB. BATMAN HAT SEINE KLEINEN ROBINS AN JEFFERSONS HOF. DIE ELS ERFAHREN DAS ALLES FRÜH GENUG.
ZUDEM IST NICHTS VERRÄTERISCHES DARAN, WENN MAN FRIEDEN BRINGEN WILL. GEH, PRINZESSIN ...

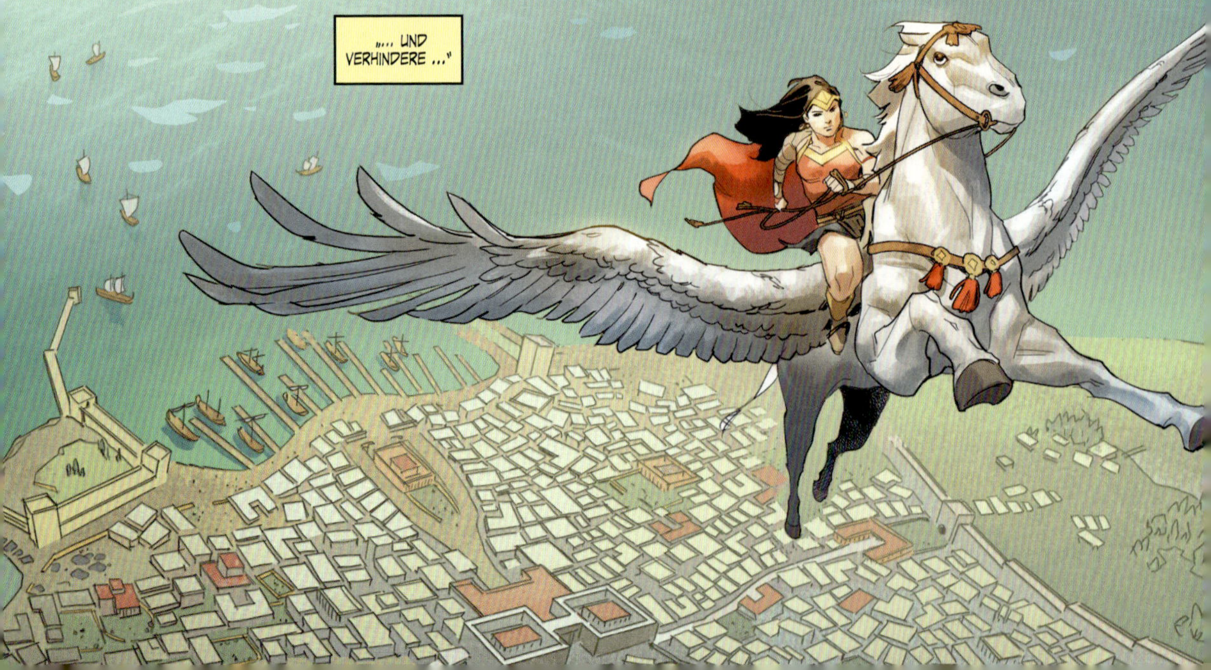
„... UND VERHINDERE ...“

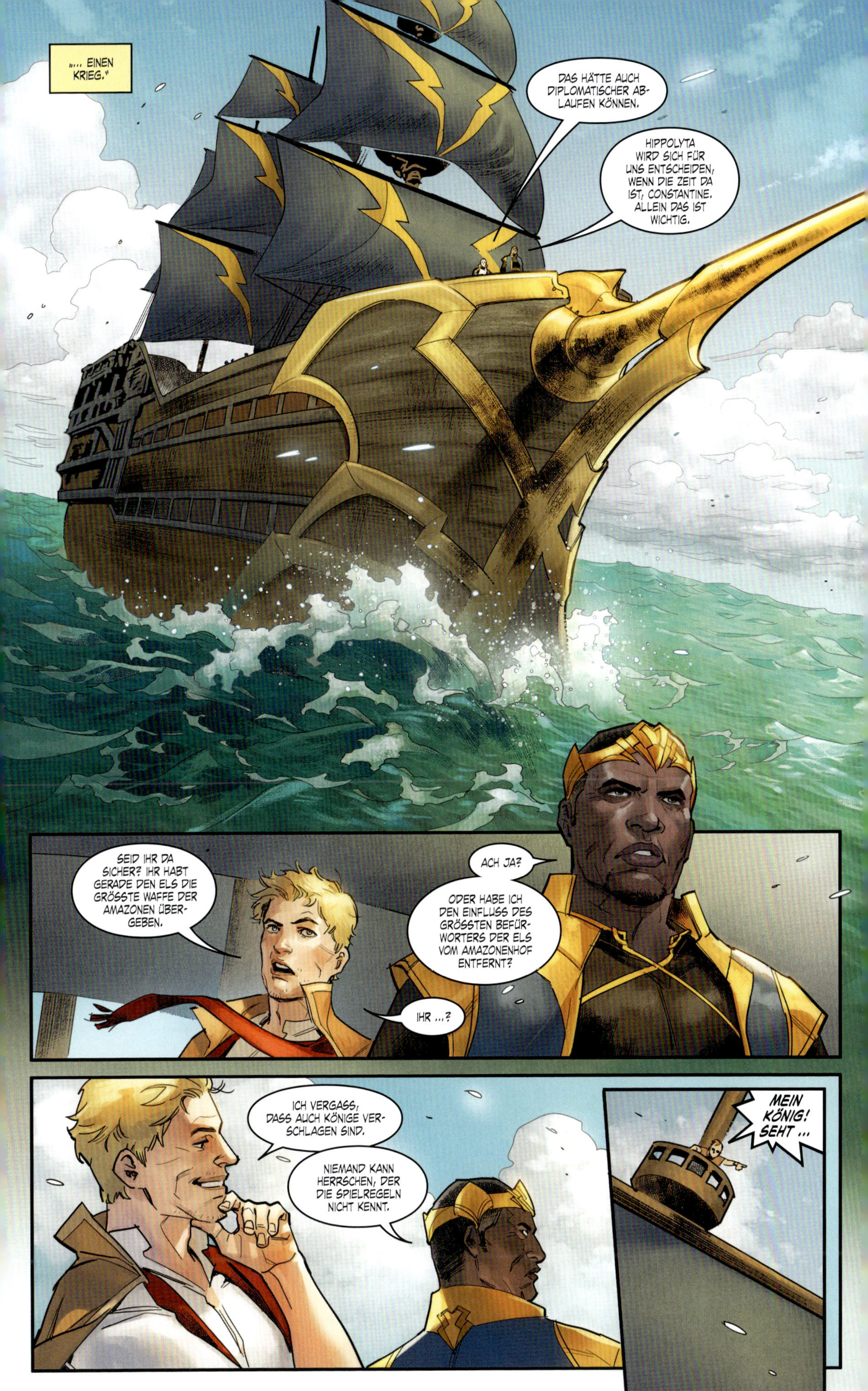
"... EINEN KRIEG."
DAS HÄTTE AUCH DIPLOMATISCHER ABLAUFEN KÖNNEN.
HIPPOLYTA WIRD SICH FÜR UNS ENTSCHEIDEN, WENN DIE ZEIT DA IST, CONSTANTINE. ALLEIN DAS IST WICHTIG.
SEID IHR DA SICHER? IHR HABT GERADE DEN ELS DIE GRÖSSTE WAFFE DER AMAZONEN ÜBERGEBEN.
ACH JA?
ODER HABE ICH DEN EINFLUSS DES GRÖSSTEN BEFÜRWORTERS DER ELS VOM AMAZONENHOF ENTFERNT?
IHR ...?
ICH VERGASS, DASS AUCH KÖNIGE VERSCHLAGEN SIND.
NIEMAND KANN HERRSCHEN, DER DIE SPIELREGELN NICHT KENNT.
MEIN KÖNIG! SEHT ...

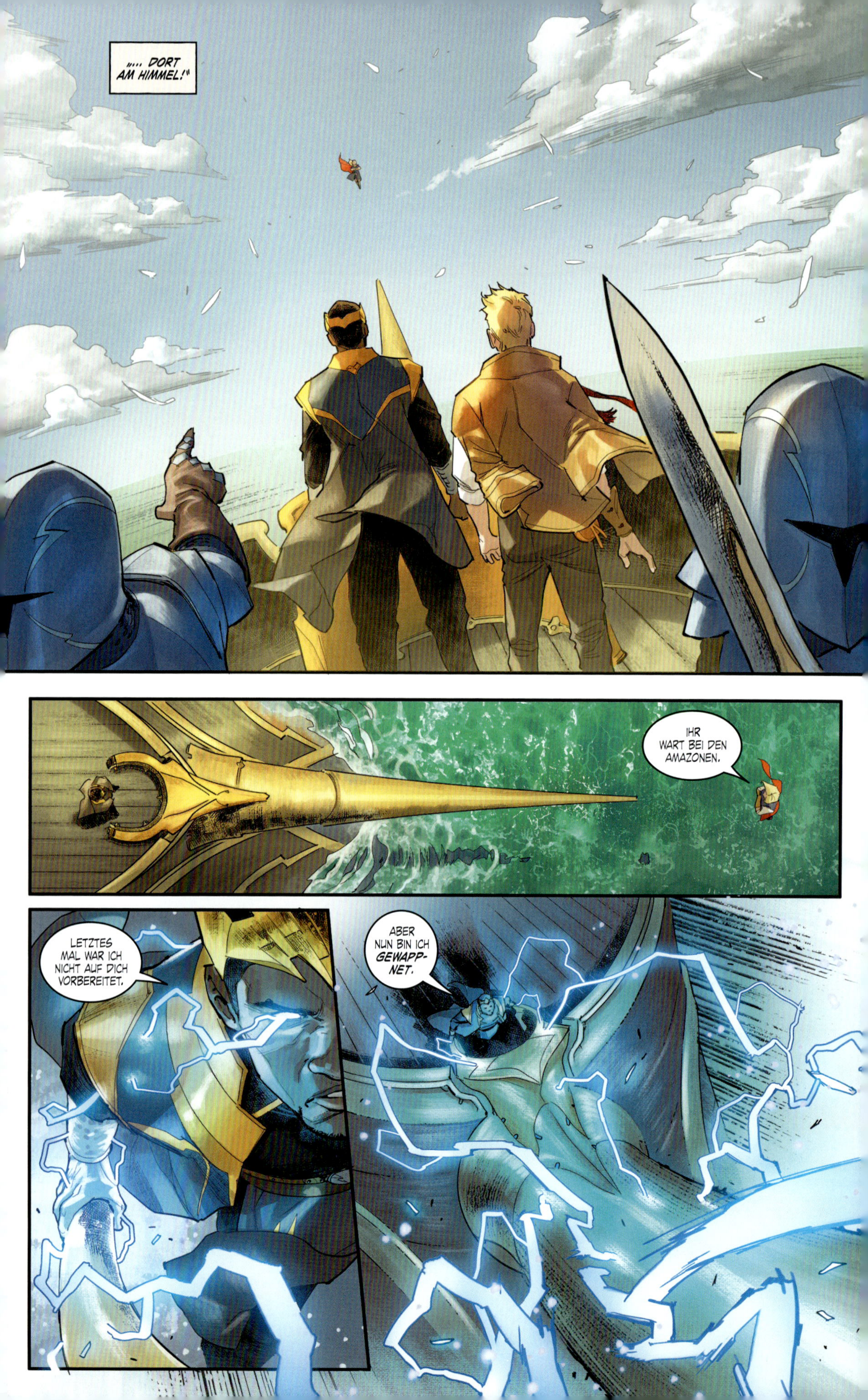

„… DORT AM HIMMEL!“

IHR WART BEI DEN AMAZONEN.

LETZTES MAL WAR ICH NICHT AUF DICH VORBEREITET.

ABER NUN BIN ICH *GEWAPPNET*.

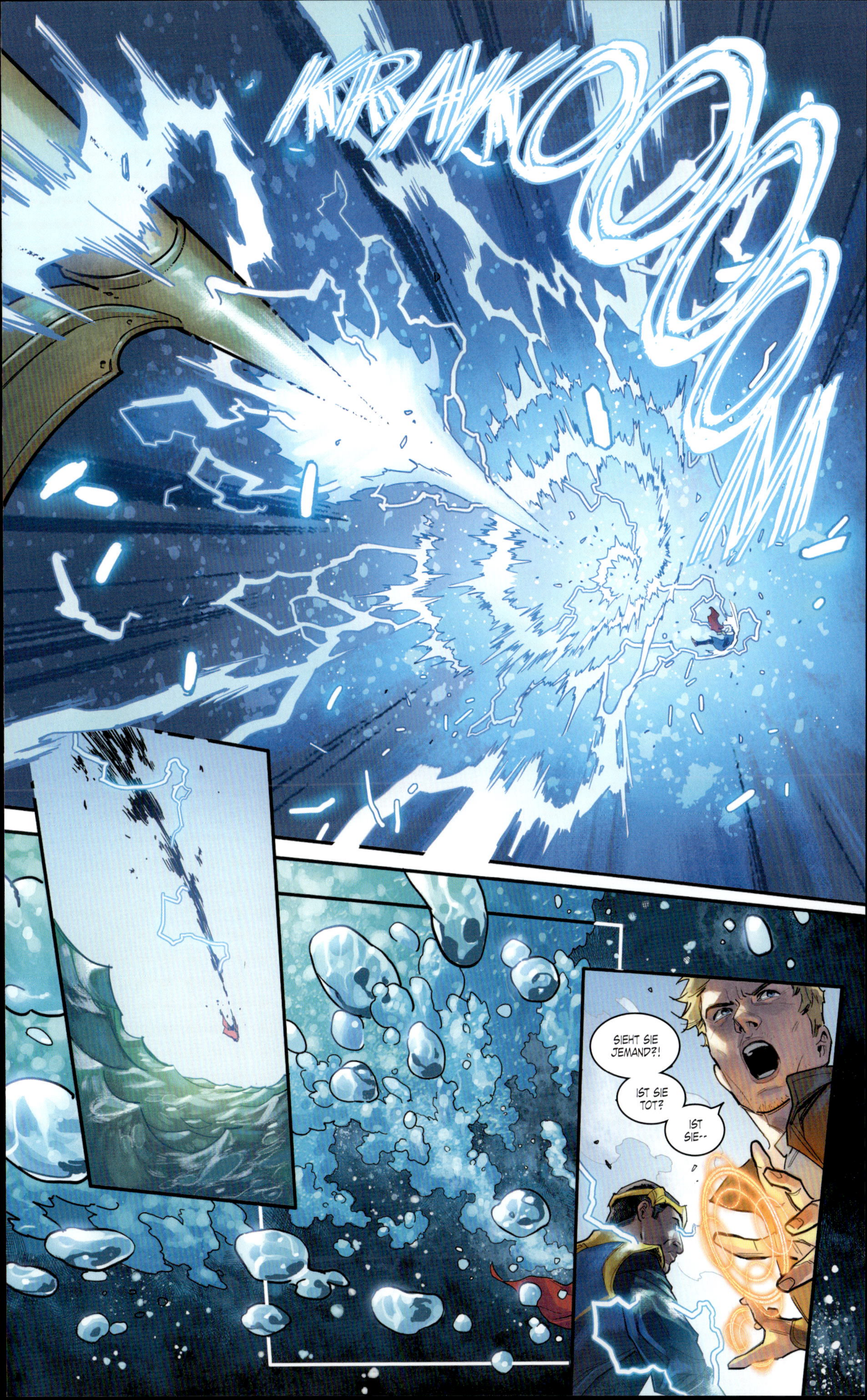
KRAKOOOOOM
SIEHT SIE JEMAND?!
IST SIE TOT?
IST SIE--

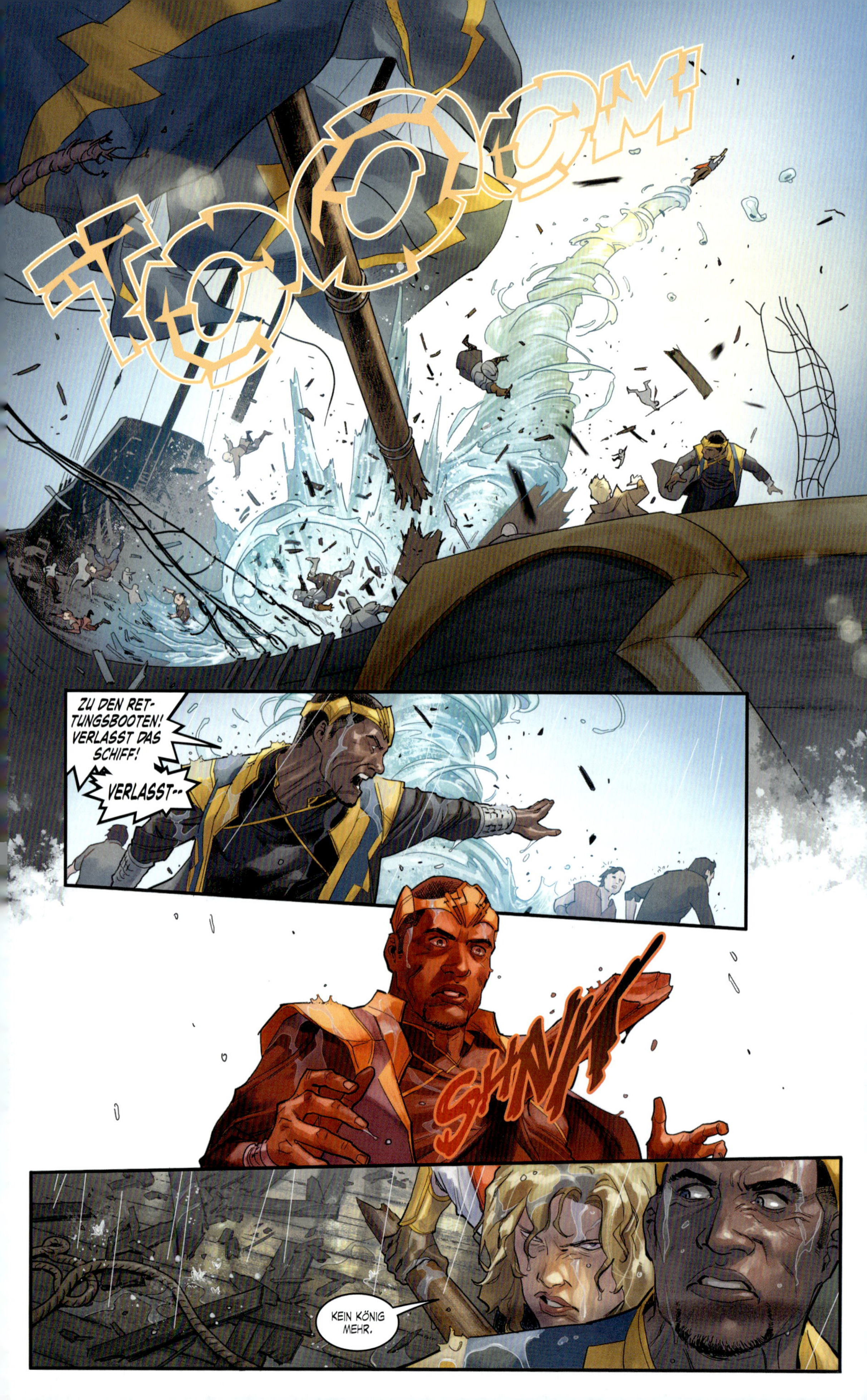
TOOOOM!
ZU DEN RETTUNGSBOOTEN! VERLASST DAS SCHIFF!
VERLASST--
SHNK!
KEIN KÖNIG MEHR.

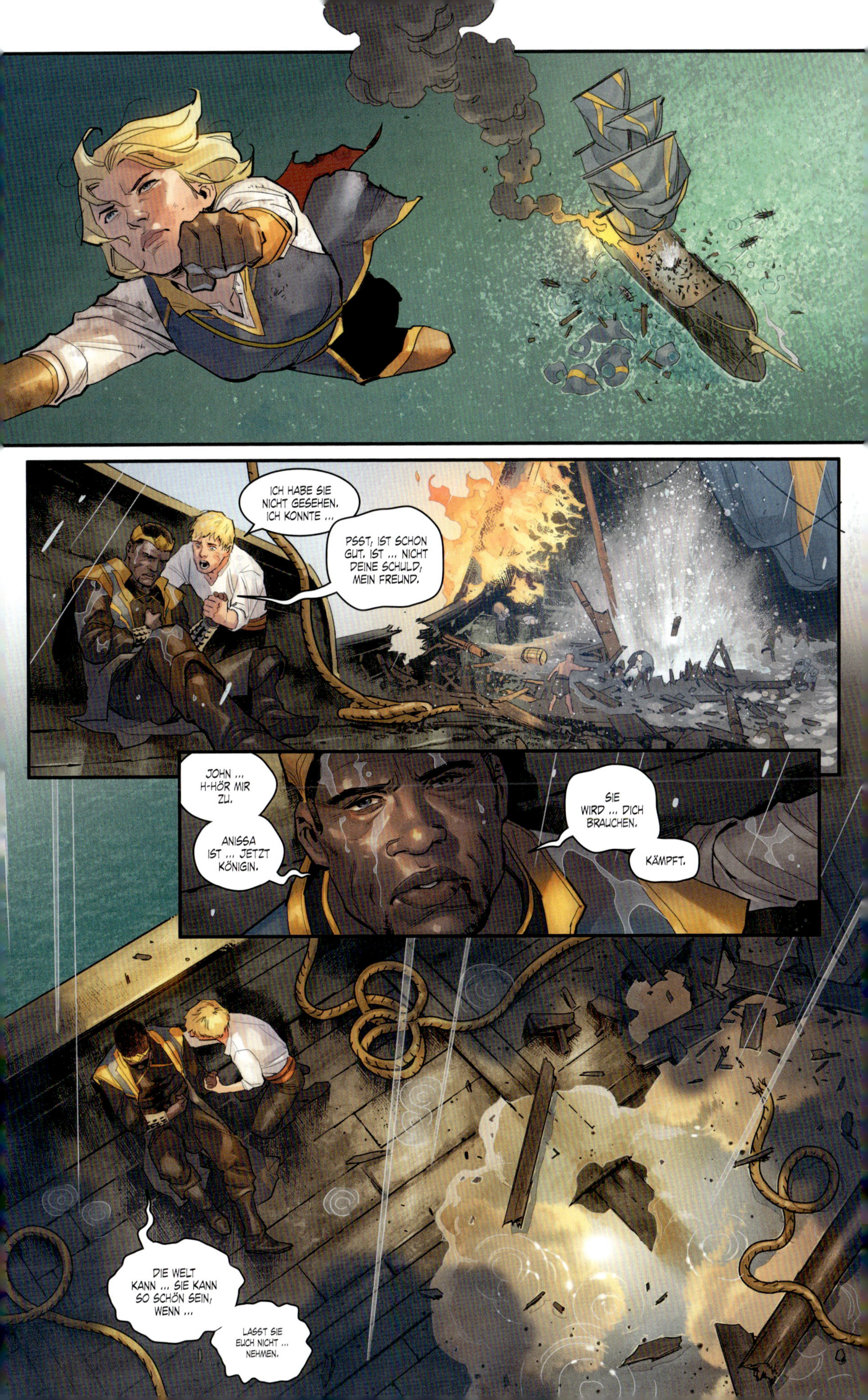

ICH HABE SIE NICHT GESEHEN. ICH KONNTE ...
PSST, IST SCHON GUT. IST ... NICHT DEINE SCHULD, MEIN FREUND.
JOHN ... H-HÖR MIR ZU.
ANISSA IST ... JETZT KÖNIGIN.
SIE WIRD ... DICH BRAUCHEN.
KÄMPFT.
DIE WELT KANN ... SIE KANN SO SCHÖN SEIN, WENN ...
LASST SIE EUCH NICHT ... NEHMEN.

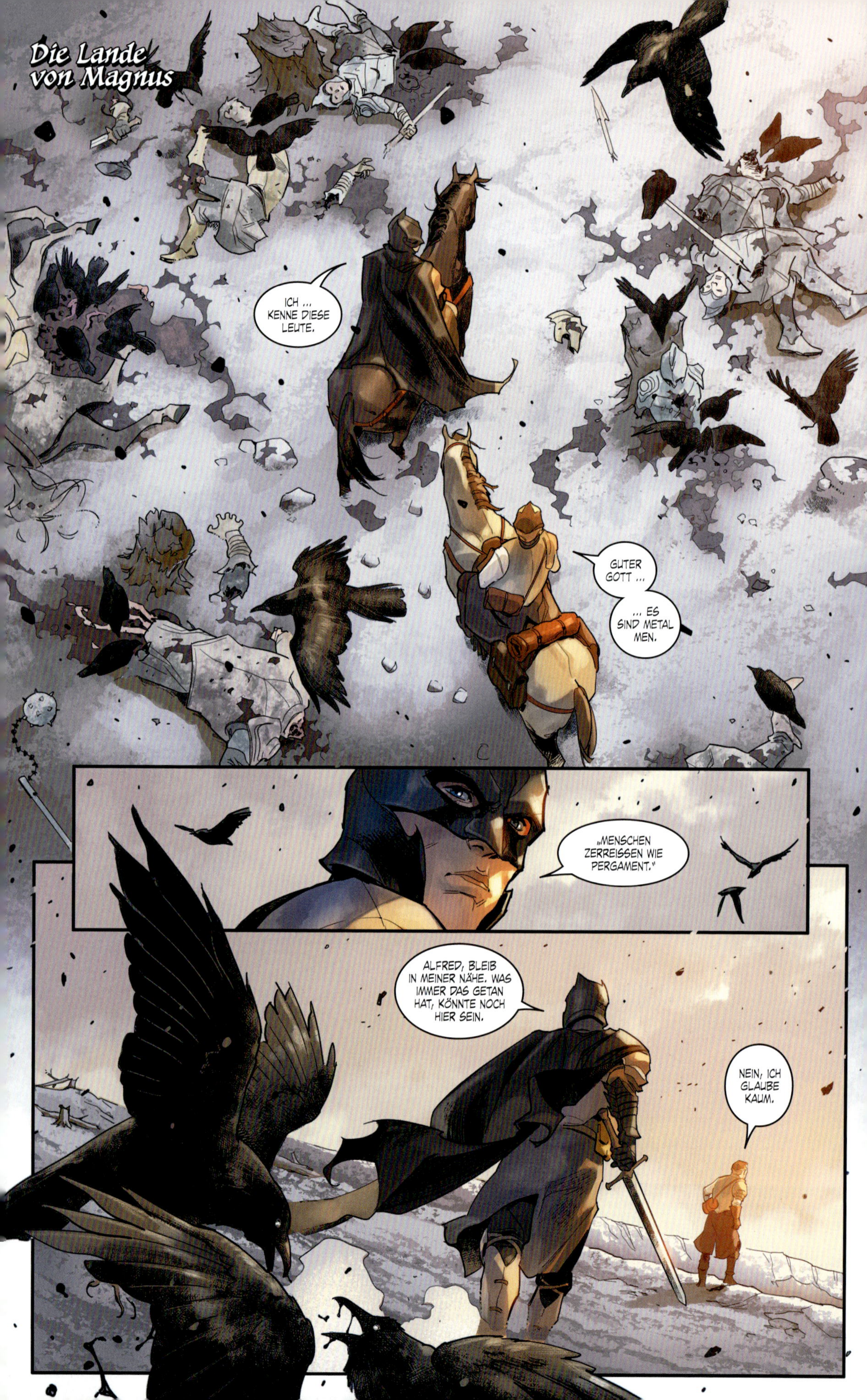
Die Lande von Magnus
ICH ... KENNE DIESE LEUTE.
GUTER GOTT ...
... ES SIND METAL MEN.
„MENSCHEN ZERREISSEN WIE PERGAMENT."
ALFRED, BLEIB IN MEINER NÄHE. WAS IMMER DAS GETAN HAT, KÖNNTE NOCH HIER SEIN.
NEIN, ICH GLAUBE KAUM.

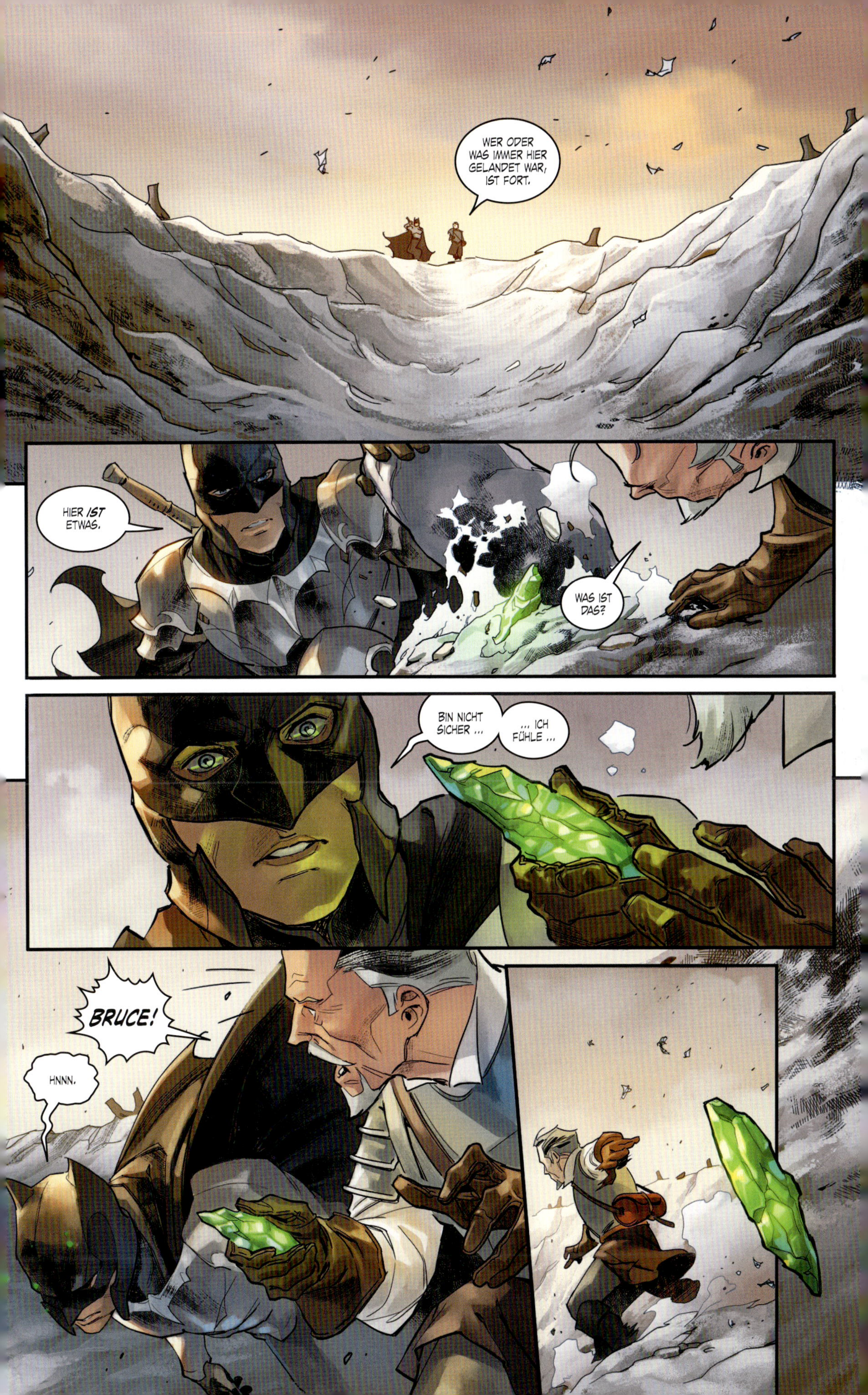
WER ODER WAS IMMER HIER GELANDET WAR, IST FORT.
HIER *IST* ETWAS.
WAS IST DAS?
BIN NICHT SICHER ...
... ICH FÜHLE ...
BRUCE!
HNNN.

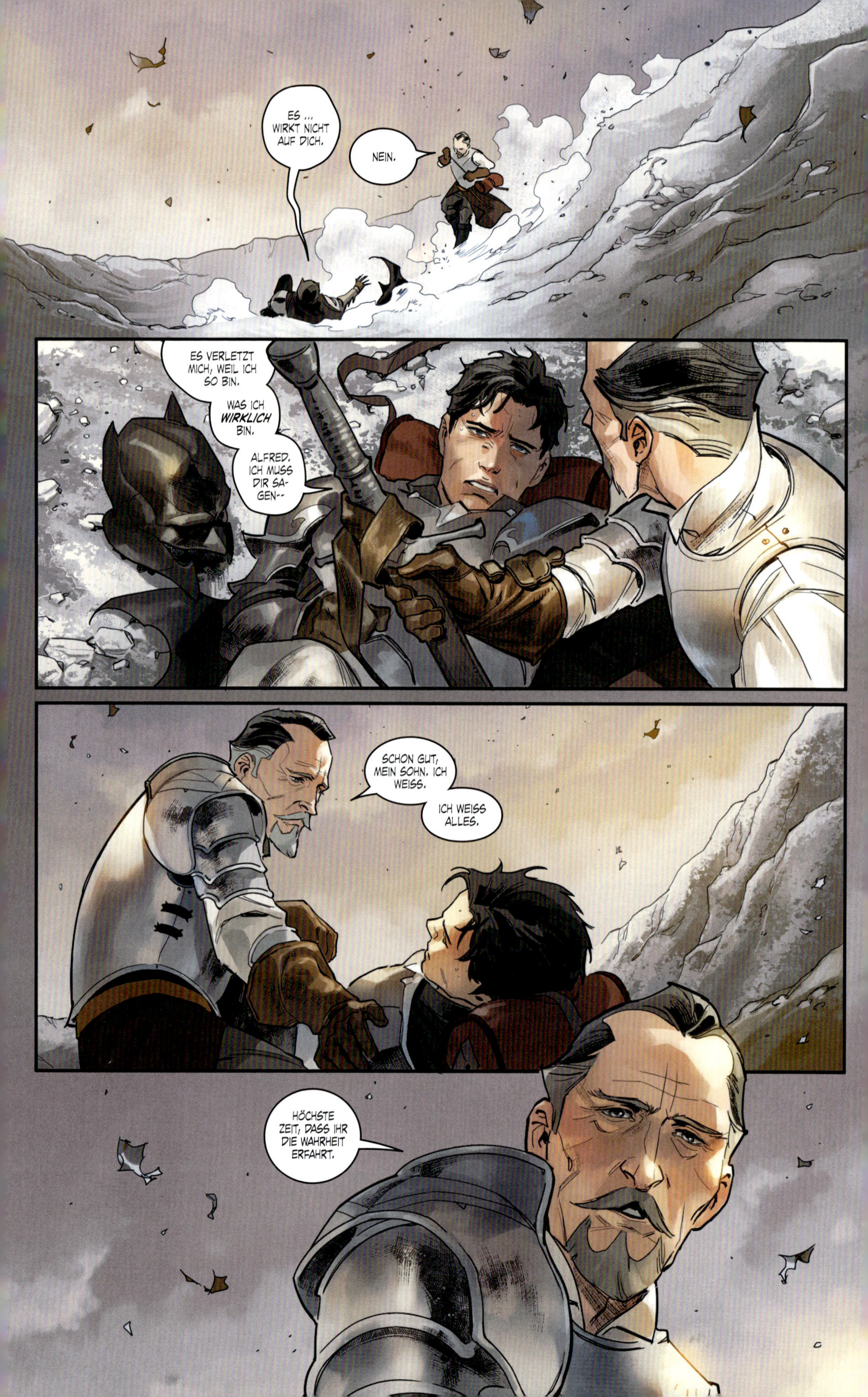

ES ... WIRKT NICHT AUF DICH.
NEIN.
ES VERLETZT MICH, WEIL ICH SO BIN.
WAS ICH **WIRKLICH** BIN.
ALFRED. ICH MUSS DIR SA- GEN--
SCHON GUT, MEIN SOHN. ICH WEISS.
ICH WEISS ALLES.
HÖCHSTE ZEIT, DASS IHR DIE WAHRHEIT ERFAHRT.

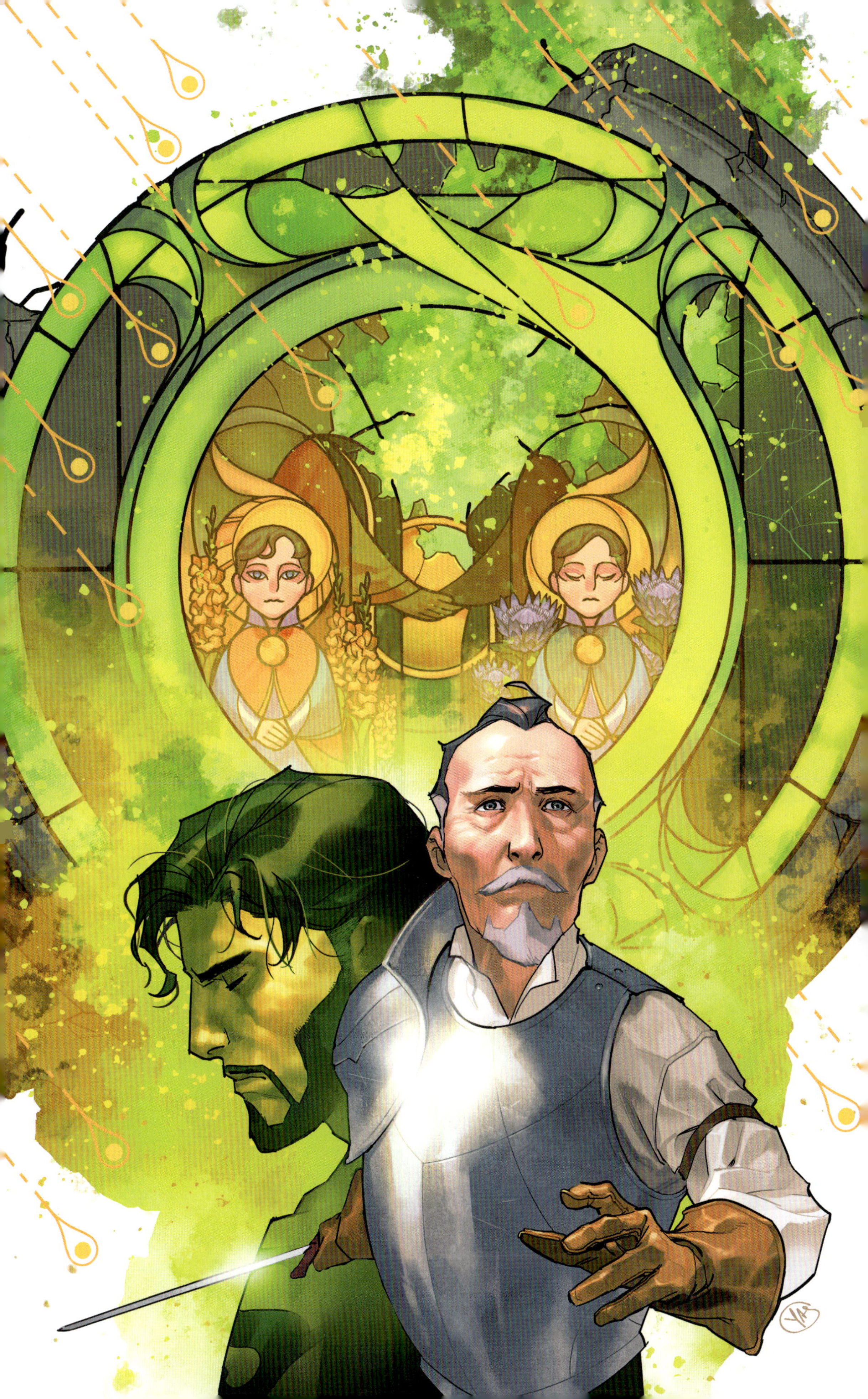

# DARK KNIGHTS OF STEEL 4
# KIND DER GÖTTER

TOM TAYLOR
Story

BENGAL
Zeichnungen und Tusche

ARIF PRIANTO
Farben

YASMINE PUTRI
Original-Cover

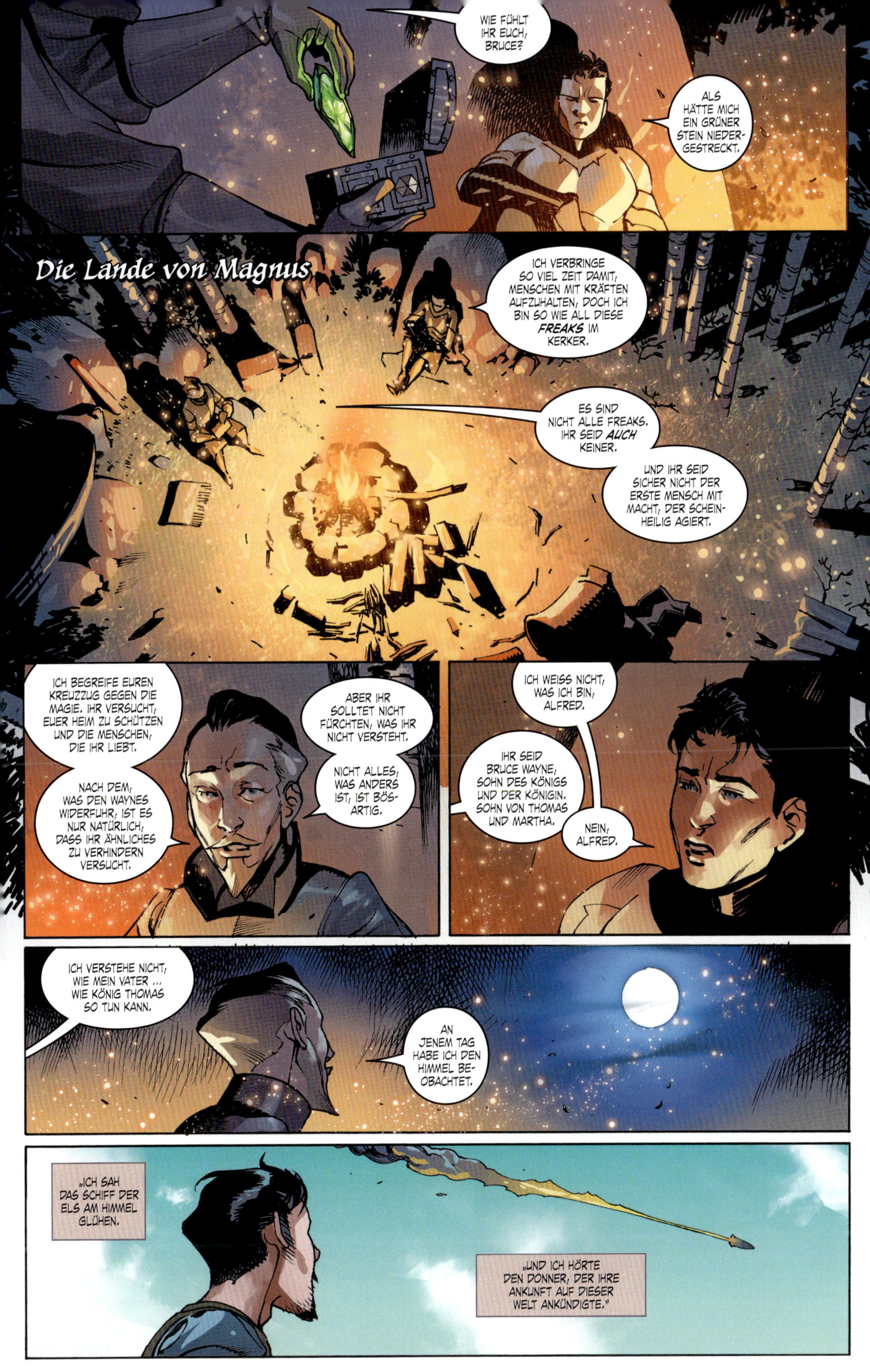
WIE FÜHLT IHR EUCH, BRUCE?
ALS HÄTTE MICH EIN GRÜNER STEIN NIEDERGESTRECKT.
Die Lande von Magnus
ICH VERBRINGE SO VIEL ZEIT DAMIT, MENSCHEN MIT KRÄFTEN AUFZUHALTEN, DOCH ICH BIN SO WIE ALL DIESE FREAKS IM KERKER.
ES SIND NICHT ALLE FREAKS. IHR SEID AUCH KEINER.
UND IHR SEID SICHER NICHT DER ERSTE MENSCH MIT MACHT, DER SCHEINHEILIG AGIERT.
ICH BEGREIFE EUREN KREUZZUG GEGEN DIE MAGIE. IHR VERSUCHT, EUER HEIM ZU SCHÜTZEN UND DIE MENSCHEN, DIE IHR LIEBT.
NACH DEM, WAS DEN WAYNES WIDERFUHR, IST ES NUR NATÜRLICH, DASS IHR ÄHNLICHES ZU VERHINDERN VERSUCHT.
ABER IHR SOLLTET NICHT FÜRCHTEN, WAS IHR NICHT VERSTEHT.
NICHT ALLES, WAS ANDERS IST, IST BÖSARTIG.
ICH WEISS NICHT, WAS ICH BIN, ALFRED.
IHR SEID BRUCE WAYNE, SOHN DES KÖNIGS UND DER KÖNIGIN. SOHN VON THOMAS UND MARTHA.
NEIN, ALFRED.
ICH VERSTEHE NICHT, WIE MEIN VATER ... WIE KÖNIG THOMAS SO TUN KANN.
AN JENEM TAG HABE ICH DEN HIMMEL BEOBACHTET.
„ICH SAH DAS SCHIFF DER ELS AM HIMMEL GLÜHEN.
„UND ICH HÖRTE DEN DONNER, DER IHRE ANKUNFT AUF DIESER WELT ANKÜNDIGTE.“

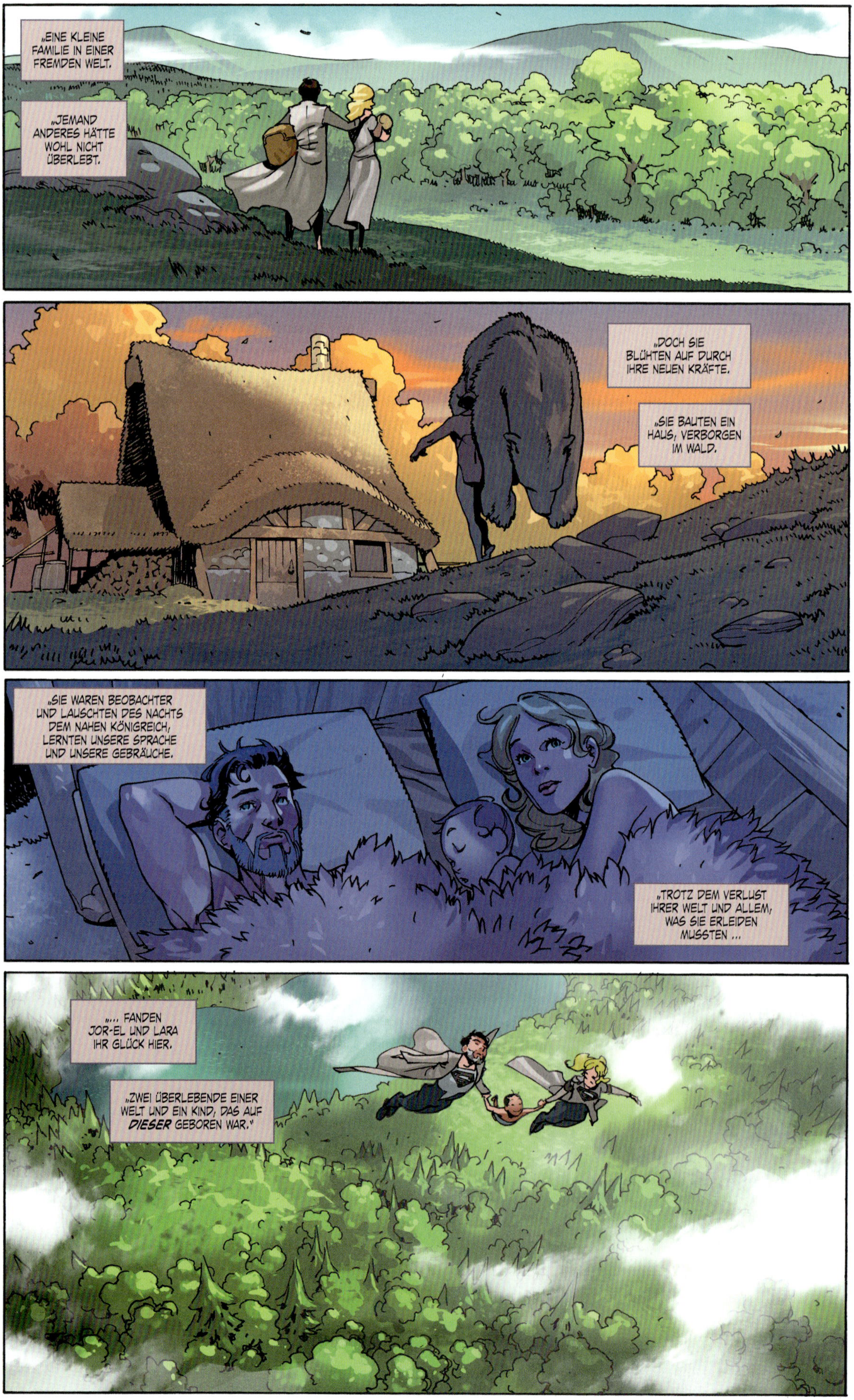

„EINE KLEINE FAMILIE IN EINER FREMDEN WELT.

„JEMAND ANDERES HÄTTE WOHL NICHT ÜBERLEBT.

„DOCH SIE BLÜHTEN AUF DURCH IHRE NEUEN KRÄFTE.

„SIE BAUTEN EIN HAUS, VERBORGEN IM WALD.

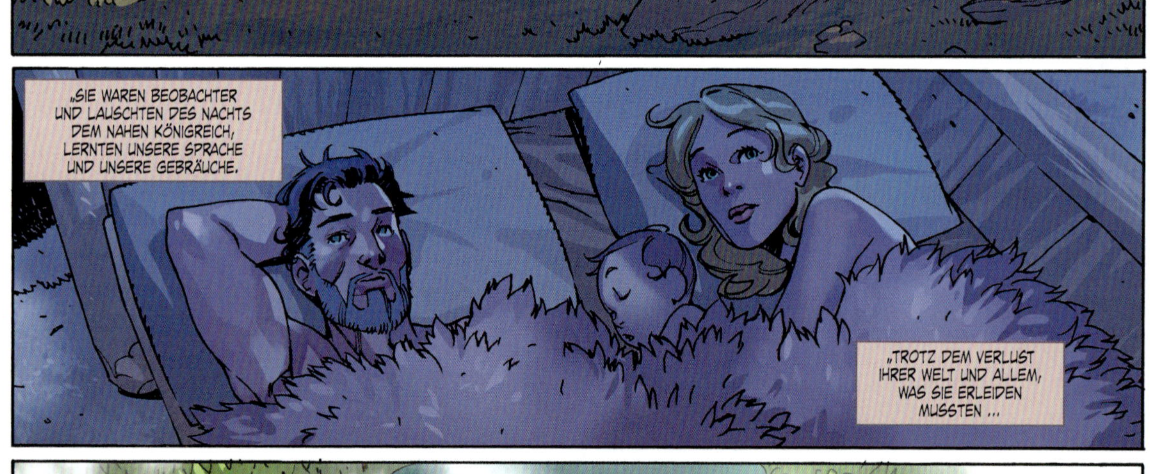


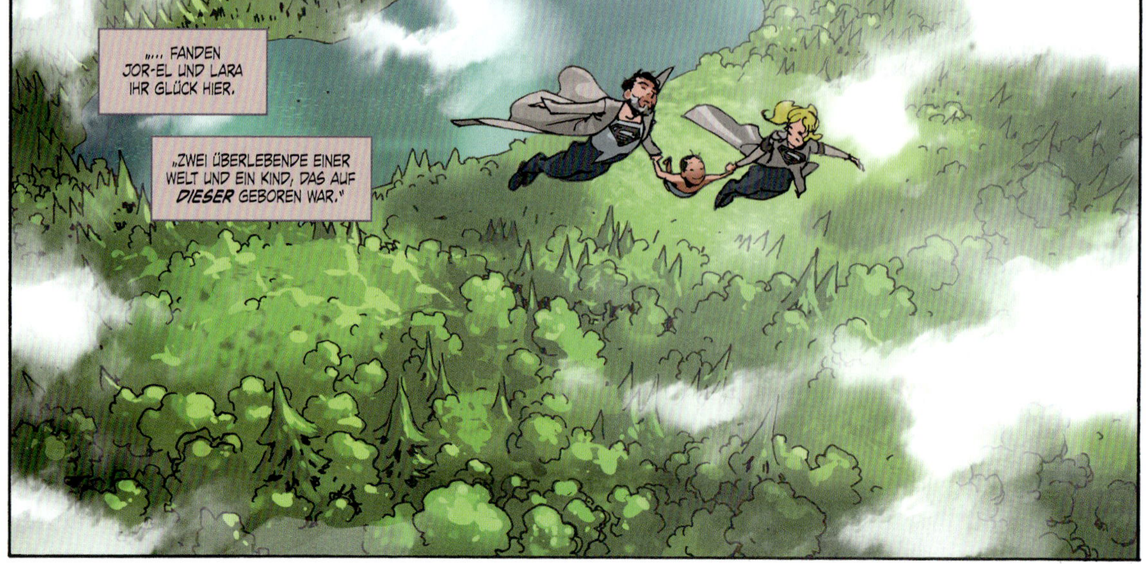

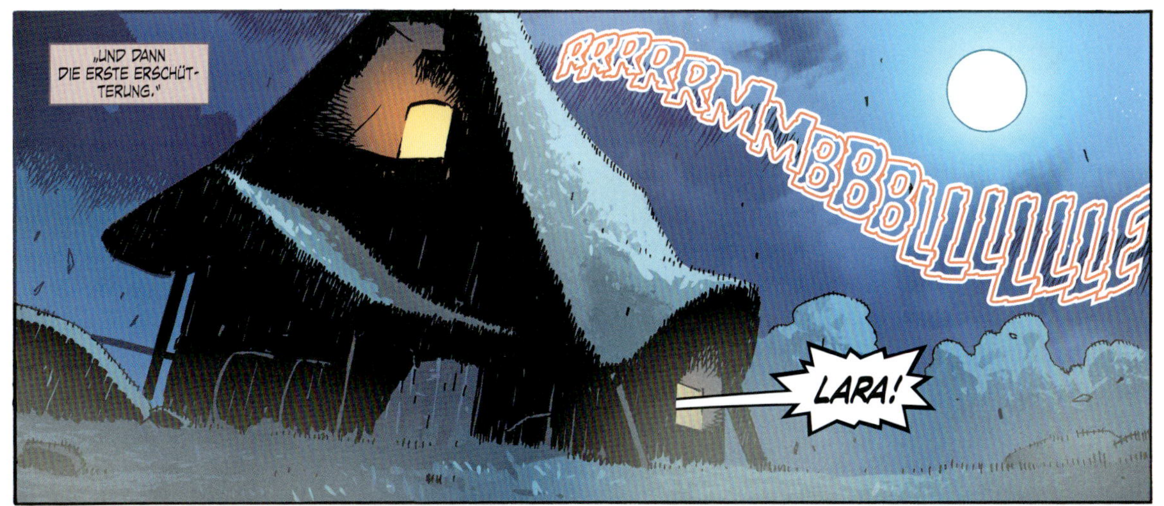
„UND DANN DIE ERSTE ERSCHÜTTERUNG."
RRRRRMMMBBBLLLLLLE
LARA!

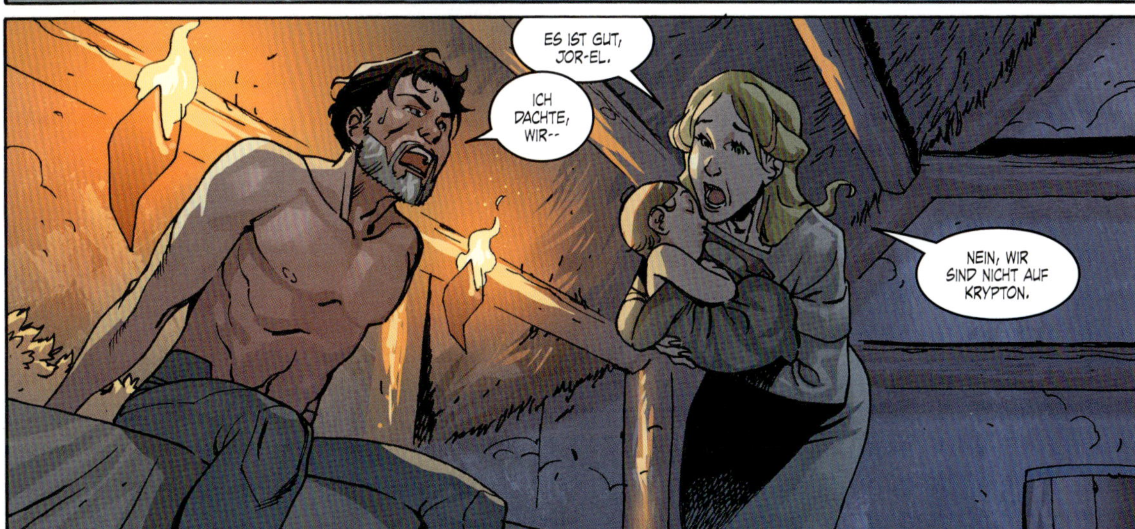
ICH DACHTE, WIR--
ES IST GUT, JOR-EL.
NEIN, WIR SIND NICHT AUF KRYPTON.

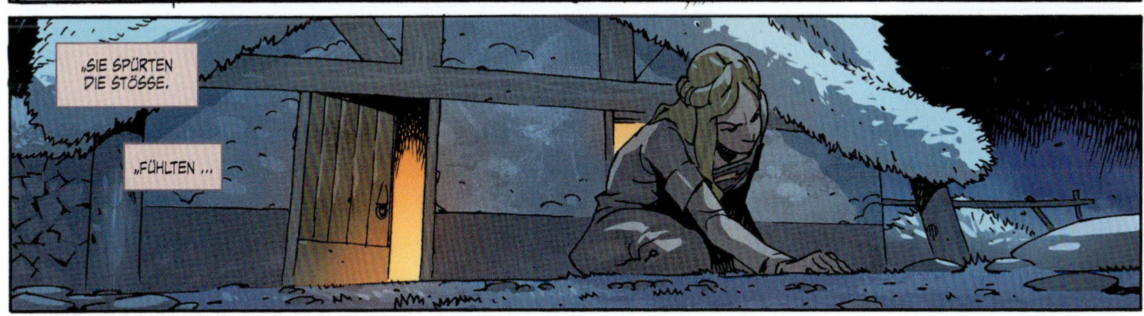
„SIE SPÜRTEN DIE STÖSSE.
„FÜHLTEN ...

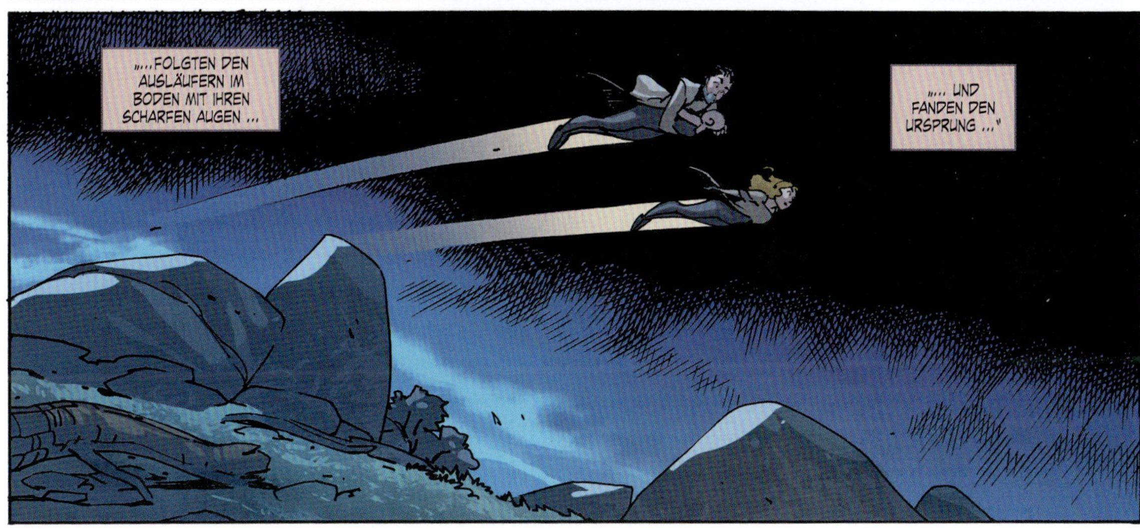
„...FOLGTEN DEN AUSLÄUFERN IM BODEN MIT IHREN SCHARFEN AUGEN ...
„... UND FANDEN DEN URSPRUNG ..."

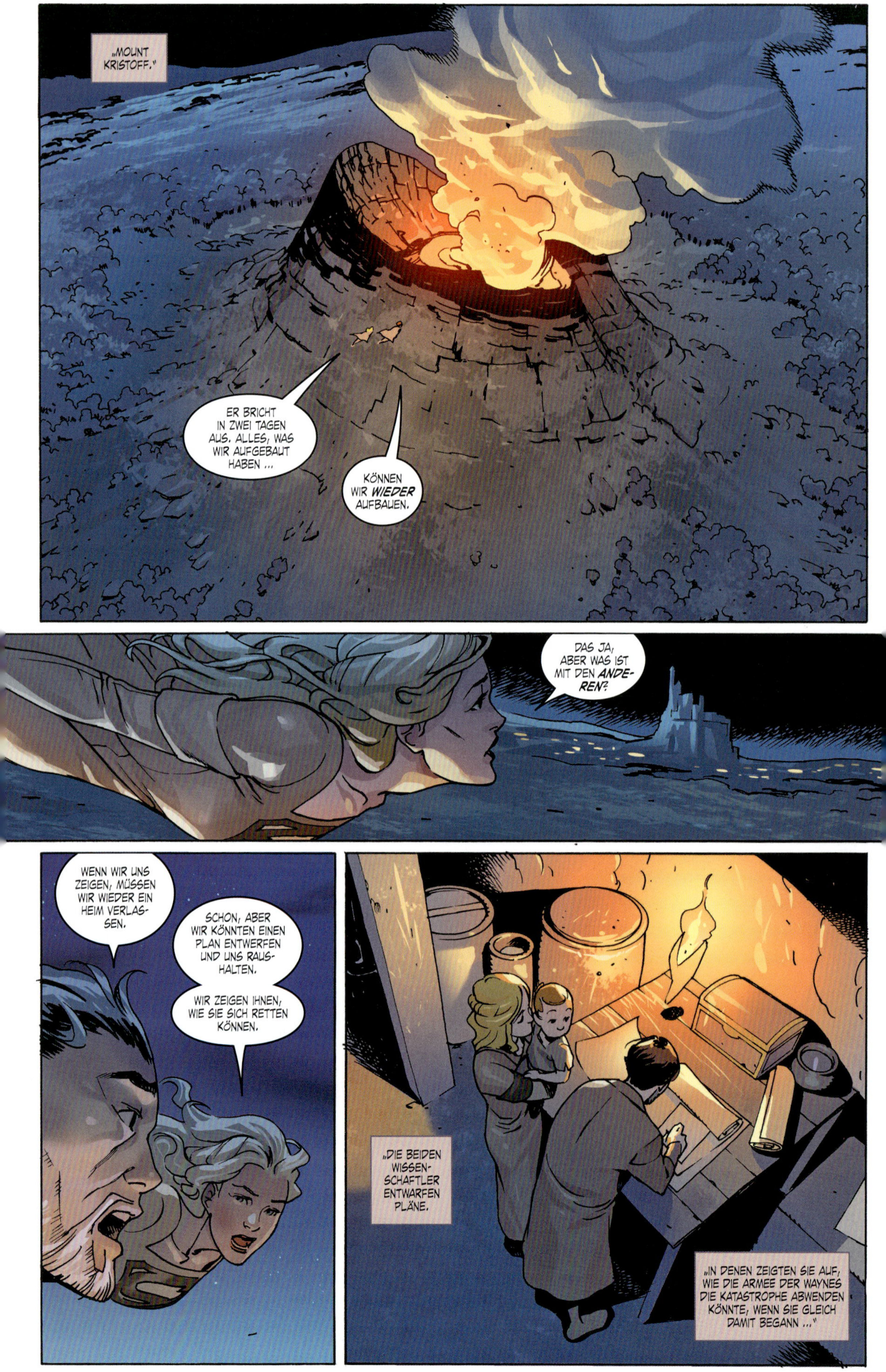

„MOUNT KRISTOFF."
ER BRICHT IN ZWEI TAGEN AUS. ALLES, WAS WIR AUFGEBAUT HABEN ...
KÖNNEN WIR *WIEDER* AUFBAUEN.

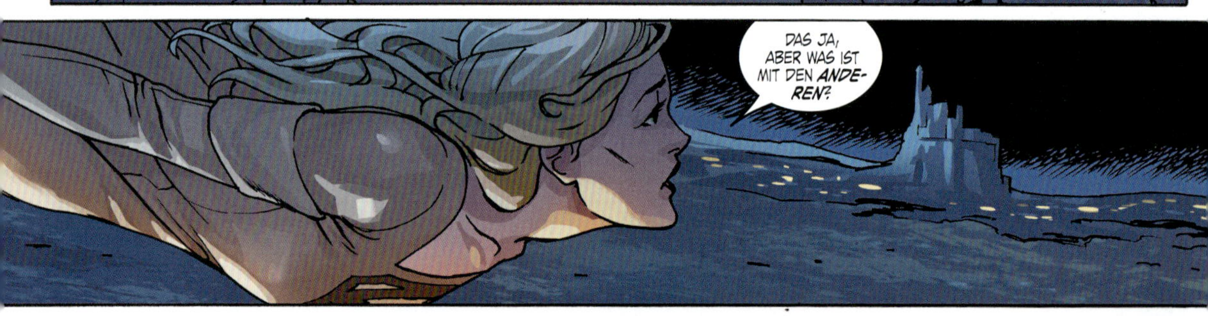


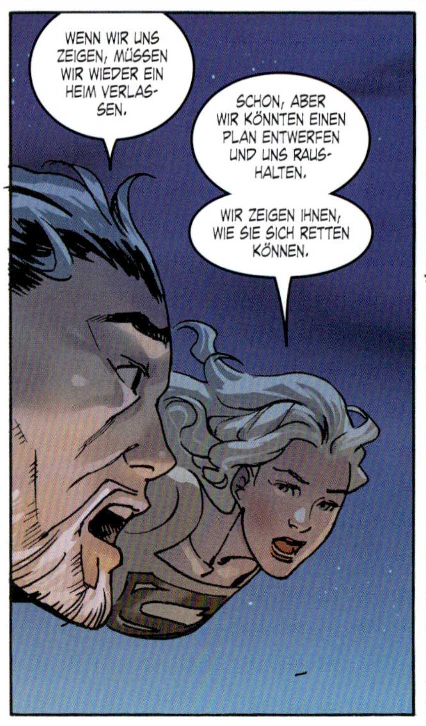


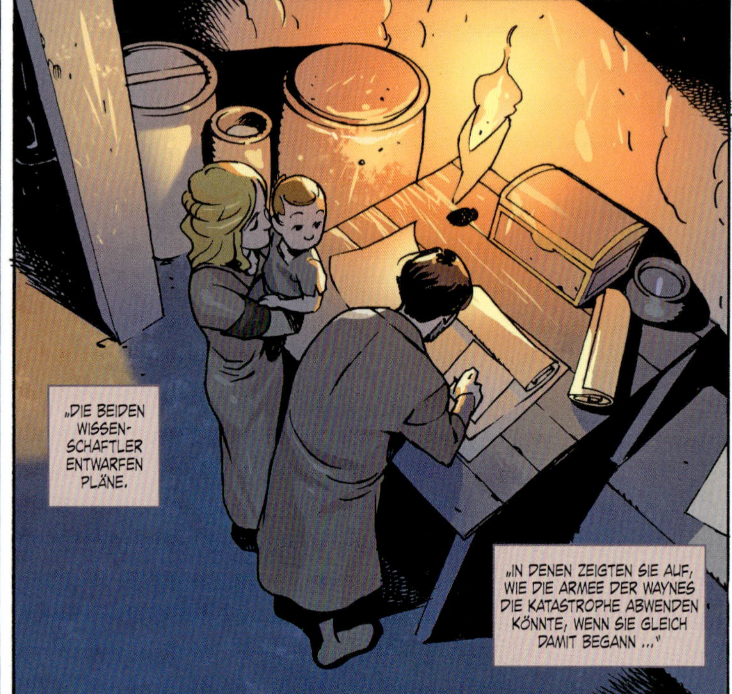

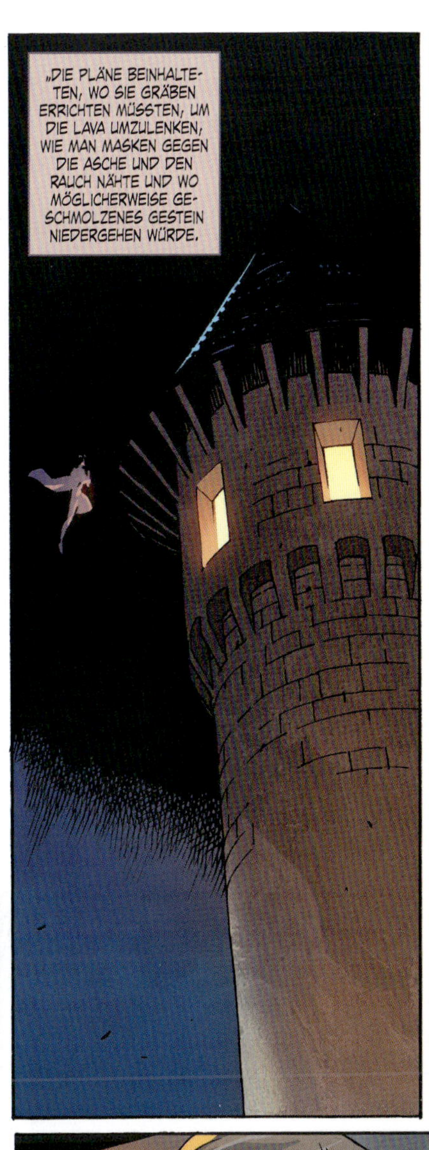
„DIE PLÄNE BEINHALTETEN, WO SIE GRÄBEN ERRICHTEN MÜSSTEN, UM DIE LAVA UMZULENKEN, WIE MAN MASKEN GEGEN DIE ASCHE UND DEN RAUCH NÄHTE UND WO MÖGLICHERWEISE GESCHMOLZENES GESTEIN NIEDERGEHEN WÜRDE.

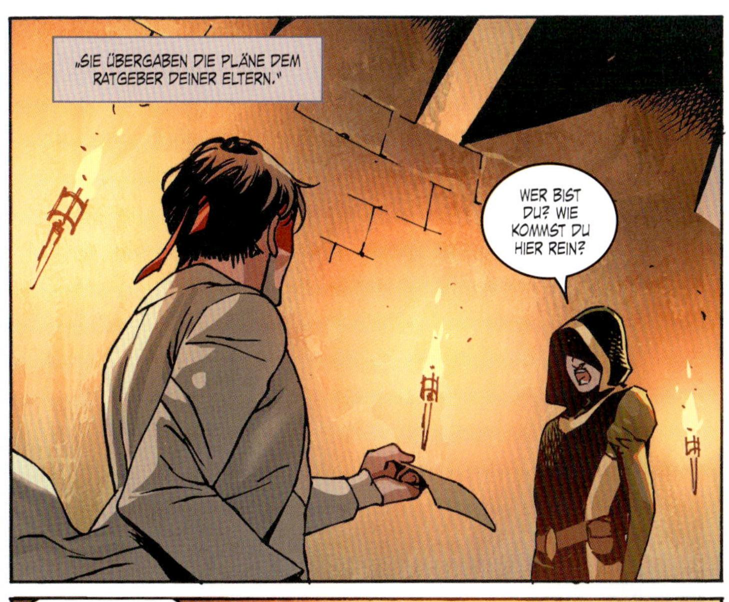
„SIE ÜBERGABEN DIE PLÄNE DEM RATGEBER DEINER ELTERN."
WER BIST DU? WIE KOMMST DU HIER REIN?

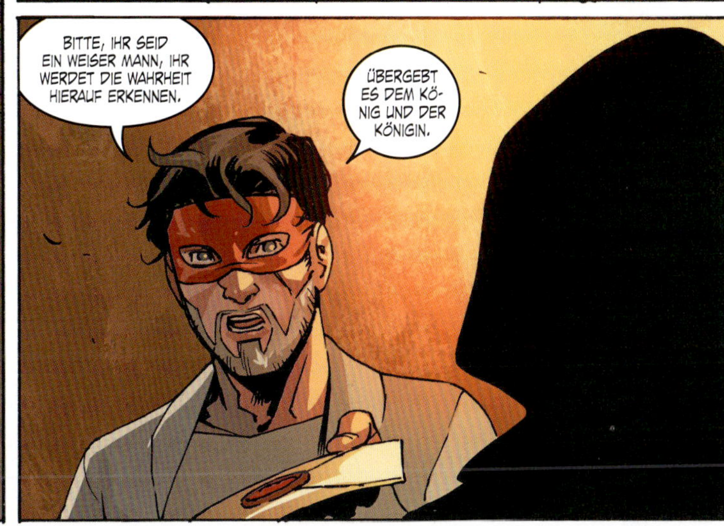
BITTE, IHR SEID EIN WEISER MANN, IHR WERDET DIE WAHRHEIT HIERAUF ERKENNEN.
ÜBERGEBT ES DEM KÖNIG UND DER KÖNIGIN.

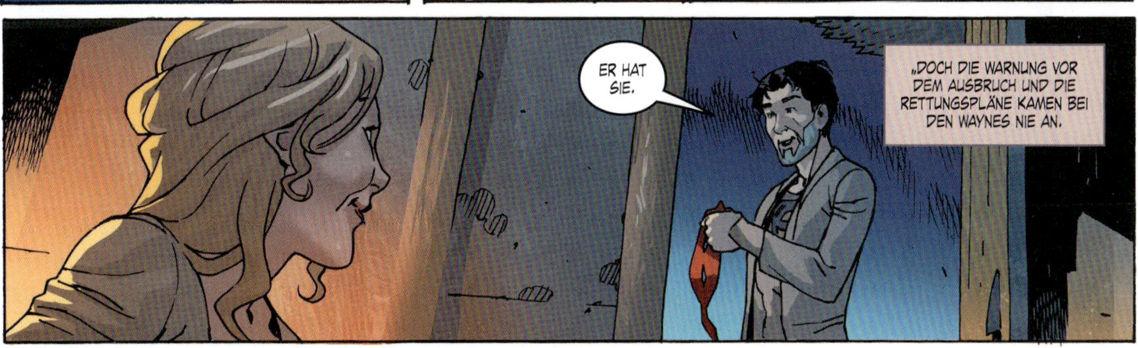
ER HAT SIE.
„DOCH DIE WARNUNG VOR DEM AUSBRUCH UND DIE RETTUNGSPLÄNE KAMEN BEI DEN WAYNES NIE AN.

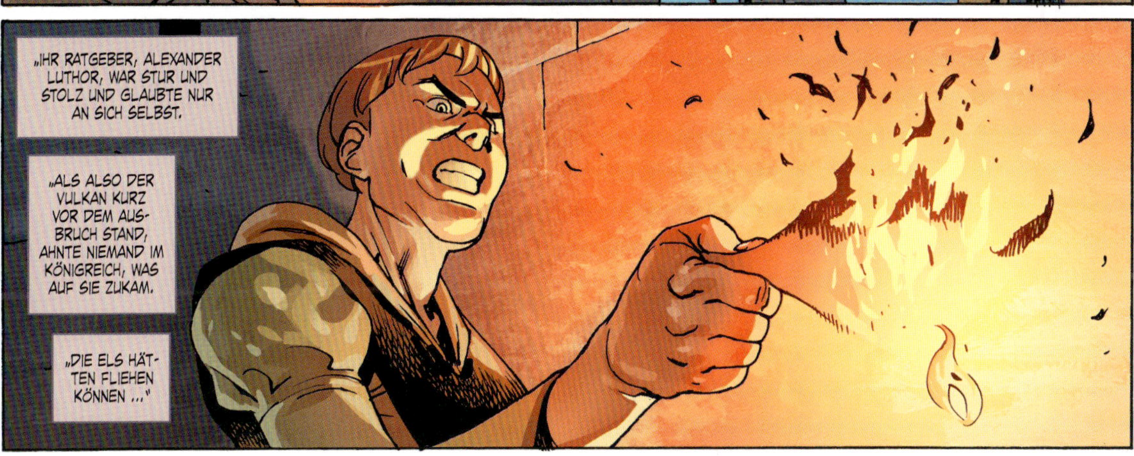
„IHR RATGEBER, ALEXANDER LUTHOR, WAR STUR UND STOLZ UND GLAUBTE NUR AN SICH SELBST.
„ALS ALSO DER VULKAN KURZ VOR DEM AUSBRUCH STAND, AHNTE NIEMAND IM KÖNIGREICH, WAS AUF SIE ZUKAM.
„DIE ELS HÄTTEN FLIEHEN KÖNNEN ..."

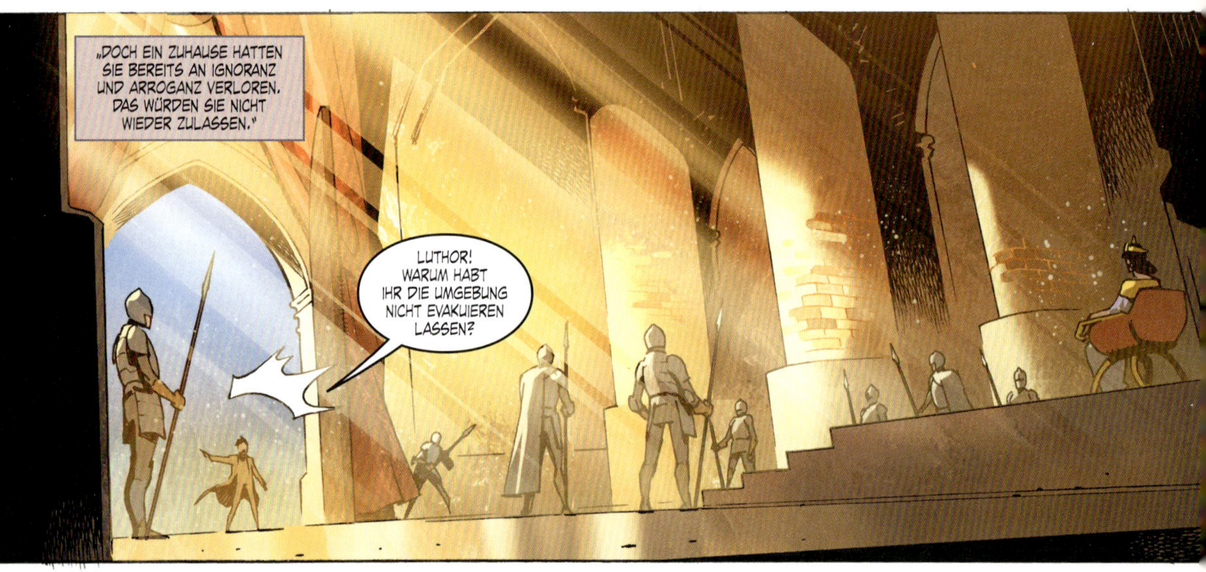
„DOCH EIN ZUHAUSE HATTEN SIE BEREITS AN IGNORANZ UND ARROGANZ VERLOREN. DAS WÜRDEN SIE NICHT WIEDER ZULASSEN."
LUTHOR! WARUM HABT IHR DIE UMGEBUNG NICHT EVAKUIEREN LASSEN?

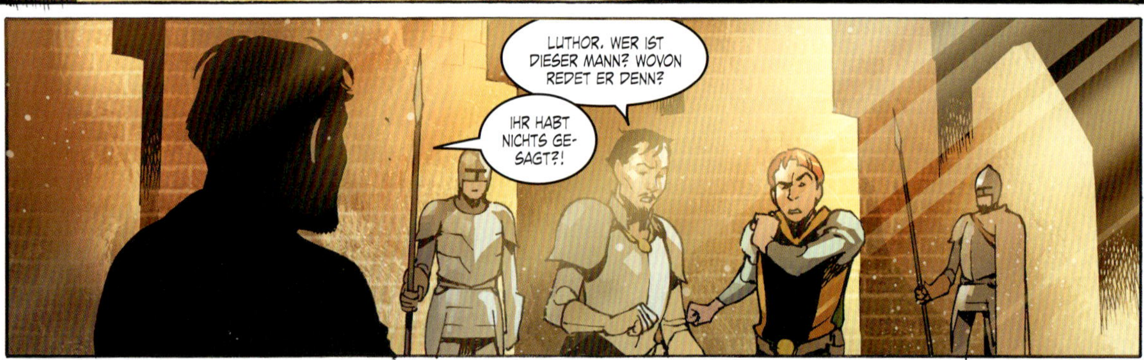
LUTHOR. WER IST DIESER MANN? WOVON REDET ER DENN?
IHR HABT NICHTS GE-SAGT?!

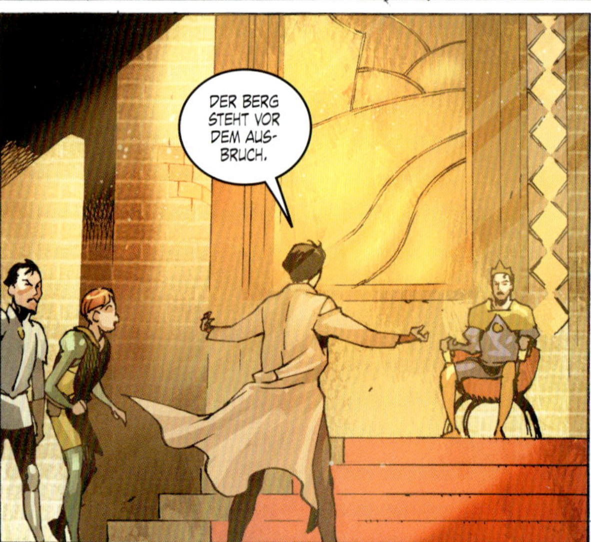
DER BERG STEHT VOR DEM AUS-BRUCH.

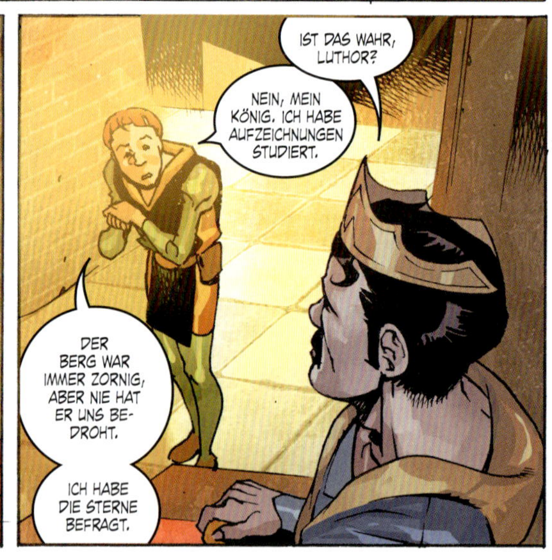
IST DAS WAHR, LUTHOR?
NEIN, MEIN KÖNIG. ICH HABE AUFZEICHNUNGEN STUDIERT.
DER BERG WAR IMMER ZORNIG, ABER NIE HAT ER UNS BE-DROHT.
ICH HABE DIE STERNE BEFRAGT.

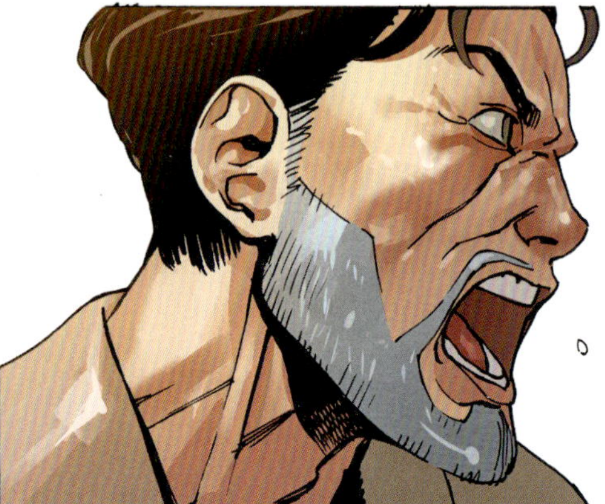
DIE *STERNE*? DU HAST BREN-NENDE GASBÄLLE UM IHRE MEINUNG GEBETEN?
DU VER-FLUCHTER *IDIOT*.

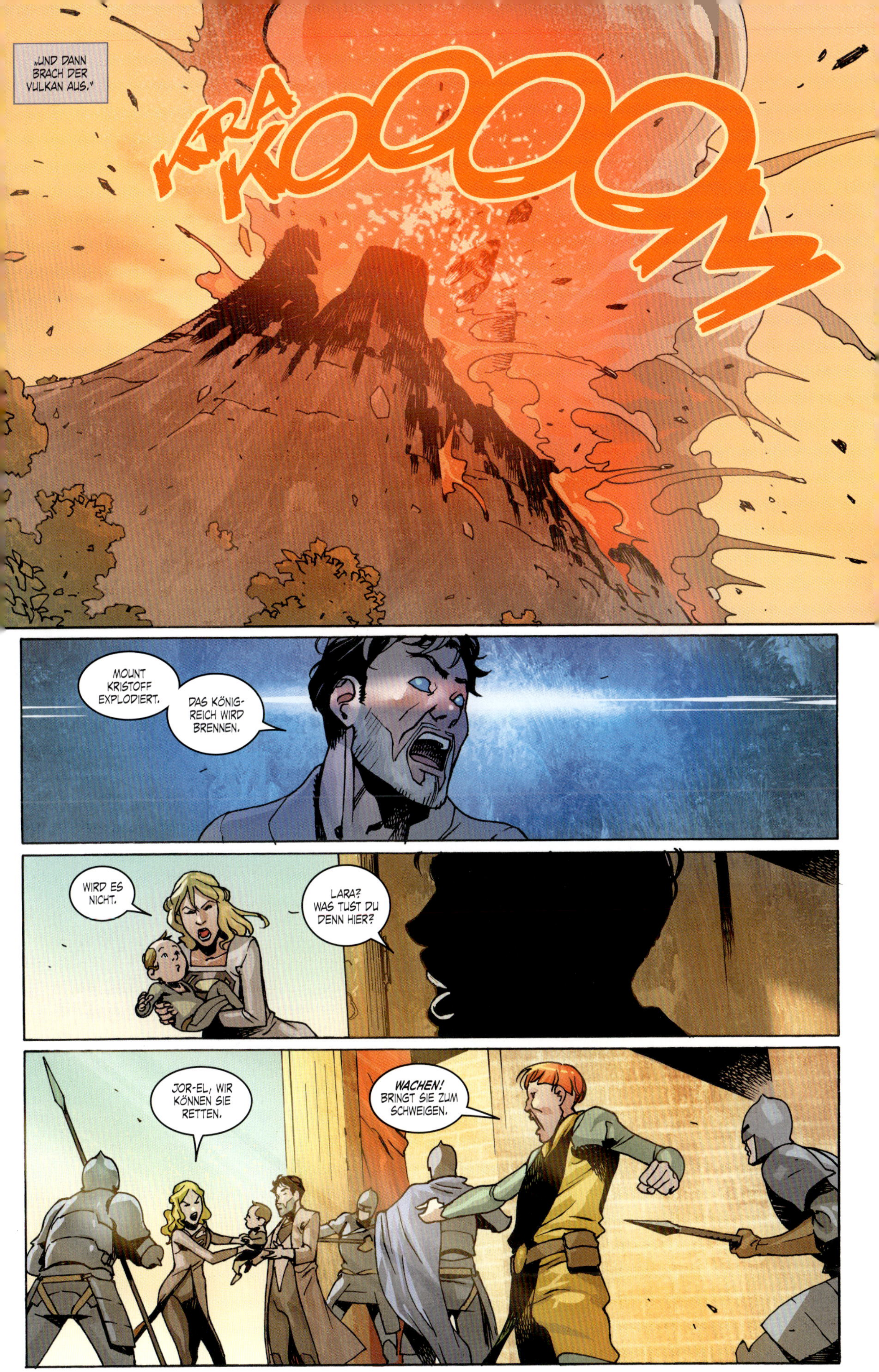

„UND DANN BRACH DER VULKAN AUS."

KRA KOOOOM

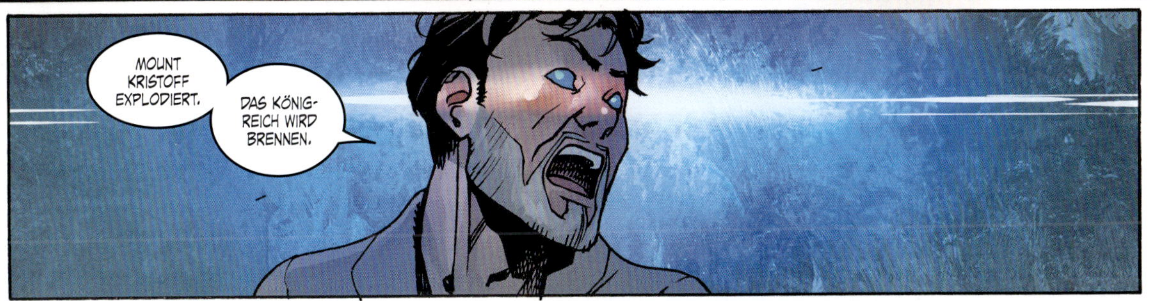


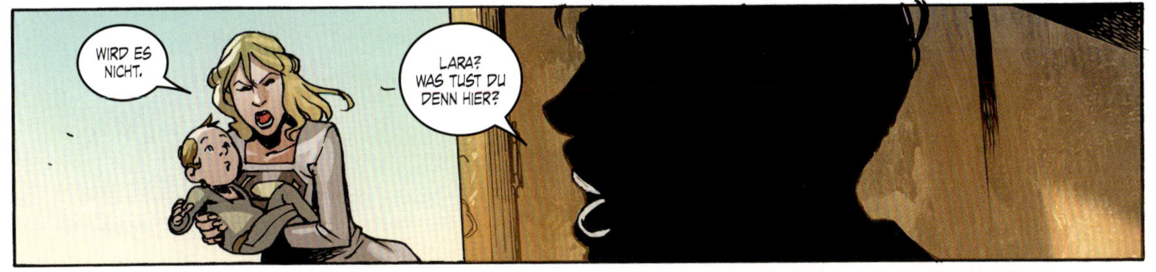


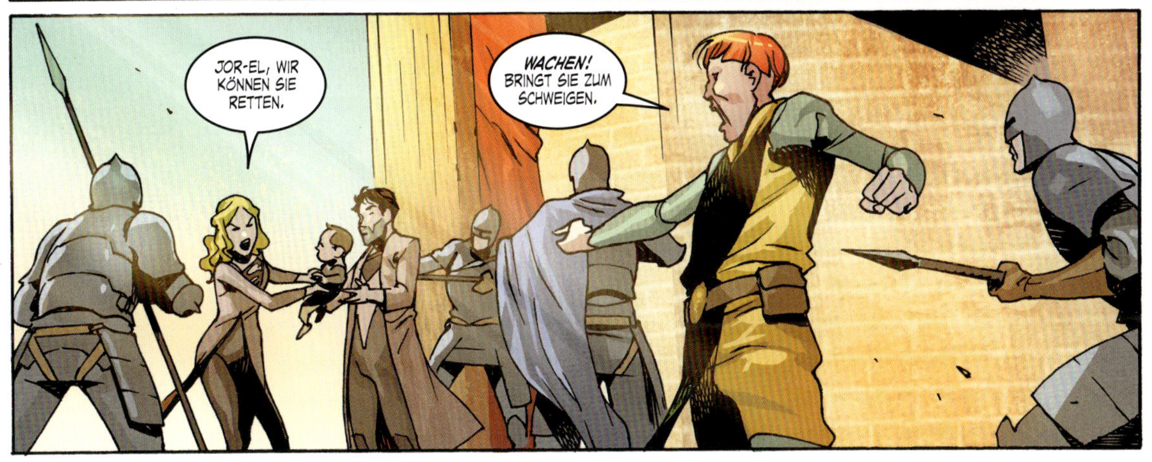

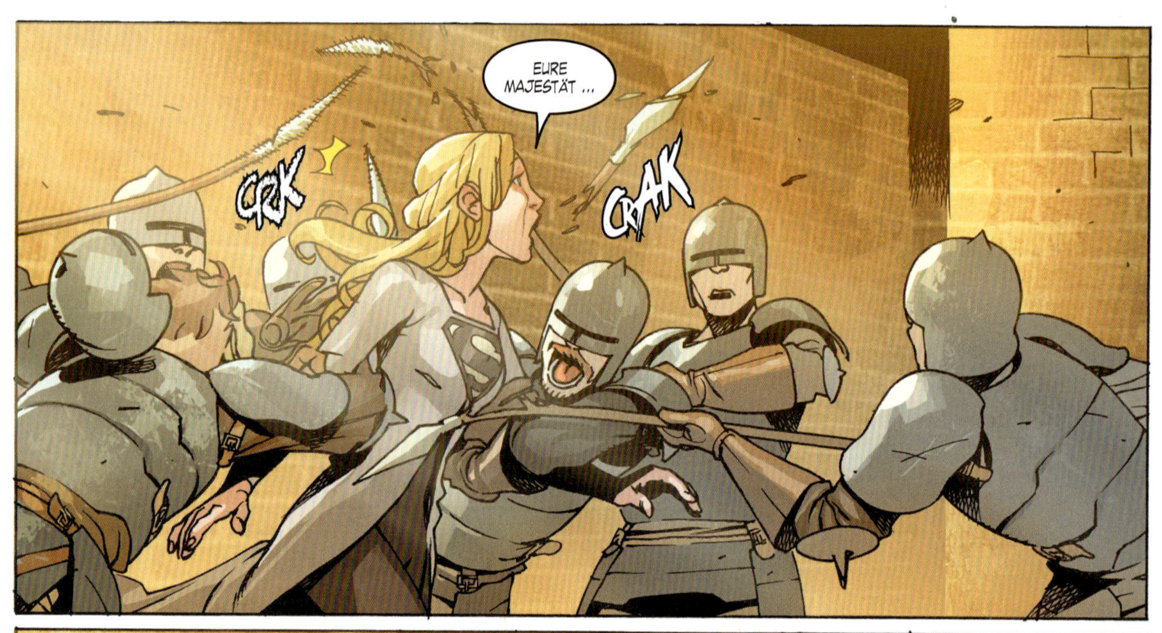

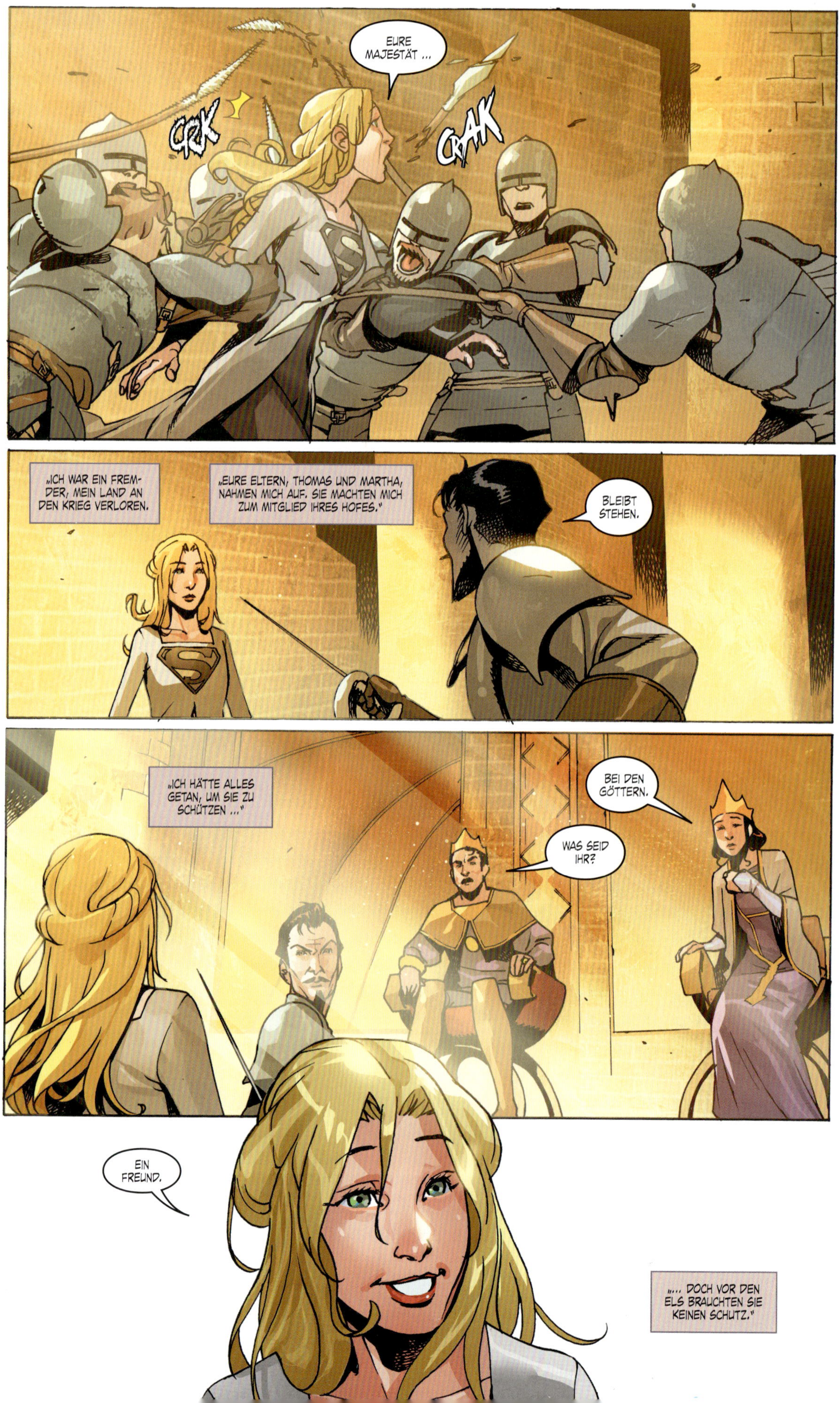

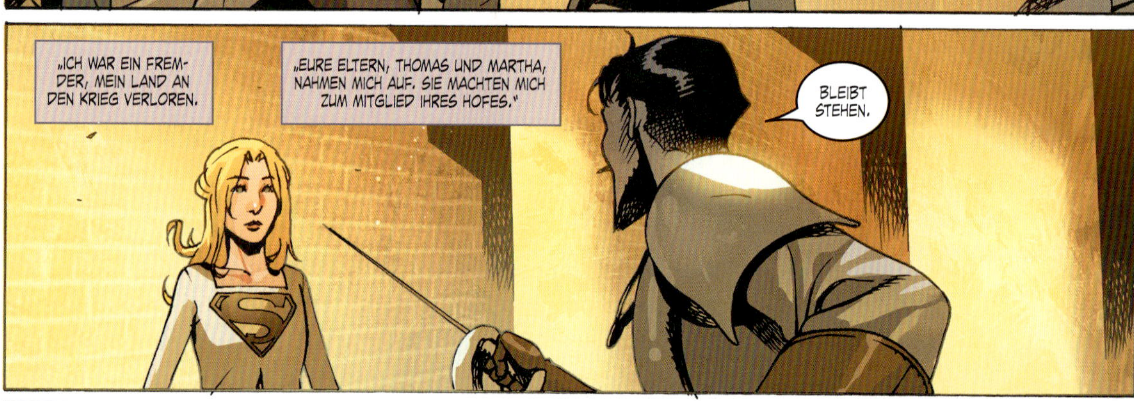


„ICH HÄTTE ALLES GETAN, UM SIE ZU SCHÜTZEN ..."

BEI DEN GÖTTERN.

WAS SEID IHR?

EIN FREUND.

„... DOCH VOR DEN ELS BRAUCHTEN SIE KEINEN SCHUTZ."

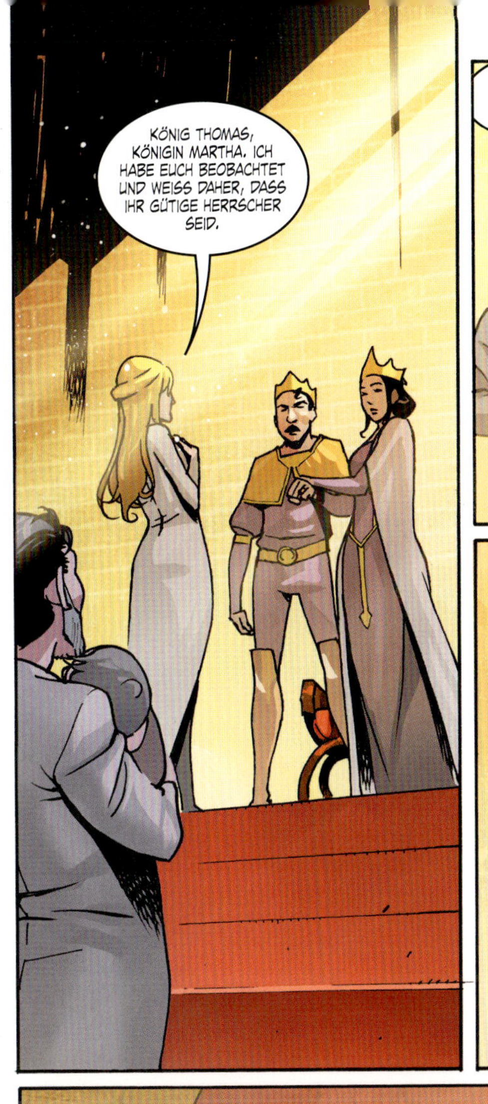

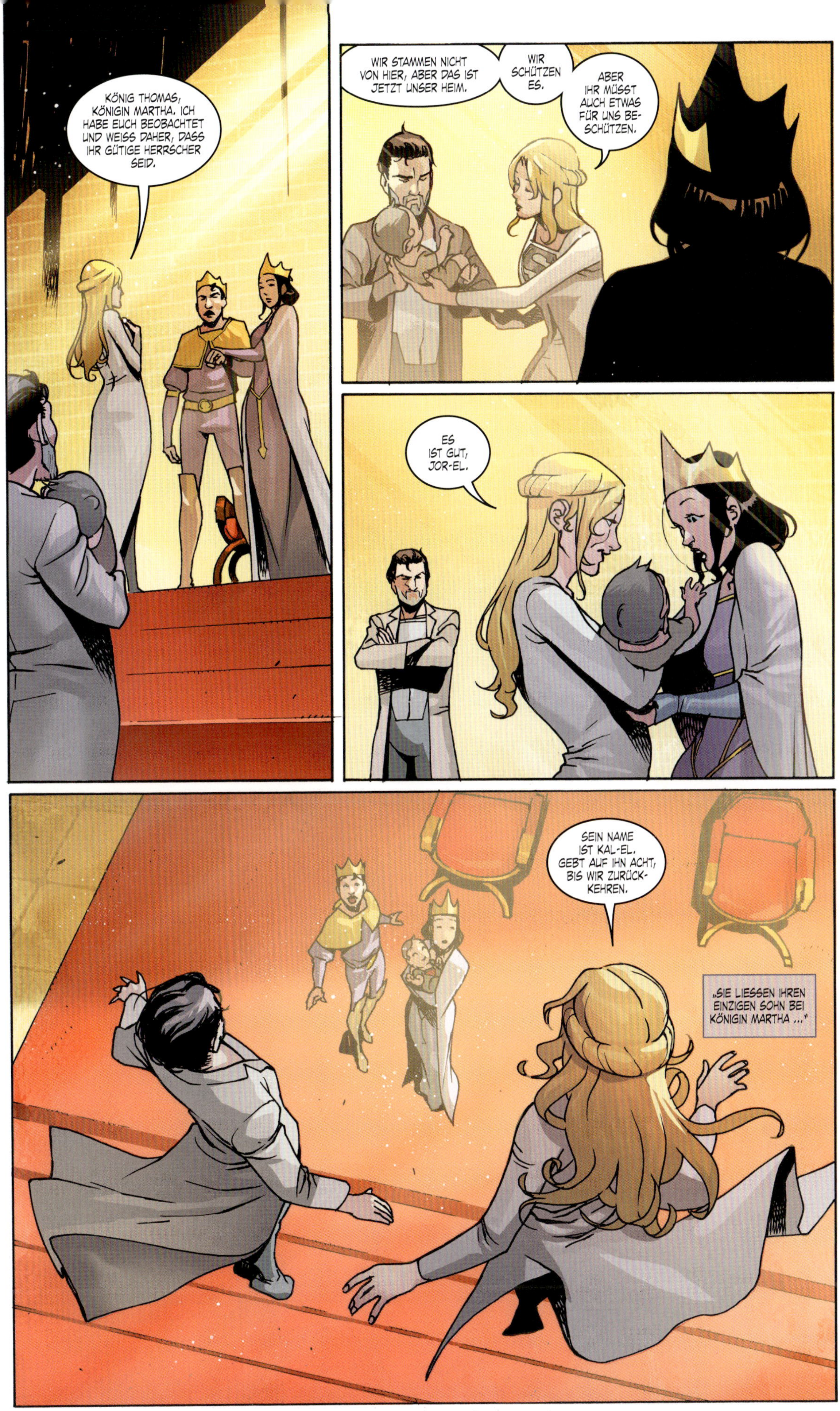

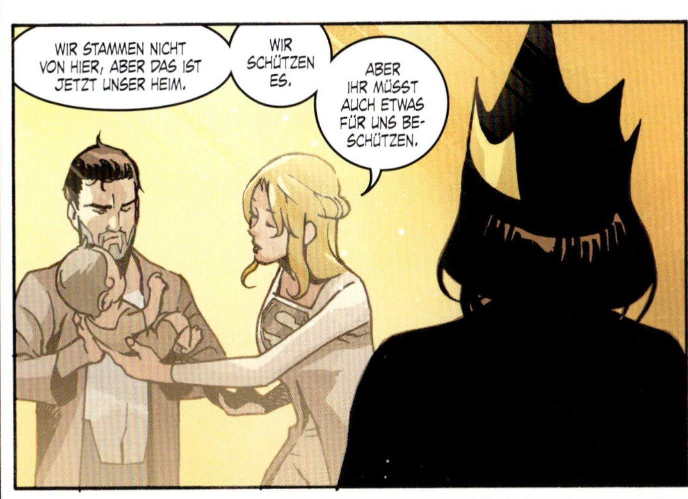


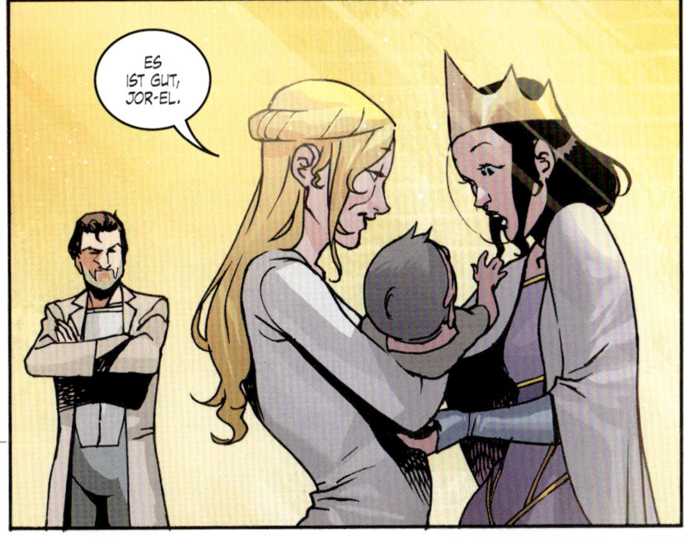


SEIN NAME IST KAL-EL. GEBT AUF IHN ACHT, BIS WIR ZURÜCK-KEHREN.

„SIE LIESSEN IHREN EINZIGEN SOHN BEI KÖNIGIN MARTHA ...“

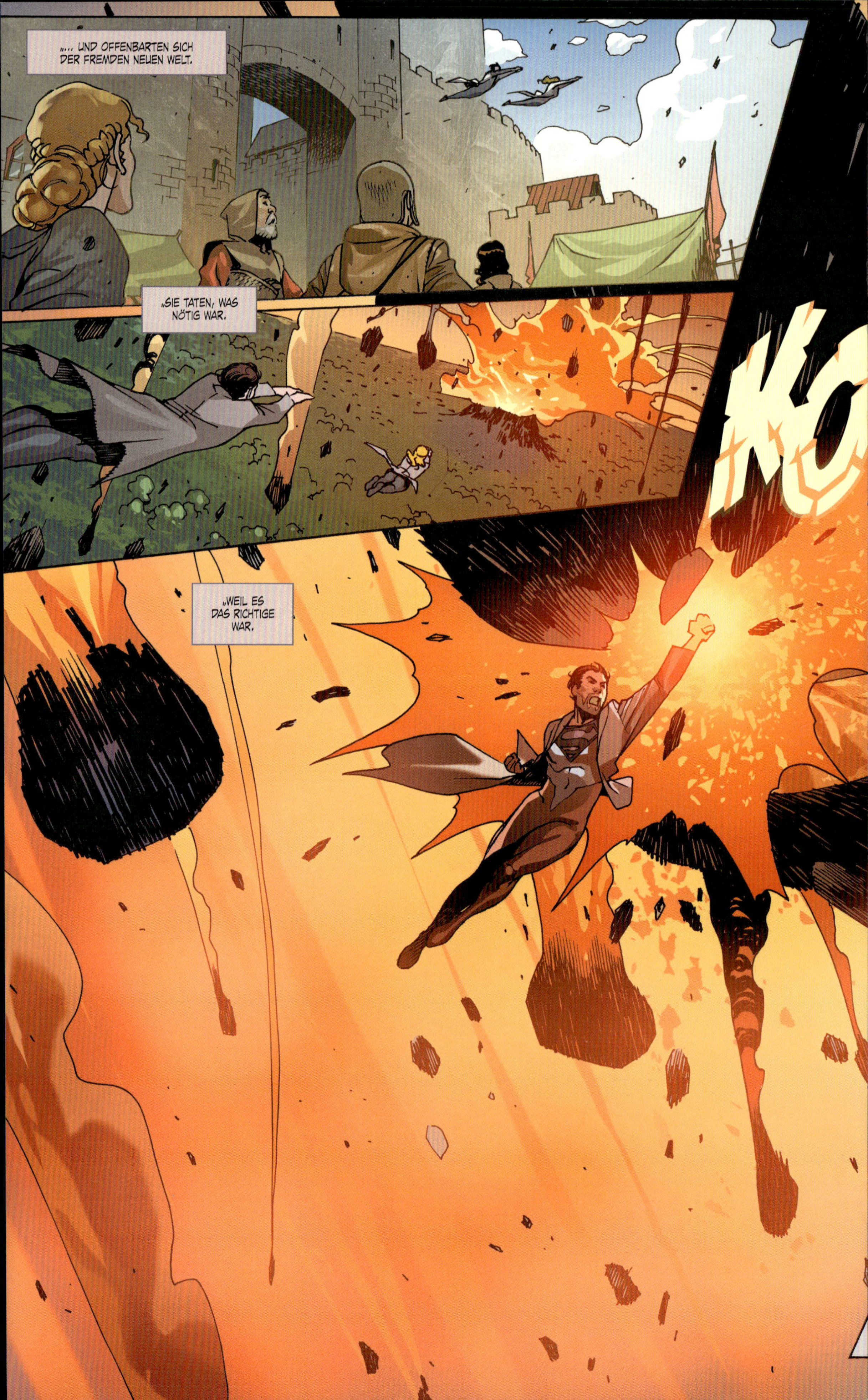
„... UND OFFENBARTEN SICH DER FREMDEN NEUEN WELT.
„SIE TATEN, WAS NÖTIG WAR.
„WEIL ES DAS RICHTIGE WAR.

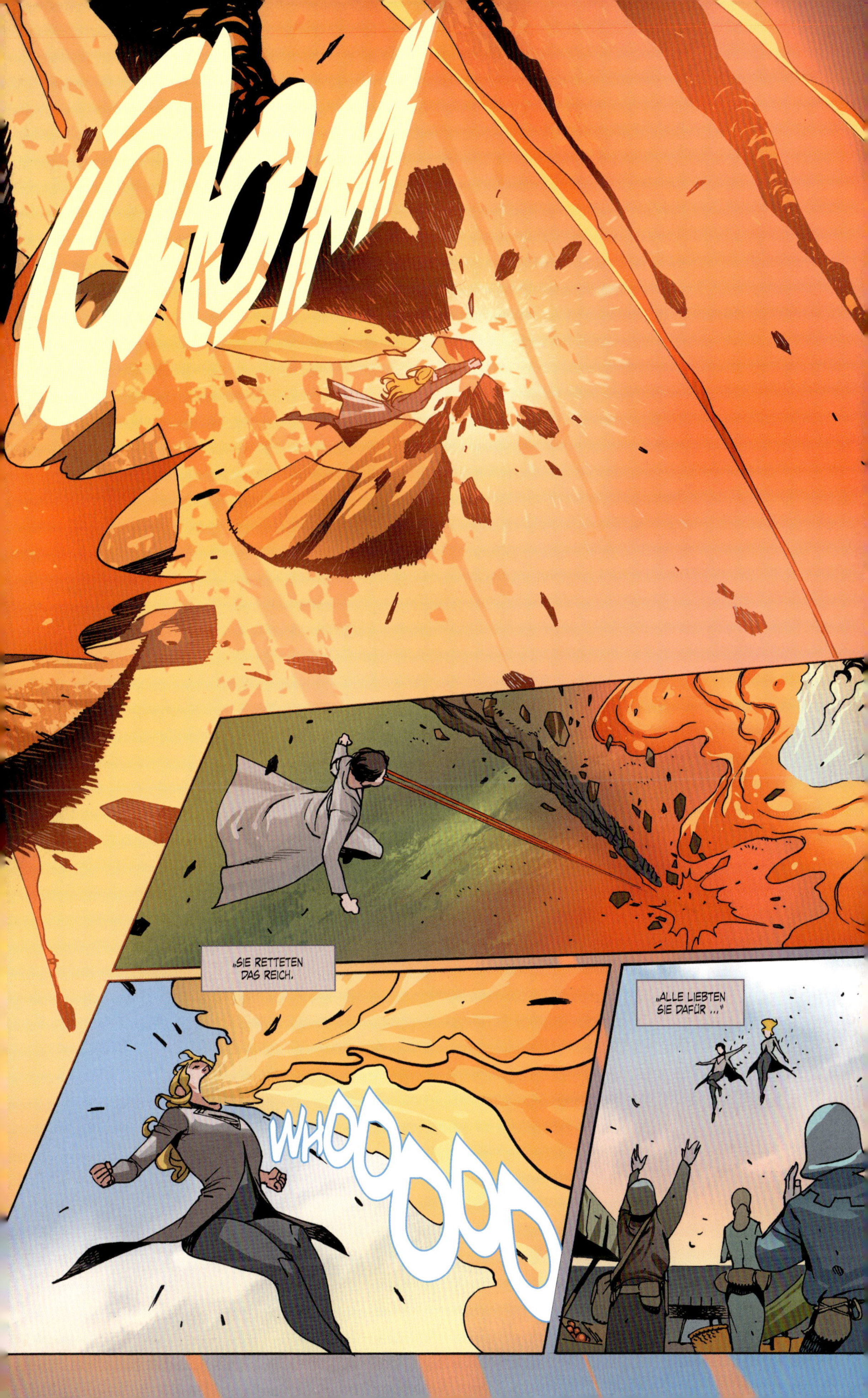
BOOM
„SIE RETTETEN DAS REICH.
WHOOOOOO
„ALLE LIEBTEN SIE DAFÜR ...“

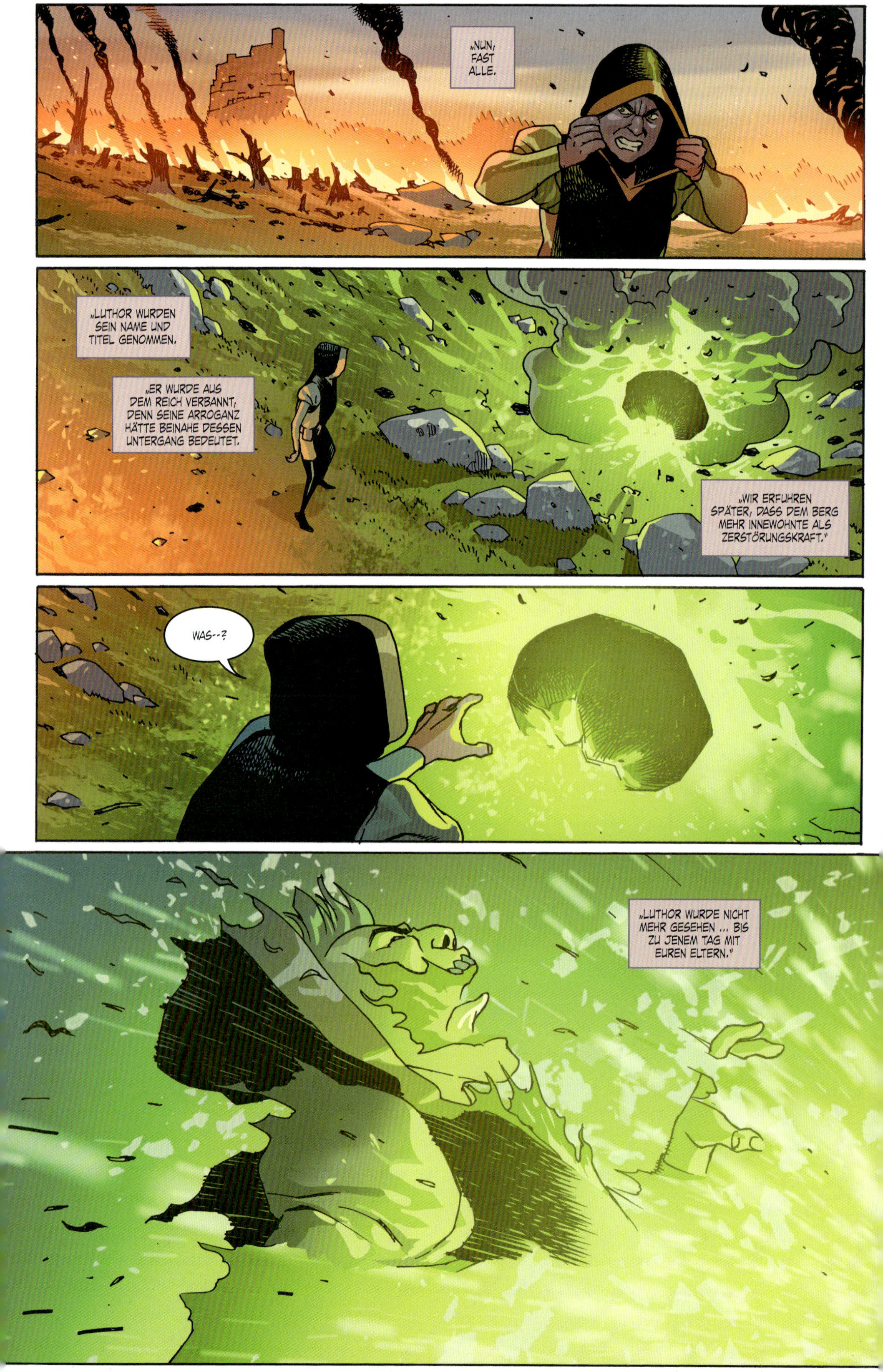

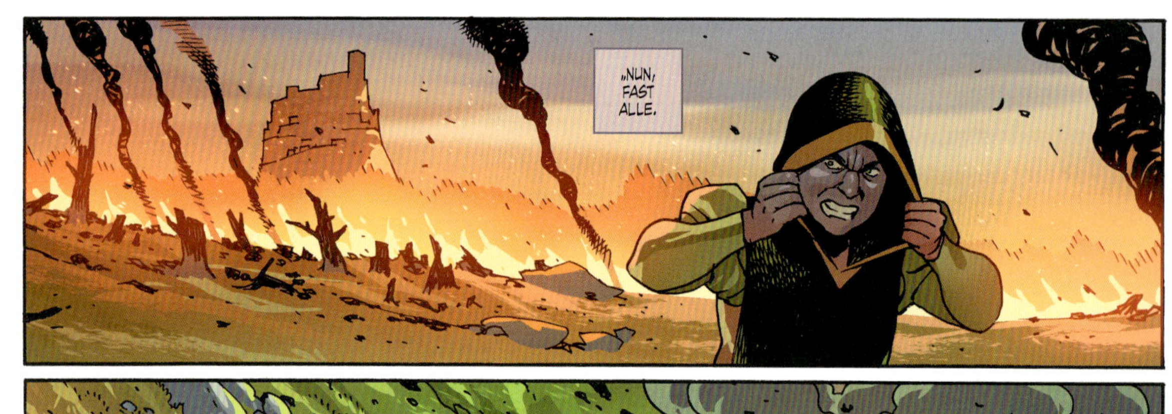


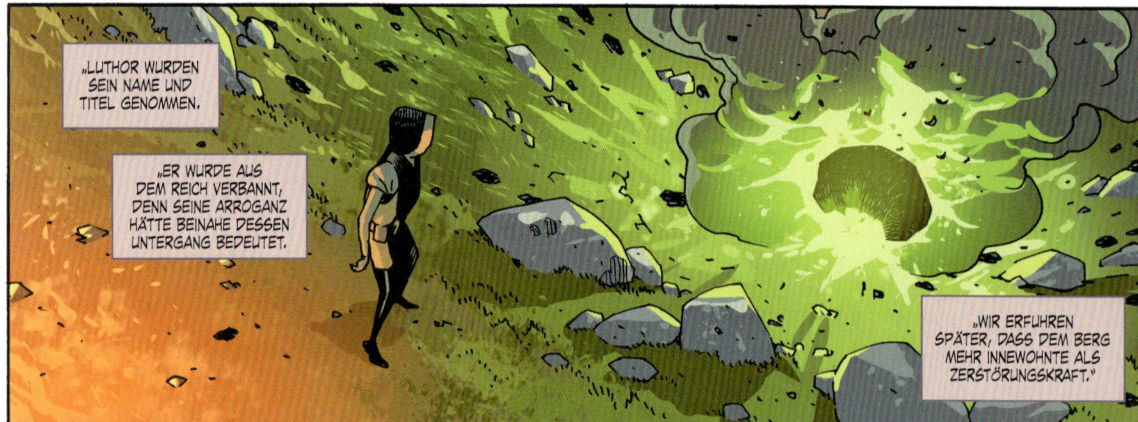


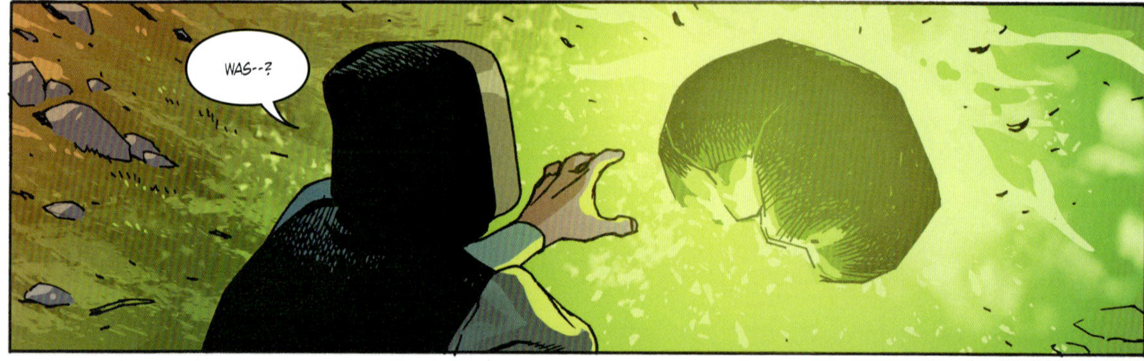


„LUTHOR WURDE NICHT MEHR GESEHEN ... BIS ZU JENEM TAG MIT EUREN ELTERN."

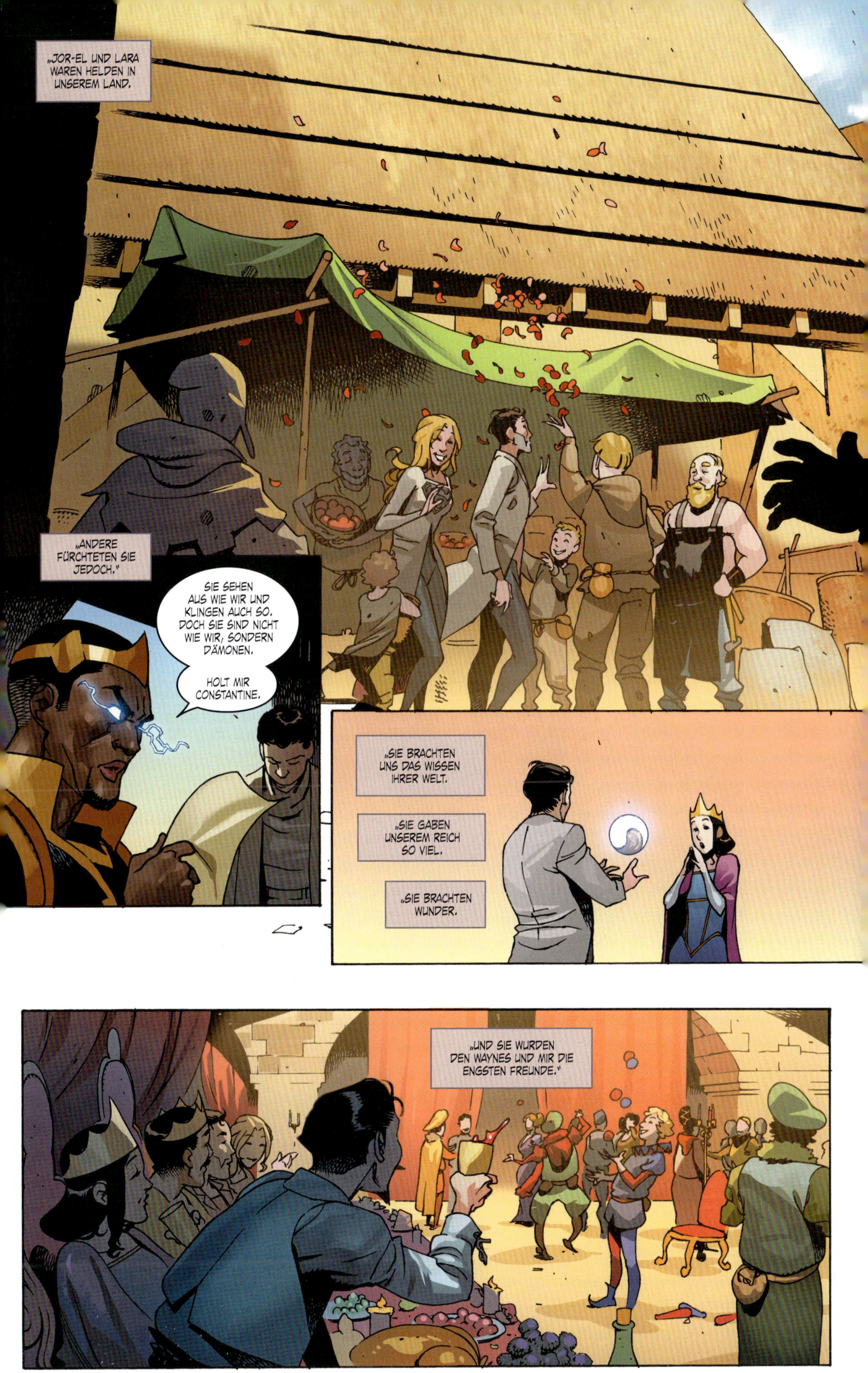

„JOR-EL UND LARA WAREN HELDEN IN UNSEREM LAND.

„ANDERE FÜRCHTETEN SIE JEDOCH."

SIE SEHEN AUS WIE WIR UND KLINGEN AUCH SO. DOCH SIE SIND NICHT WIE WIR, SONDERN DÄMONEN.

HOLT MIR CONSTANTINE.

„SIE BRACHTEN UNS DAS WISSEN IHRER WELT.

„SIE GABEN UNSEREM REICH SO VIEL.

„SIE BRACHTEN WUNDER.

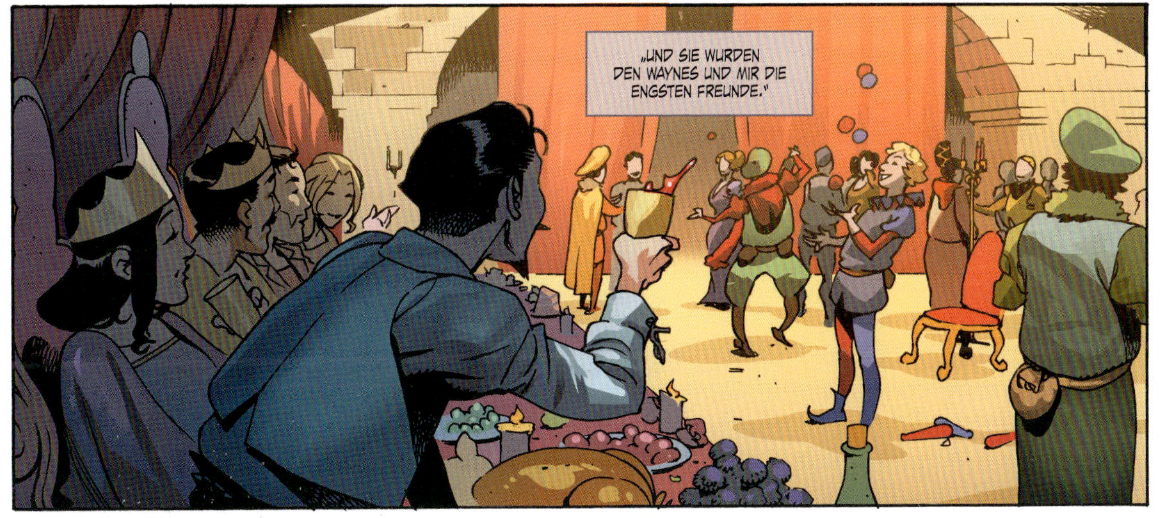

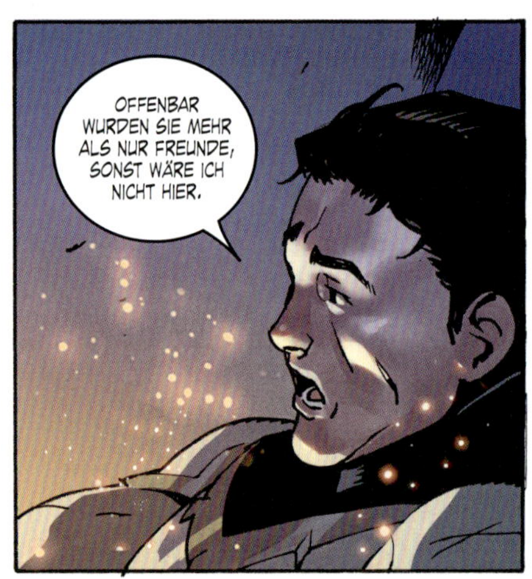
OFFENBAR WURDEN SIE MEHR ALS NUR FREUNDE, SONST WÄRE ICH NICHT HIER.

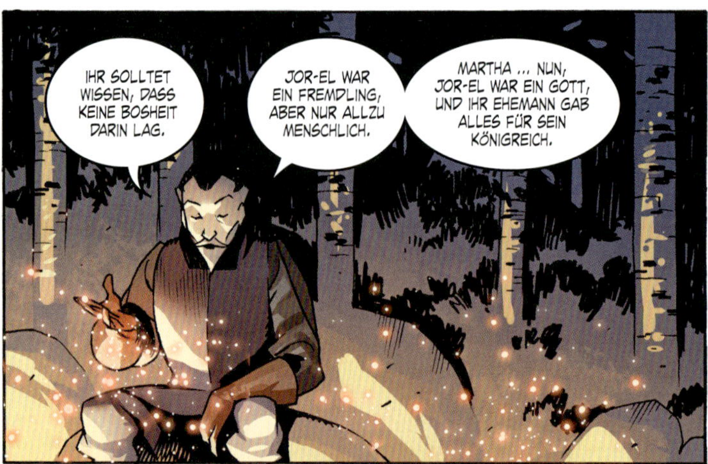
IHR SOLLTET WISSEN, DASS KEINE BOSHEIT DARIN LAG.
JOR-EL WAR EIN FREMDLING, ABER NUR ALLZU MENSCHLICH.
MARTHA ... NUN, JOR-EL WAR EIN GOTT, UND IHR EHEMANN GAB ALLES FÜR SEIN KÖNIGREICH.

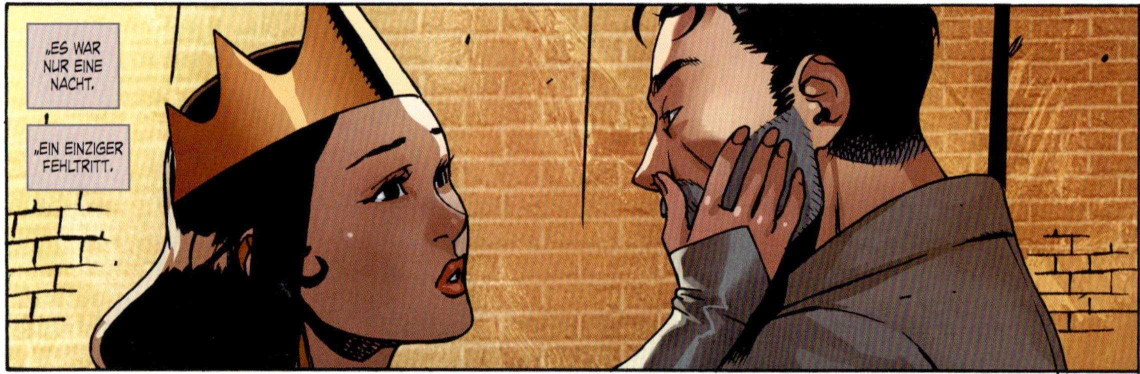
„ES WAR NUR EINE NACHT.
„EIN EINZIGER FEHLTRITT.

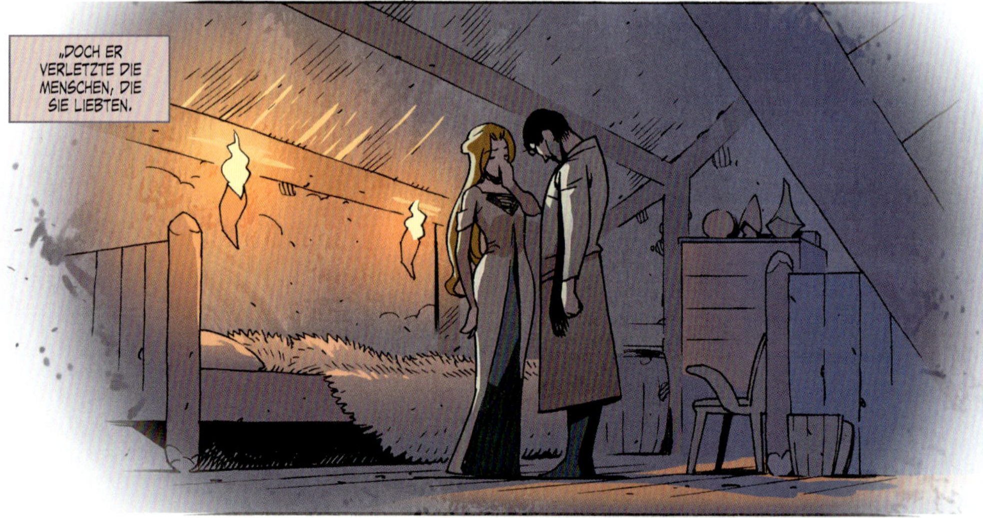
„DOCH ER VERLETZTE DIE MENSCHEN, DIE SIE LIEBTEN.

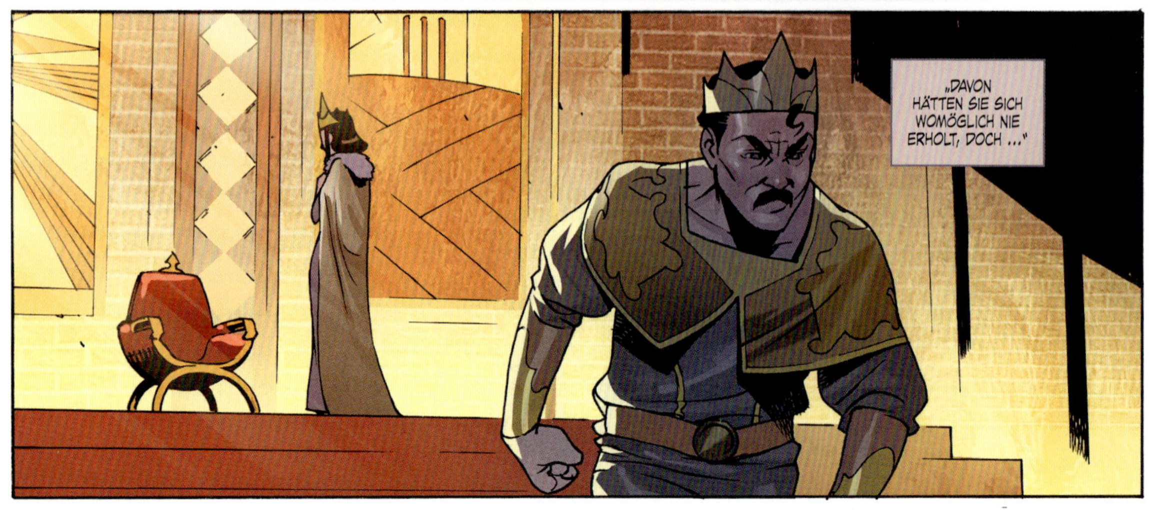
„DAVON HÄTTEN SIE SICH WOMÖGLICH NIE ERHOLT, DOCH ...“

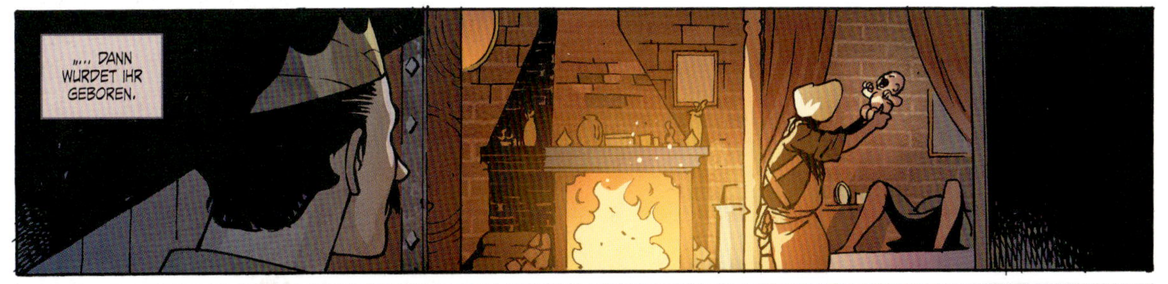
„... DANN WURDET IHR GEBOREN.

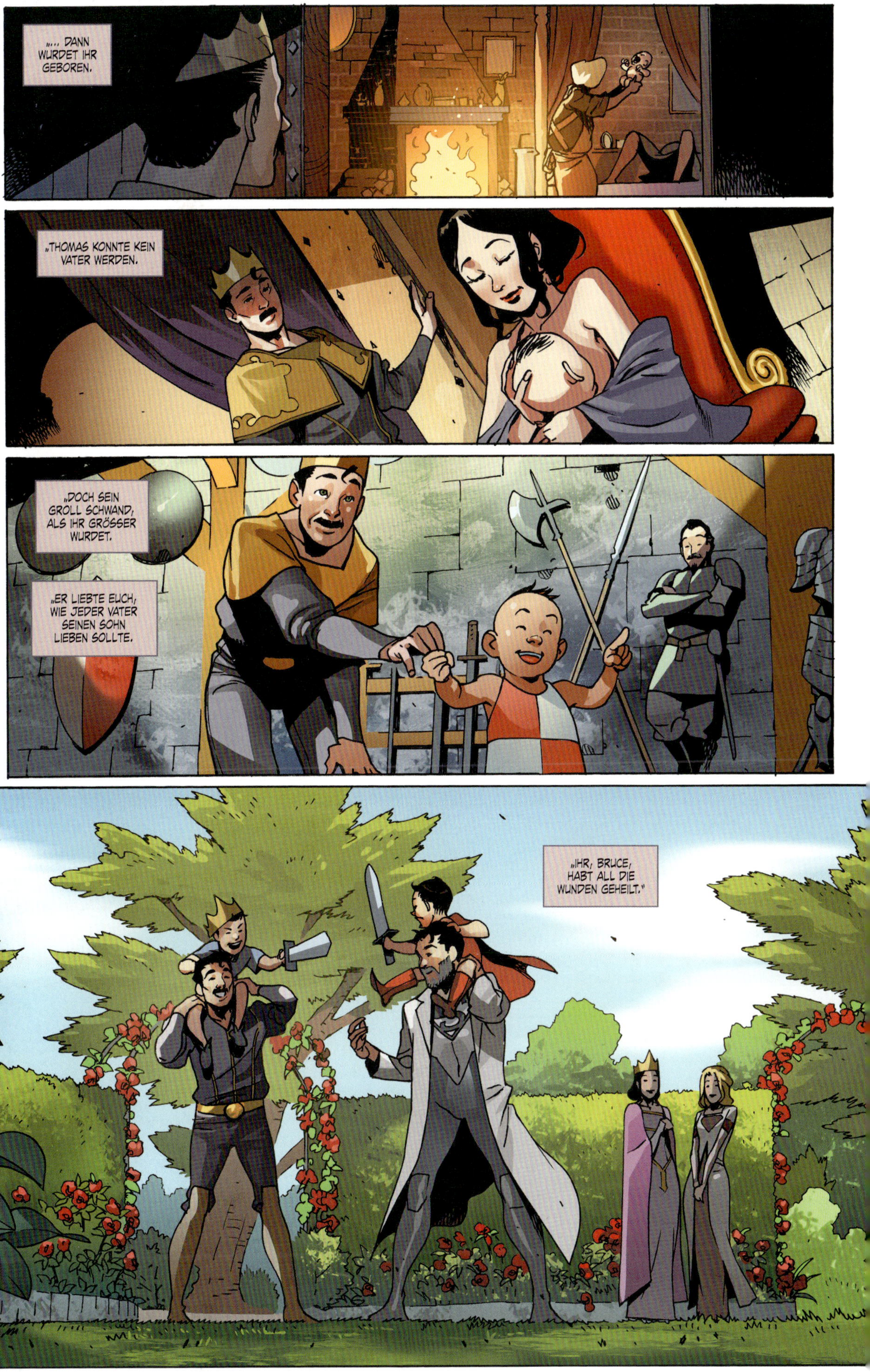

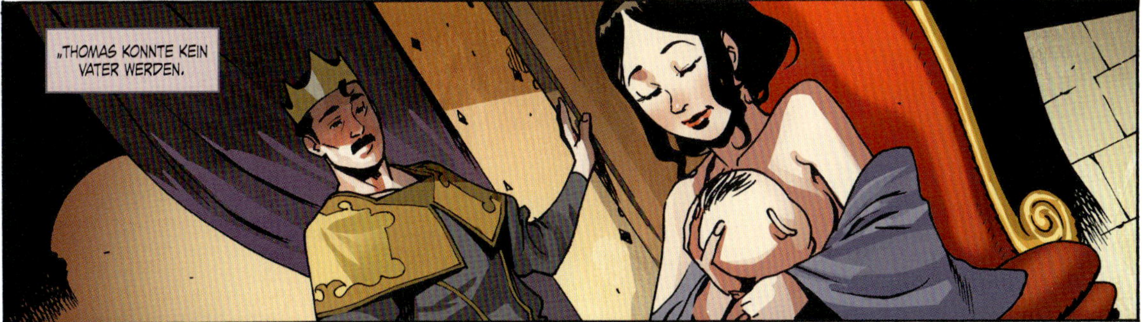
„THOMAS KONNTE KEIN VATER WERDEN.

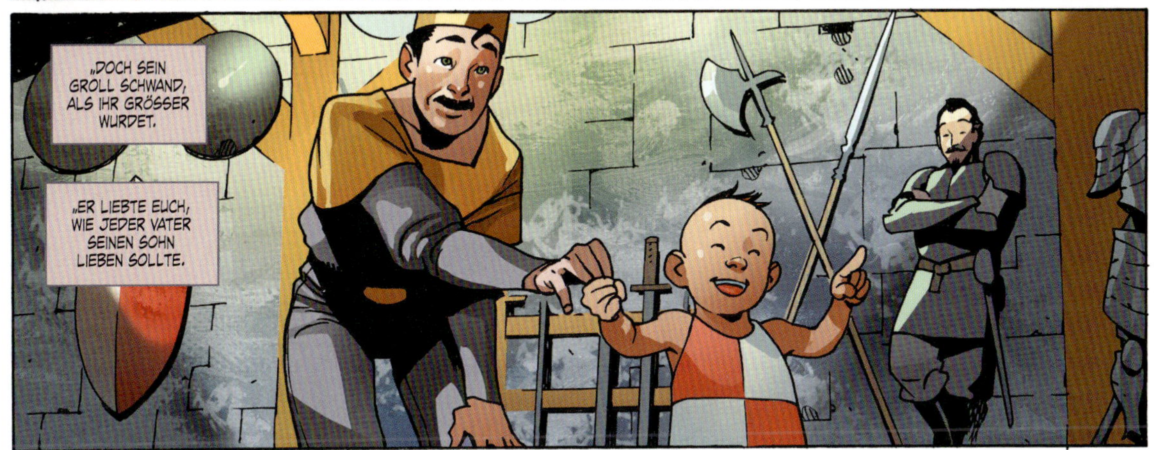
„DOCH SEIN GROLL SCHWAND, ALS IHR GRÖSSER WURDET.
„ER LIEBTE EUCH, WIE JEDER VATER SEINEN SOHN LIEBEN SOLLTE.

„IHR, BRUCE, HABT ALL DIE WUNDEN GEHEILT."

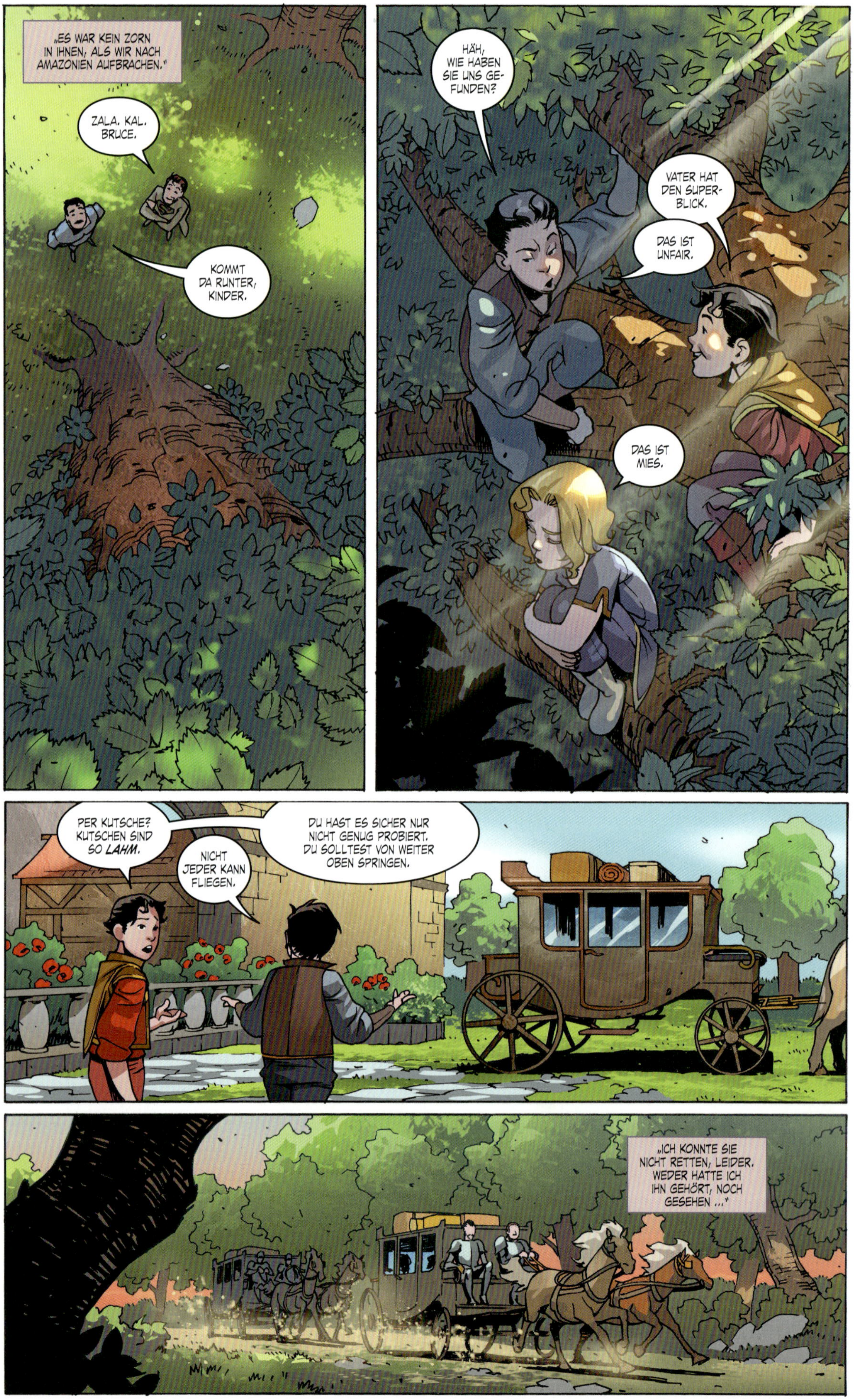

„ES WAR KEIN ZORN IN IHNEN, ALS WIR NACH AMAZONIEN AUFBRACHEN."

ZALA. KAL. BRUCE.

KOMMT DA RUNTER, KINDER.

HÄH, WIE HABEN SIE UNS GEFUNDEN?

VATER HAT DEN SUPERBLICK.

DAS IST UNFAIR.

DAS IST MIES.

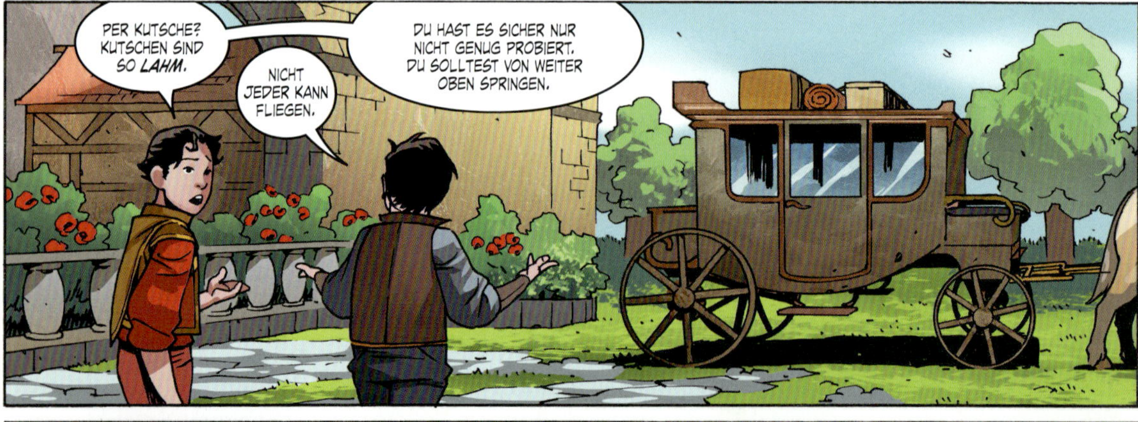


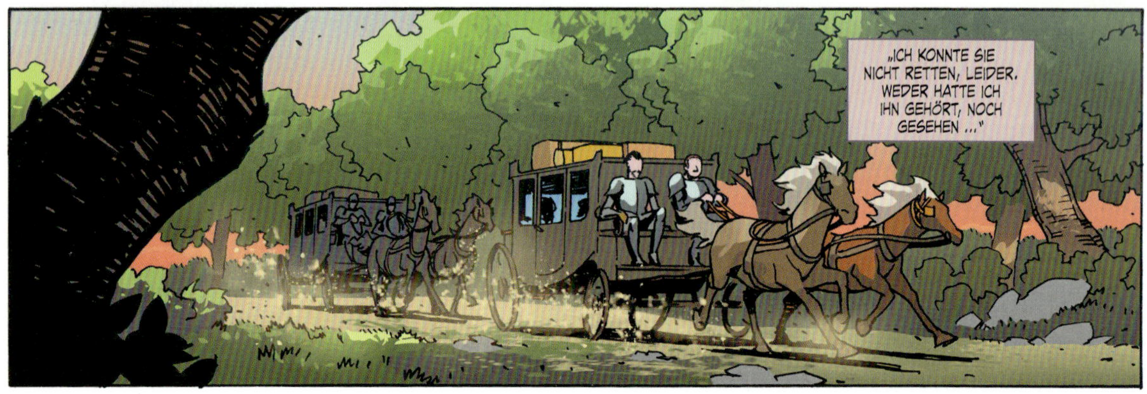

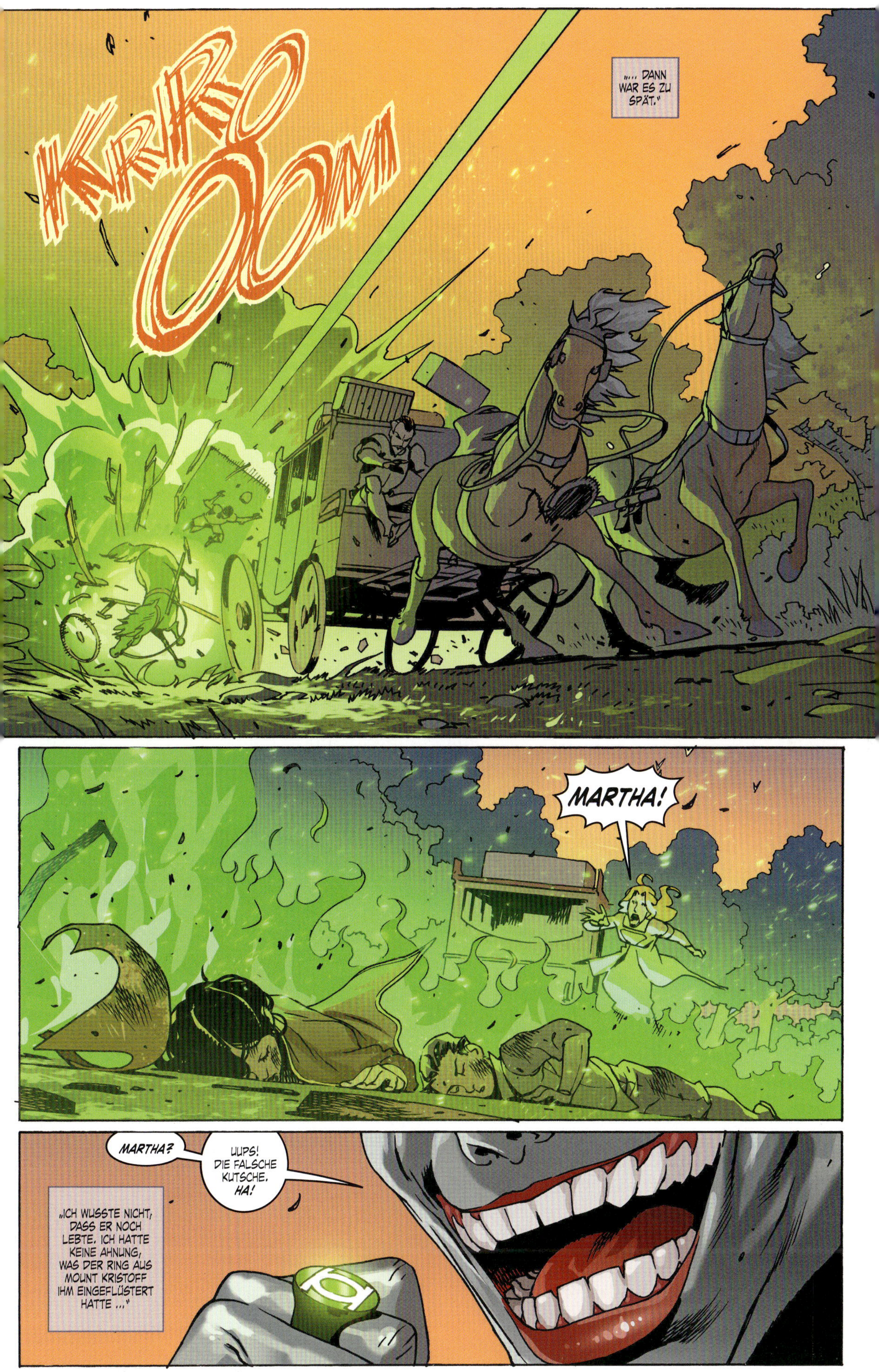

KRROOOM

„... DANN WAR ES ZU SPÄT.“

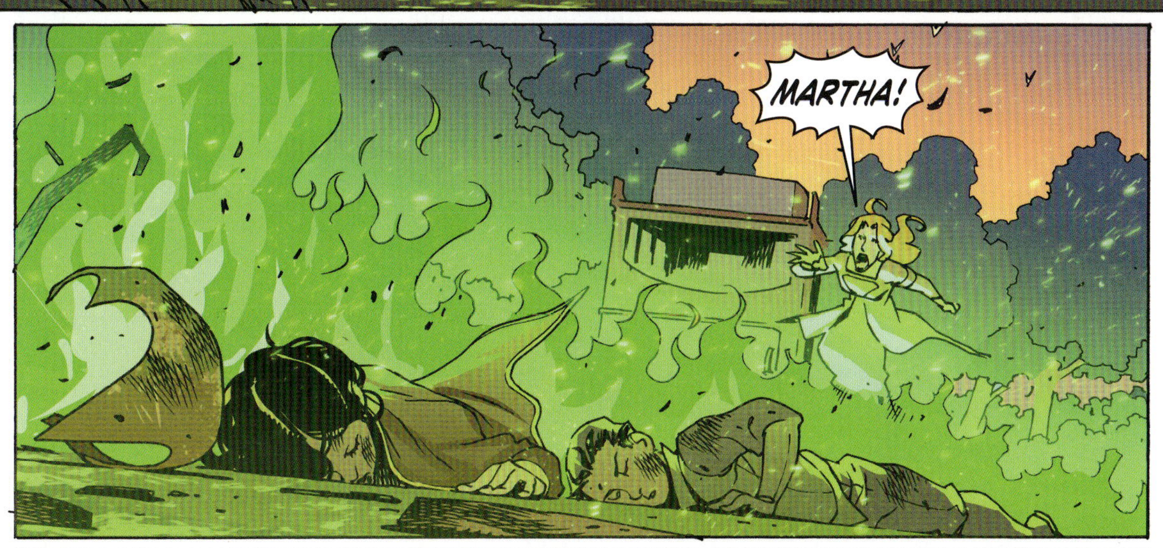


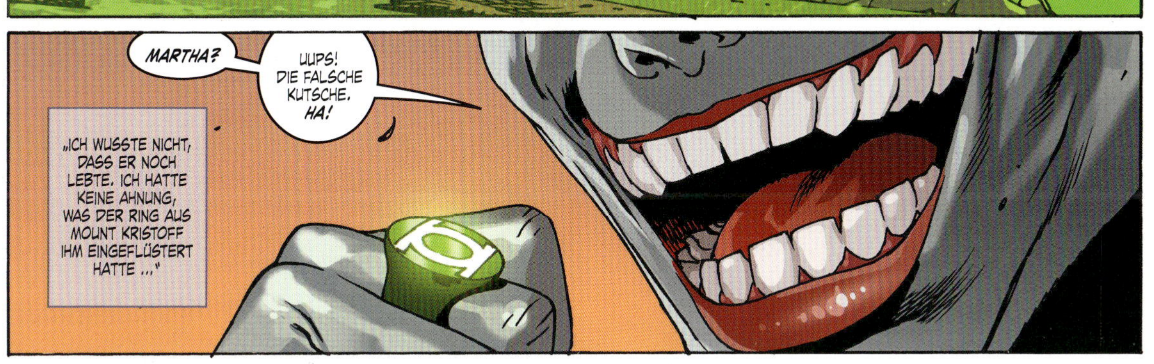

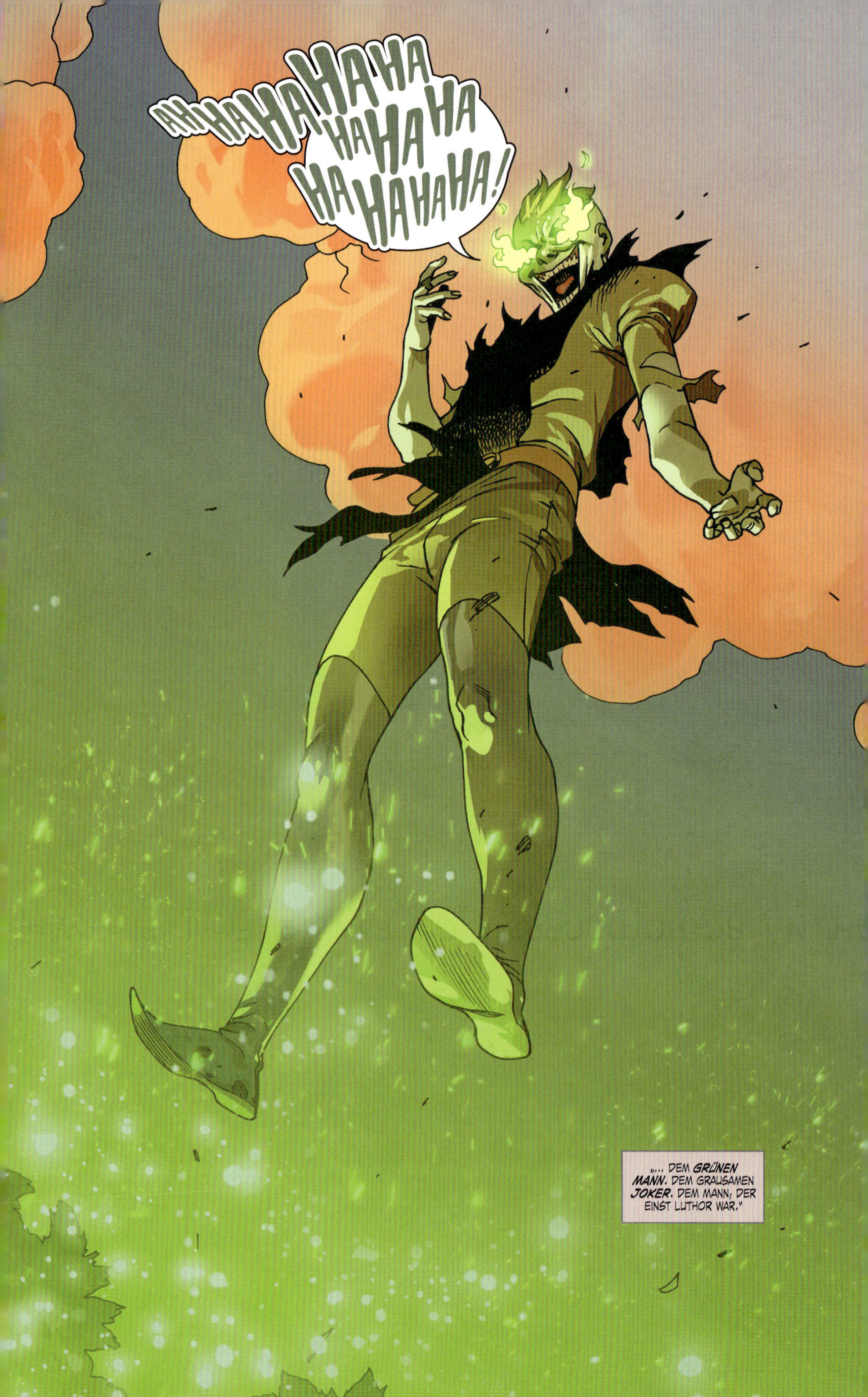
AHHAHAHAHA
HAHAHA
HA HAHAHAHA!
„... DEM **GRÜNEN MANN**. DEM GRAUSAMEN **JOKER**. DEM MANN, DER EINST LUTHOR WAR."

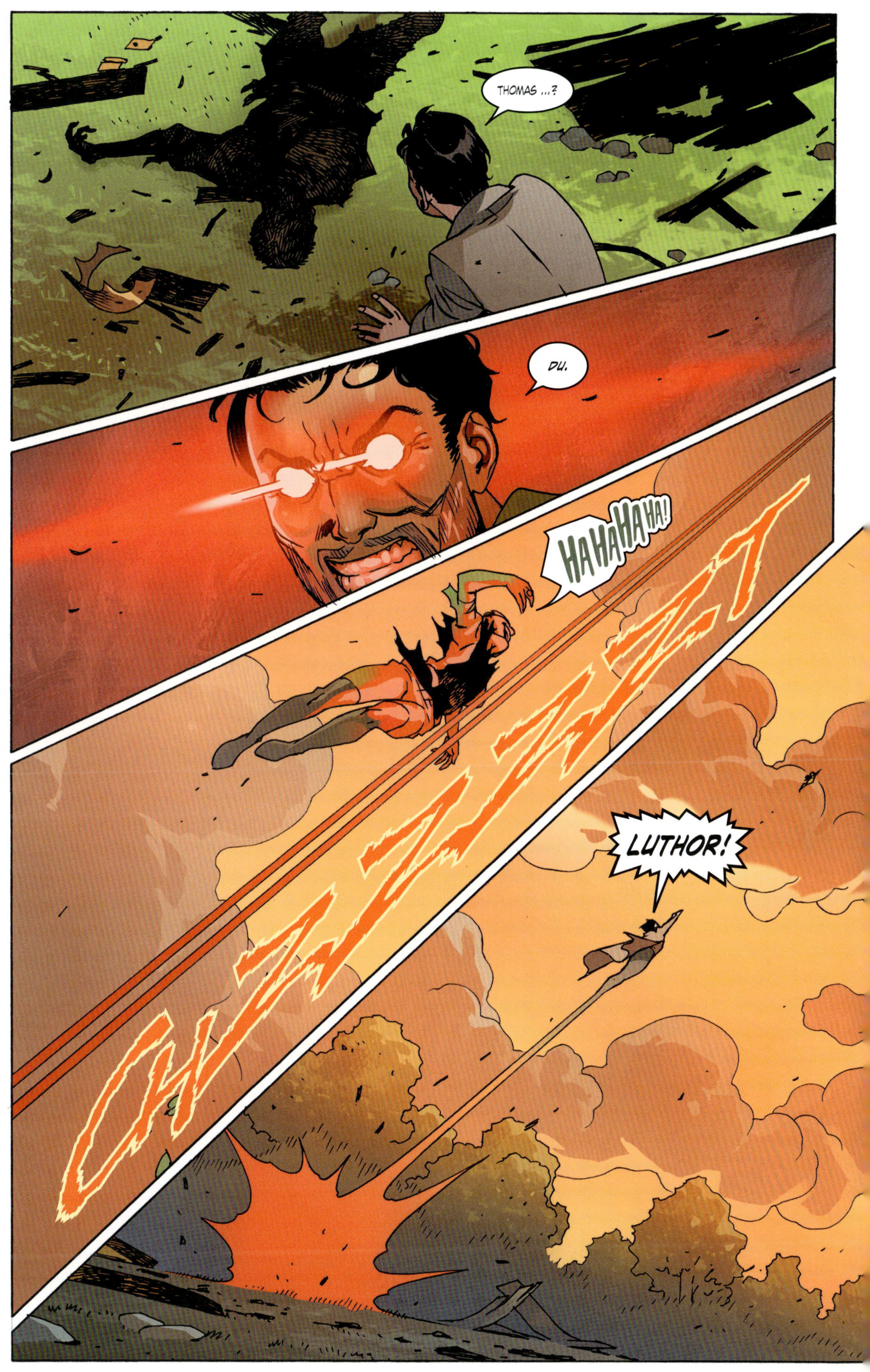
THOMAS ...?
DU.
HAHAHAHAHA!
CHZZZZT
LUTHOR!

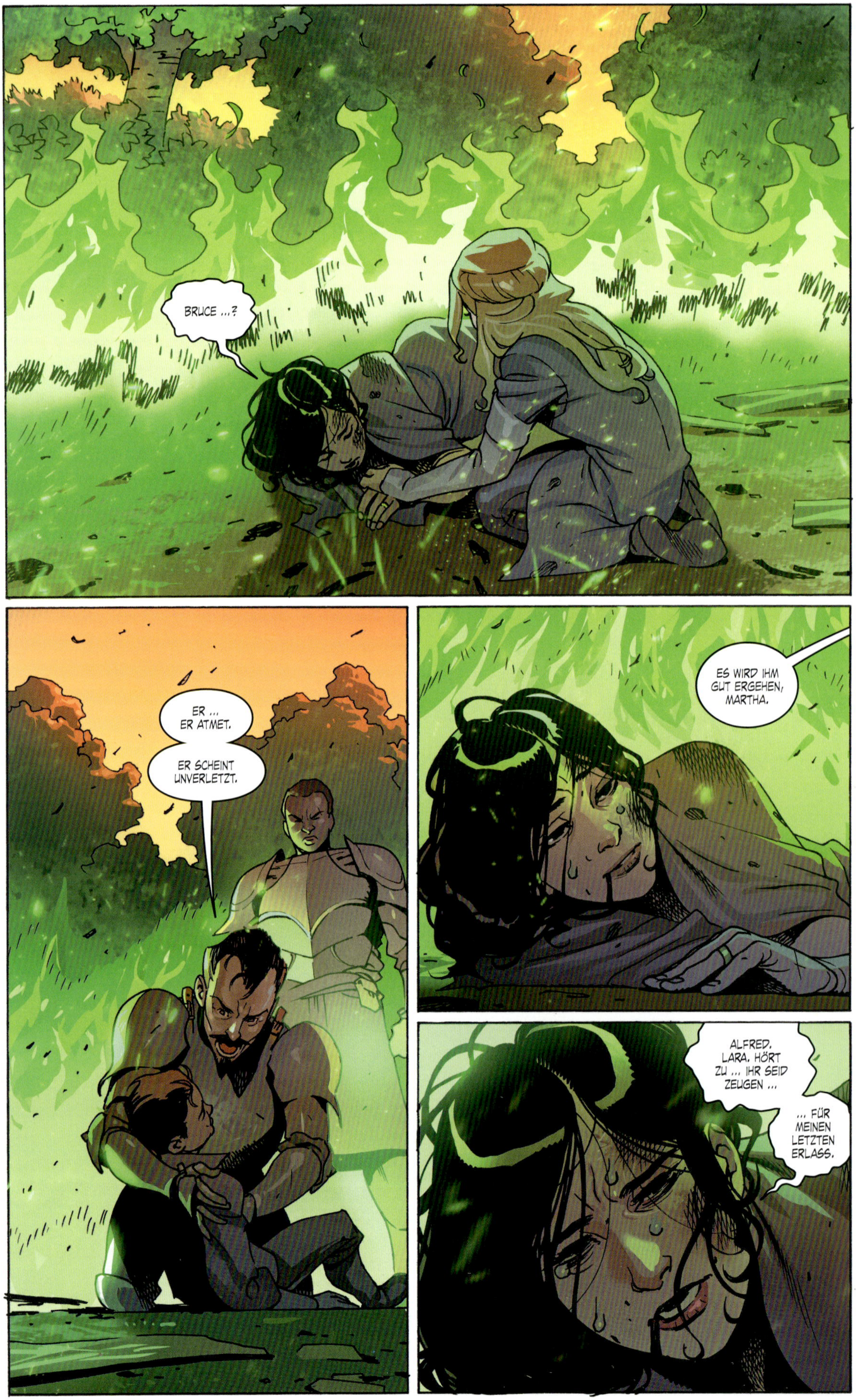

BRUCE ...?

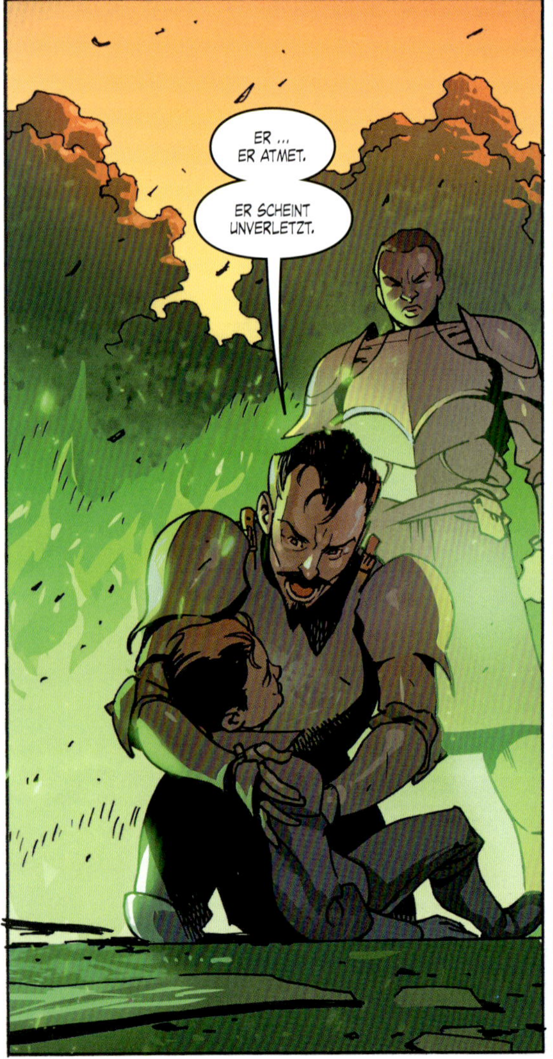
ER ...
ER ATMET.
ER SCHEINT UNVERLETZT.

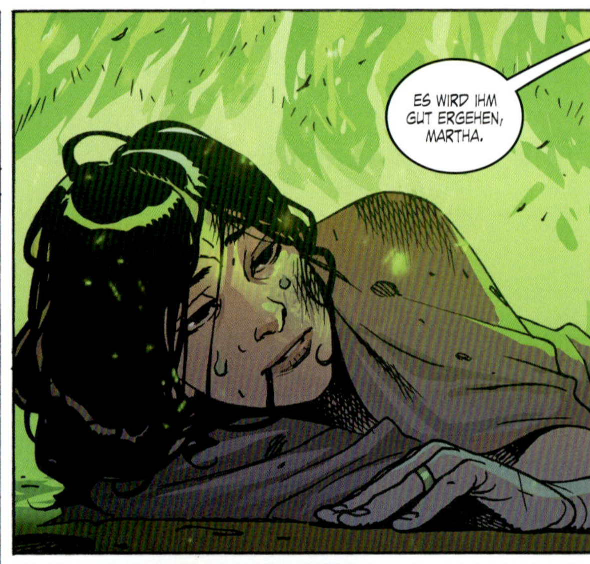
ES WIRD IHM GUT ERGEHEN, MARTHA.

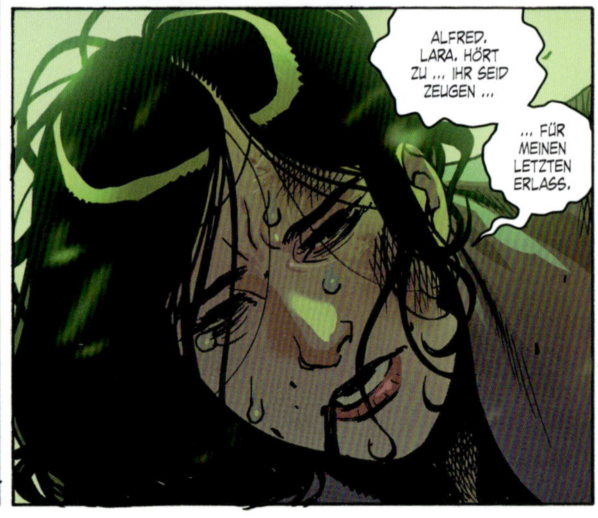
ALFRED. LARA. HÖRT ZU ... IHR SEID ZEUGEN ...
... FÜR MEINEN LETZTEN ERLASS.

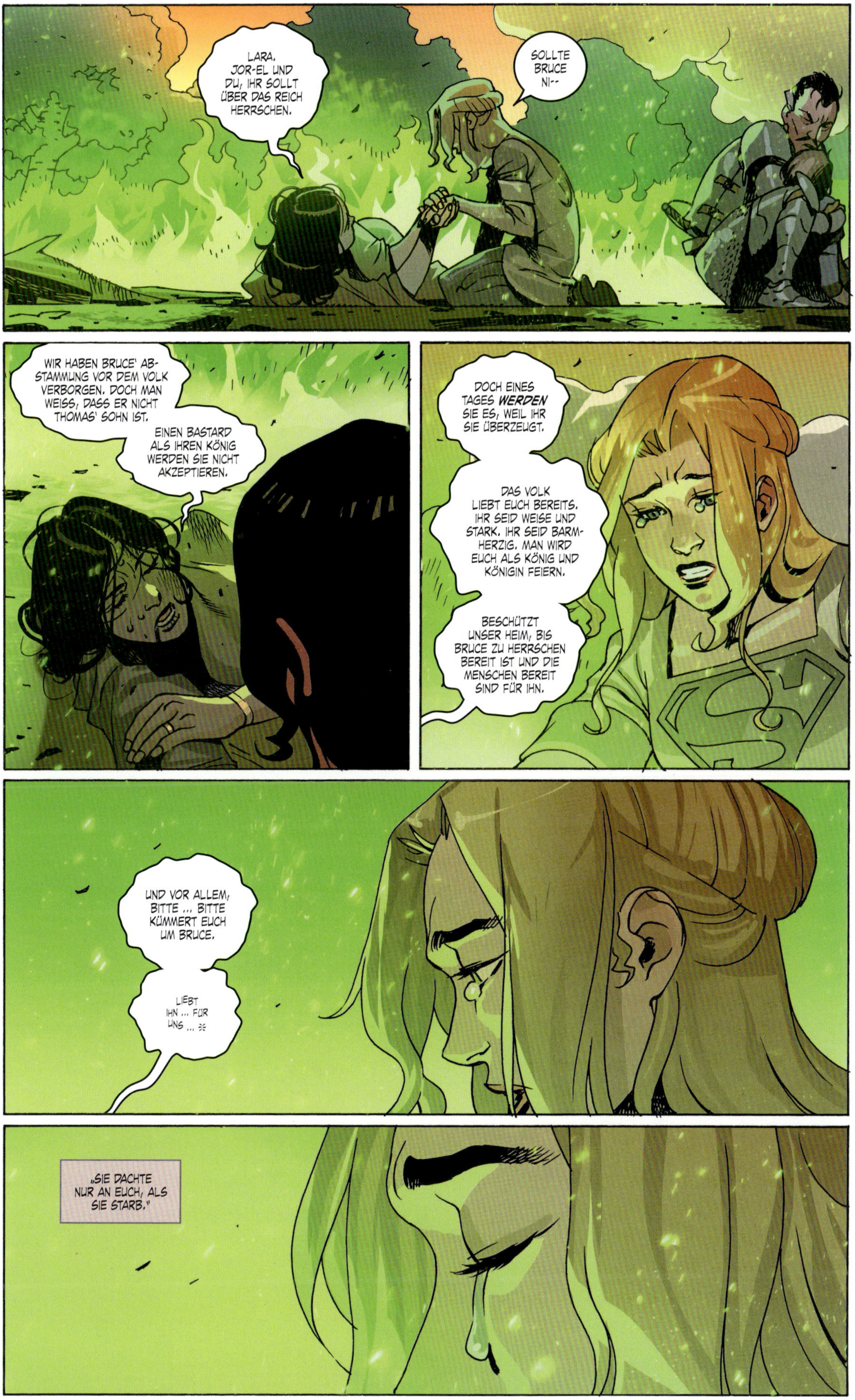

LARA. JOR-EL UND DU, IHR SOLLT ÜBER DAS REICH HERRSCHEN.
SOLLTE BRUCE NI--

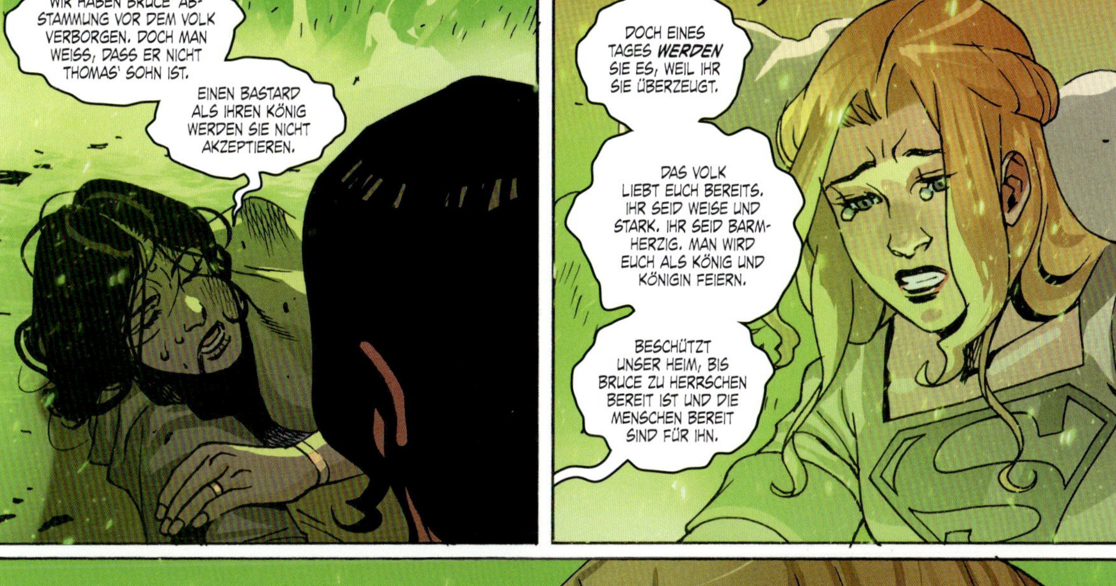
WIR HABEN BRUCE' ABSTAMMUNG VOR DEM VOLK VERBORGEN. DOCH MAN WEISS, DASS ER NICHT THOMAS' SOHN IST.
EINEN BASTARD ALS IHREN KÖNIG WERDEN SIE NICHT AKZEPTIEREN.
DOCH EINES TAGES **WERDEN** SIE ES, WEIL IHR SIE ÜBERZEUGT.
DAS VOLK LIEBT EUCH BEREITS. IHR SEID WEISE UND STARK. IHR SEID BARMHERZIG. MAN WIRD EUCH ALS KÖNIG UND KÖNIGIN FEIERN.
BESCHÜTZT UNSER HEIM, BIS BRUCE ZU HERRSCHEN BEREIT IST UND DIE MENSCHEN BEREIT SIND FÜR IHN.

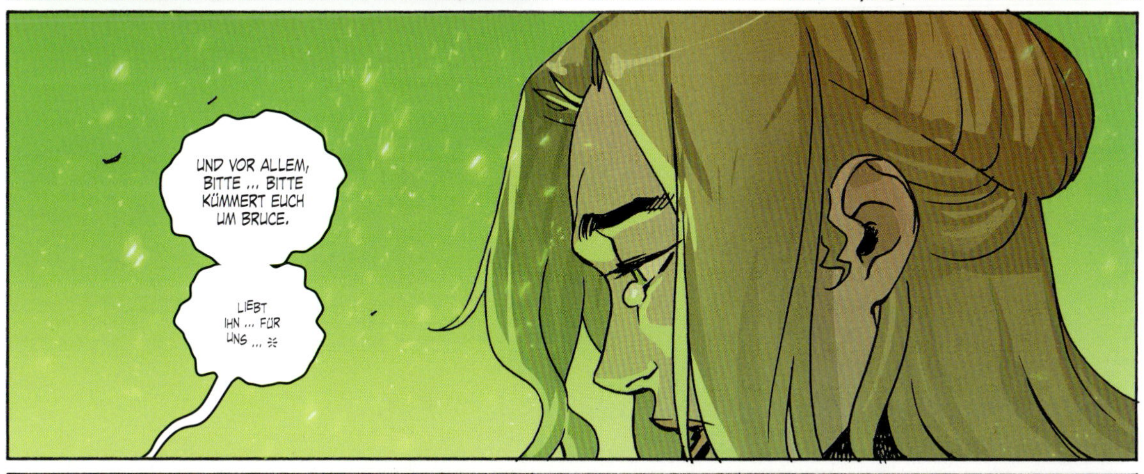
UND VOR ALLEM, BITTE ... BITTE KÜMMERT EUCH UM BRUCE.
LIEBT IHN ... FÜR UNS ...

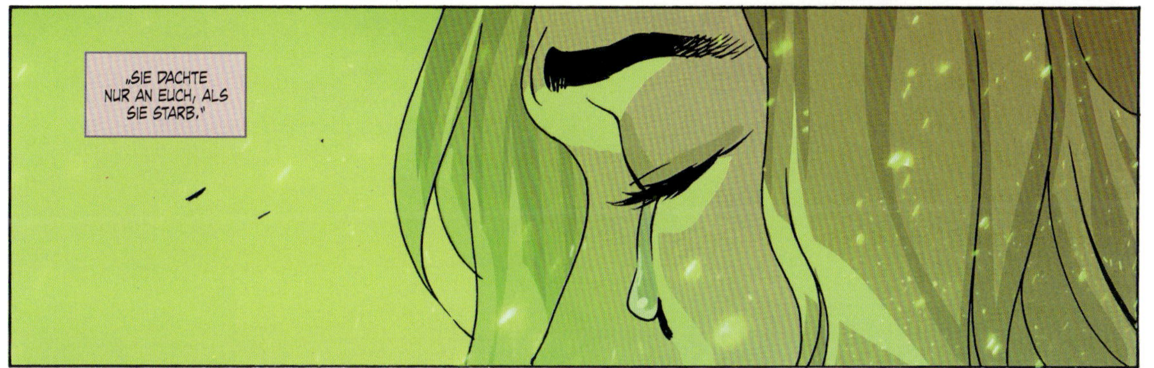
„SIE DACHTE NUR AN EUCH, ALS SIE STARB."

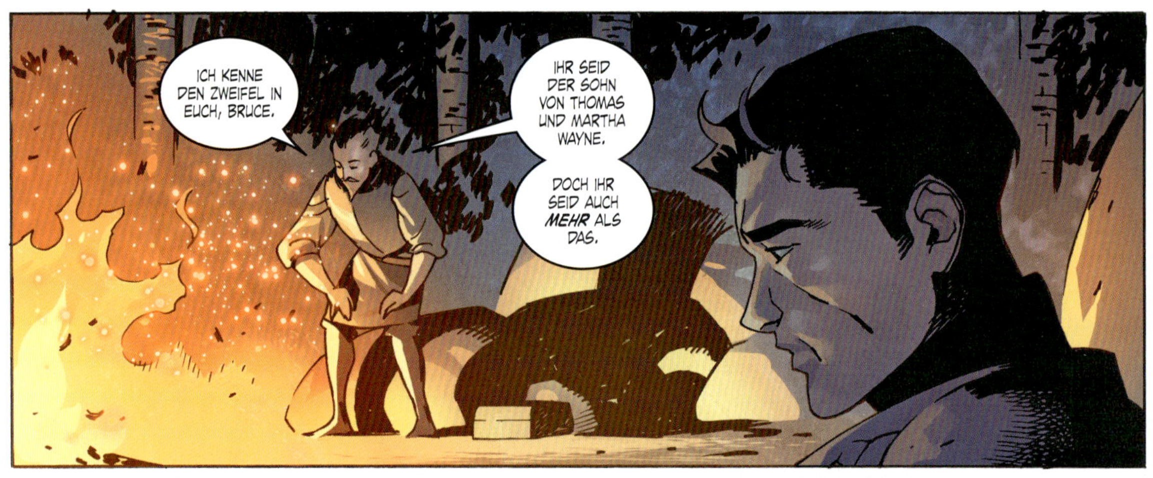
ICH KENNE DEN ZWEIFEL IN EUCH, BRUCE.
IHR SEID DER SOHN VON THOMAS UND MARTHA WAYNE.
DOCH IHR SEID AUCH *MEHR* ALS DAS.

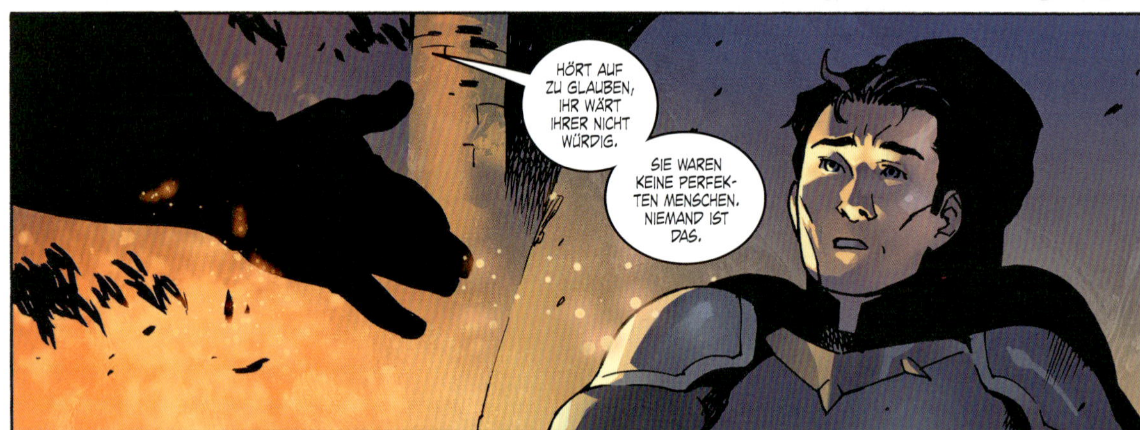
HÖRT AUF ZU GLAUBEN, IHR WÄRT IHRER NICHT WÜRDIG.
SIE WAREN KEINE PERFEKTEN MENSCHEN. NIEMAND IST DAS.

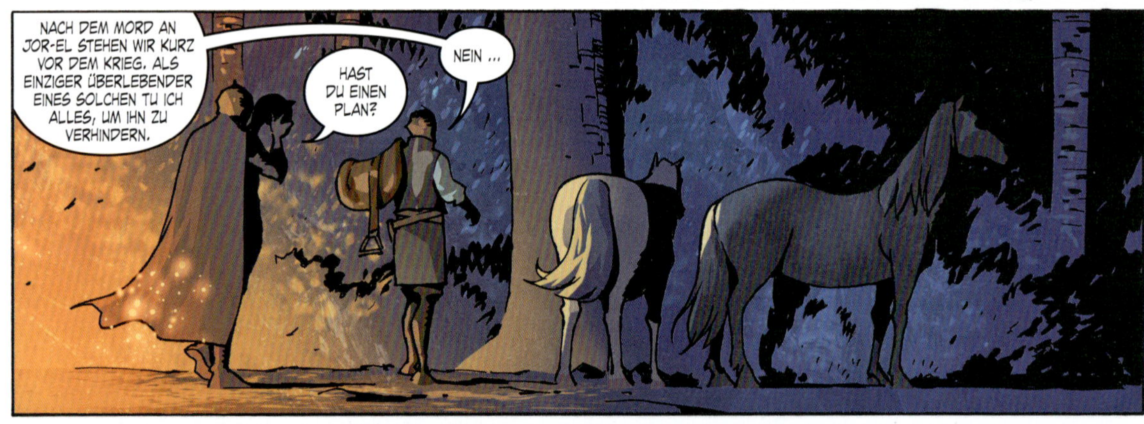
NACH DEM MORD AN JOR-EL STEHEN WIR KURZ VOR DEM KRIEG. ALS EINZIGER ÜBERLEBENDER EINES SOLCHEN TU ICH ALLES, UM IHN ZU VERHINDERN.
HAST DU EINEN PLAN?
NEIN ...

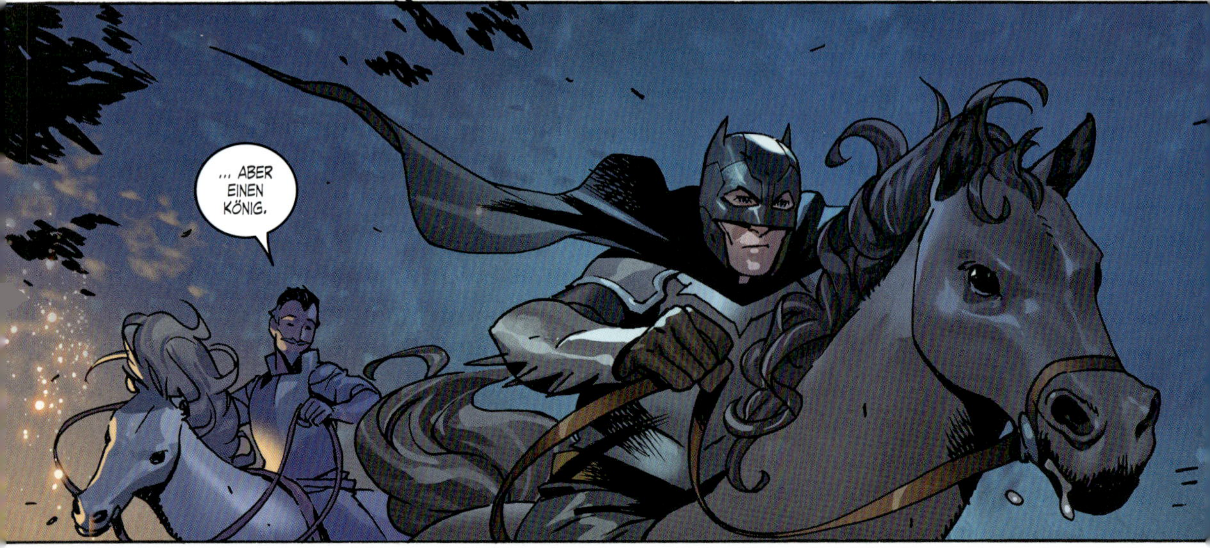
... ABER EINEN KÖNIG.

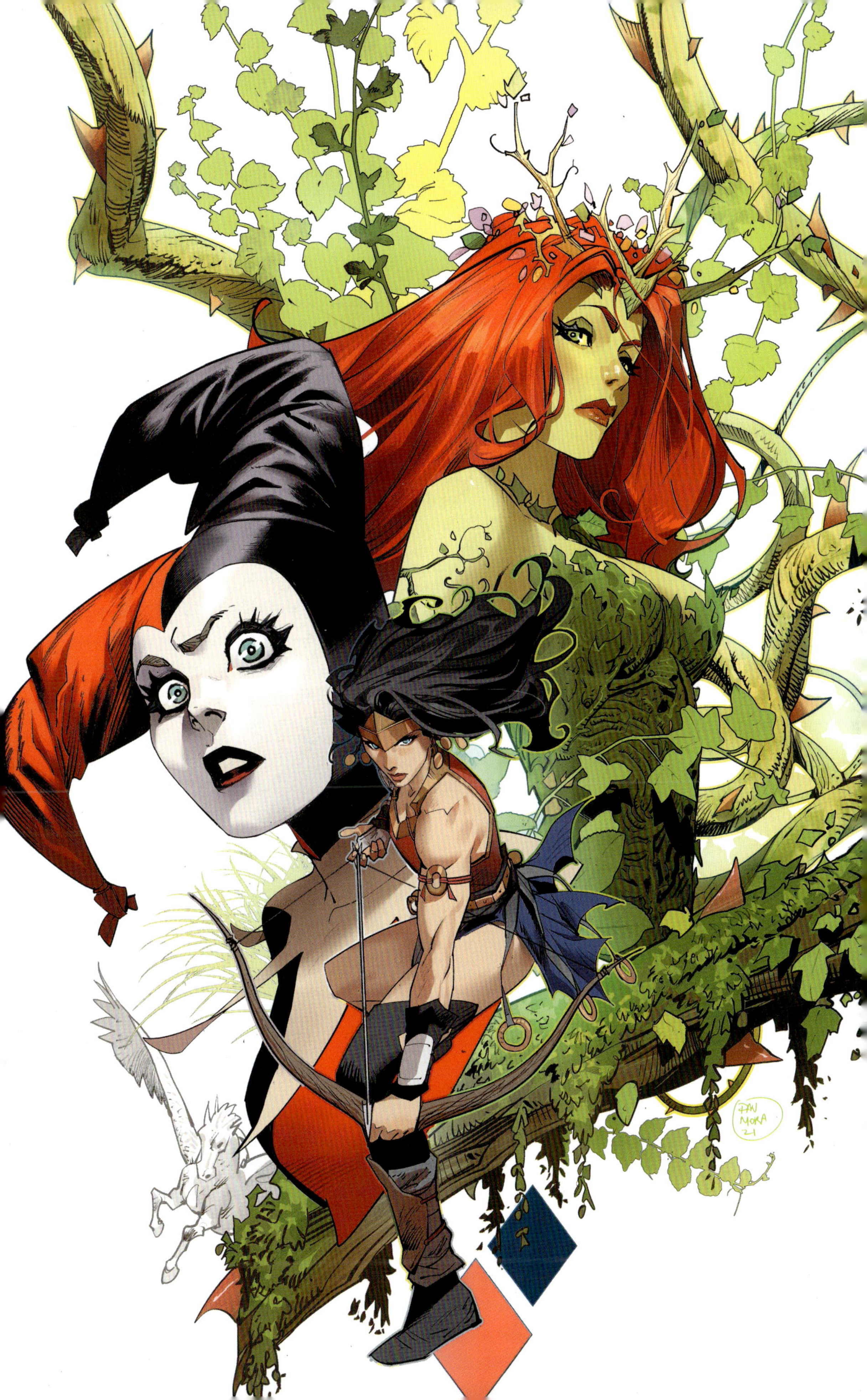
DAN MORA '21

# DARK KNIGHTS OF STEEL 5
# VERLORENE SEELEN

**TOM TAYLOR**
Story

**YASMINE PUTRI**
Zeichnungen und Tusche

**ARIF PRIANTO**
Farben

**DAN MORA**
Original-Cover

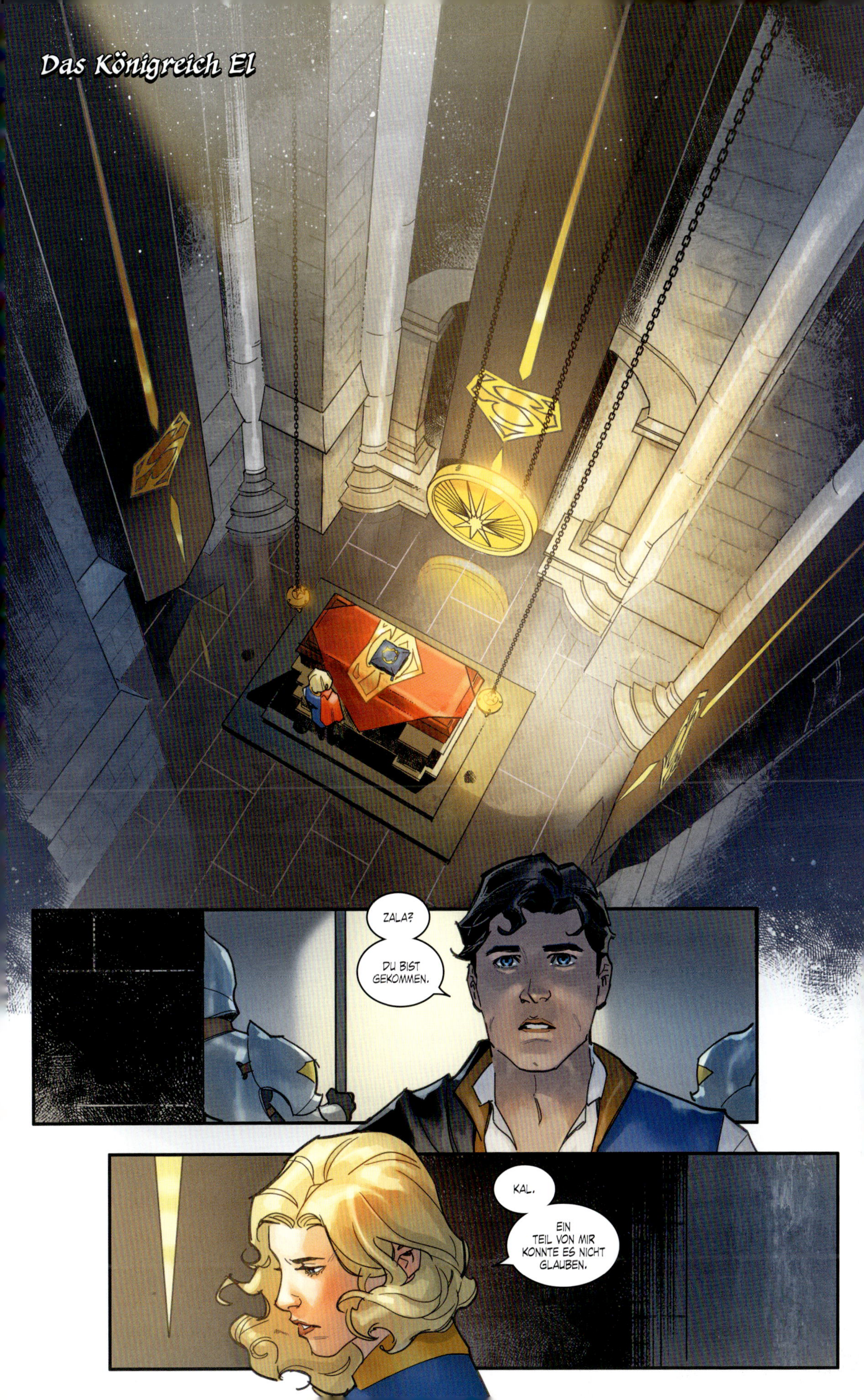
Das Königreich El
ZALA?
DU BIST GEKOMMEN.
KAL.
EIN TEIL VON MIR KONNTE ES NICHT GLAUBEN.

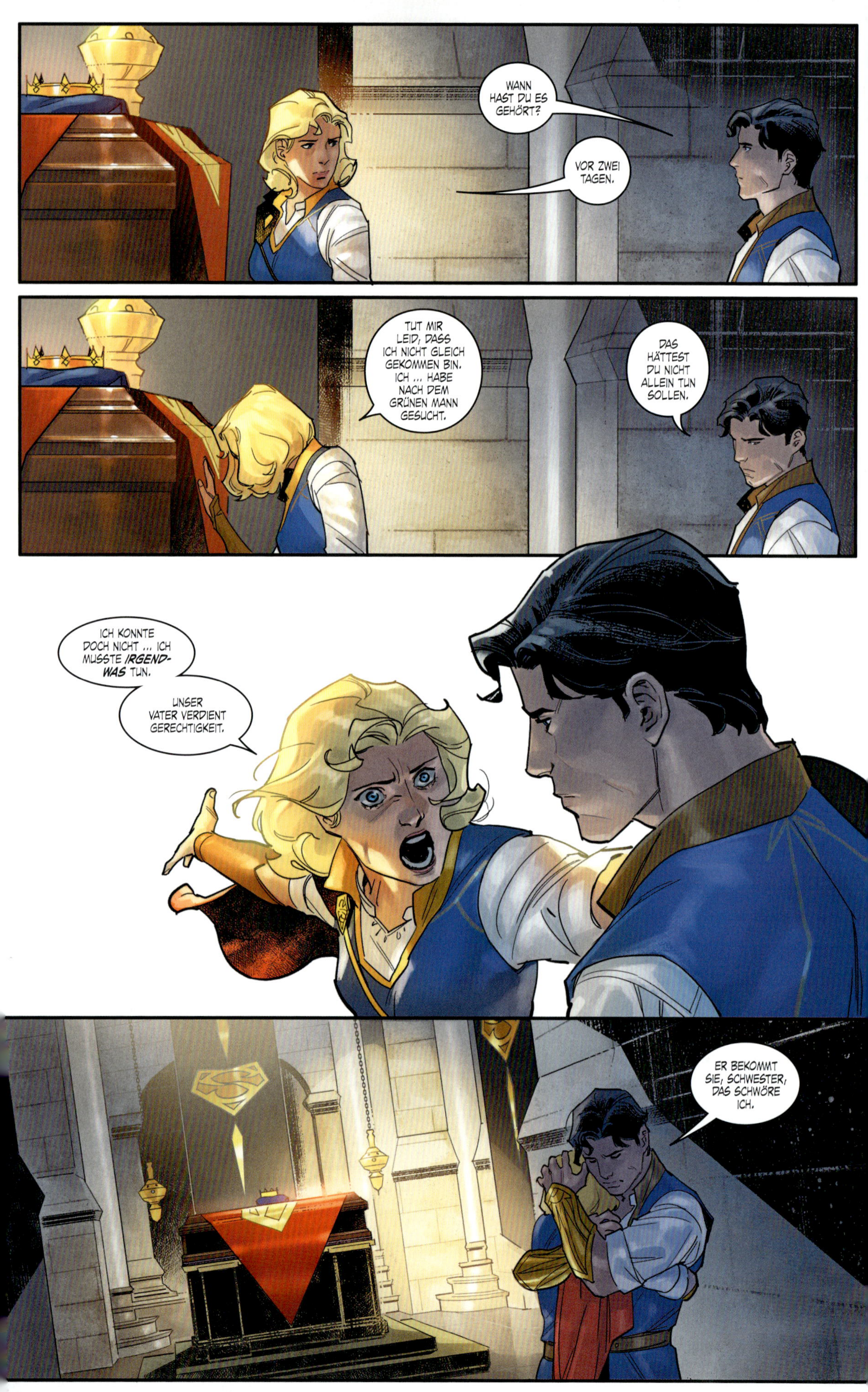
WANN HAST DU ES GEHÖRT?
VOR ZWEI TAGEN.
TUT MIR LEID, DASS ICH NICHT GLEICH GEKOMMEN BIN. ICH ... HABE NACH DEM GRÜNEN MANN GESUCHT.
DAS HÄTTEST DU NICHT ALLEIN TUN SOLLEN.
ICH KONNTE DOCH NICHT ... ICH MUSSTE *IRGENDWAS* TUN.
UNSER VATER VERDIENT GERECHTIGKEIT.
ER BEKOMMT SIE, SCHWESTER, DAS SCHWÖRE ICH.

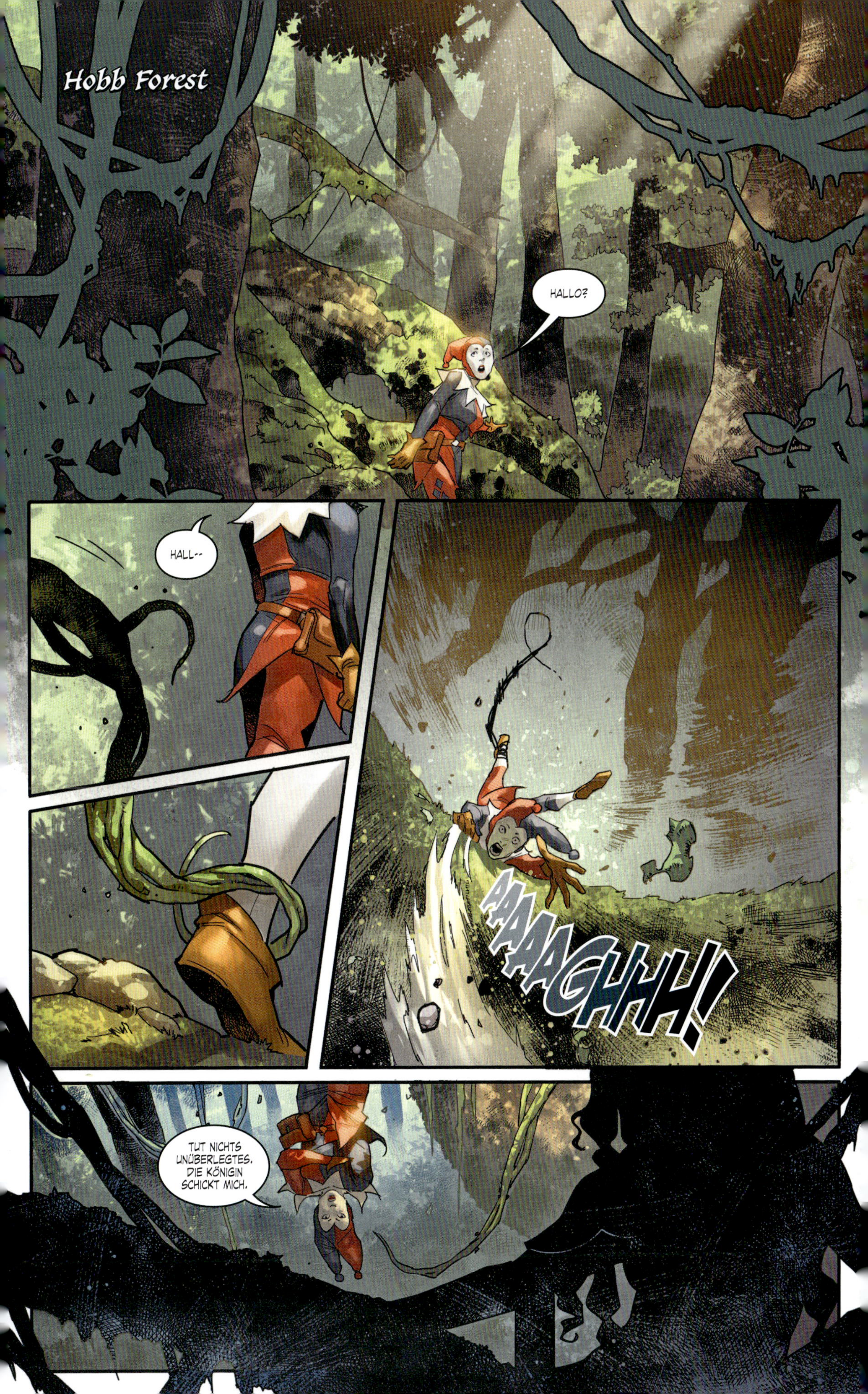
Hobb Forest
HALLO?
HALL--
AAAAAGHHH!
TUT NICHTS UNÜBERLEGTES. DIE KÖNIGIN SCHICKT MICH.

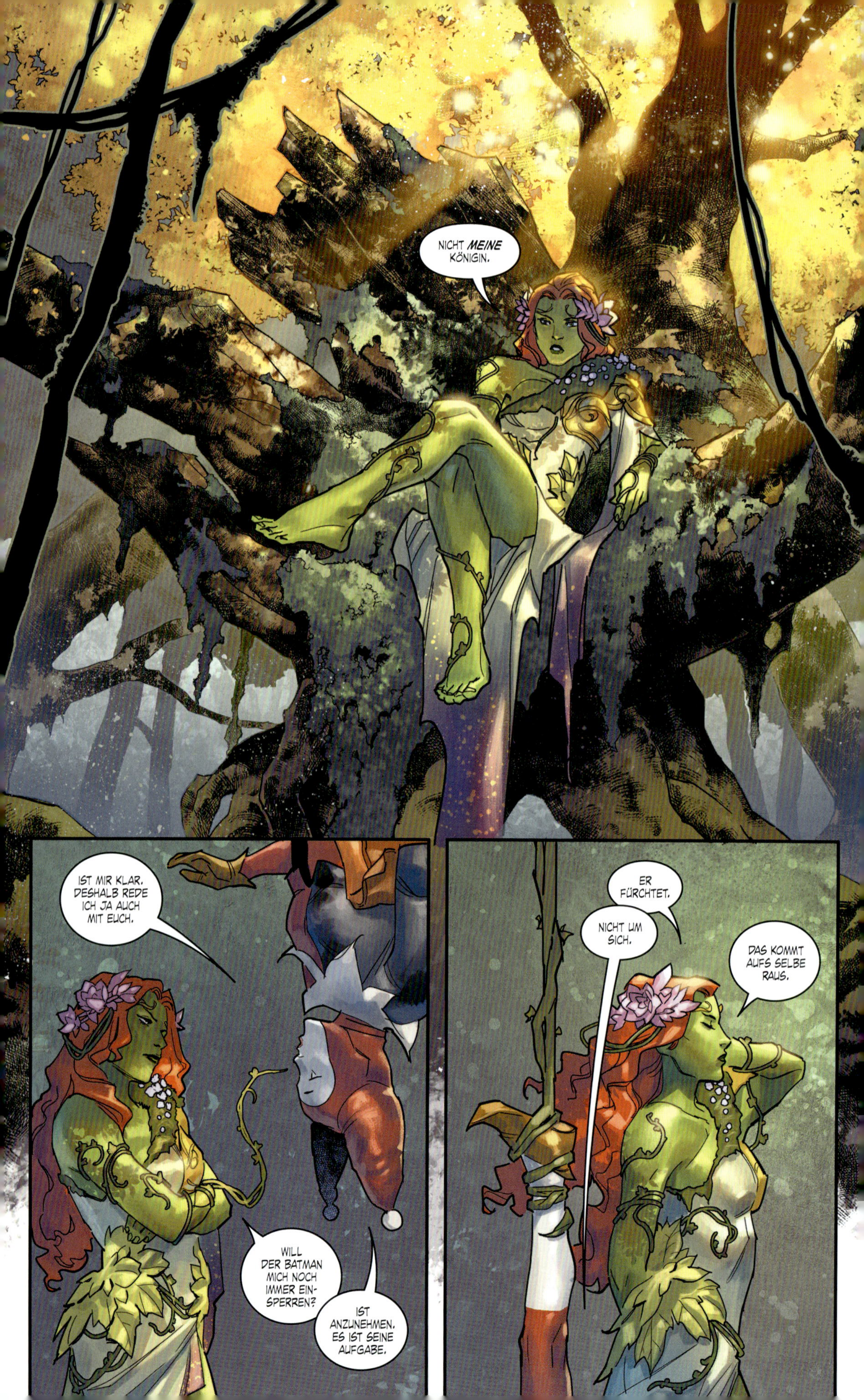
NICHT *MEINE* KÖNIGIN.
IST MIR KLAR. DESHALB REDE ICH JA AUCH MIT EUCH.
WILL DER BATMAN MICH NOCH IMMER EIN-SPERREN?
IST ANZUNEHMEN. ES IST SEINE AUFGABE.
ER FÜRCHTET.
NICHT UM SICH.
DAS KOMMT AUFS SELBE RAUS.

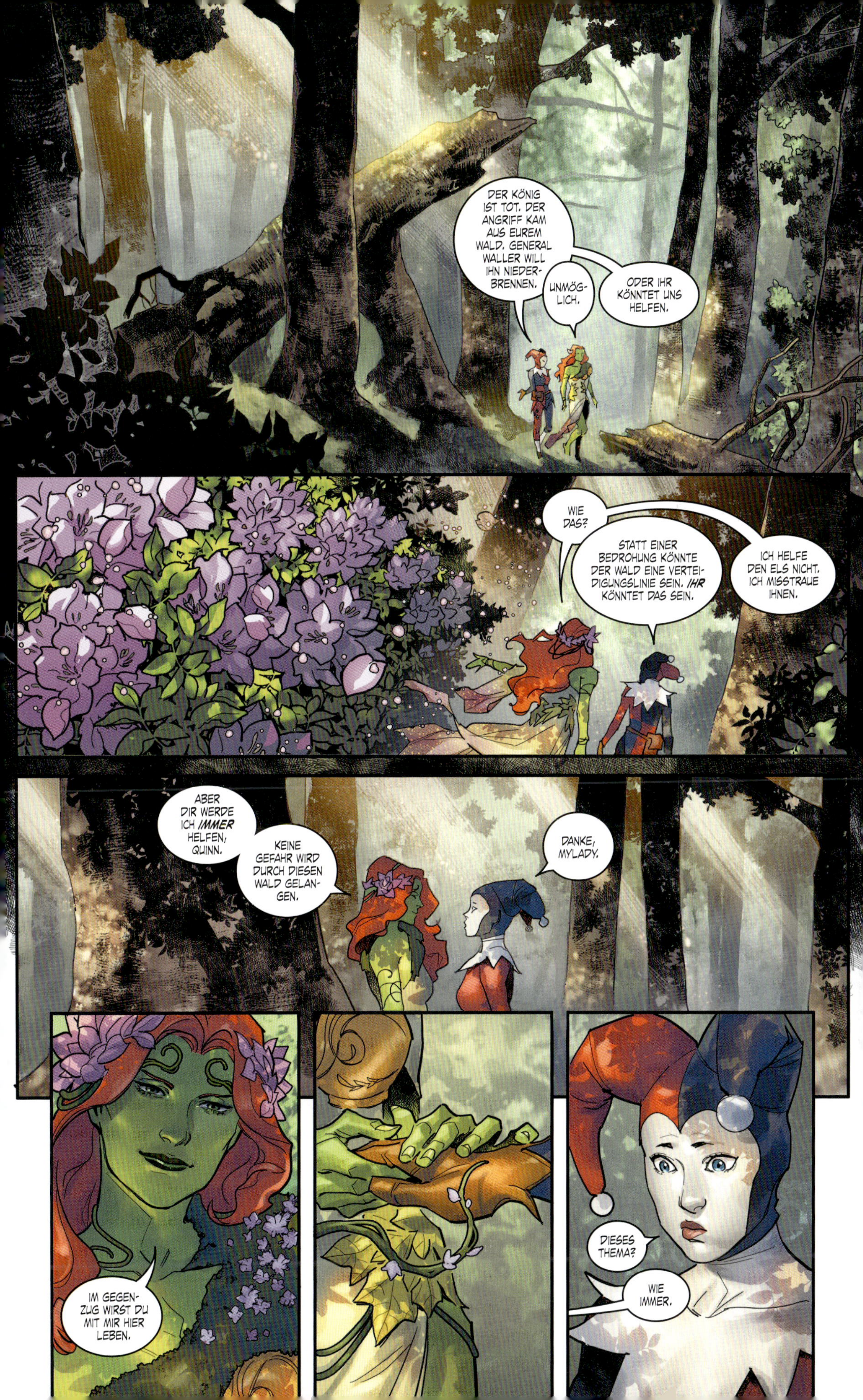
DER KÖNIG IST TOT. DER ANGRIFF KAM AUS EUREM WALD. GENERAL WALLER WILL IHN NIEDER-BRENNEN.
UNMÖG-LICH.
ODER IHR KÖNNTET UNS HELFEN.
WIE DAS?
STATT EINER BEDROHUNG KÖNNTE DER WALD EINE VERTEI-DIGUNGSLINIE SEIN. *IHR* KÖNNTET DAS SEIN.
ICH HELFE DEN ELS NICHT. ICH MISSTRAUE IHNEN.
ABER DIR WERDE ICH *IMMER* HELFEN, QUINN.
KEINE GEFAHR WIRD DURCH DIESEN WALD GELAN-GEN.
DANKE, MY'LADY.
IM GEGEN-ZUG WIRST DU MIT MIR HIER LEBEN.
DIESES THEMA?
WIE IMMER.

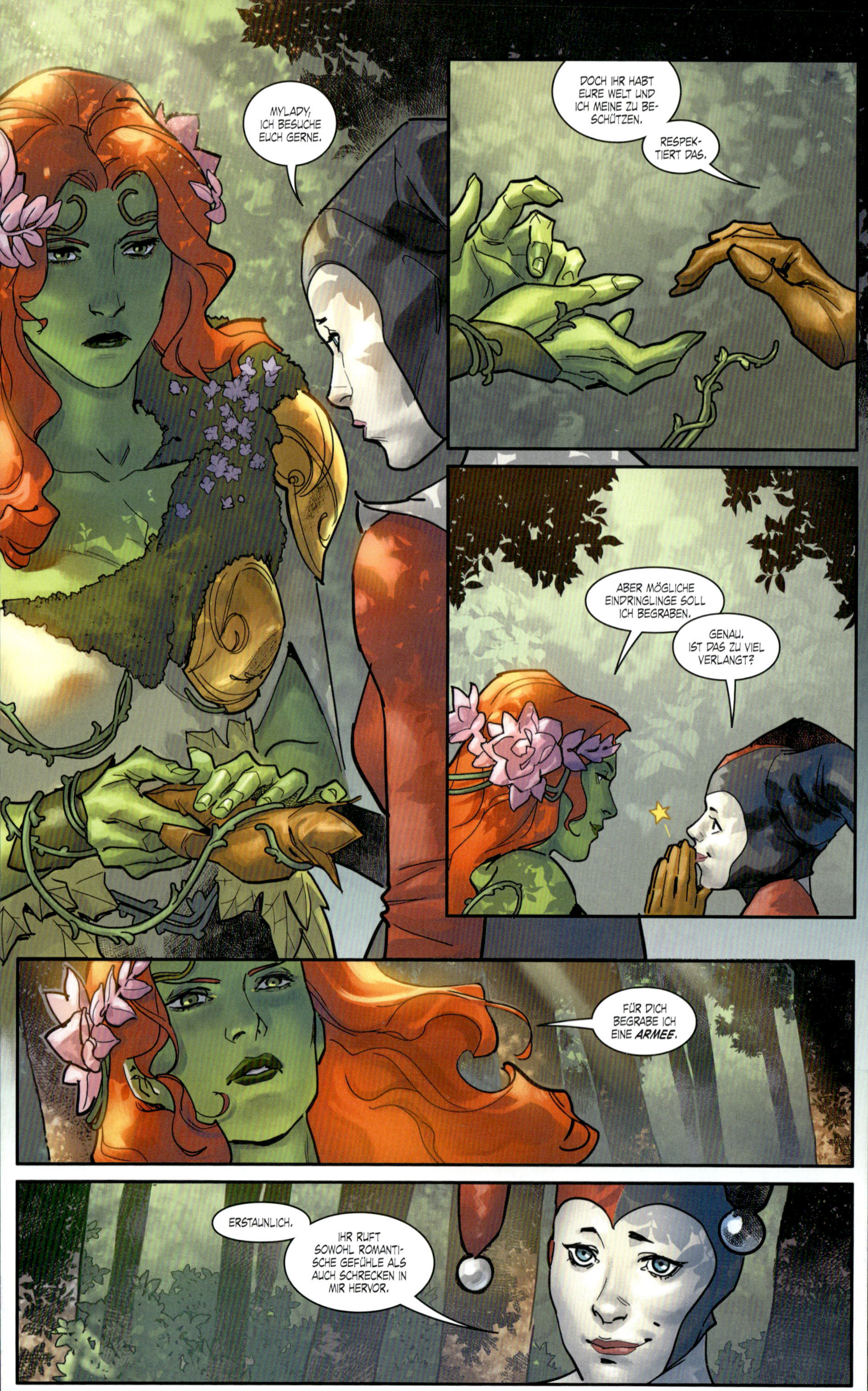
MYLADY, ICH BESUCHE EUCH GERNE.
DOCH IHR HABT EURE WELT UND ICH MEINE ZU BESCHÜTZEN.
RESPEKTIERT DAS.
ABER MÖGLICHE EINDRINGLINGE SOLL ICH BEGRABEN.
GENAU. IST DAS ZU VIEL VERLANGT?
FÜR DICH BEGRABE ICH EINE *ARMEE*.
ERSTAUNLICH.
IHR RUFT SOWOHL ROMANTISCHE GEFÜHLE ALS AUCH SCHRECKEN IN MIR HERVOR.

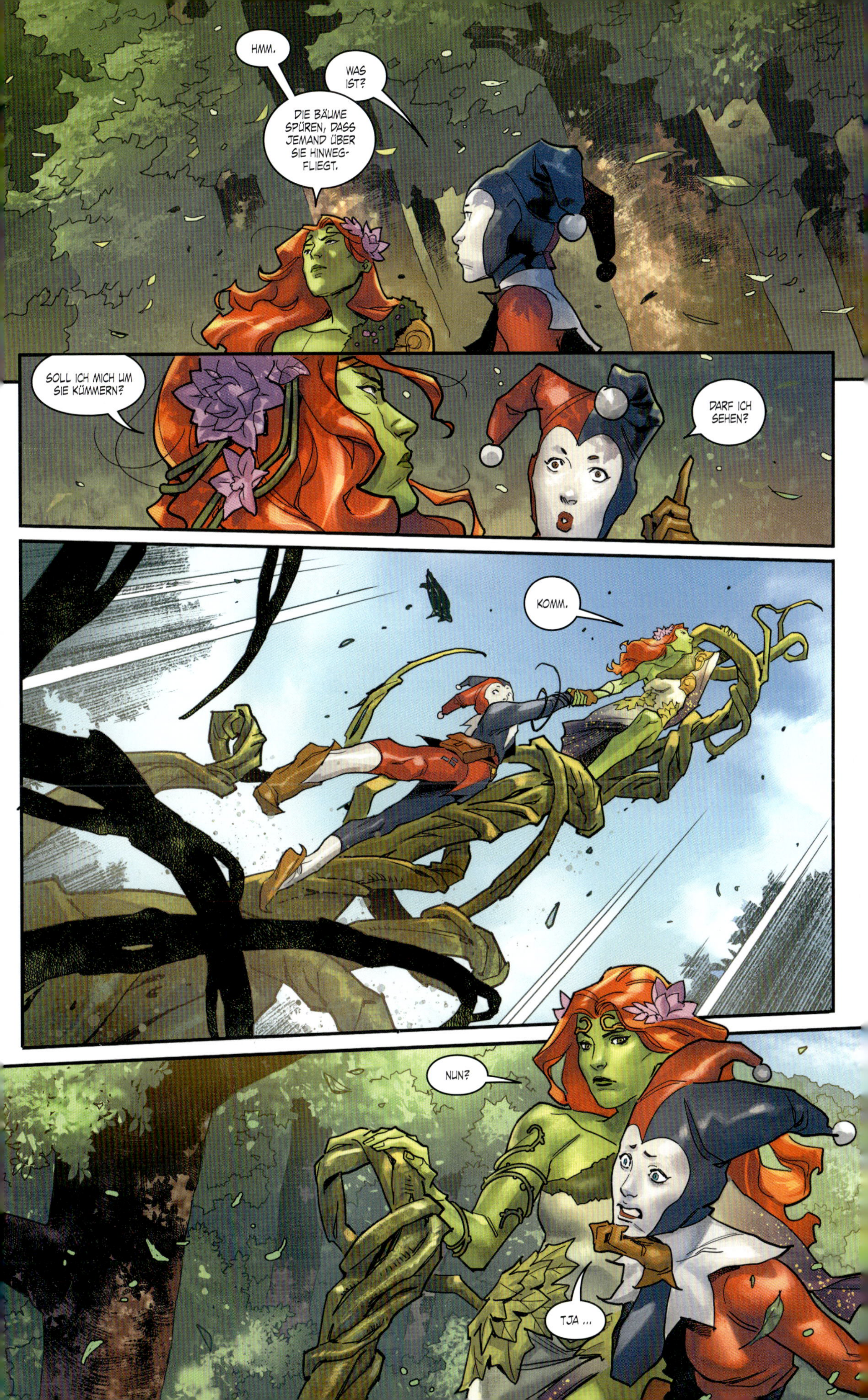
HMM.
WAS IST?
DIE BÄUME SPÜREN, DASS JEMAND ÜBER SIE HINWEG-FLIEGT.
SOLL ICH MICH UM SIE KÜMMERN?
DARF ICH SEHEN?
KOMM.
NUN?
TJA ...

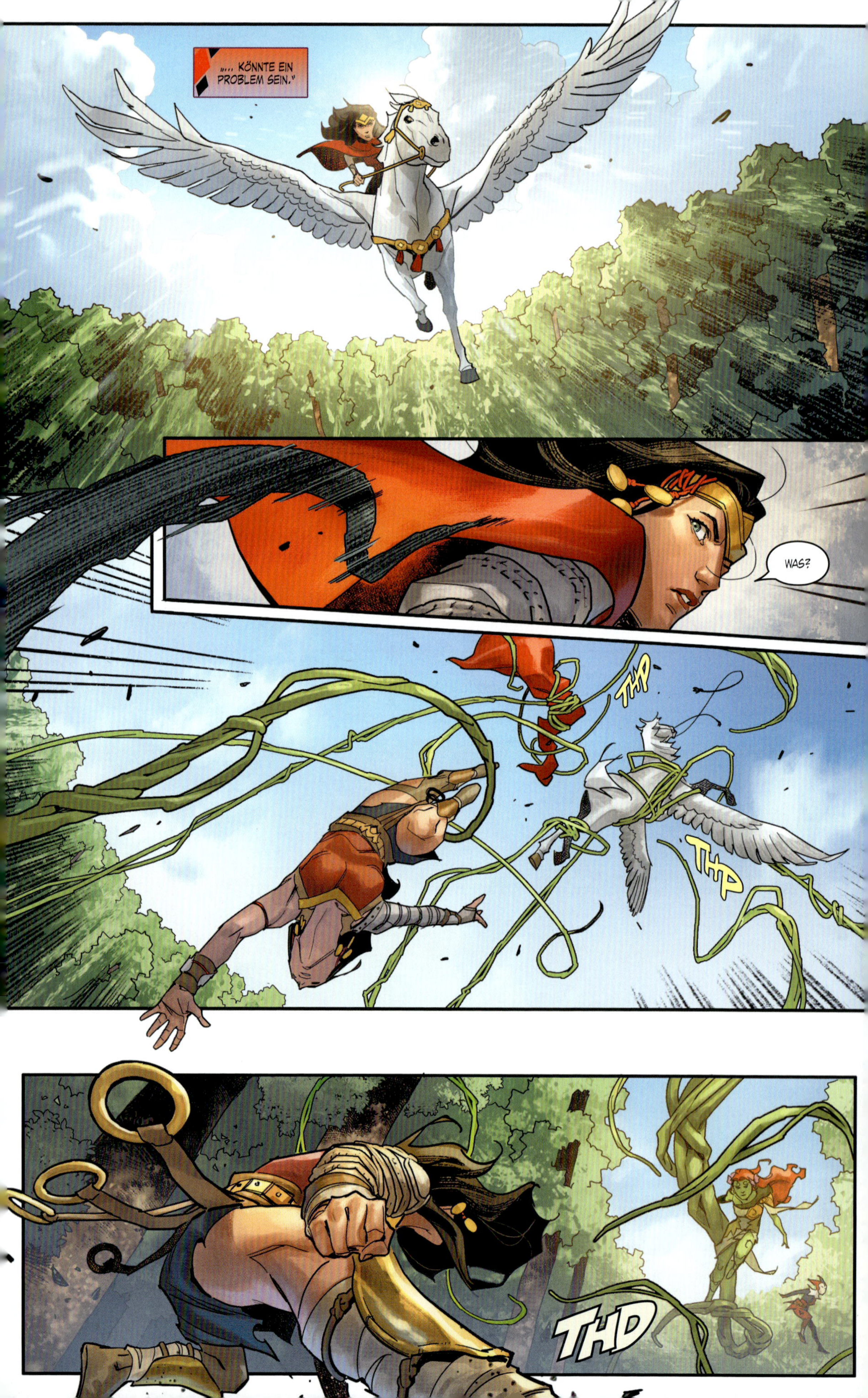
"... KÖNNTE EIN PROBLEM SEIN."
WAS?
THP
THP
THD

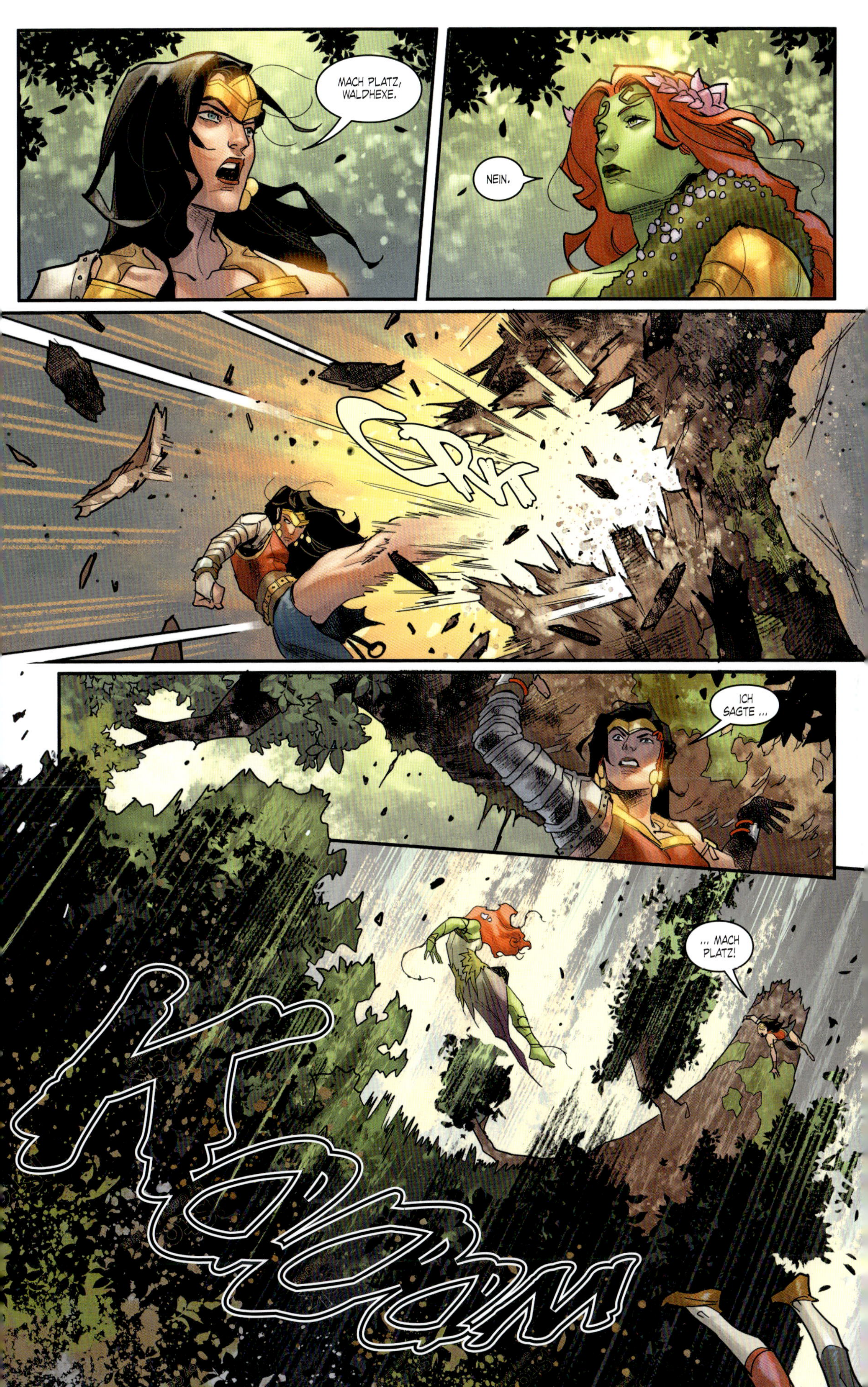
MACH PLATZ, WALDHEXE.
NEIN.
ICH SAGTE ...
... MACH PLATZ!

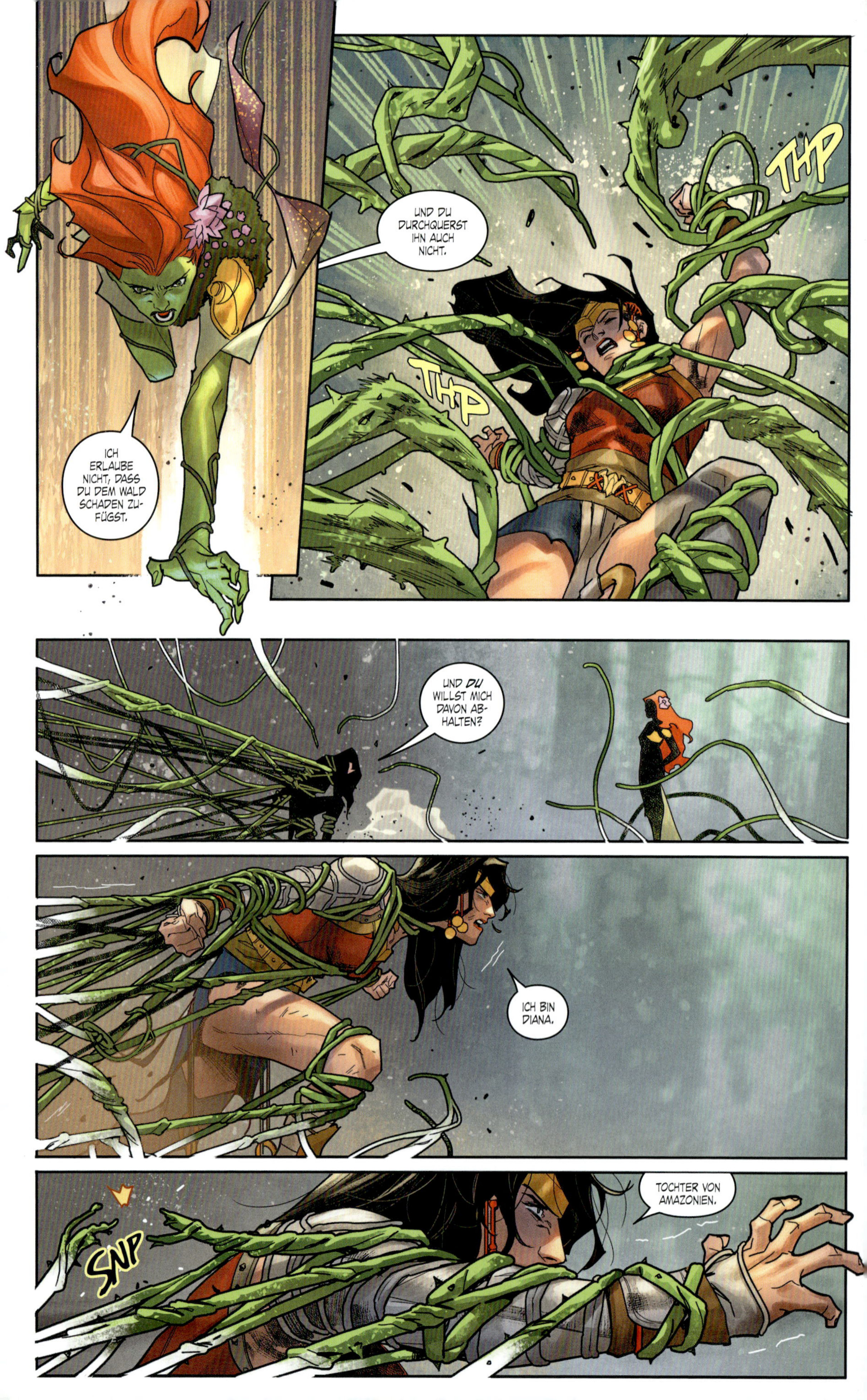

UND DU DURCHQUERST IHN AUCH NICHT.
THP
THP
ICH ERLAUBE NICHT, DASS DU DEM WALD SCHADEN ZUFÜGST.
UND *DU* WILLST MICH DAVON ABHALTEN?
ICH BIN DIANA.
SNP
TOCHTER VON AMAZONIEN.

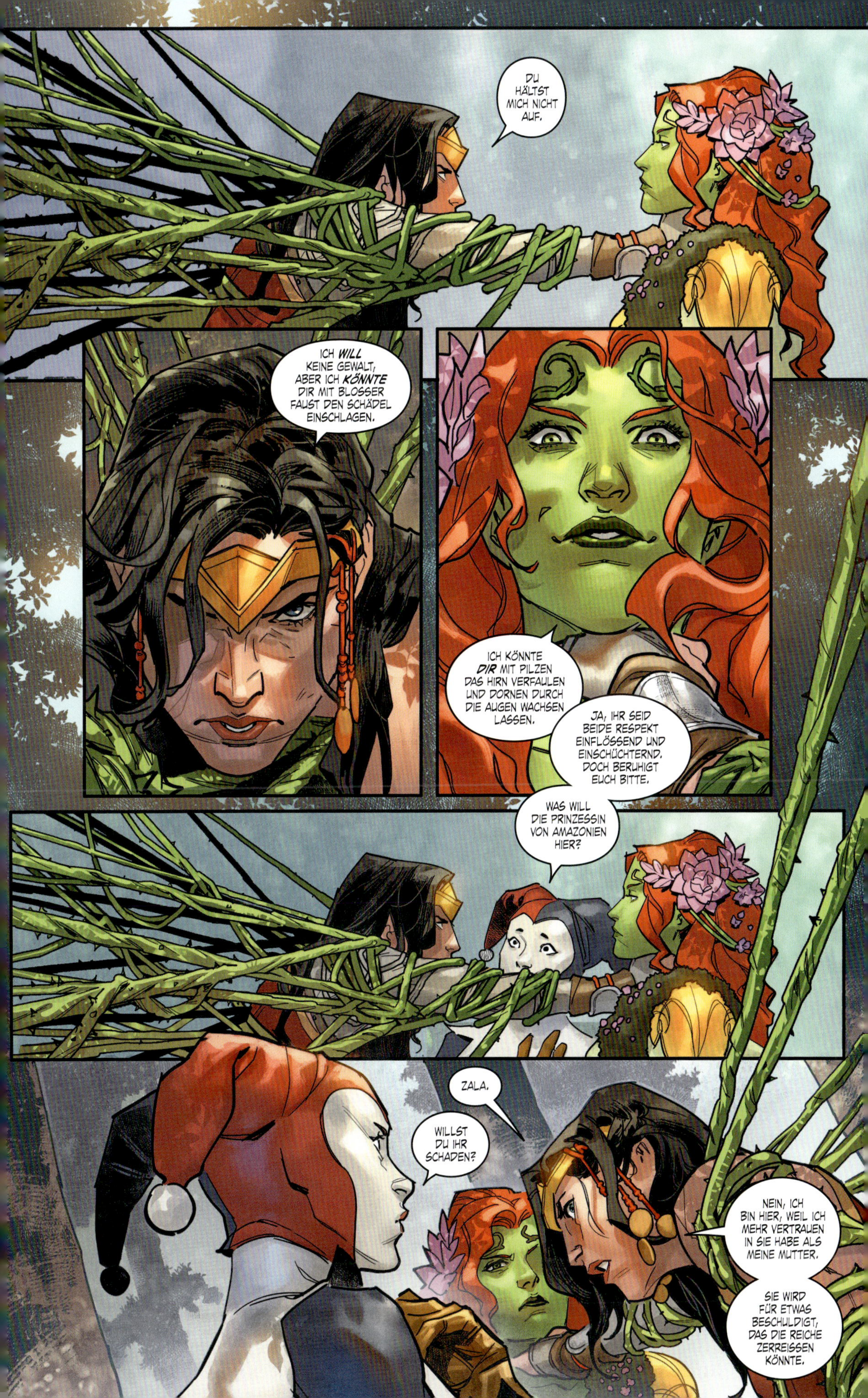
DU HÄLTST MICH NICHT AUF.
ICH WILL KEINE GEWALT, ABER ICH KÖNNTE DIR MIT BLOSSER FAUST DEN SCHÄDEL EINSCHLAGEN.
ICH KÖNNTE DIR MIT PILZEN DAS HIRN VERFAULEN UND DORNEN DURCH DIE AUGEN WACHSEN LASSEN.
JA, IHR SEID BEIDE RESPEKT EINFLÖSSEND UND EINSCHÜCHTERND. DOCH BERUHIGT EUCH BITTE.
WAS WILL DIE PRINZESSIN VON AMAZONIEN HIER?
ZALA.
WILLST DU IHR SCHADEN?
NEIN, ICH BIN HIER, WEIL ICH MEHR VERTRAUEN IN SIE HABE ALS MEINE MUTTER.
SIE WIRD FÜR ETWAS BESCHULDIGT, DAS DIE REICHE ZERREISSEN KÖNNTE.

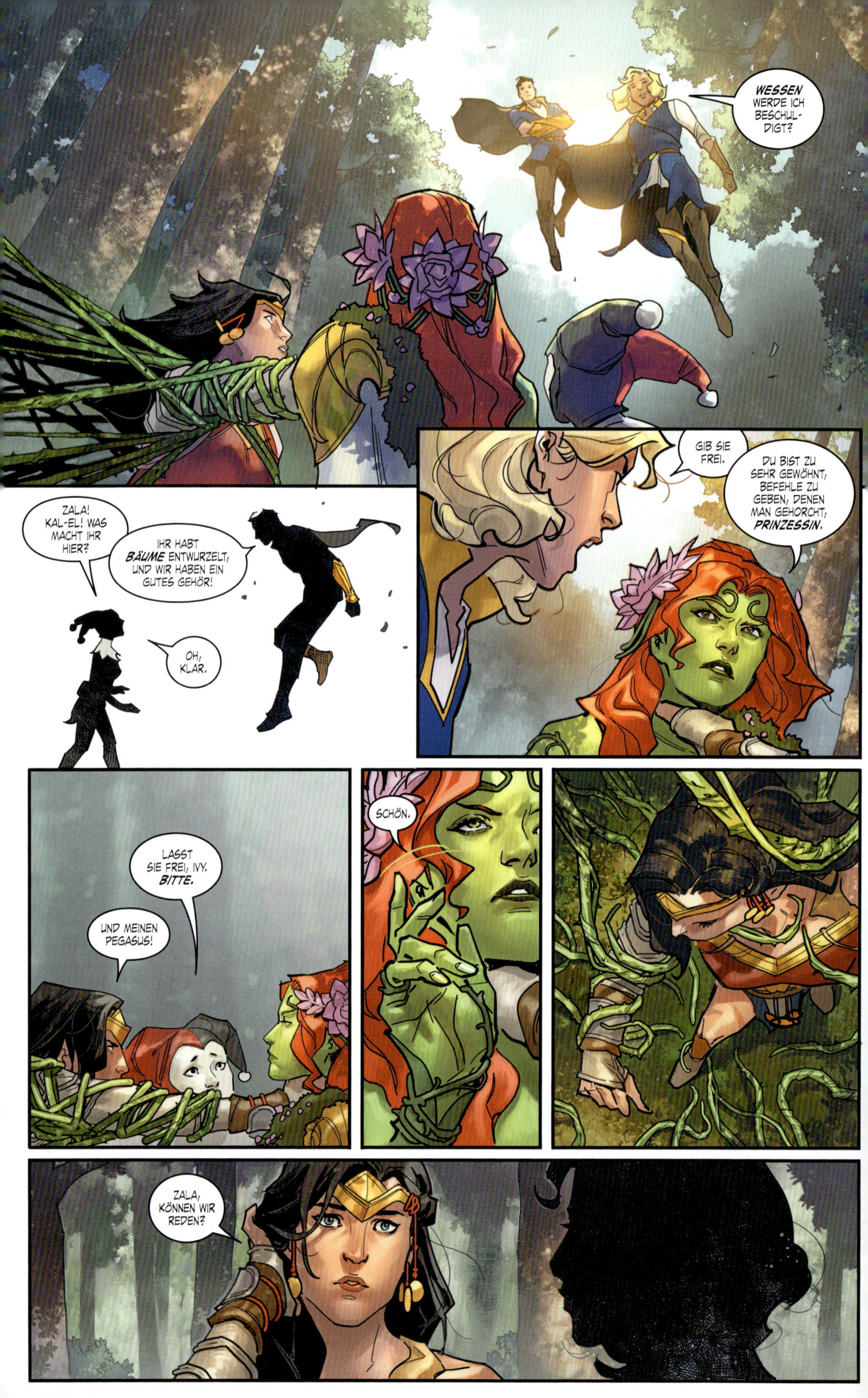
WESSEN WERDE ICH BESCHUL-DIGT?
GIB SIE FREI.
DU BIST ZU SEHR GEWÖHNT, BEFEHLE ZU GEBEN, DENEN MAN GEHORCHT, PRINZESSIN.
ZALA! KAL-EL! WAS MACHT IHR HIER?
IHR HABT BÄUME ENTWURZELT, UND WIR HABEN EIN GUTES GEHÖR!
OH, KLAR.
LASST SIE FREI, IVY. BITTE.
UND MEINEN PEGASUS!
SCHÖN.
ZALA, KÖNNEN WIR REDEN?

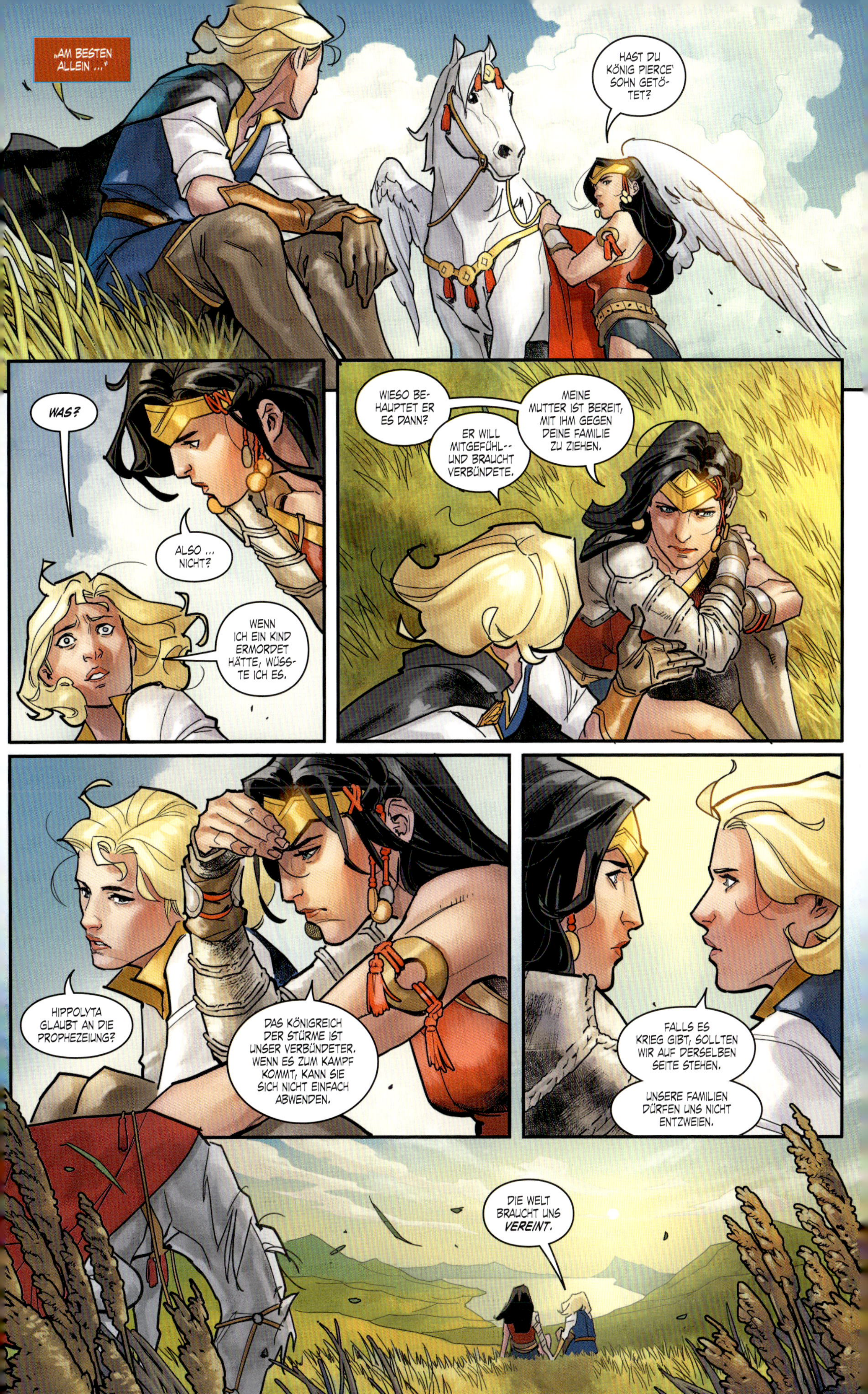
„AM BESTEN ALLEIN ...“
HAST DU KÖNIG PIERCE' SOHN GETÖTET?
WAS?
ALSO ... NICHT?
WENN ICH EIN KIND ERMORDET HÄTTE, WÜSSTE ICH ES.
WIESO BEHAUPTET ER ES DANN?
ER WILL MITGEFÜHL-- UND BRAUCHT VERBÜNDETE.
MEINE MUTTER IST BEREIT, MIT IHM GEGEN DEINE FAMILIE ZU ZIEHEN.
HIPPOLYTA GLAUBT AN DIE PROPHEZEIUNG?
DAS KÖNIGREICH DER STÜRME IST UNSER VERBÜNDETER. WENN ES ZUM KAMPF KOMMT, KANN SIE SICH NICHT EINFACH ABWENDEN.
FALLS ES KRIEG GIBT, SOLLTEN WIR AUF DERSELBEN SEITE STEHEN.
UNSERE FAMILIEN DÜRFEN UNS NICHT ENTZWEIEN.
DIE WELT BRAUCHT UNS *VEREINT*.

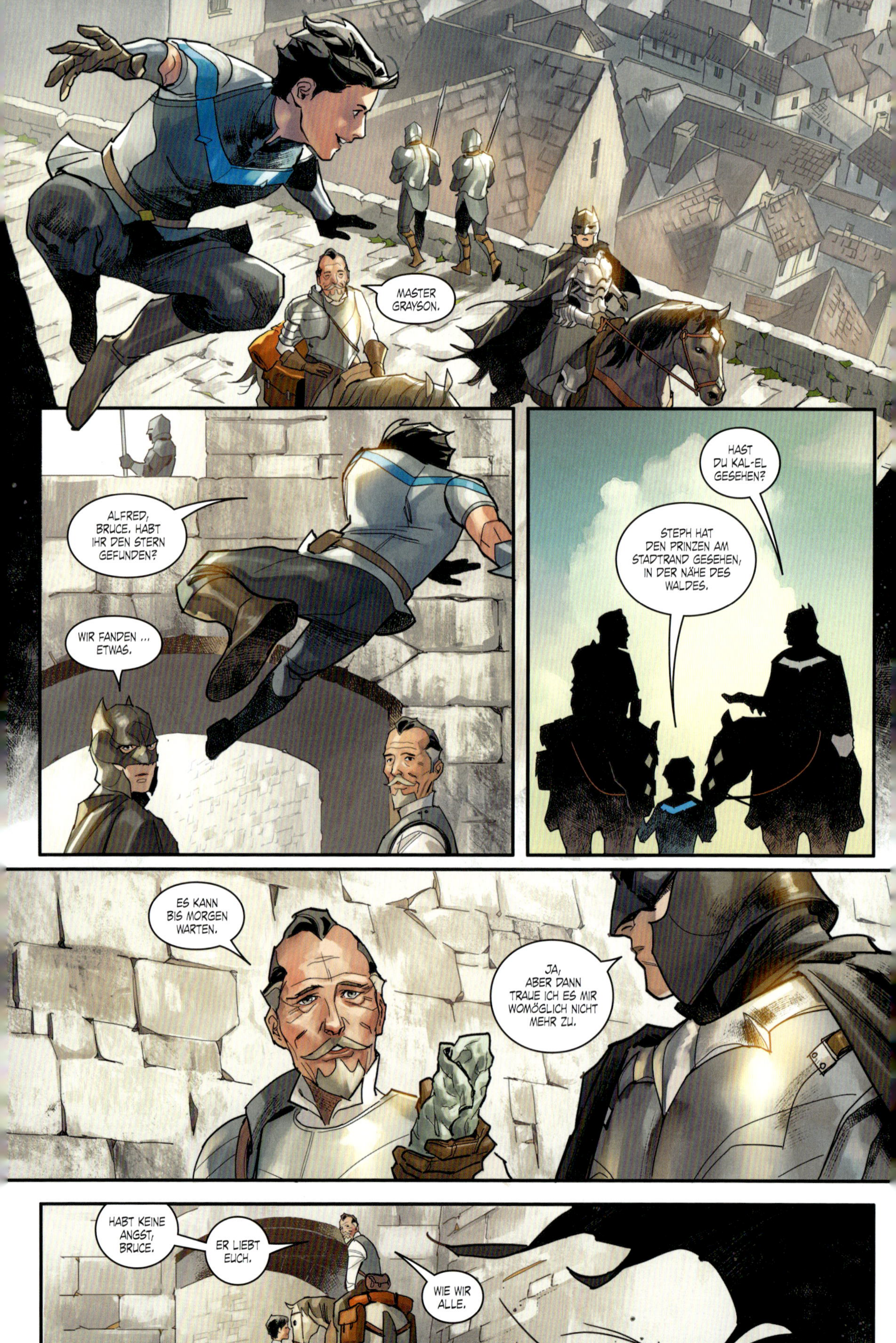
MASTER GRAYSON.
ALFRED, BRUCE. HABT IHR DEN STERN GEFUNDEN?
WIR FANDEN ... ETWAS.
HAST DU KAL-EL GESEHEN?
STEPH HAT DEN PRINZEN AM STADTRAND GESEHEN, IN DER NÄHE DES WALDES.
ES KANN BIS MORGEN WARTEN.
JA, ABER DANN TRAUE ICH ES MIR WOMÖGLICH NICHT MEHR ZU.
HABT KEINE ANGST, BRUCE.
ER LIEBT EUCH.
WIE WIR ALLE.

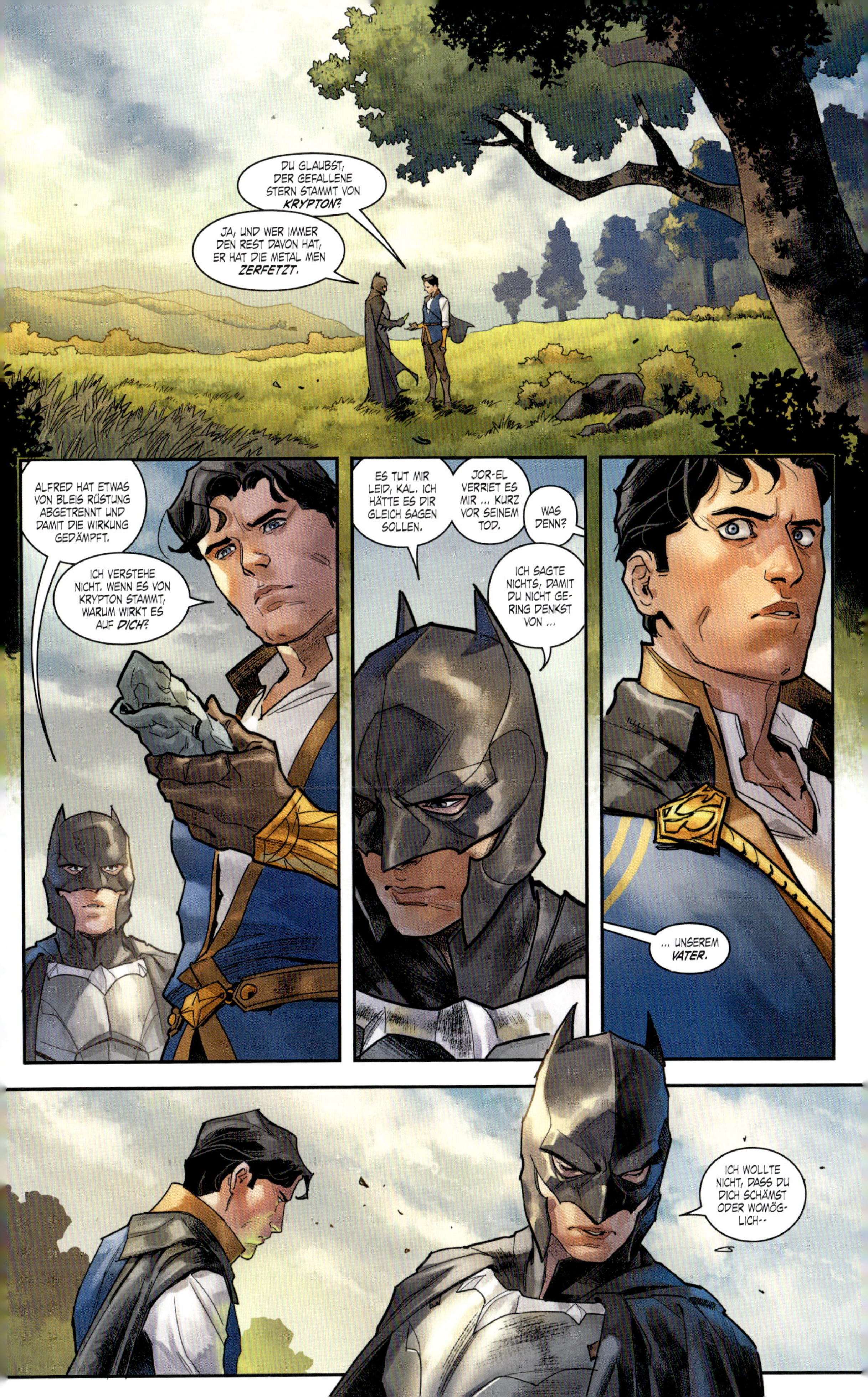
DU GLAUBST, DER GEFALLENE STERN STAMMT VON *KRYPTON*?
JA, UND WER IMMER DEN REST DAVON HAT, ER HAT DIE METAL MEN *ZERFETZT*.
ALFRED HAT ETWAS VON BLEIS RÜSTUNG ABGETRENNT UND DAMIT DIE WIRKUNG GEDÄMPFT.
ICH VERSTEHE NICHT. WENN ES VON KRYPTON STAMMT, WARUM WIRKT ES AUF *DICH*?
ES TUT MIR LEID, KAL. ICH HÄTTE ES DIR GLEICH SAGEN SOLLEN.
JOR-EL VERRIET ES MIR ... KURZ VOR SEINEM TOD.
WAS DENN?
ICH SAGTE NICHTS, DAMIT DU NICHT GERING DENKST VON ...
... UNSEREM *VATER*.
ICH WOLLTE NICHT, DASS DU DICH SCHÄMST ODER WOMÖGLICH--

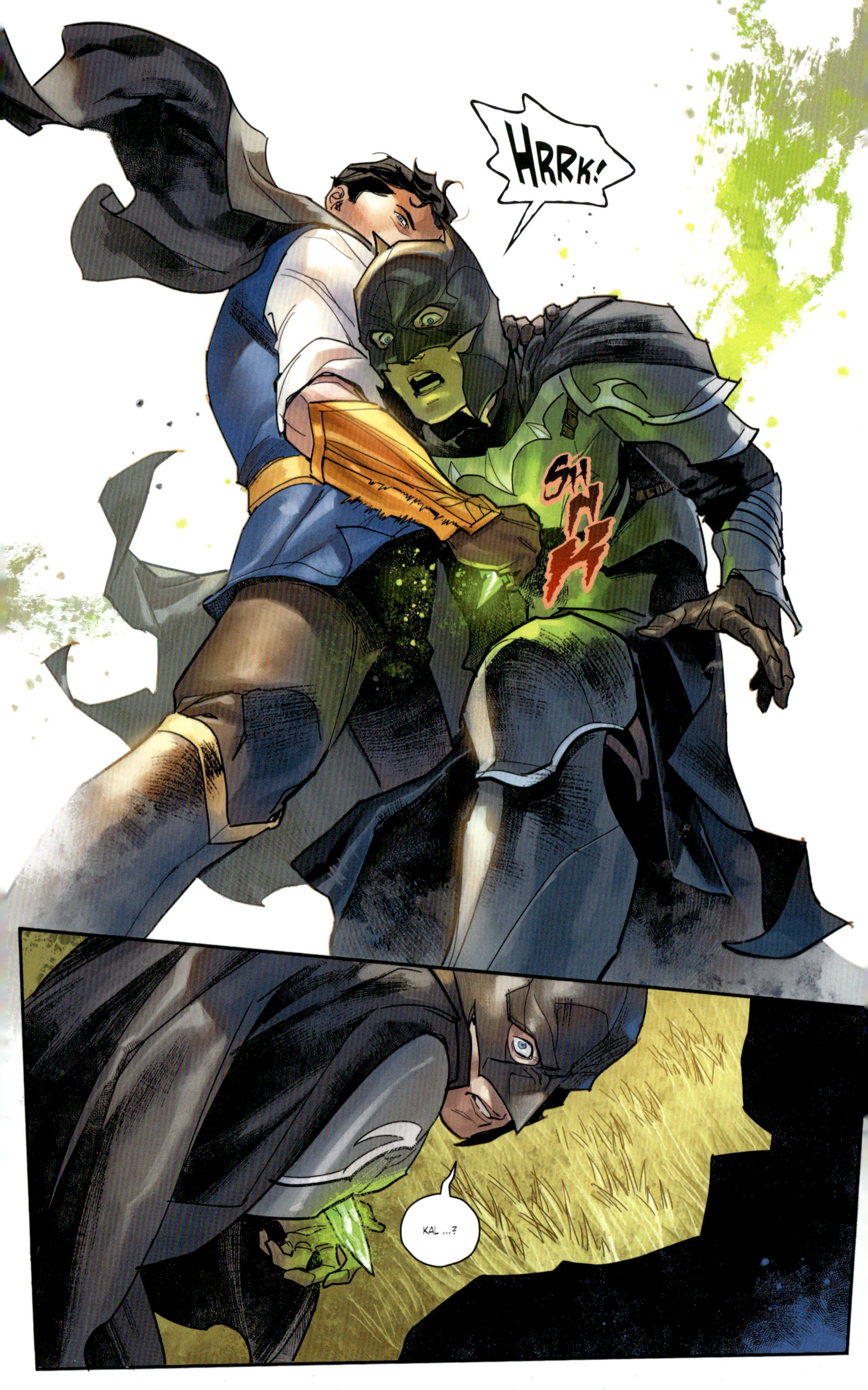
HRRK!
SHNK
KAL ...?

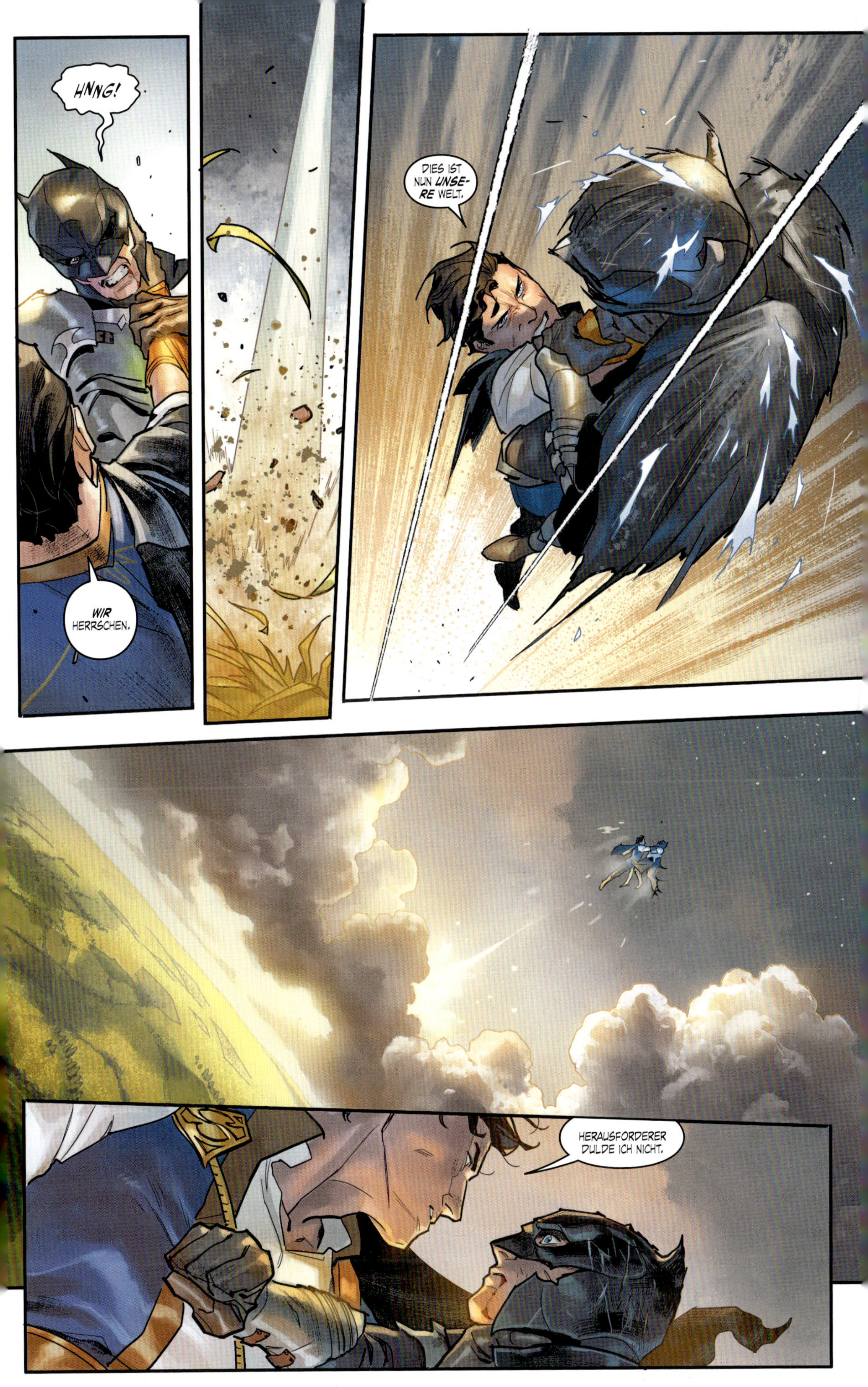

HNNG!

*WIR* HERRSCHEN.

DIES IST NUN *UNSE-RE* WELT.

HERAUSFORDERER DULDE ICH NICHT.

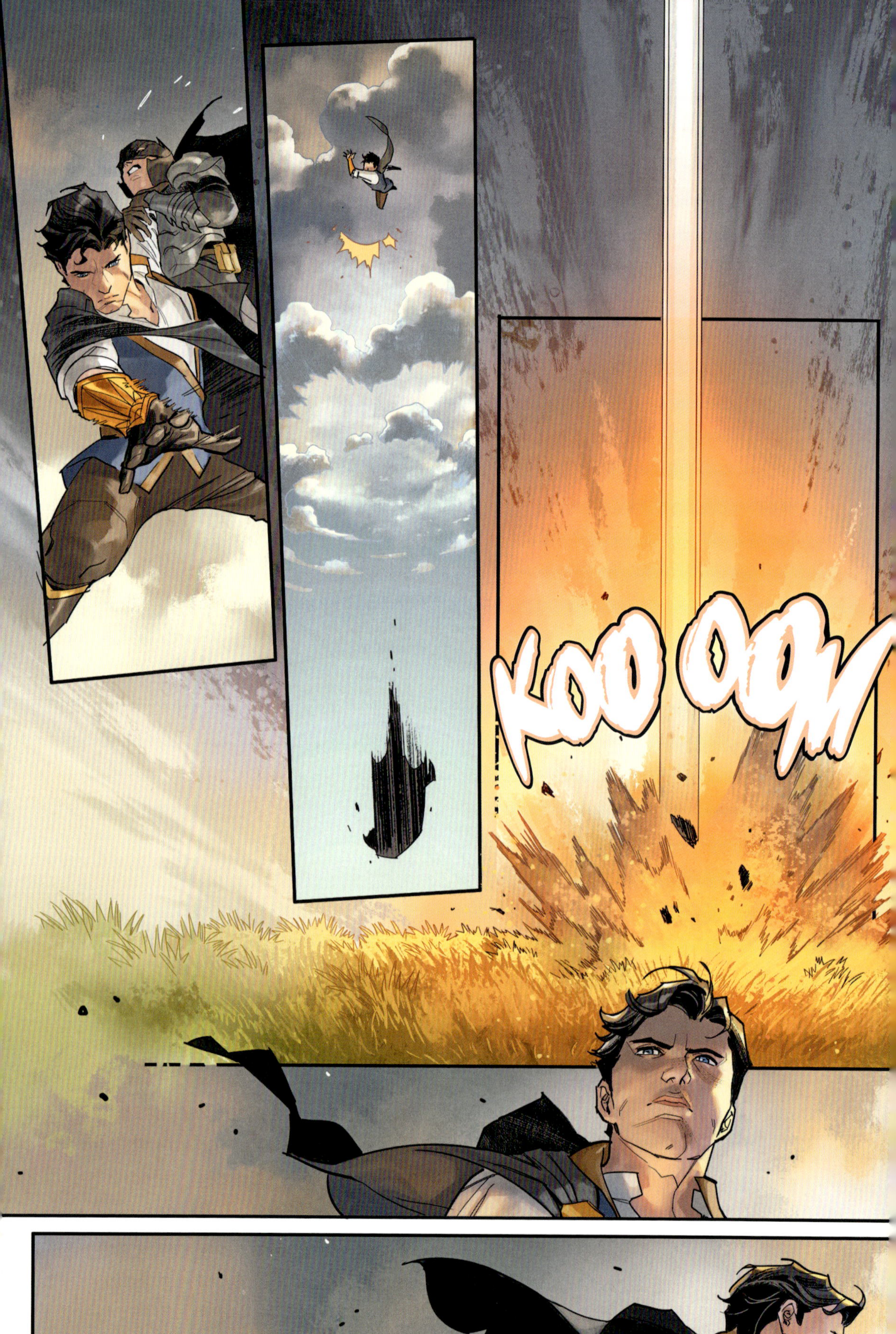
KOOOOM

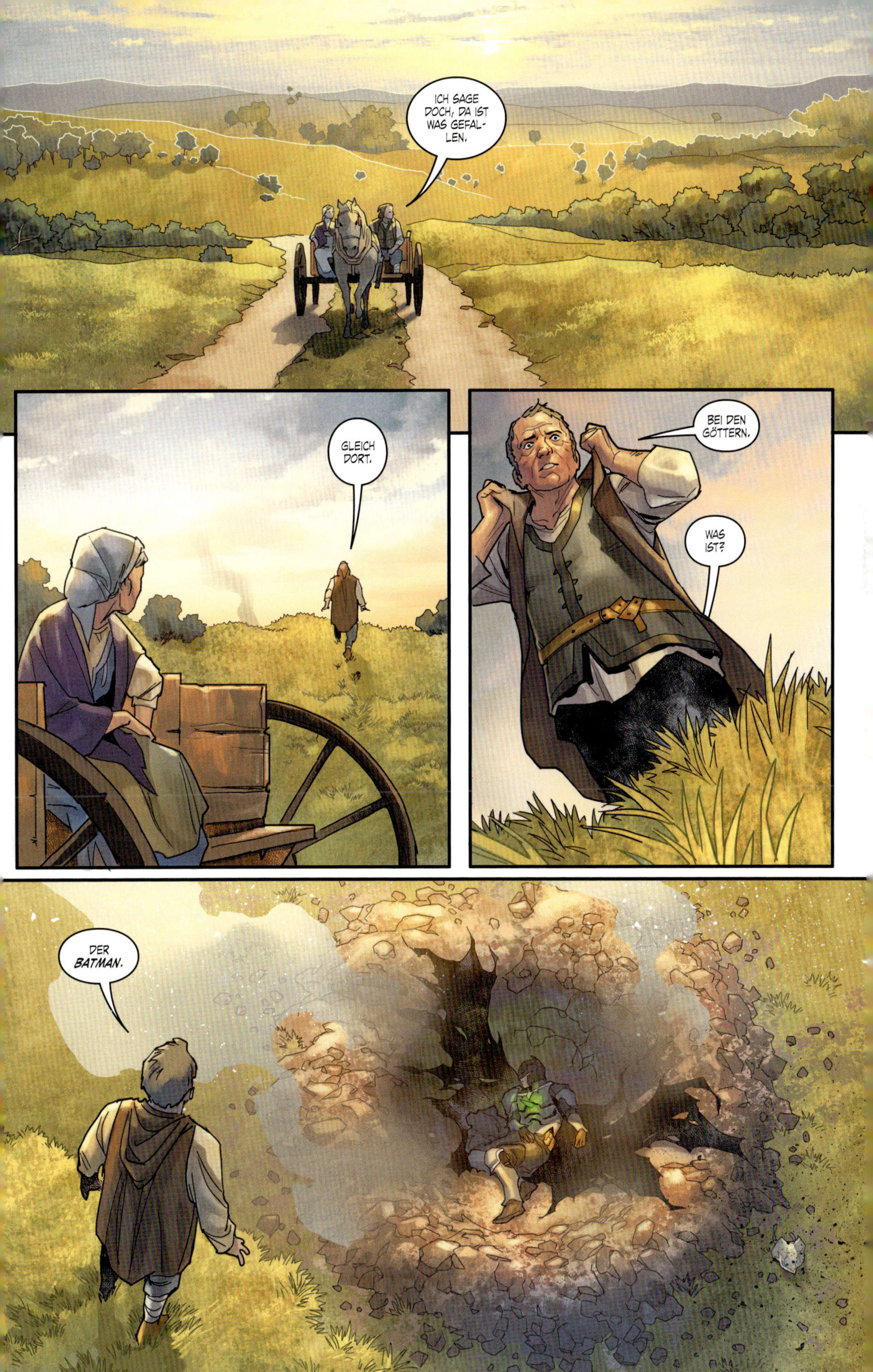
ICH SAGE DOCH, DA IST WAS GEFAL-LEN.
GLEICH DORT.
BEI DEN GÖTTERN.
WAS IST?
DER *BATMAN*.

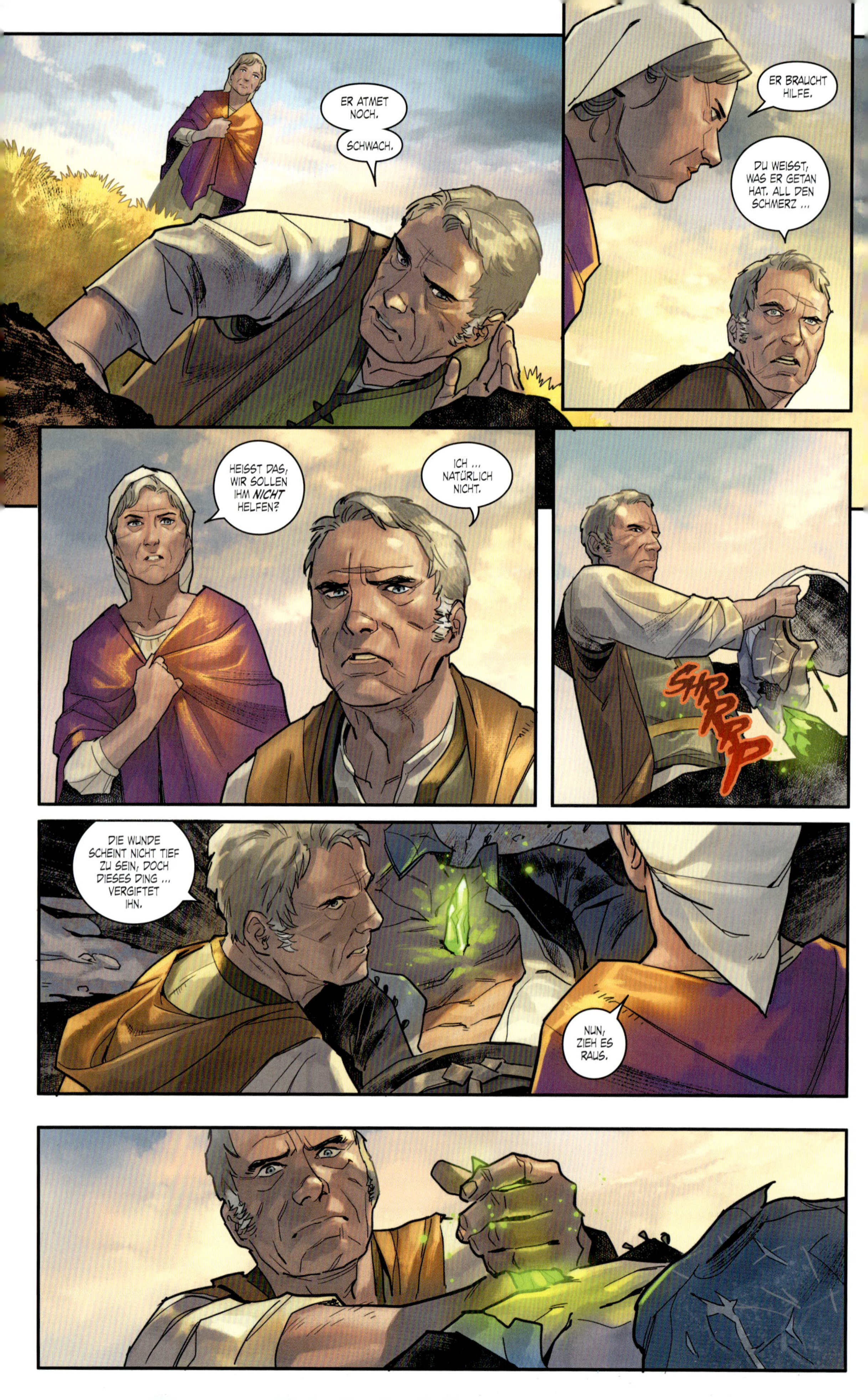

ER ATMET NOCH.
SCHWACH.
ER BRAUCHT HILFE.
DU WEISST, WAS ER GETAN HAT. ALL DEN SCHMERZ ...
HEISST DAS, WIR SOLLEN IHM *NICHT* HELFEN?
ICH ... NATÜRLICH NICHT.
SHRRRP

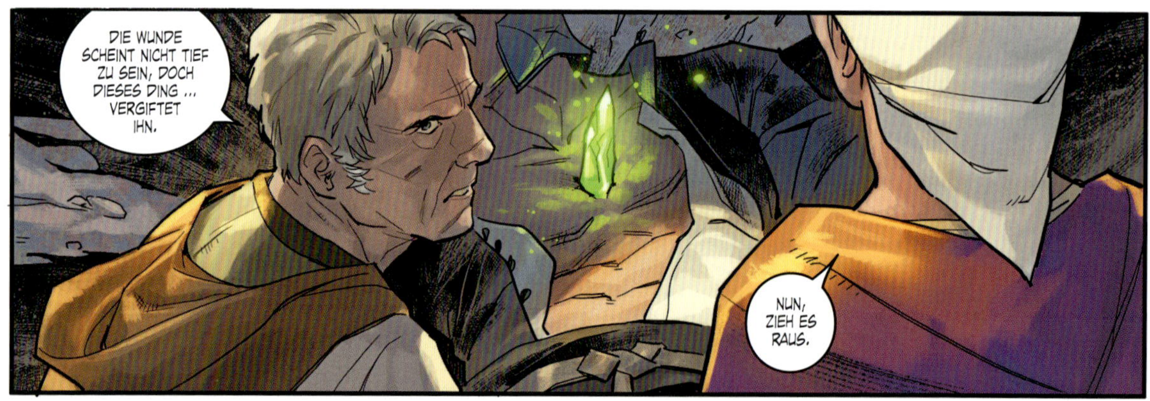


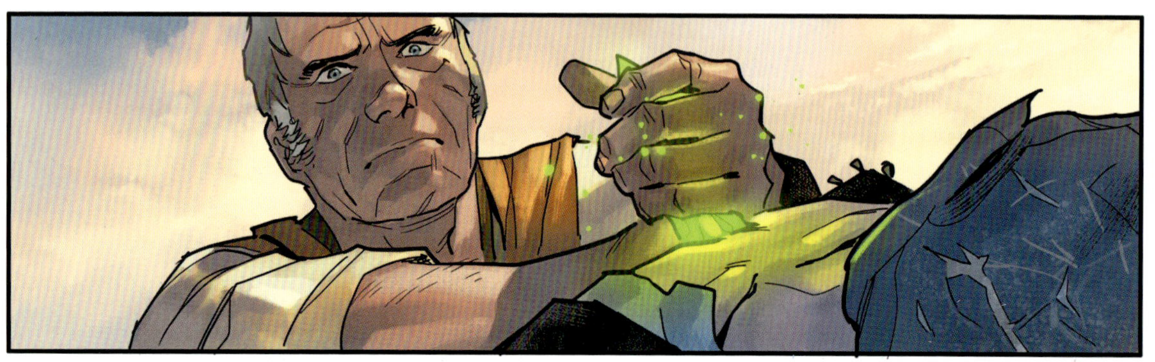

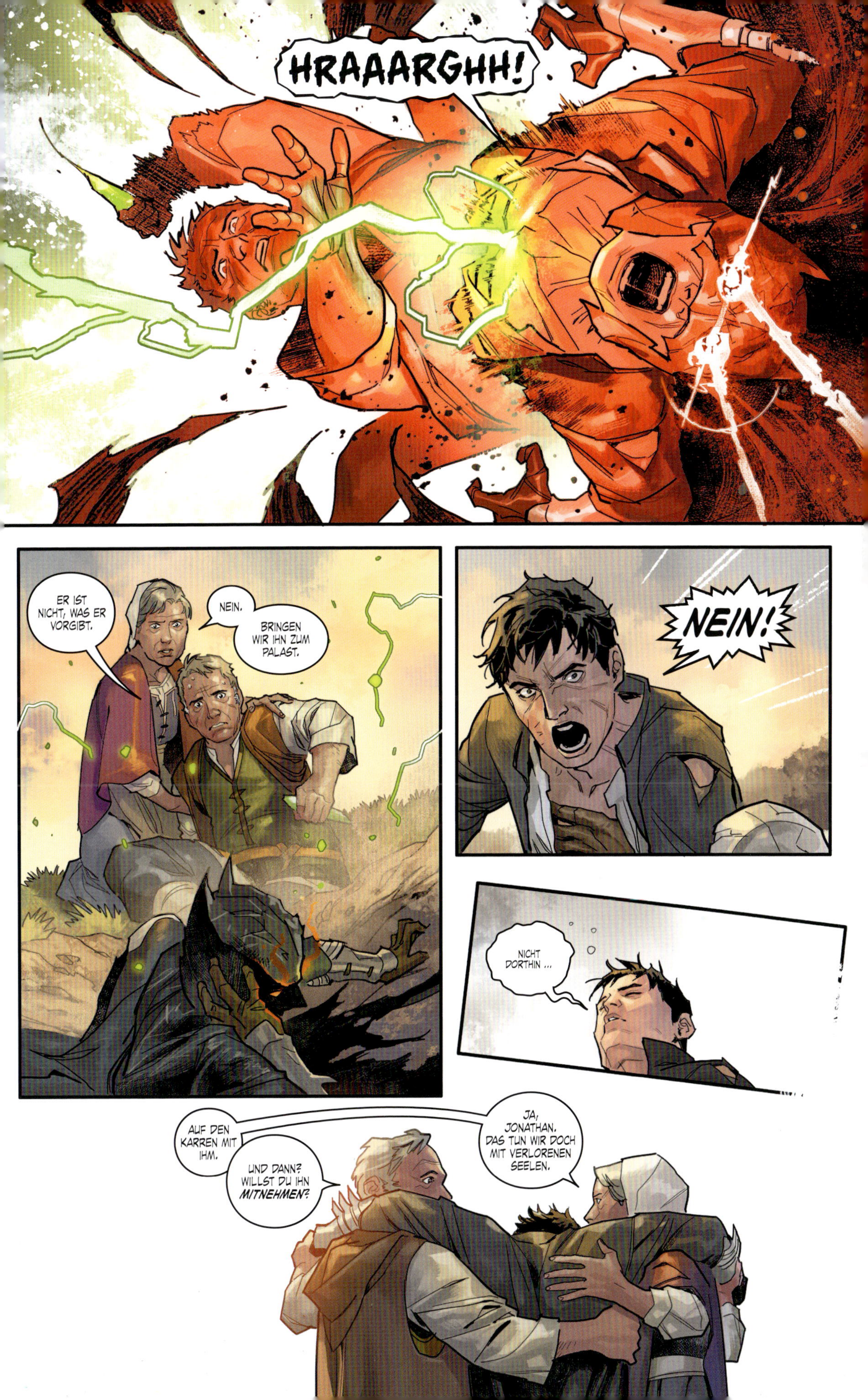

HRAAARGHH!

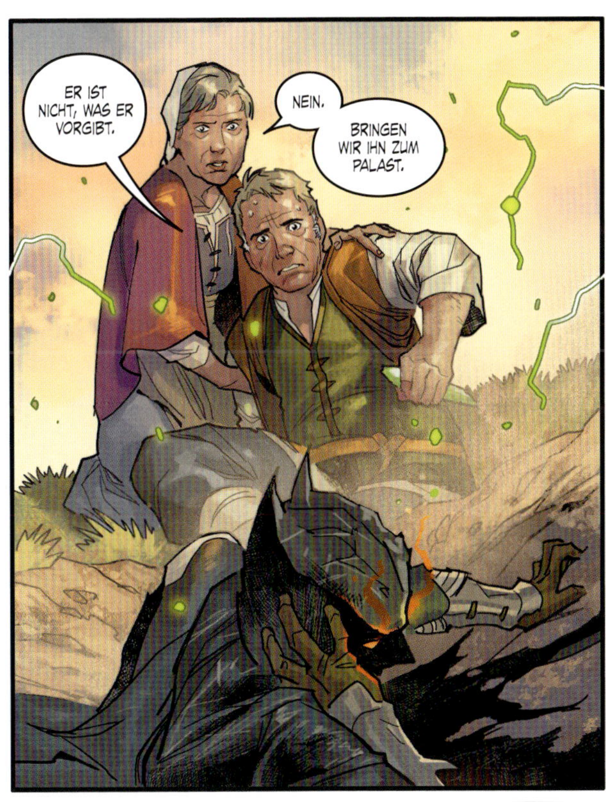
ER IST NICHT, WAS ER VORGIBT.
NEIN.
BRINGEN WIR IHN ZUM PALAST.

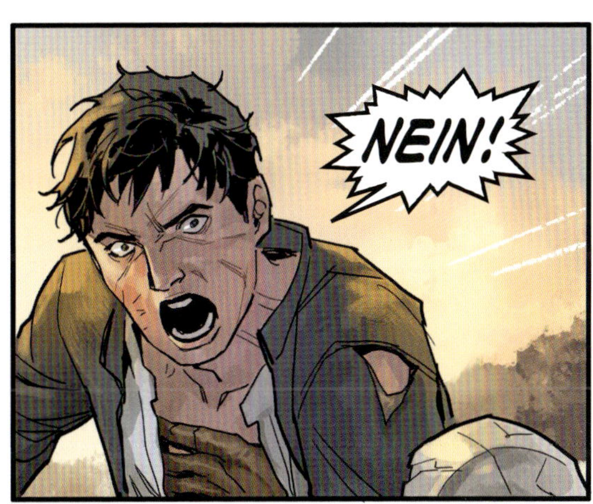
NEIN!

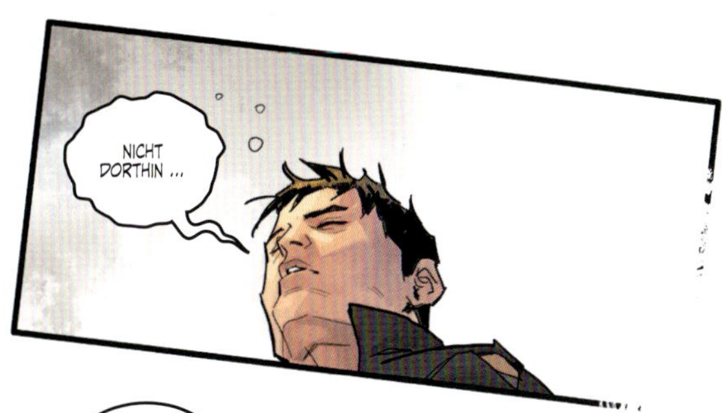
NICHT DORTHIN ...

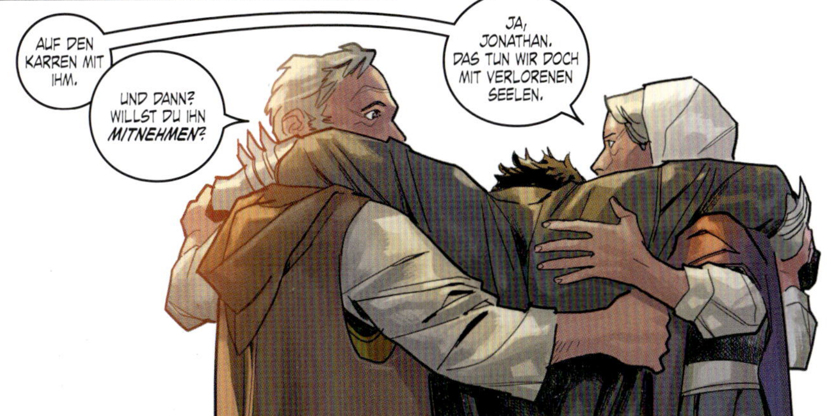
AUF DEN KARREN MIT IHM.
UND DANN? WILLST DU IHN *MITNEHMEN*?
JA, JONATHAN. DAS TUN WIR DOCH MIT VERLORENEN SEELEN.

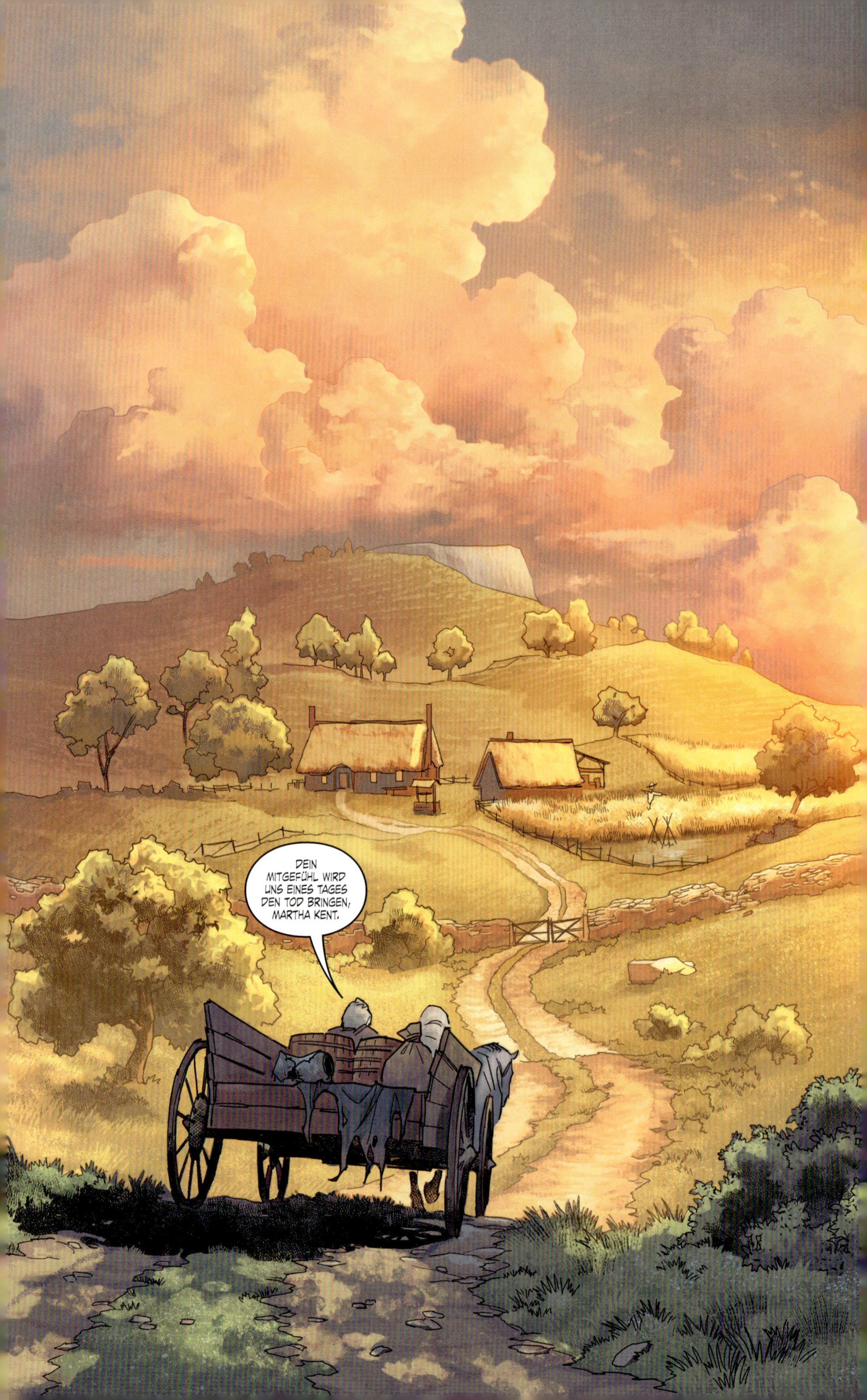
DEIN MITGEFÜHL WIRD UNS EINES TAGES DEN TOD BRINGEN, MARTHA KENT.

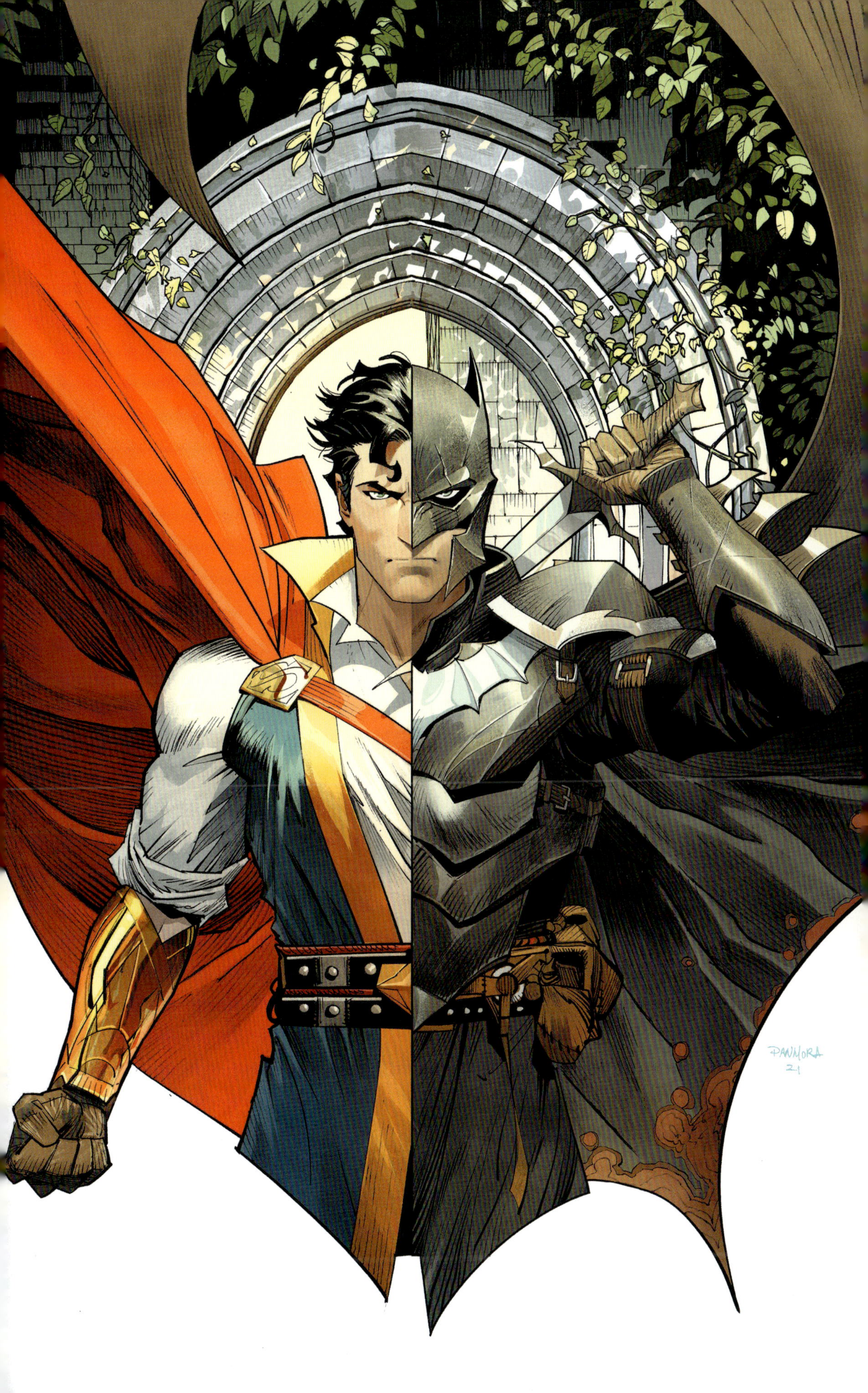
PANMORA
21

# DARK KNIGHTS OF STEEL 6
# KRIEGSTROMMELN

**TOM TAYLOR**
Story

**YASMINE PUTRI**
Zeichnungen und Tusche

**ARIF PRIANTO**
Farben

**DAN MORA**
Original-Cover

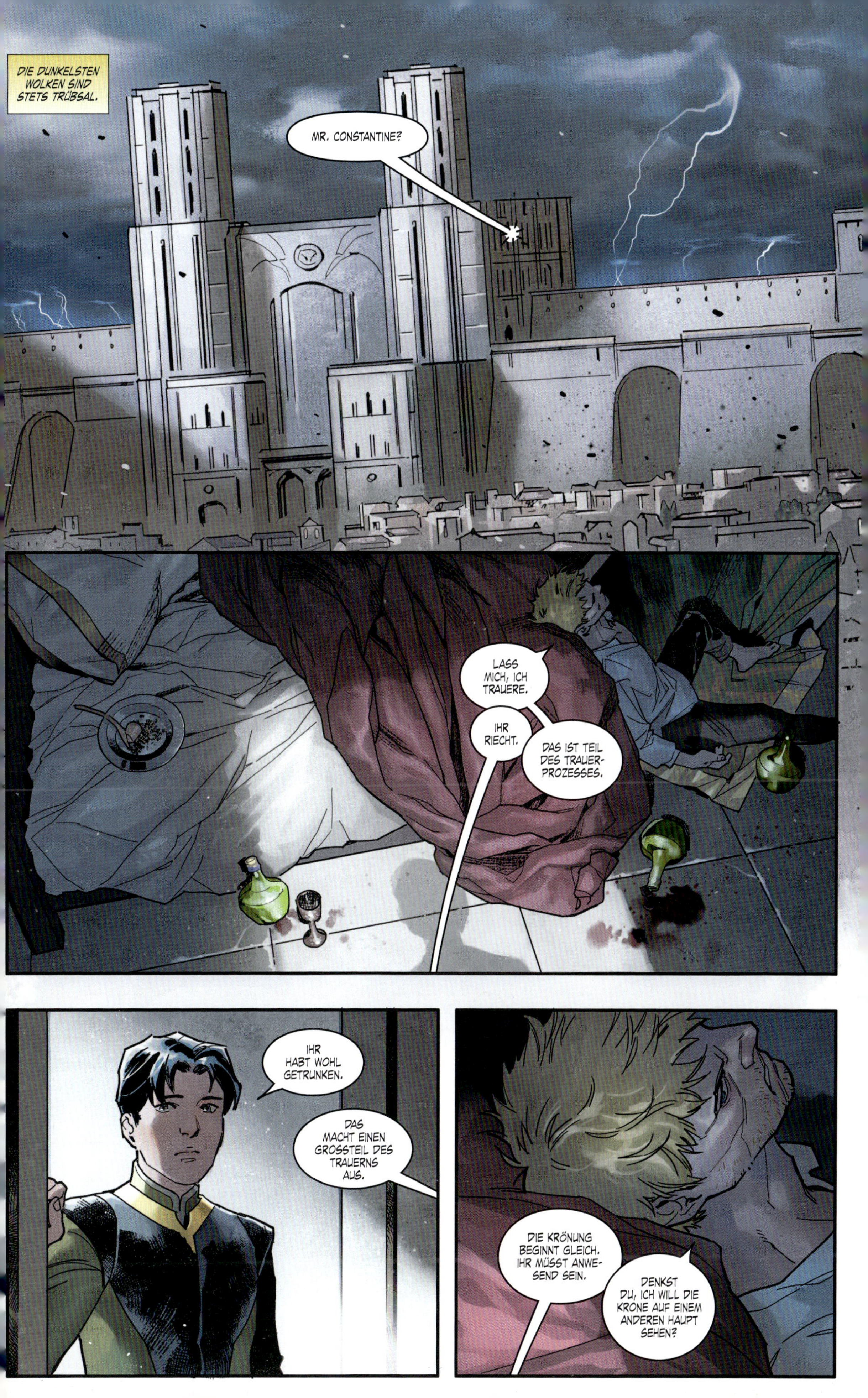

DIE DUNKELSTEN WOLKEN SIND STETS TRÜBSAL.

MR. CONSTANTINE?

LASS MICH, ICH TRAUERE.

IHR RIECHT.

DAS IST TEIL DES TRAUER-PROZESSES.

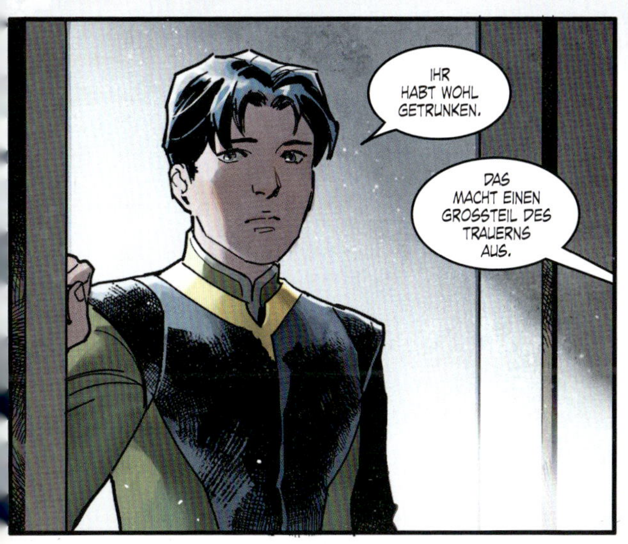


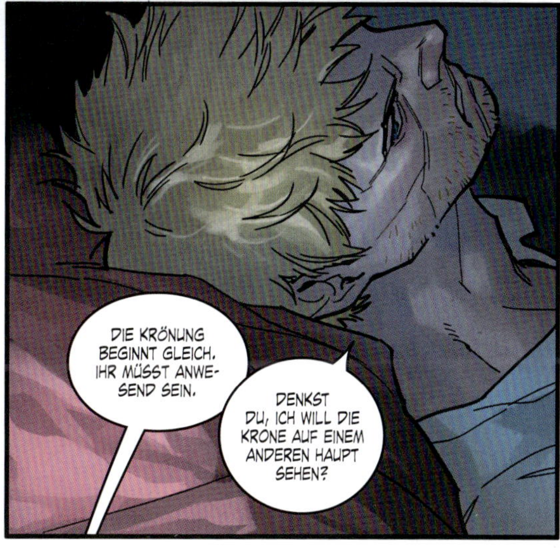

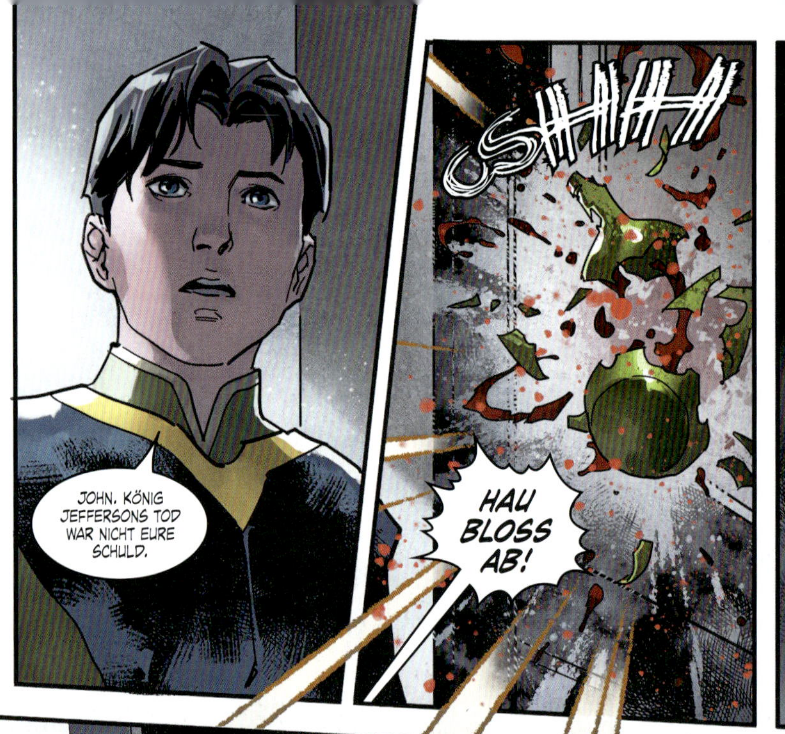
JOHN. KÖNIG JEFFERSONS TOD WAR NICHT EURE SCHULD.
SHHHH
HAU BLOSS AB!

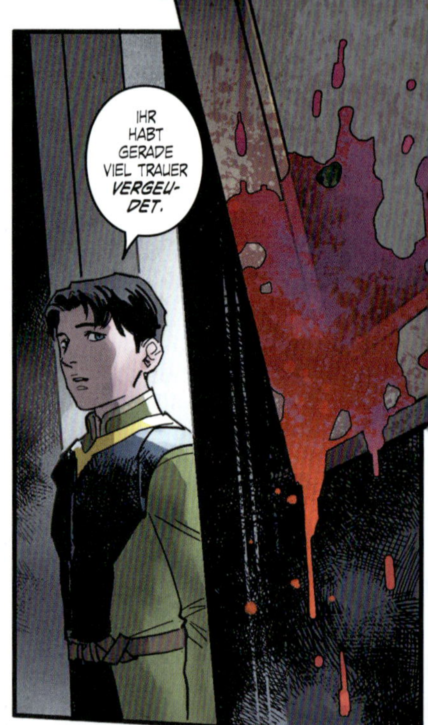
IHR HABT GERADE VIEL TRAUER VERGEUDET.

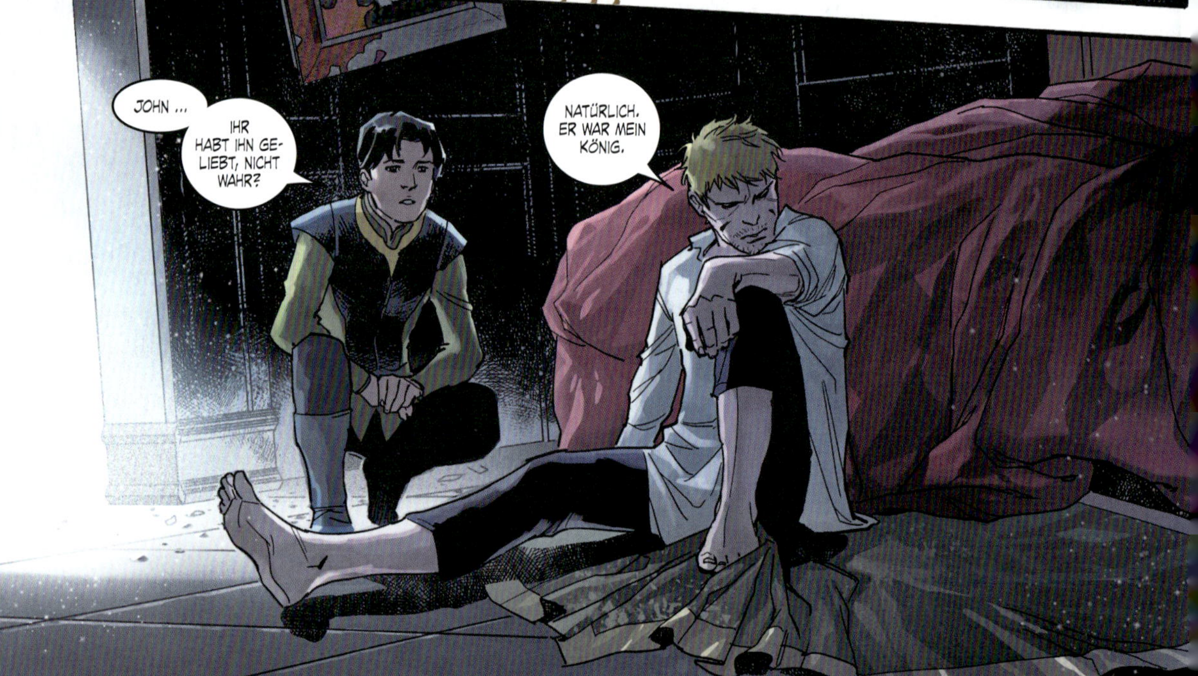
JOHN ...
IHR HABT IHN GELIEBT, NICHT WAHR?
NATÜRLICH. ER WAR MEIN KÖNIG.

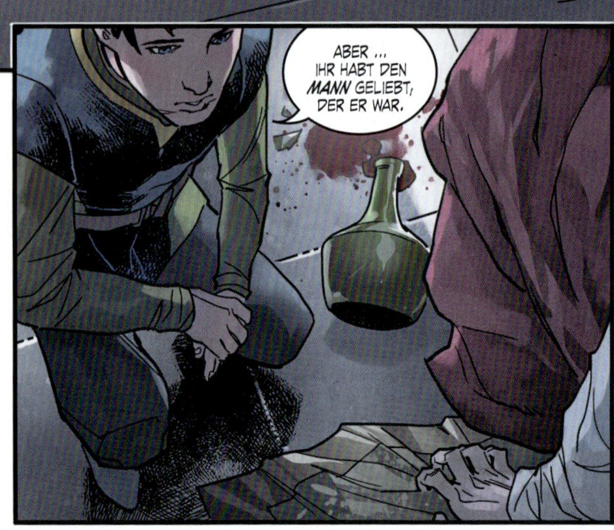
ABER ... IHR HABT DEN MANN GELIEBT, DER ER WAR.

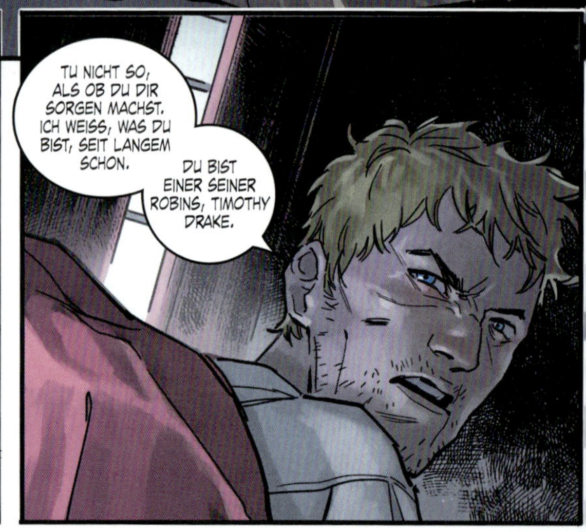
TU NICHT SO, ALS OB DU DIR SORGEN MACHST. ICH WEISS, WAS DU BIST, SEIT LANGEM SCHON.
DU BIST EINER SEINER ROBINS, TIMOTHY DRAKE.

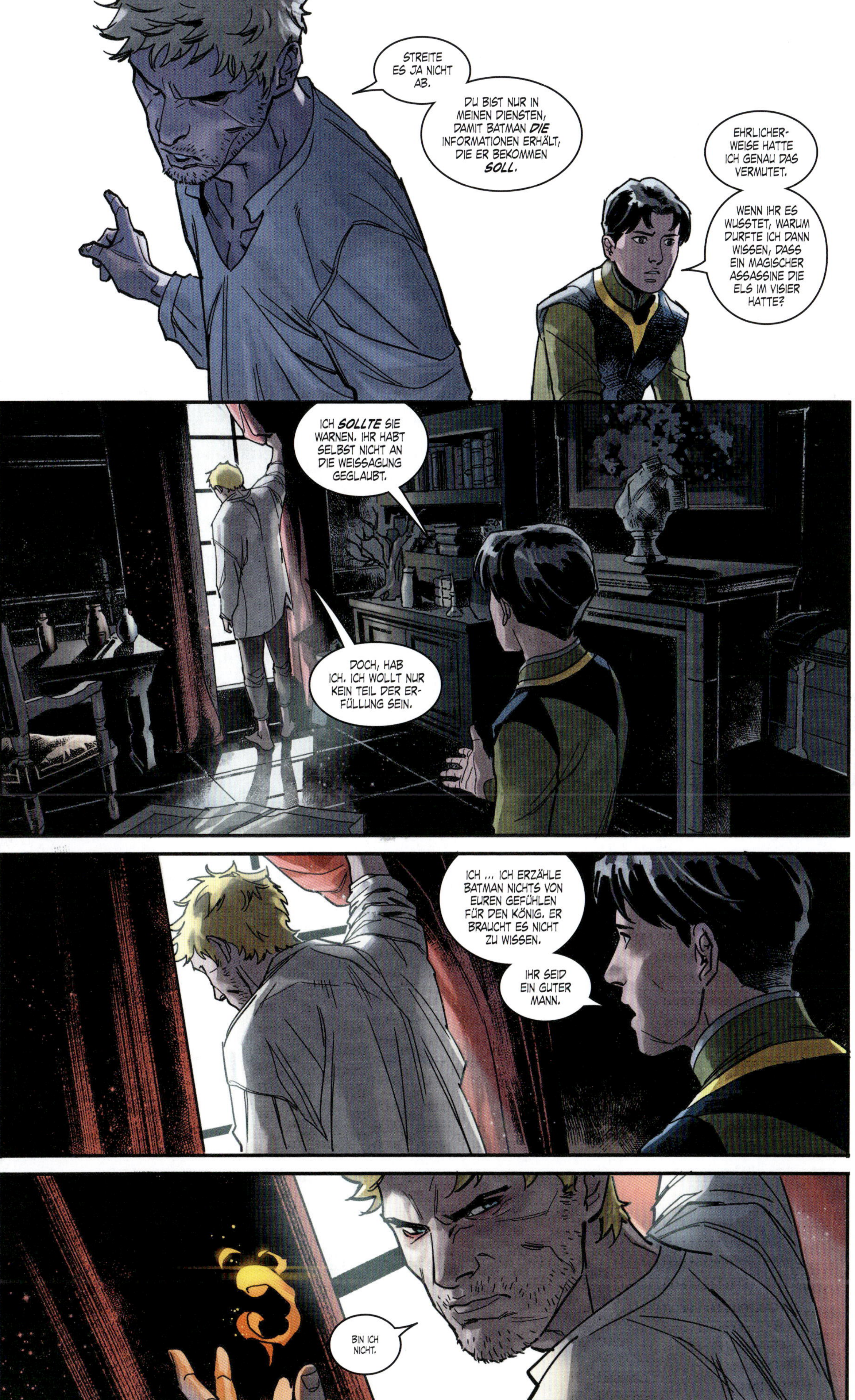
STREITE ES JA NICHT AB.
DU BIST NUR IN MEINEN DIENSTEN, DAMIT BATMAN *DIE* INFORMATIONEN ERHÄLT, DIE ER BEKOMMEN *SOLL*.
EHRLICHERWEISE HATTE ICH GENAU DAS VERMUTET.
WENN IHR ES WUSSTET, WARUM DURFTE ICH DANN WISSEN, DASS EIN MAGISCHER ASSASSINE DIE ELS IM VISIER HATTE?
ICH *SOLLTE* SIE WARNEN. IHR HABT SELBST NICHT AN DIE WEISSAGUNG GEGLAUBT.
DOCH, HAB ICH. ICH WOLLT NUR KEIN TEIL DER ERFÜLLUNG SEIN.
ICH ... ICH ERZÄHLE BATMAN NICHTS VON EUREN GEFÜHLEN FÜR DEN KÖNIG. ER BRAUCHT ES NICHT ZU WISSEN.
IHR SEID EIN GUTER MANN.
BIN ICH NICHT.

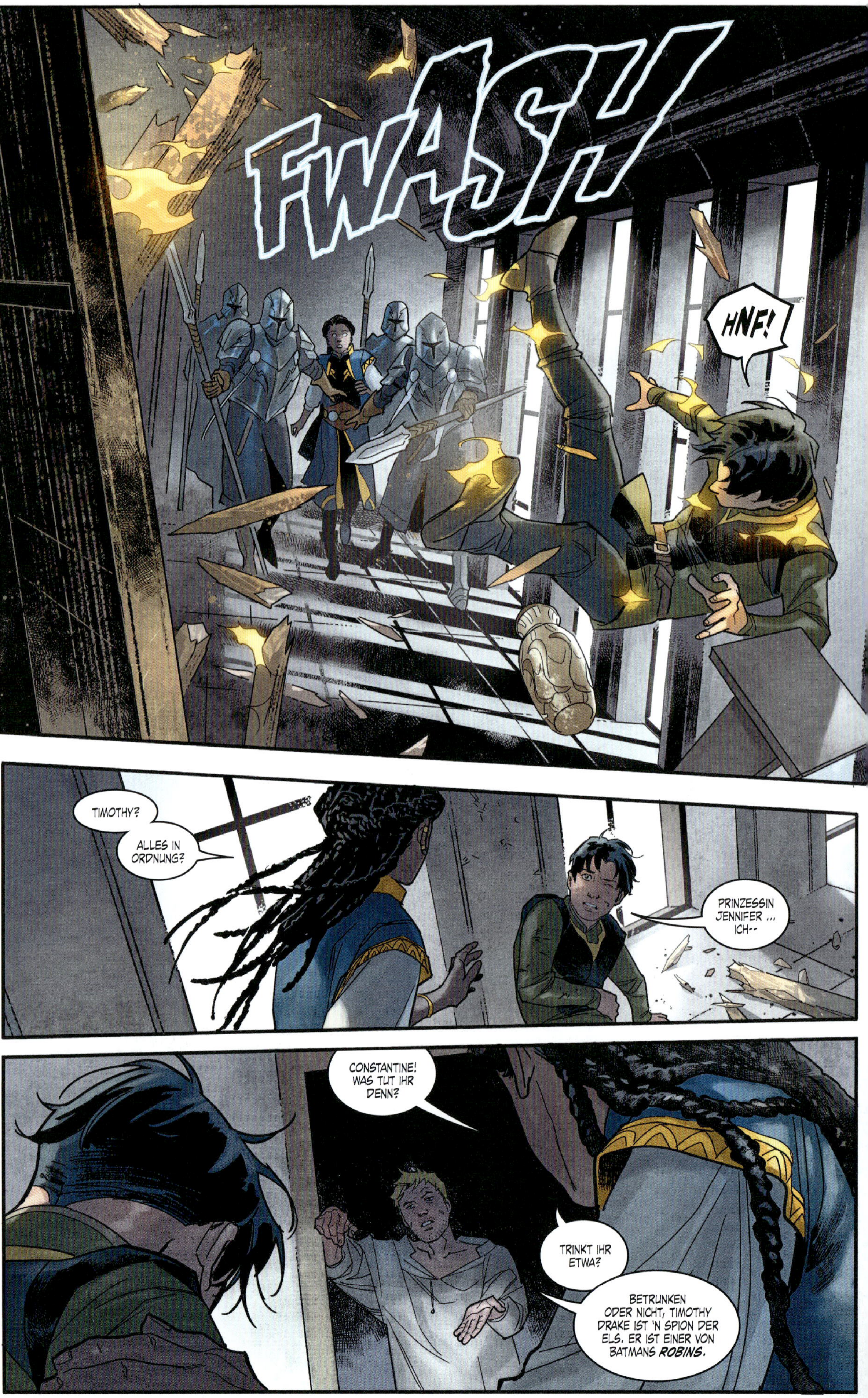

FWASH!

HNF!

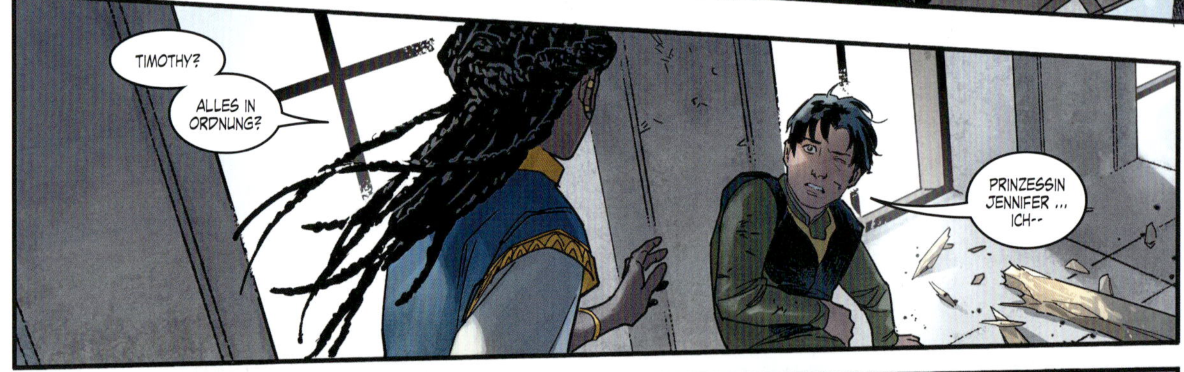
TIMOTHY?
ALLES IN ORDNUNG?
PRINZESSIN JENNIFER ... ICH--

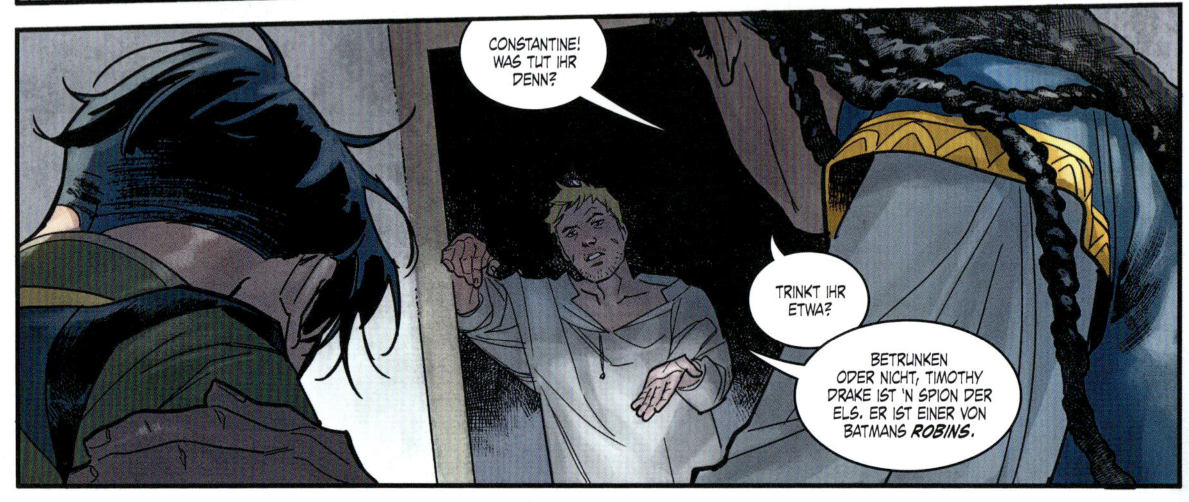
CONSTANTINE! WAS TUT IHR DENN?
TRINKT IHR ETWA?
BETRUNKEN ODER NICHT, TIMOTHY DRAKE IST 'N SPION DER ELS. ER IST EINER VON BATMANS *ROBINS*.

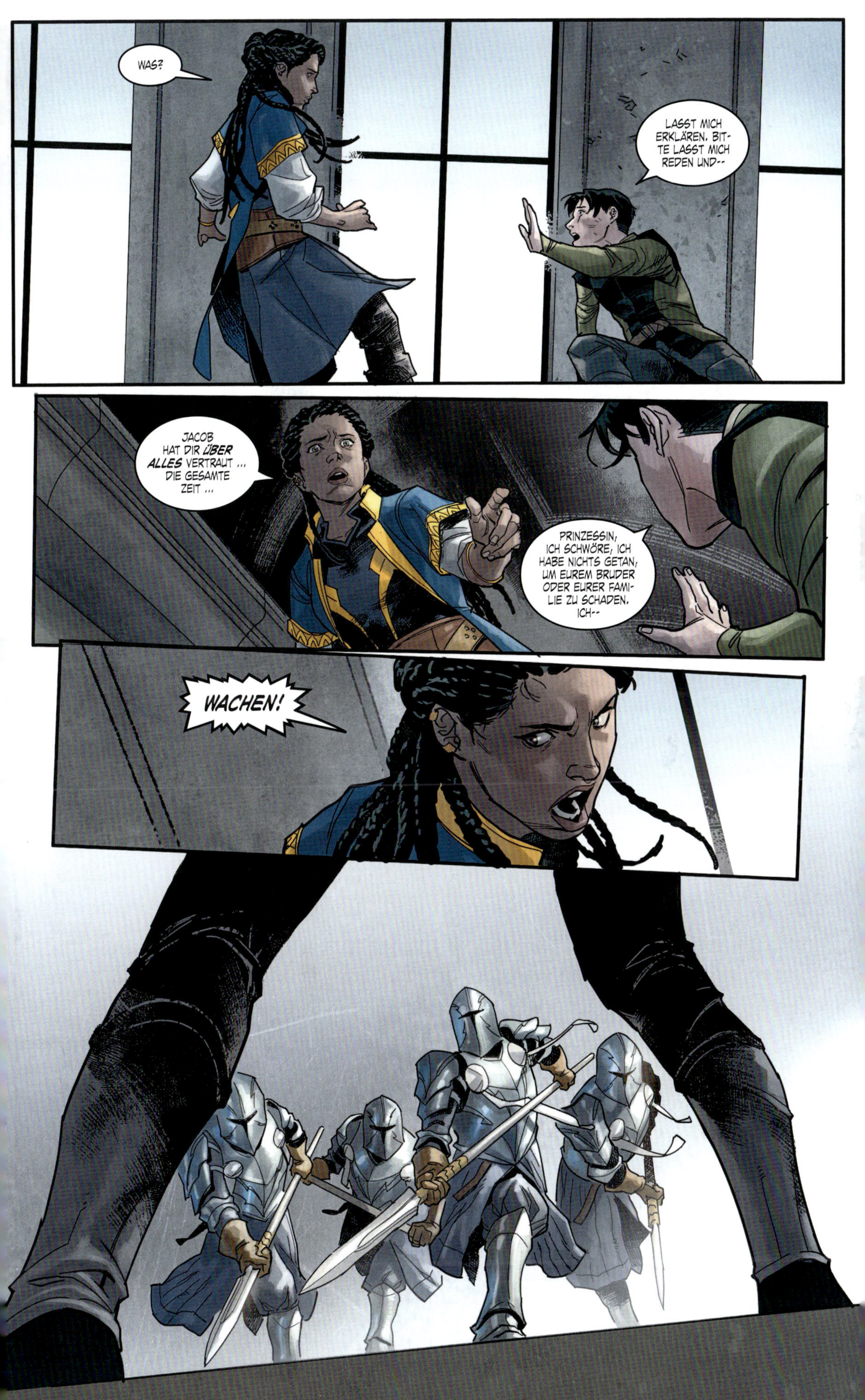
WAS?
LASST MICH ERKLÄREN. BITTE LASST MICH REDEN UND--
JACOB HAT DIR ÜBER ALLES VERTRAUT ... DIE GESAMTE ZEIT ...
PRINZESSIN, ICH SCHWÖRE, ICH HABE NICHTS GETAN, UM EUREM BRUDER ODER EURER FAMILIE ZU SCHADEN. ICH--
WACHEN!

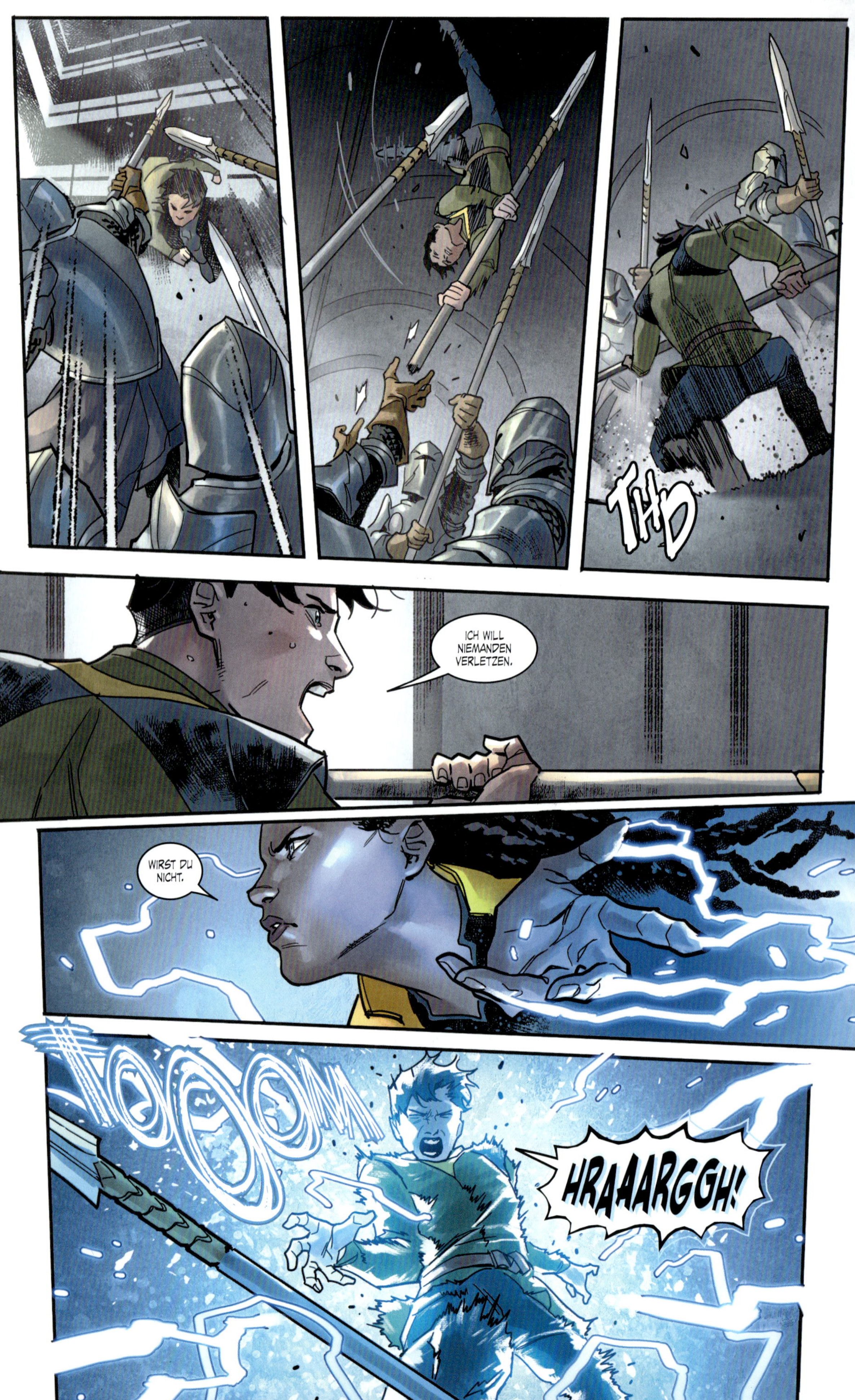
THD
ICH WILL NIEMANDEN VERLETZEN.
WIRST DU NICHT.
TOOOOM
HRAAARGGH!

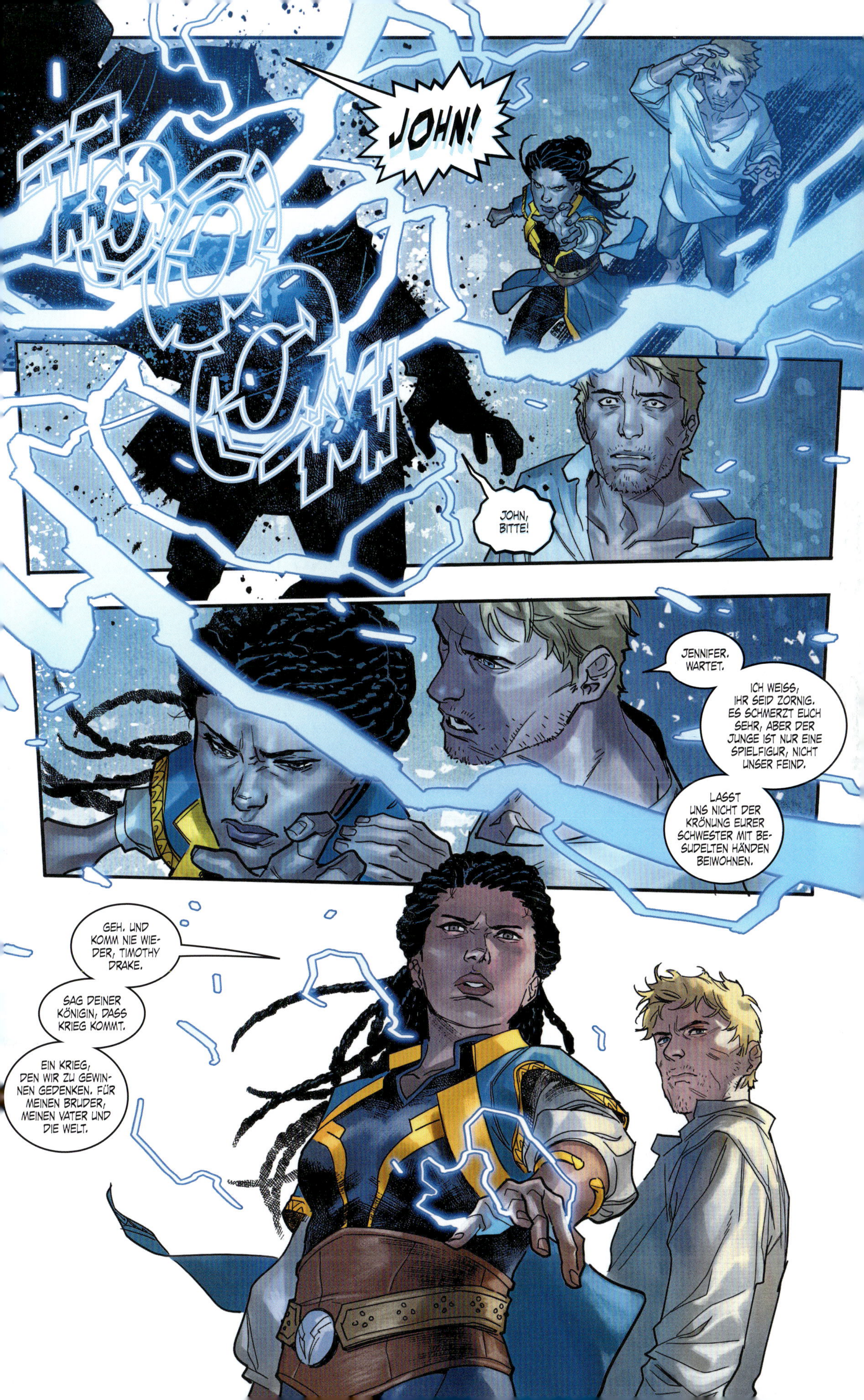
JOHN!
JOHN, BITTE!
JENNIFER. WARTET.
ICH WEISS, IHR SEID ZORNIG. ES SCHMERZT EUCH SEHR, ABER DER JUNGE IST NUR EINE SPIELFIGUR, NICHT UNSER FEIND.
LASST UNS NICHT DER KRÖNUNG EURER SCHWESTER MIT BESUDELTEN HÄNDEN BEIWOHNEN.
GEH. UND KOMM NIE WIEDER, TIMOTHY DRAKE.
SAG DEINER KÖNIGIN, DASS KRIEG KOMMT.
EIN KRIEG, DEN WIR ZU GEWINNEN GEDENKEN. FÜR MEINEN BRUDER, MEINEN VATER UND DIE WELT.

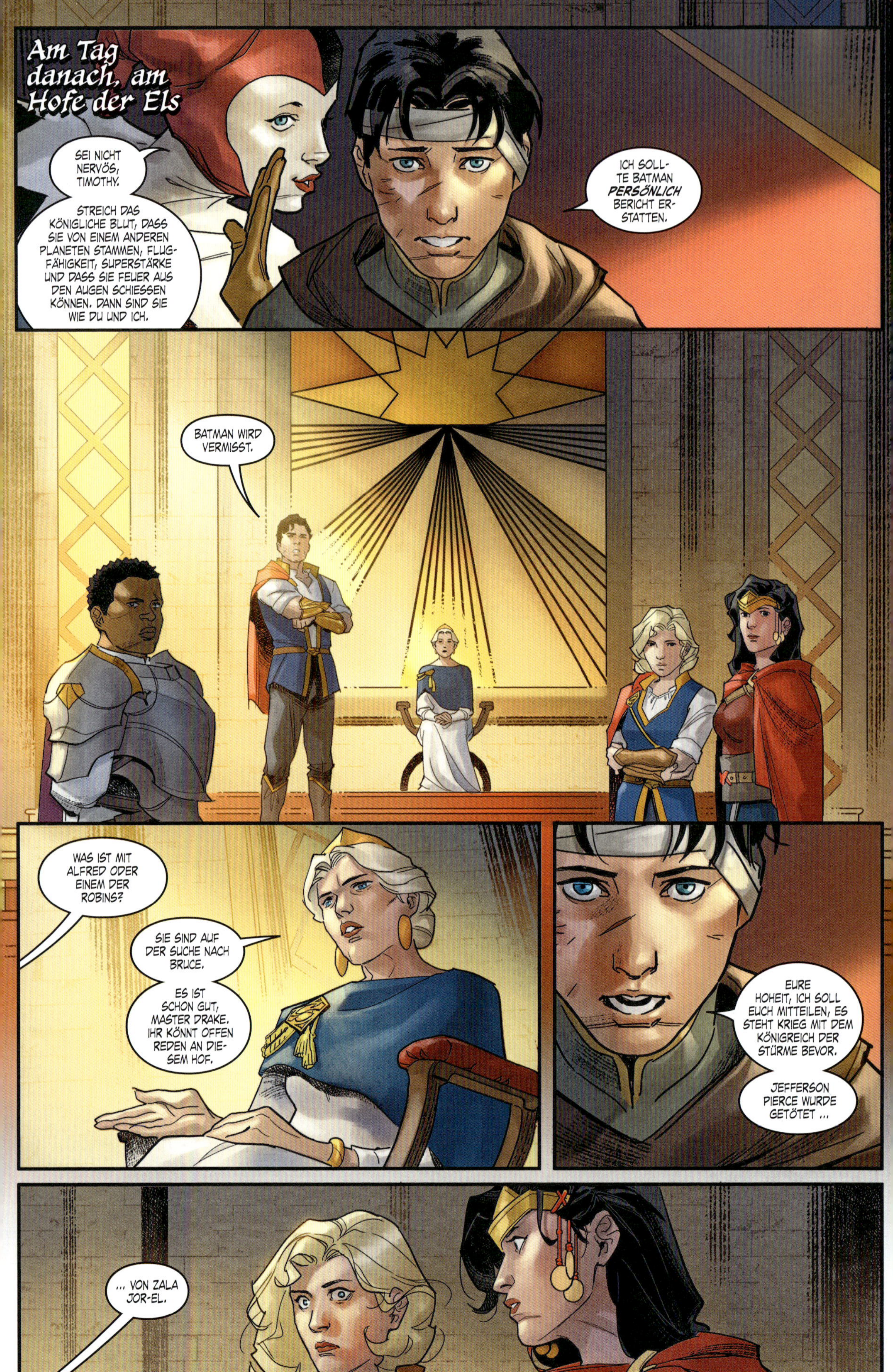
Am Tag danach, am Hofe der Els
SEI NICHT NERVÖS, TIMOTHY.
STREICH DAS KÖNIGLICHE BLUT, DASS SIE VON EINEM ANDEREN PLANETEN STAMMEN, FLUGFÄHIGKEIT, SUPERSTÄRKE UND DASS SIE FEUER AUS DEN AUGEN SCHIESSEN KÖNNEN. DANN SIND SIE WIE DU UND ICH.
ICH SOLLTE BATMAN PERSÖNLICH BERICHT ERSTATTEN.
BATMAN WIRD VERMISST.
WAS IST MIT ALFRED ODER EINEM DER ROBINS?
SIE SIND AUF DER SUCHE NACH BRUCE.
ES IST SCHON GUT, MASTER DRAKE. IHR KÖNNT OFFEN REDEN AN DIESEM HOF.
EURE HOHEIT, ICH SOLL EUCH MITTEILEN, ES STEHT KRIEG MIT DEM KÖNIGREICH DER STÜRME BEVOR.
JEFFERSON PIERCE WURDE GETÖTET ...
... VON ZALA JOR-EL.

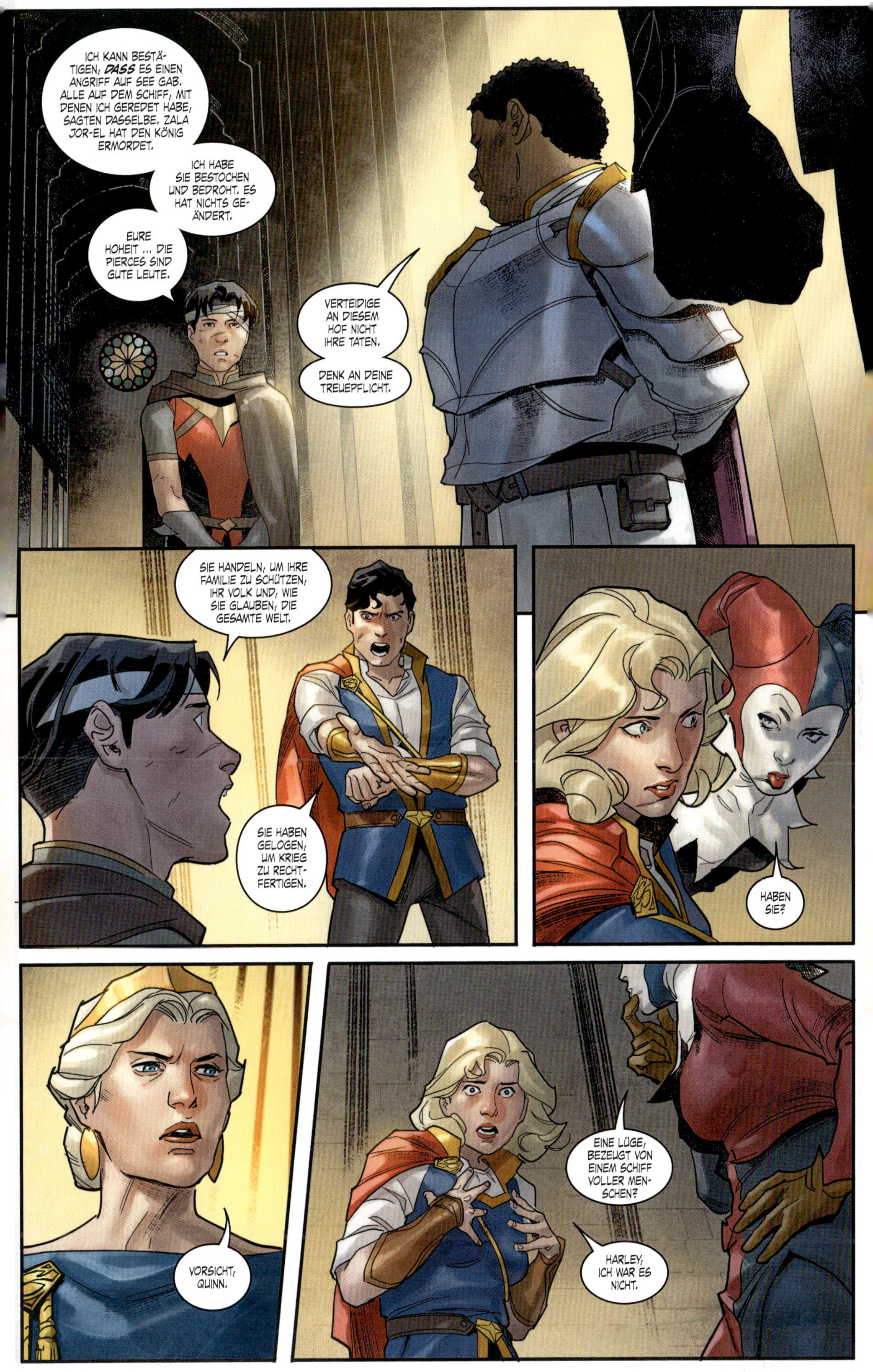

ICH KANN BESTÄTIGEN, *DASS* ES EINEN ANGRIFF AUF SEE GAB. ALLE AUF DEM SCHIFF, MIT DENEN ICH GEREDET HABE, SAGTEN DASSELBE. ZALA JOR-EL HAT DEN KÖNIG ERMORDET.

ICH HABE SIE BESTOCHEN UND BEDROHT. ES HAT NICHTS GEÄNDERT.

EURE HOHEIT ... DIE PIERCES SIND GUTE LEUTE.

VERTEIDIGE AN DIESEM HOF NICHT IHRE TATEN.

DENK AN DEINE TREUEPFLICHT.

SIE HANDELN, UM IHRE FAMILIE ZU SCHÜTZEN, IHR VOLK UND, WIE SIE GLAUBEN, DIE GESAMTE WELT.

SIE HABEN GELOGEN, UM KRIEG ZU RECHTFERTIGEN.

HABEN SIE?

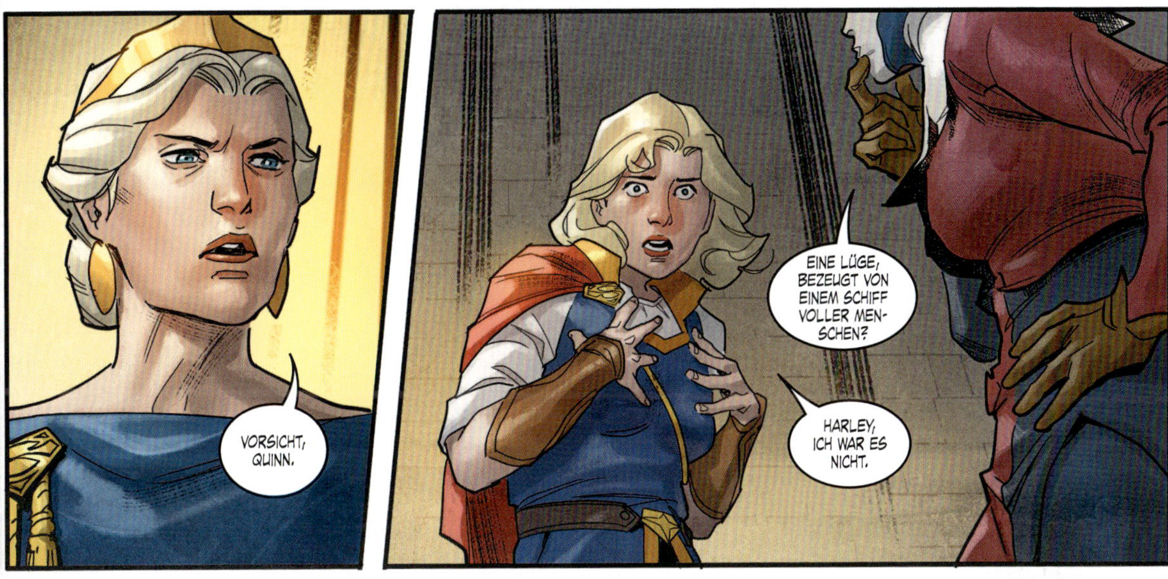

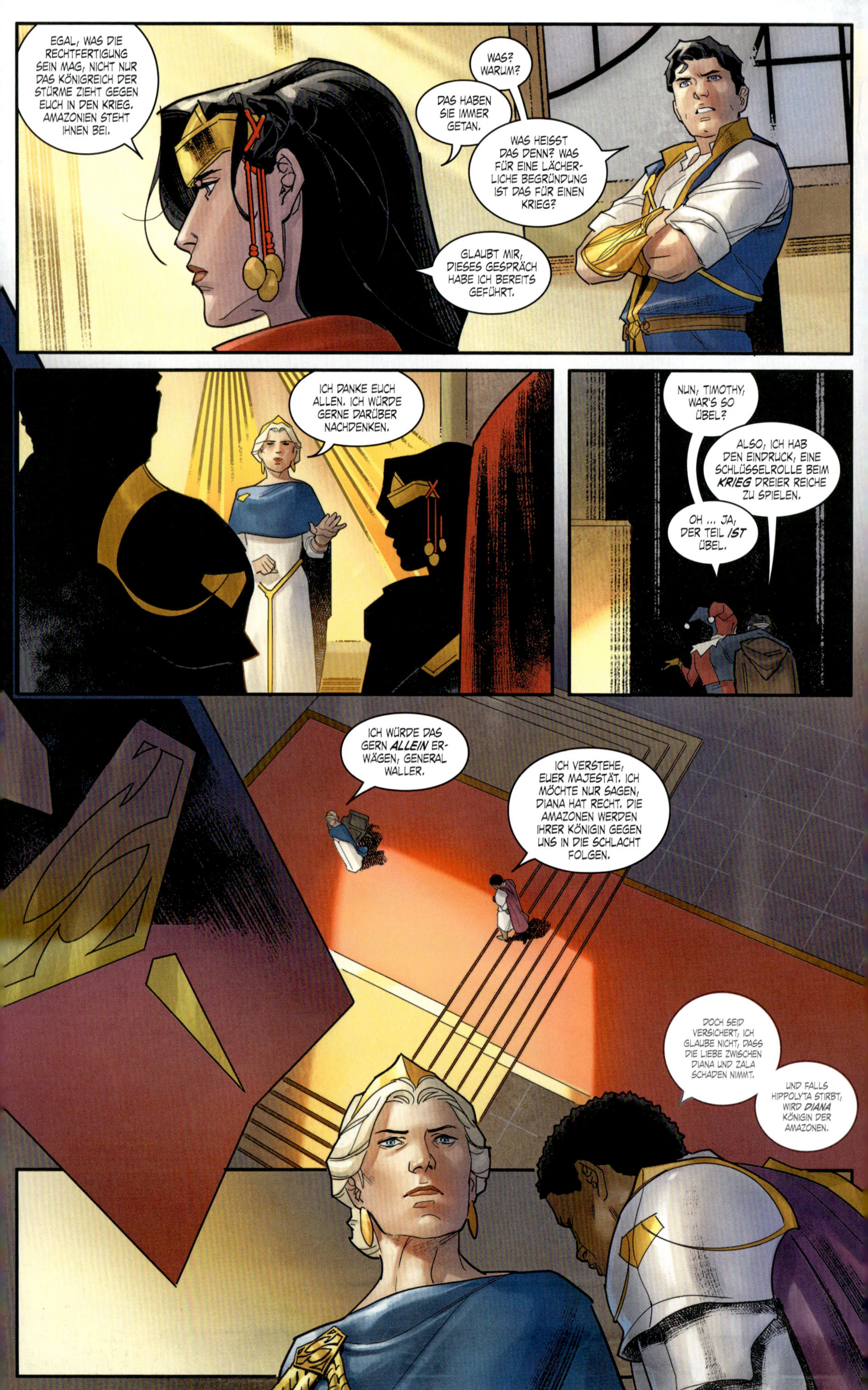
EGAL, WAS DIE RECHTFERTIGUNG SEIN MAG, NICHT NUR DAS KÖNIGREICH DER STÜRME ZIEHT GEGEN EUCH IN DEN KRIEG. AMAZONIEN STEHT IHNEN BEI.
WAS? WARUM?
DAS HABEN SIE IMMER GETAN.
WAS HEISST DAS DENN? WAS FÜR EINE LÄCHERLICHE BEGRÜNDUNG IST DAS FÜR EINEN KRIEG?
GLAUBT MIR, DIESES GESPRÄCH HABE ICH BEREITS GEFÜHRT.
ICH DANKE EUCH ALLEN. ICH WÜRDE GERNE DARÜBER NACHDENKEN.
NUN, TIMOTHY, WAR'S SO ÜBEL?
ALSO, ICH HAB DEN EINDRUCK, EINE SCHLÜSSELROLLE BEIM **KRIEG** DREIER REICHE ZU SPIELEN.
OH ... JA, DER TEIL **IST** ÜBEL.
ICH WÜRDE DAS GERN **ALLEIN** ERWÄGEN, GENERAL WALLER.
ICH VERSTEHE, EUER MAJESTÄT. ICH MÖCHTE NUR SAGEN, DIANA HAT RECHT. DIE AMAZONEN WERDEN IHRER KÖNIGIN GEGEN UNS IN DIE SCHLACHT FOLGEN.
DOCH SEID VERSICHERT, ICH GLAUBE NICHT, DASS DIE LIEBE ZWISCHEN DIANA UND ZALA SCHADEN NIMMT.
UND FALLS HIPPOLYTA STIRBT, WIRD **DIANA** KÖNIGIN DER AMAZONEN.

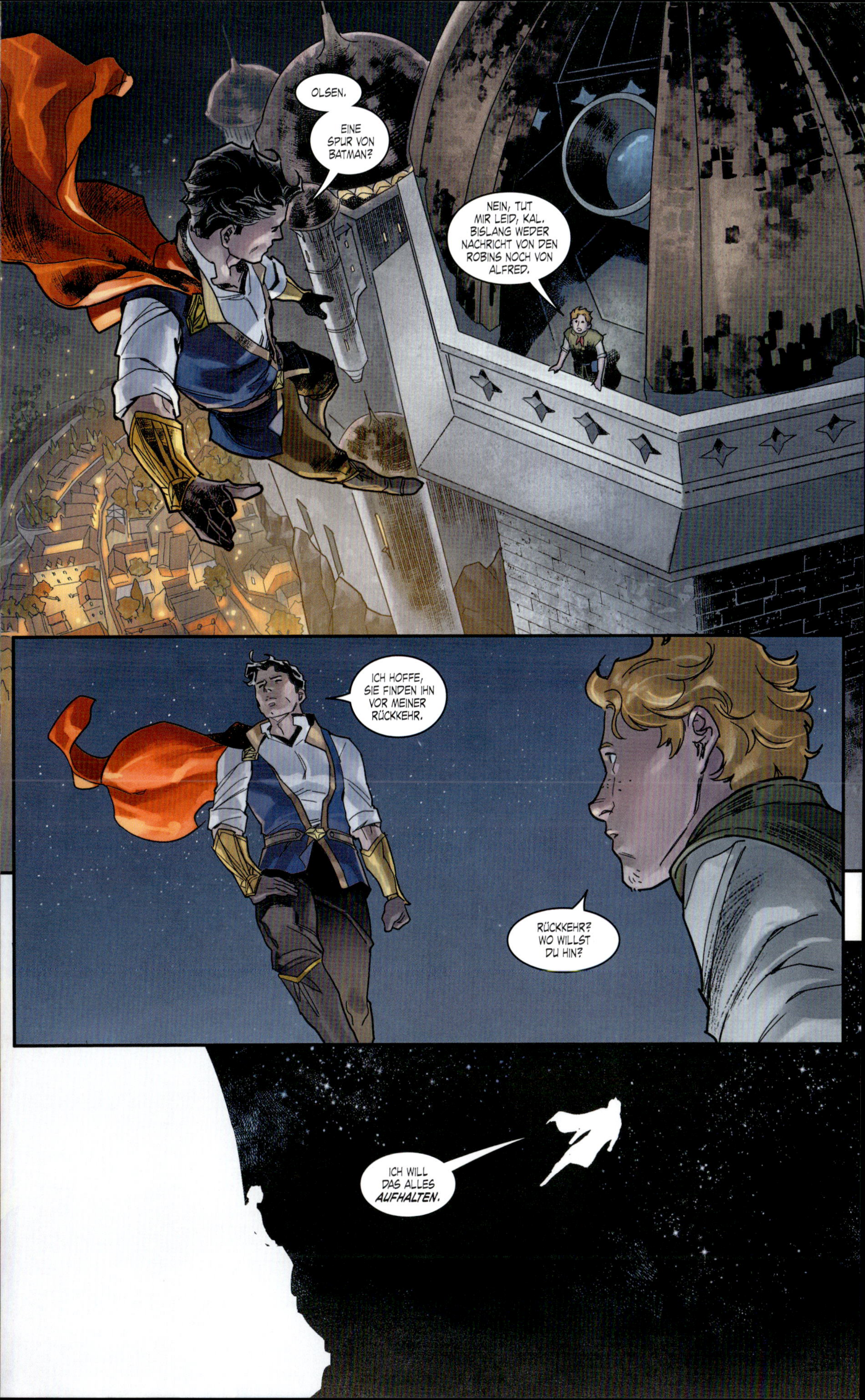
OLSEN.
EINE SPUR VON BATMAN?
NEIN, TUT MIR LEID, KAL. BISLANG WEDER NACHRICHT VON DEN ROBINS NOCH VON ALFRED.
ICH HOFFE, SIE FINDEN IHN VOR MEINER RÜCKKEHR.
RÜCKKEHR? WO WILLST DU HIN?
ICH WILL DAS ALLES *AUFHALTEN*.

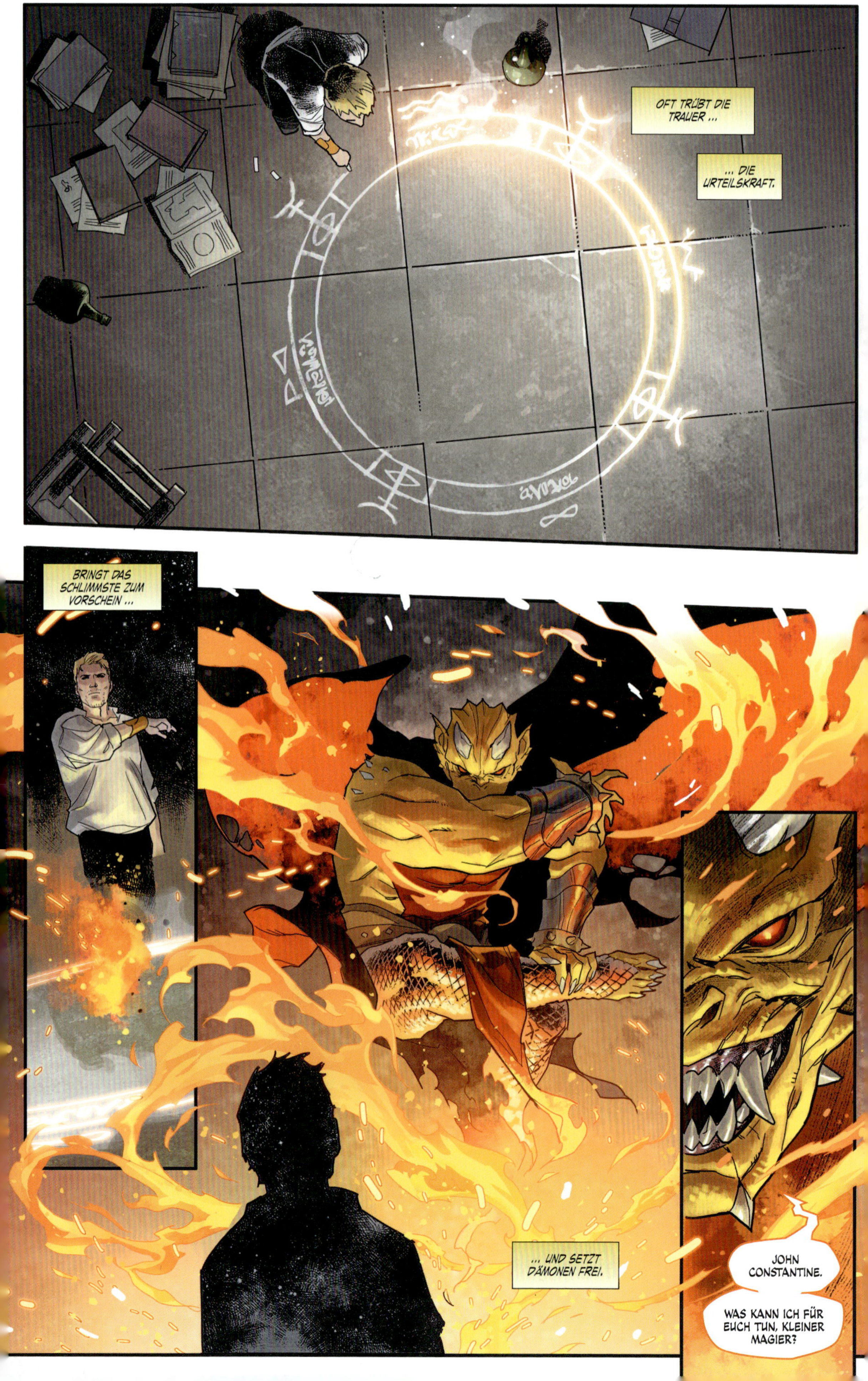

OFT TRÜBT DIE TRAUER ...
... DIE URTEILSKRAFT.
BRINGT DAS SCHLIMMSTE ZUM VORSCHEIN ...
... UND SETZT DÄMONEN FREI.
JOHN CONSTANTINE.
WAS KANN ICH FÜR EUCH TUN, KLEINER MAGIER?

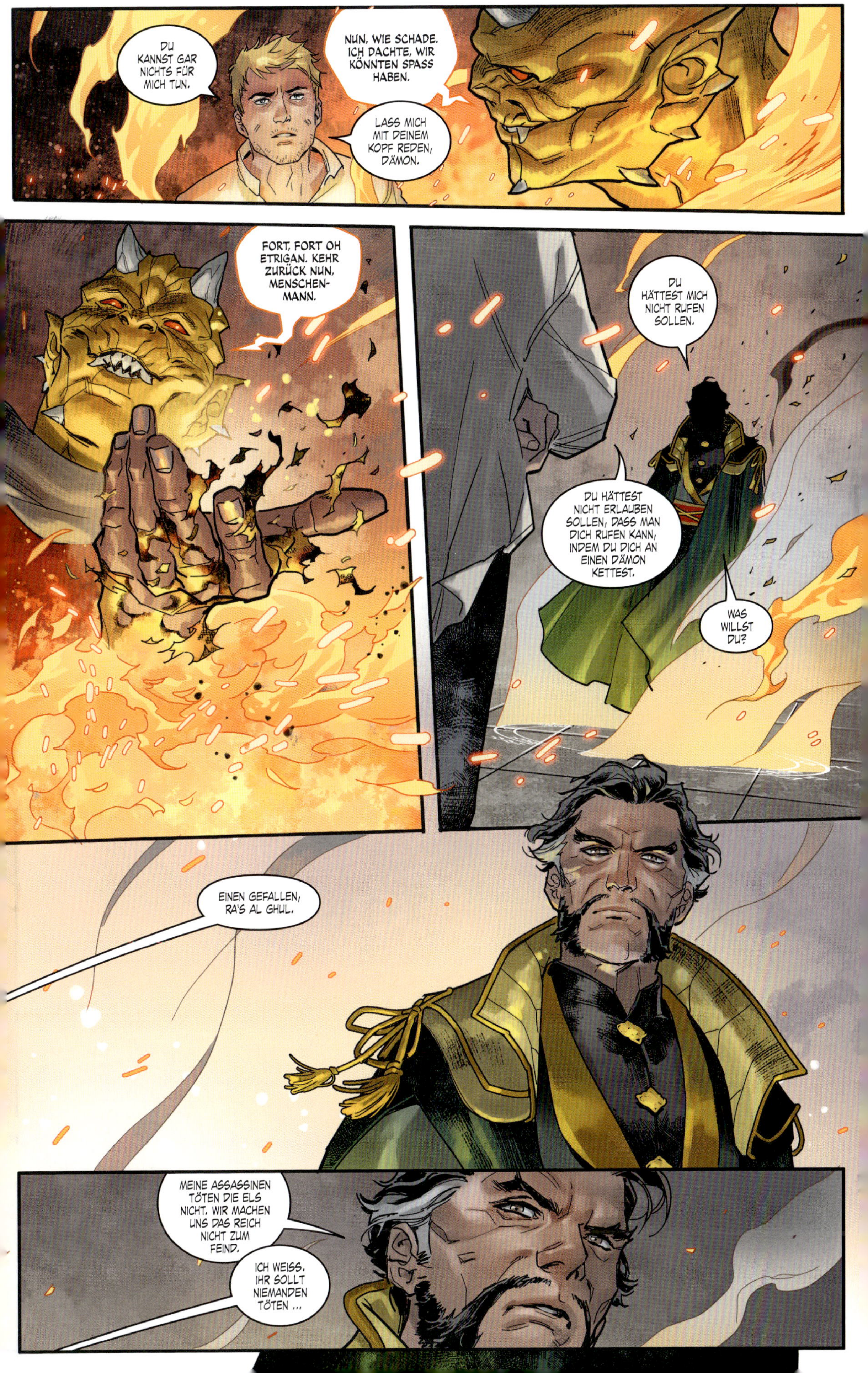

DU KANNST GAR NICHTS FÜR MICH TUN.
NUN, WIE SCHADE. ICH DACHTE, WIR KÖNNTEN SPASS HABEN.
LASS MICH MIT DEINEM KOPF REDEN, DÄMON.
FORT, FORT OH ETRIGAN. KEHR ZURÜCK NUN, MENSCHEN-MANN.
DU HÄTTEST MICH NICHT RUFEN SOLLEN.
DU HÄTTEST NICHT ERLAUBEN SOLLEN, DASS MAN DICH RUFEN KANN, INDEM DU DICH AN EINEN DÄMON KETTEST.
WAS WILLST DU?
EINEN GEFALLEN, RA'S AL GHUL.
MEINE ASSASSINEN TÖTEN DIE ELS NICHT. WIR MACHEN UNS DAS REICH NICHT ZUM FEIND.
ICH WEISS. IHR SOLLT NIEMANDEN TÖTEN ...

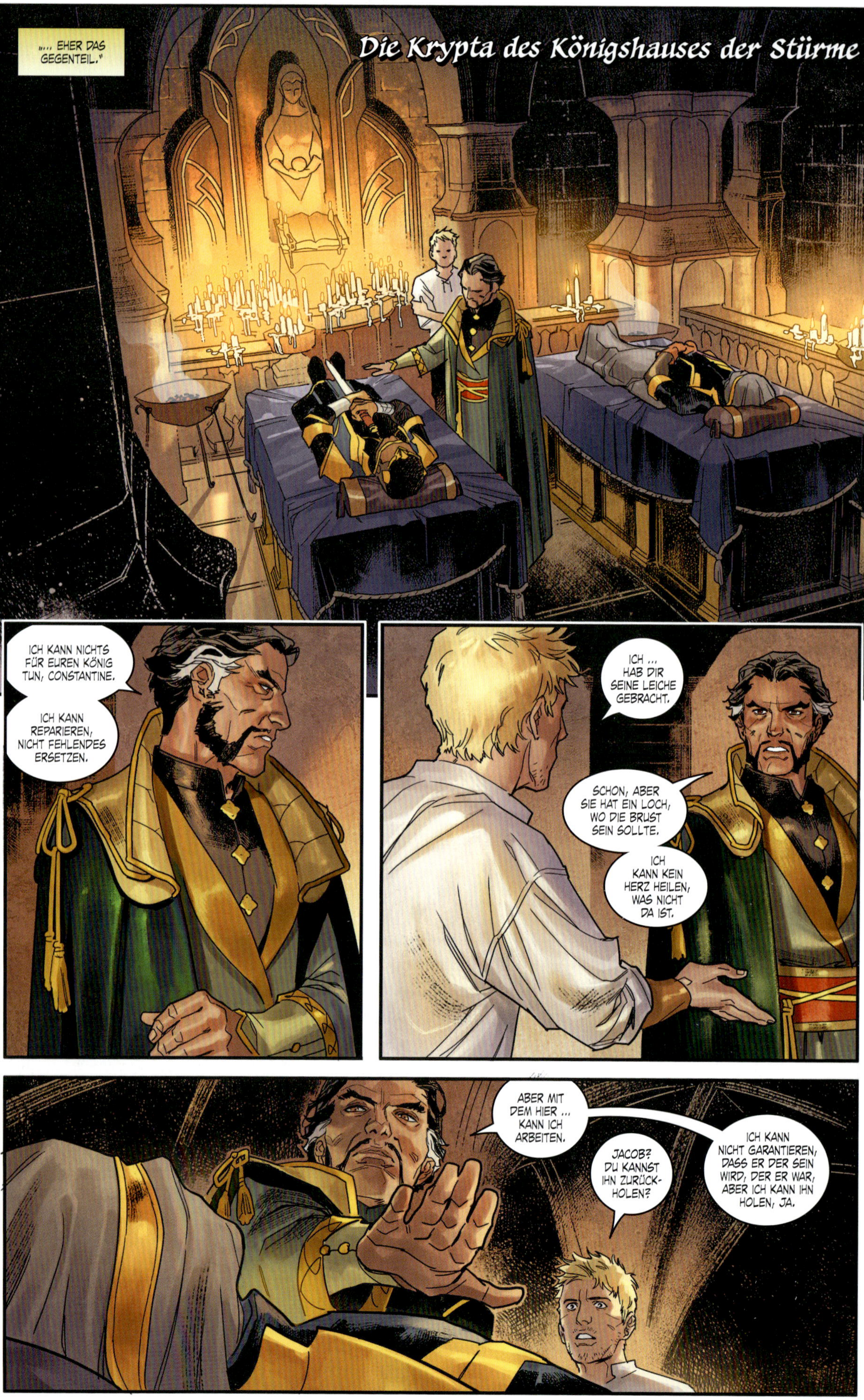

„... EHER DAS GEGENTEIL."

Die Krypta des Königshauses der Stürme

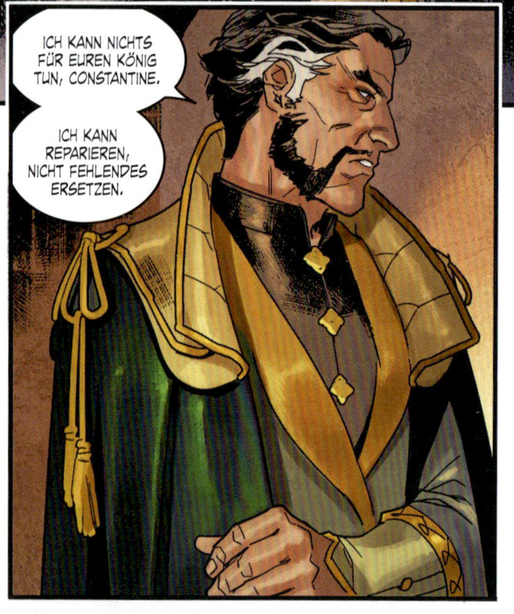


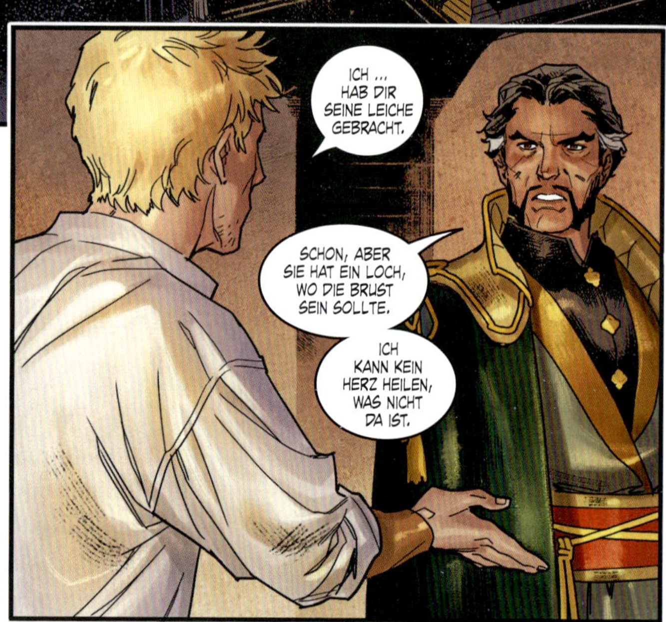


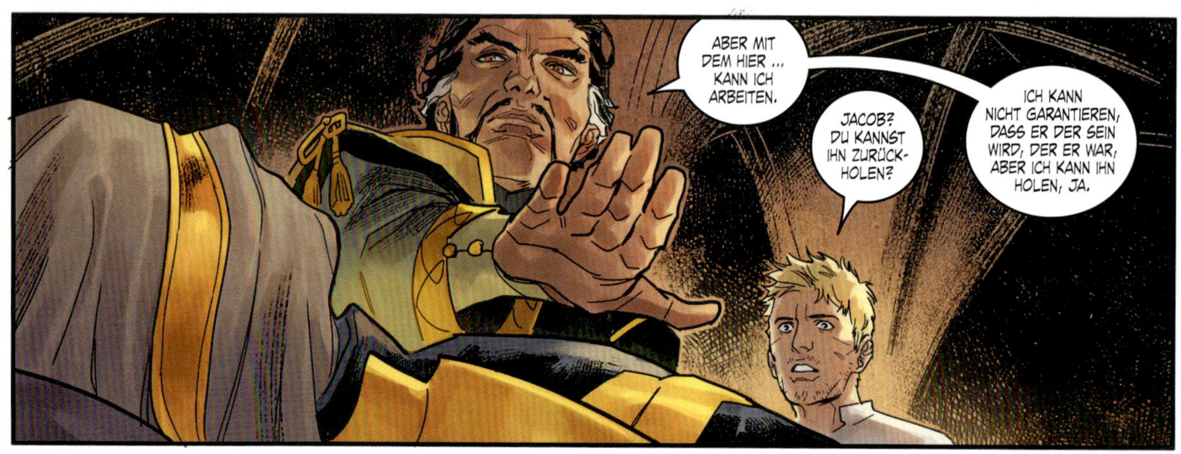

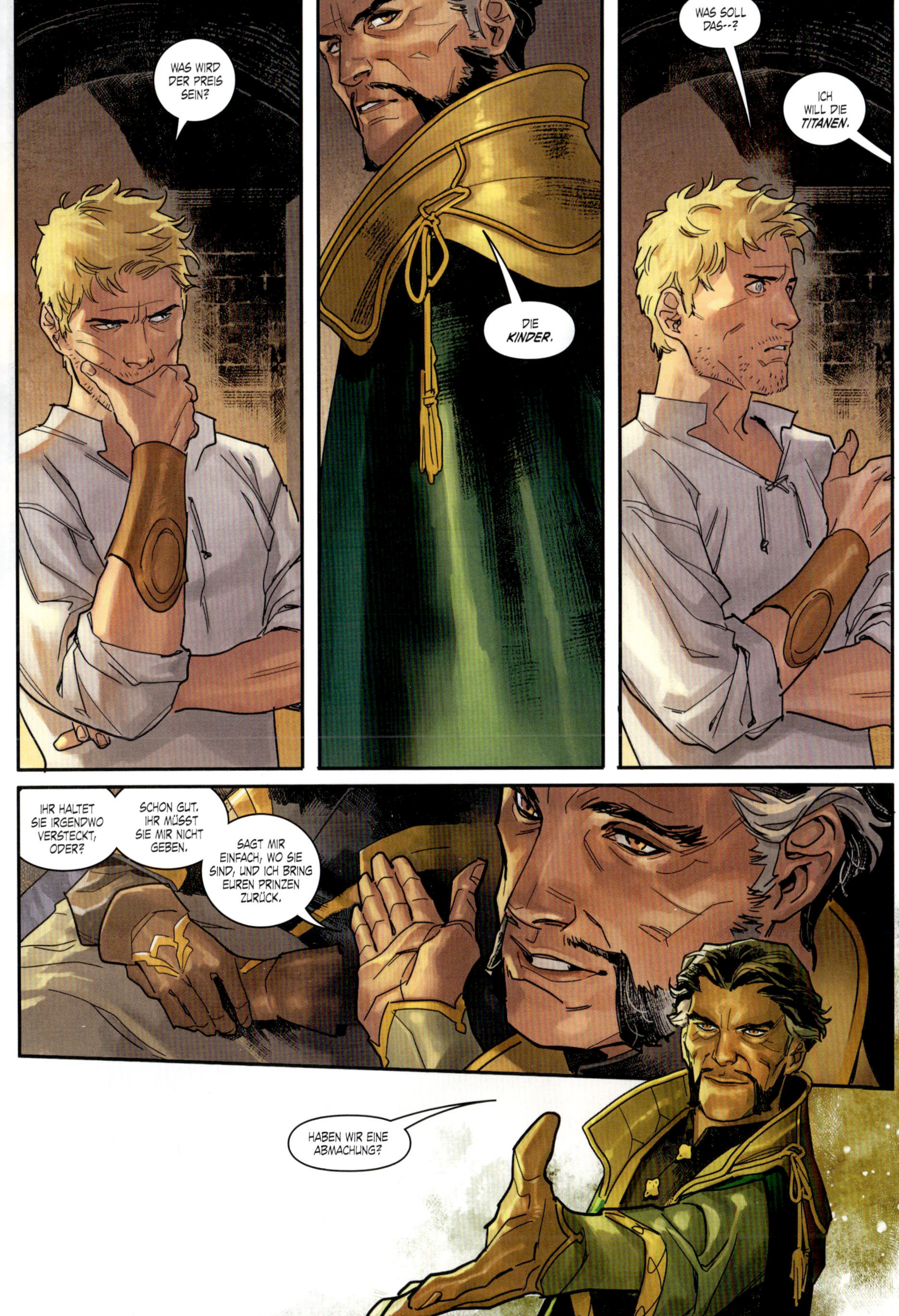
WAS WIRD DER PREIS SEIN?
DIE KINDER.
WAS SOLL DAS--?
ICH WILL DIE TITANEN.
IHR HALTET SIE IRGENDWO VERSTECKT, ODER?
SCHON GUT. IHR MÜSST SIE MIR NICHT GEBEN.
SAGT MIR EINFACH, WO SIE SIND, UND ICH BRING EUREN PRINZEN ZURÜCK.
HABEN WIR EINE ABMACHUNG?

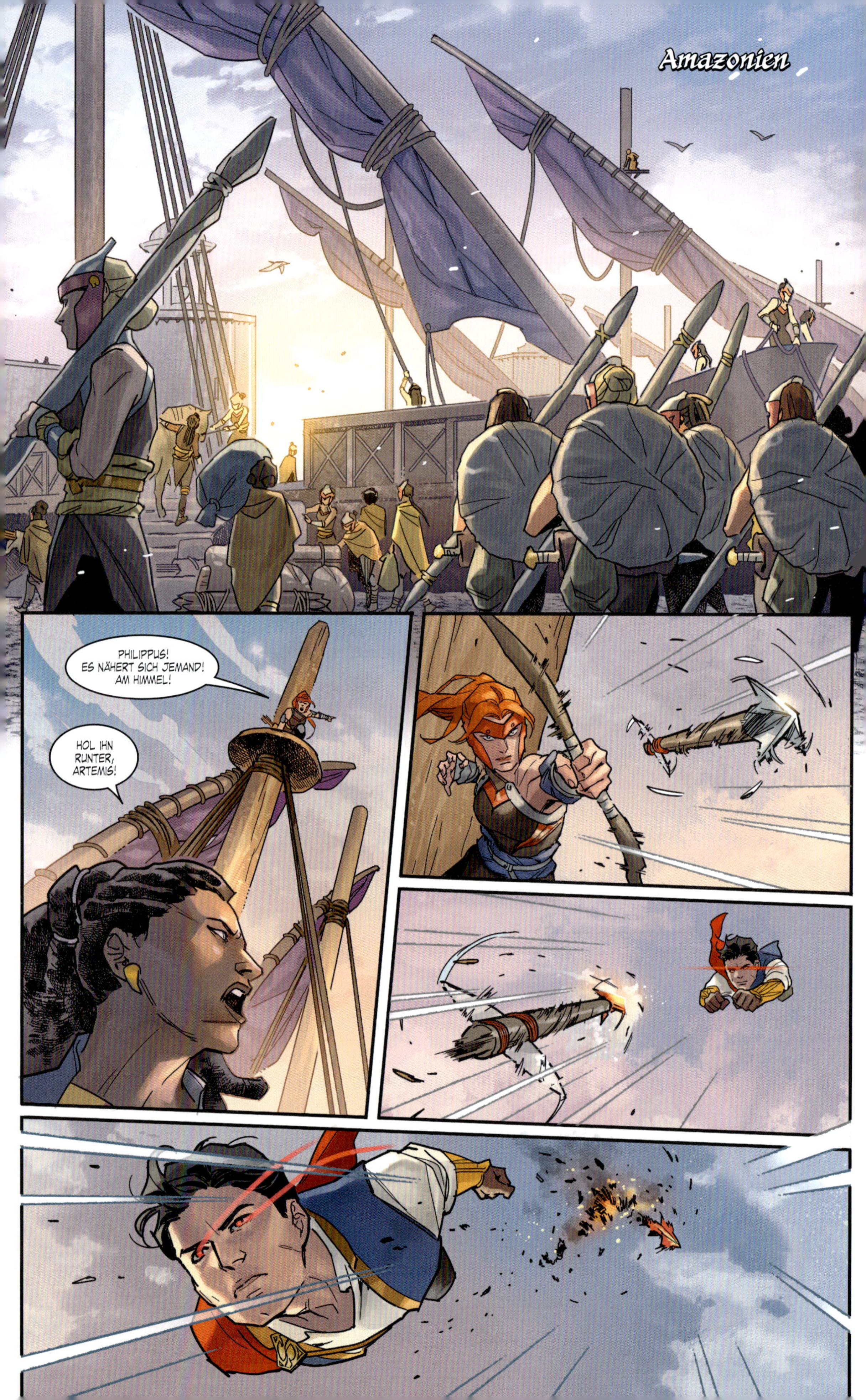
Amazonien
PHILIPPUS! ES NÄHERT SICH JEMAND! AM HIMMEL!
HOL IHN RUNTER, ARTEMIS!

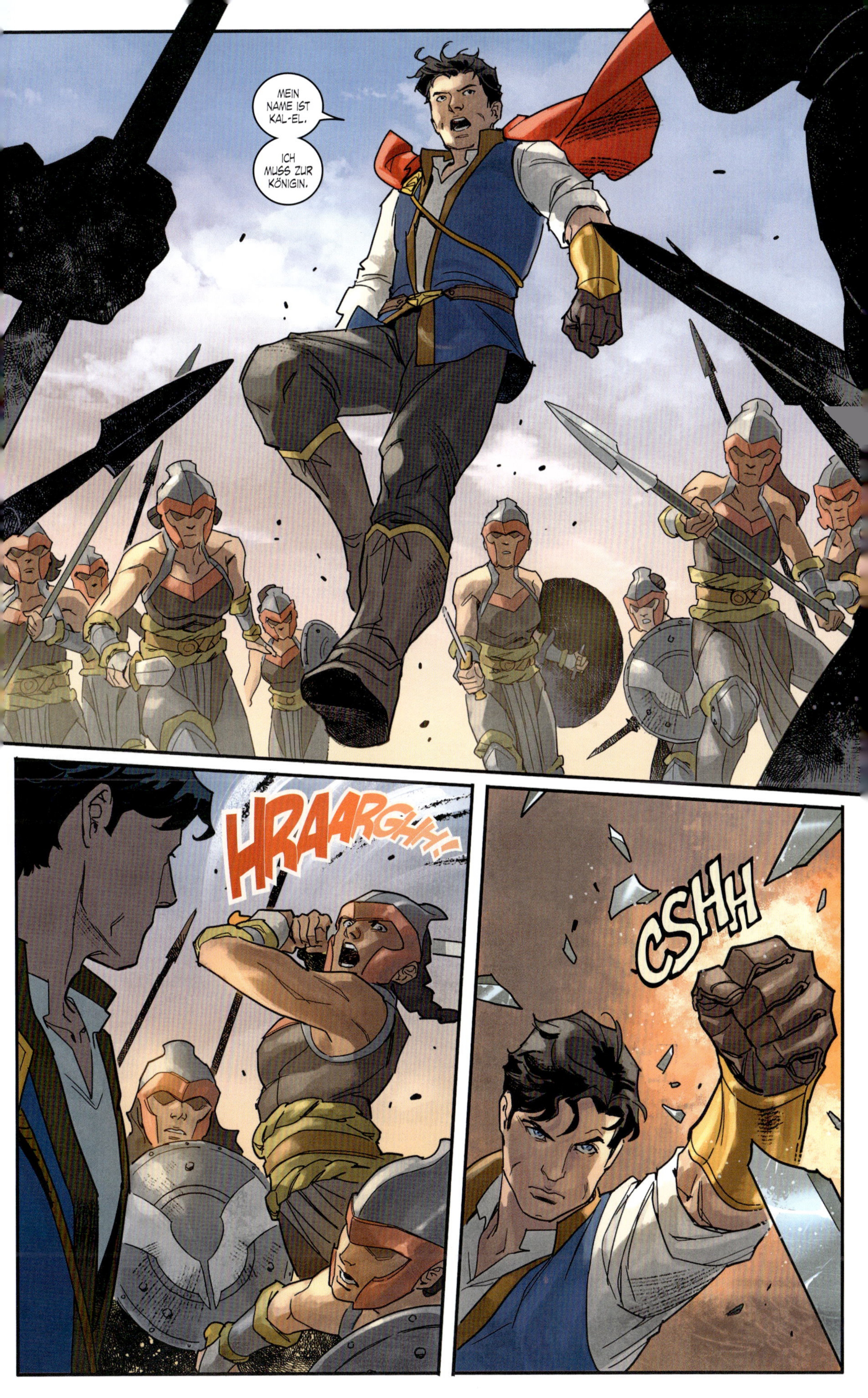

MEIN NAME IST KAL-EL.

ICH MUSS ZUR KÖNIGIN.

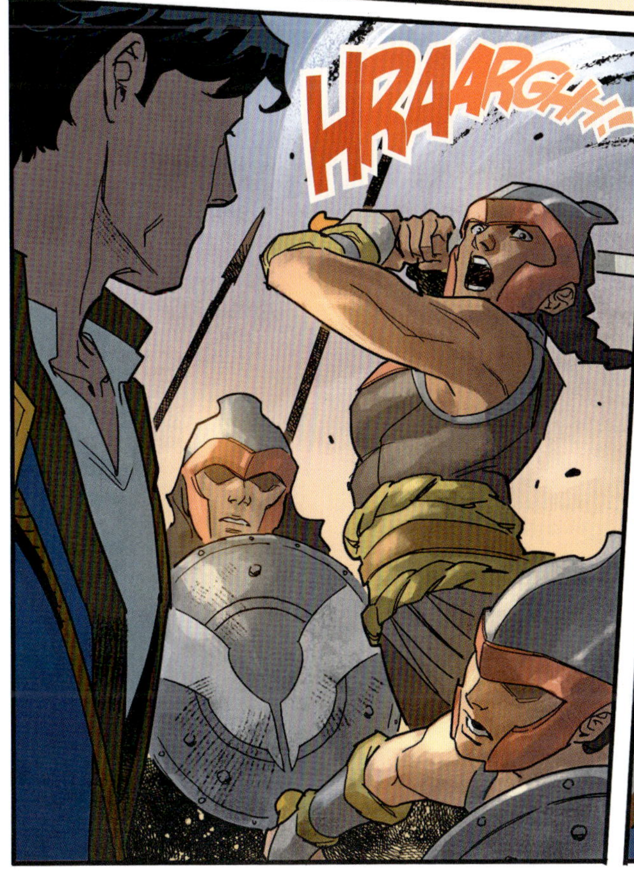


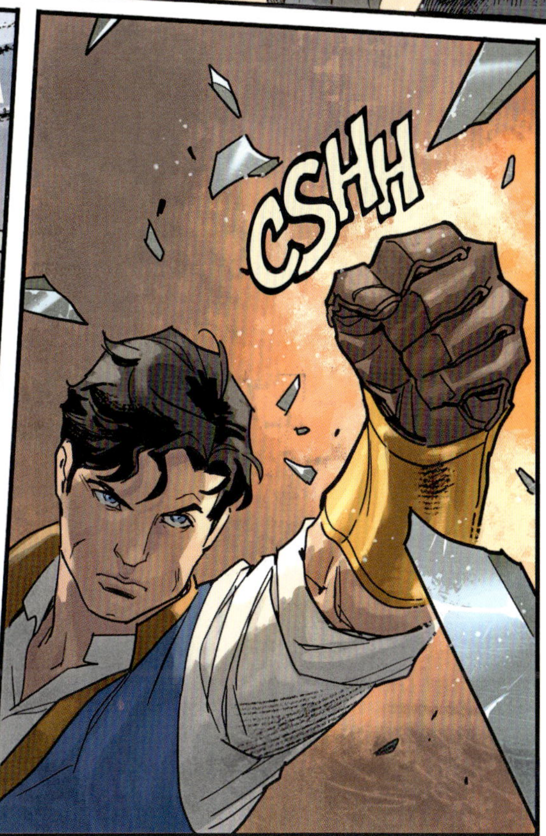

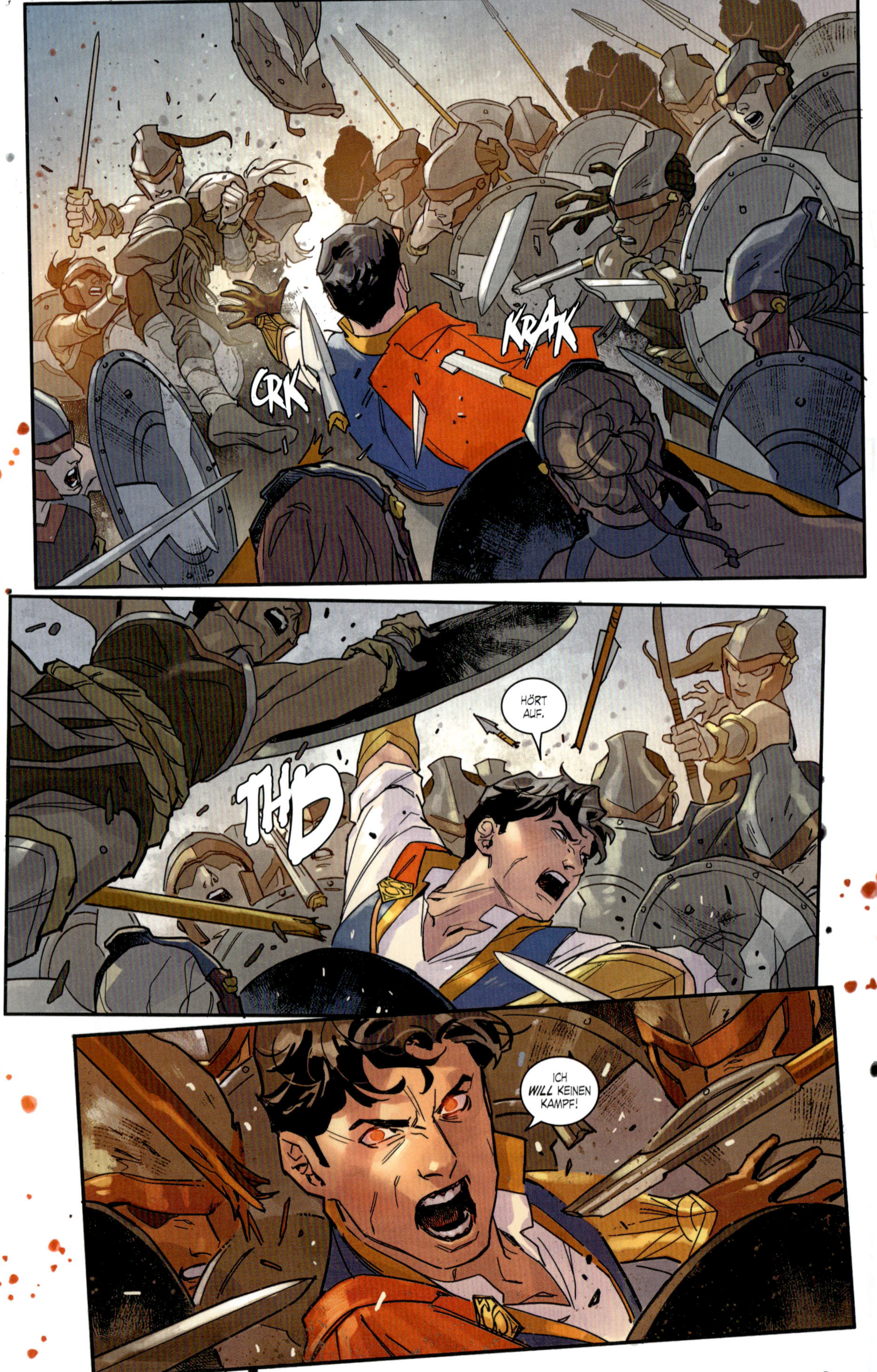
CRK
KRAK
THD
HÖRT AUF.
ICH *WILL* KEINEN KAMPF!

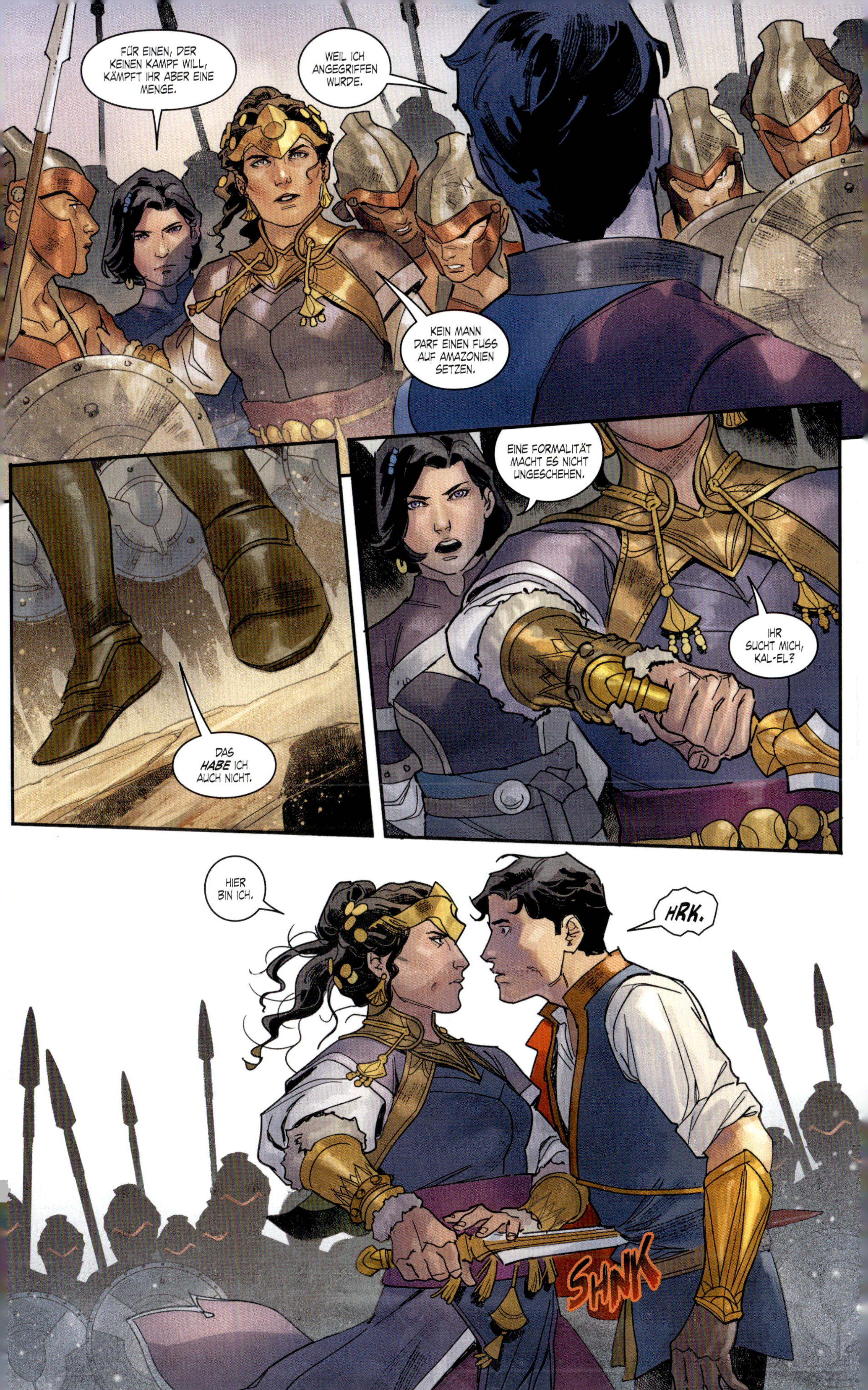
FÜR EINEN, DER KEINEN KAMPF WILL, KÄMPFT IHR ABER EINE MENGE.
WEIL ICH ANGEGRIFFEN WURDE.
KEIN MANN DARF EINEN FUSS AUF AMAZONIEN SETZEN.
DAS HABE ICH AUCH NICHT.
EINE FORMALITÄT MACHT ES NICHT UNGESCHEHEN.
IHR SUCHT MICH, KAL-EL?
HIER BIN ICH.
HRK.
SHNK

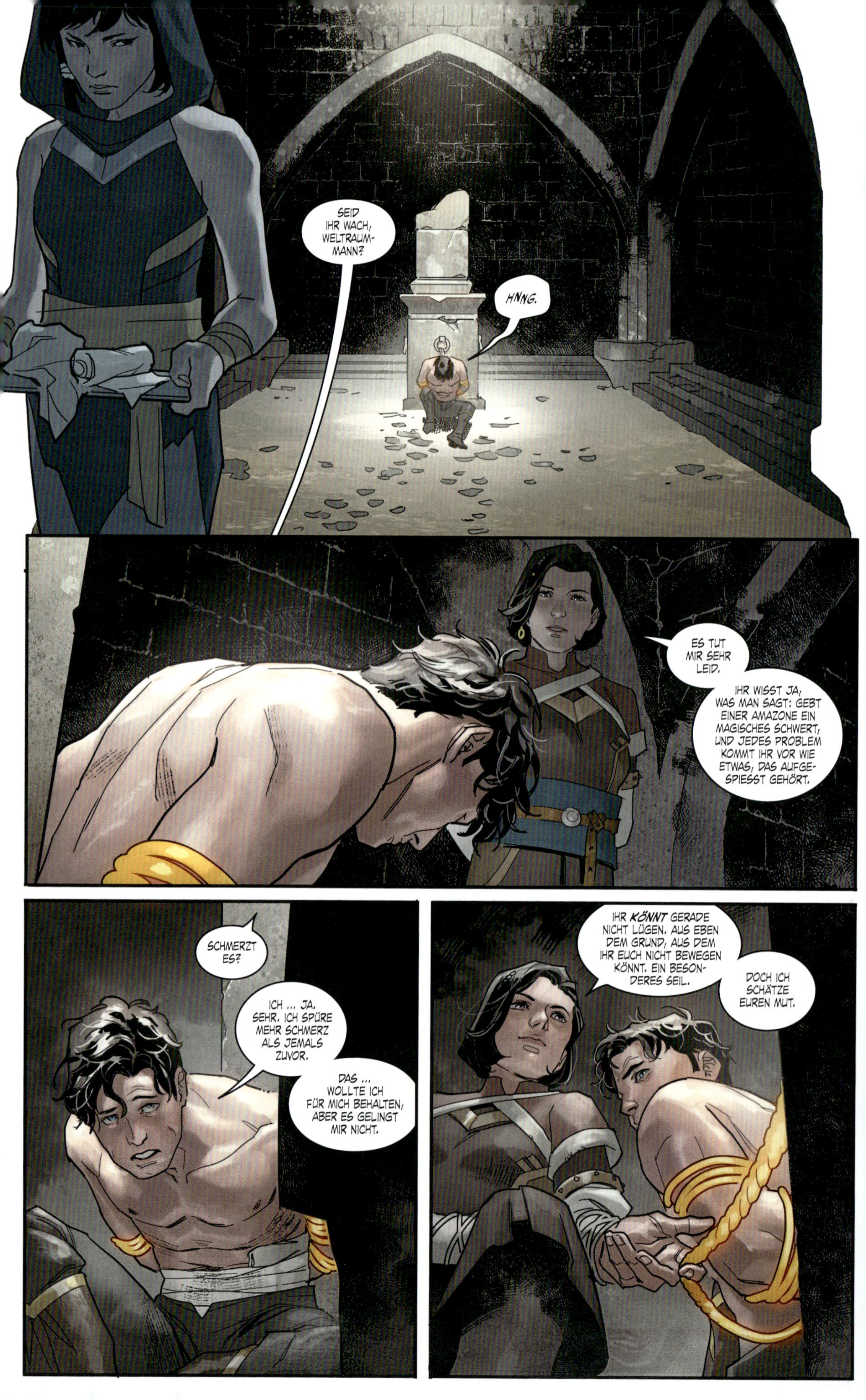

SEID IHR WACH, WELTRAUM-MANN?

HNNG.

ES TUT MIR SEHR LEID.

IHR WISST JA, WAS MAN SAGT: GEBT EINER AMAZONE EIN MAGISCHES SCHWERT, UND JEDES PROBLEM KOMMT IHR VOR WIE ETWAS, DAS AUFGE-SPIESST GEHÖRT.

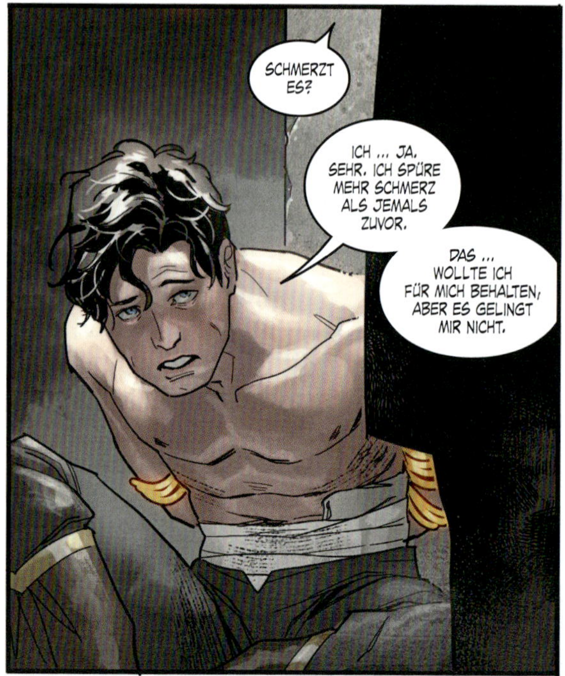


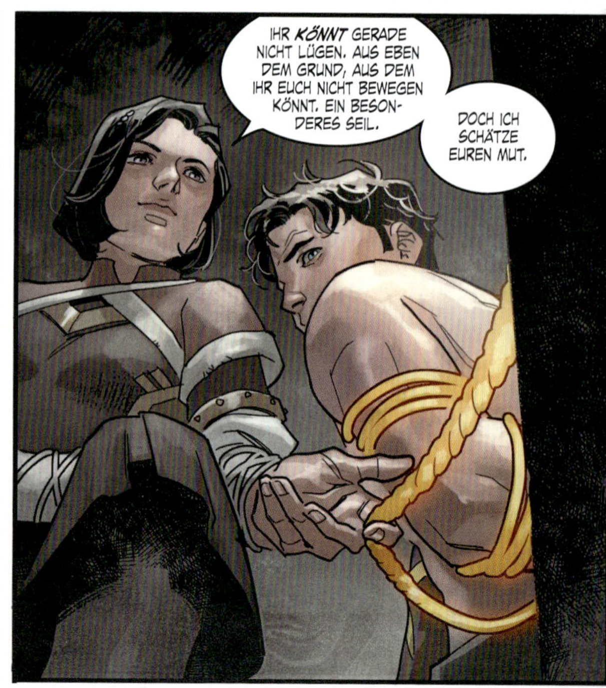

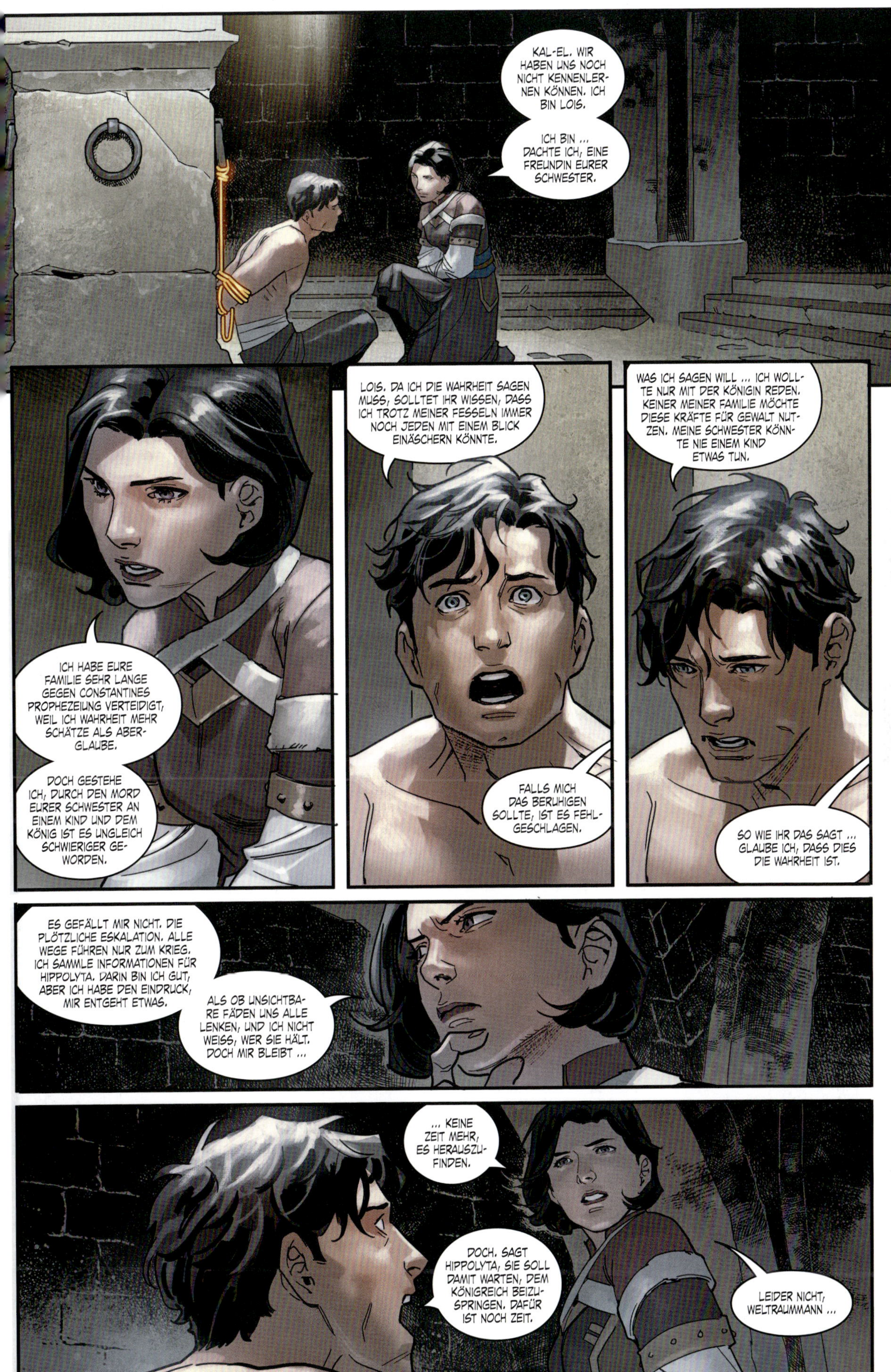
KAL-EL. WIR HABEN UNS NOCH NICHT KENNENLERNEN KÖNNEN. ICH BIN LOIS.
ICH BIN ... DACHTE ICH, EINE FREUNDIN EURER SCHWESTER.
ICH HABE EURE FAMILIE SEHR LANGE GEGEN CONSTANTINES PROPHEZEIUNG VERTEIDIGT, WEIL ICH WAHRHEIT MEHR SCHÄTZE ALS ABERGLAUBE.
DOCH GESTEHE ICH, DURCH DEN MORD EURER SCHWESTER AN EINEM KIND UND DEM KÖNIG IST ES UNGLEICH SCHWIERIGER GEWORDEN.
LOIS. DA ICH DIE WAHRHEIT SAGEN MUSS, SOLLTET IHR WISSEN, DASS ICH TROTZ MEINER FESSELN IMMER NOCH JEDEN MIT EINEM BLICK EINÄSCHERN KÖNNTE.
FALLS MICH DAS BERUHIGEN SOLLTE, IST ES FEHLGESCHLAGEN.
WAS ICH SAGEN WILL ... ICH WOLLTE NUR MIT DER KÖNIGIN REDEN. KEINER MEINER FAMILIE MÖCHTE DIESE KRÄFTE FÜR GEWALT NUTZEN. MEINE SCHWESTER KÖNNTE NIE EINEM KIND ETWAS TUN.
SO WIE IHR DAS SAGT ... GLAUBE ICH, DASS DIES DIE WAHRHEIT IST.
ES GEFÄLLT MIR NICHT. DIE PLÖTZLICHE ESKALATION. ALLE WEGE FÜHREN NUR ZUM KRIEG. ICH SAMMLE INFORMATIONEN FÜR HIPPOLYTA. DARIN BIN ICH GUT, ABER ICH HABE DEN EINDRUCK, MIR ENTGEHT ETWAS.
ALS OB UNSICHTBARE FÄDEN UNS ALLE LENKEN, UND ICH NICHT WEISS, WER SIE HÄLT. DOCH MIR BLEIBT ...
... KEINE ZEIT MEHR, ES HERAUSZUFINDEN.
DOCH. SAGT HIPPOLYTA, SIE SOLL DAMIT WARTEN, DEM KÖNIGREICH BEIZUSPRINGEN. DAFÜR IST NOCH ZEIT.
LEIDER NICHT, WELTRAUMMANN ...

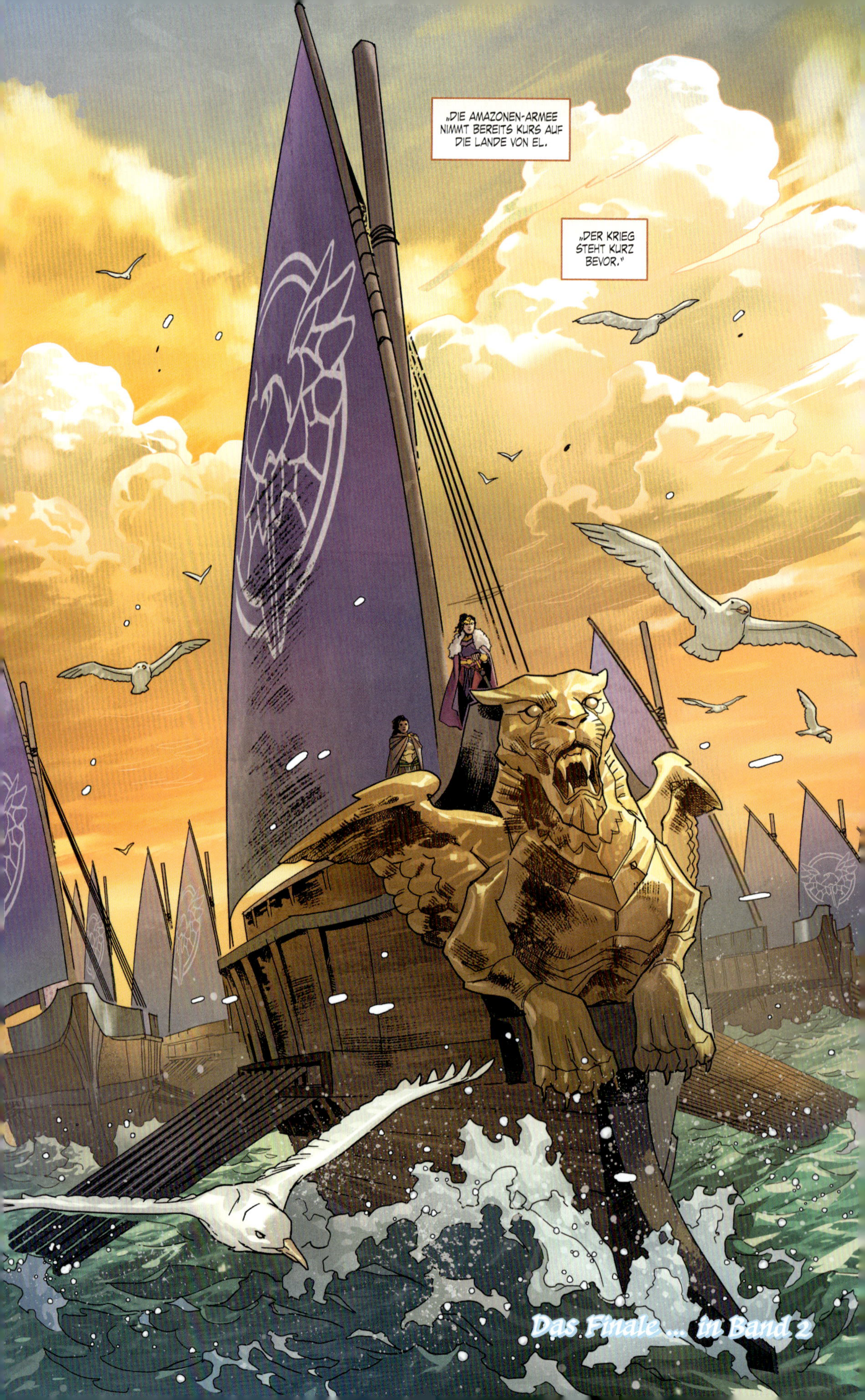
„DIE AMAZONEN-ARMEE NIMMT BEREITS KURS AUF DIE LANDE VON EL.
„DER KRIEG STEHT KURZ BEVOR."
Das Finale ... in Band 2

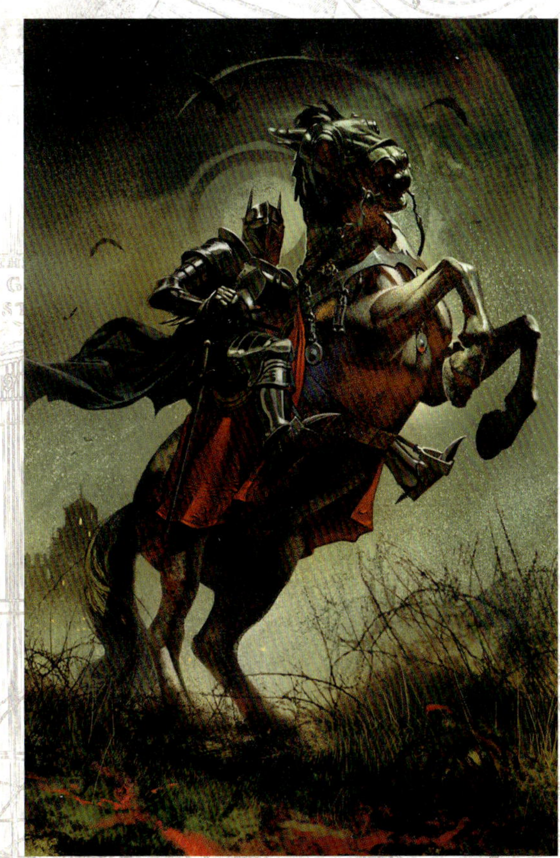

**DARK KNIGHTS OF STEEL 1**
Variant-Cover von JOSHUA MIDDLETON

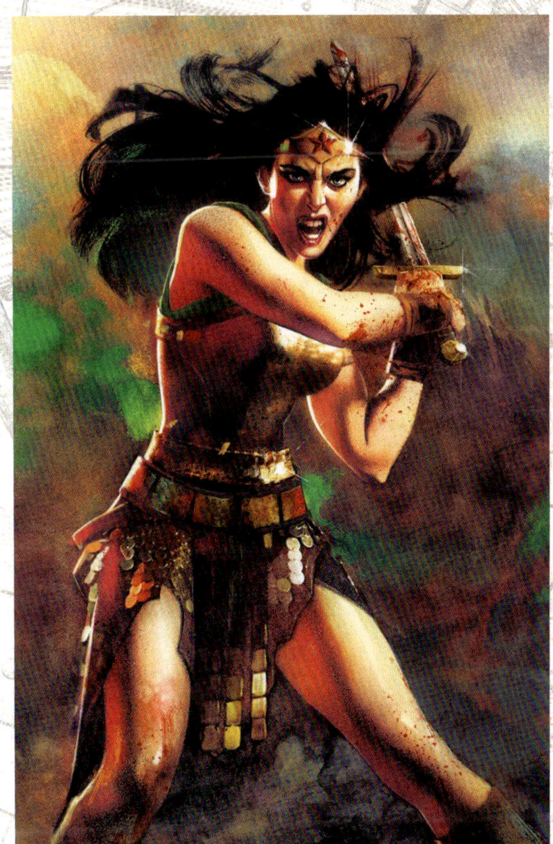

**DARK KNIGHTS OF STEEL 2**
Variant-Cover von JOSHUA MIDDLETON

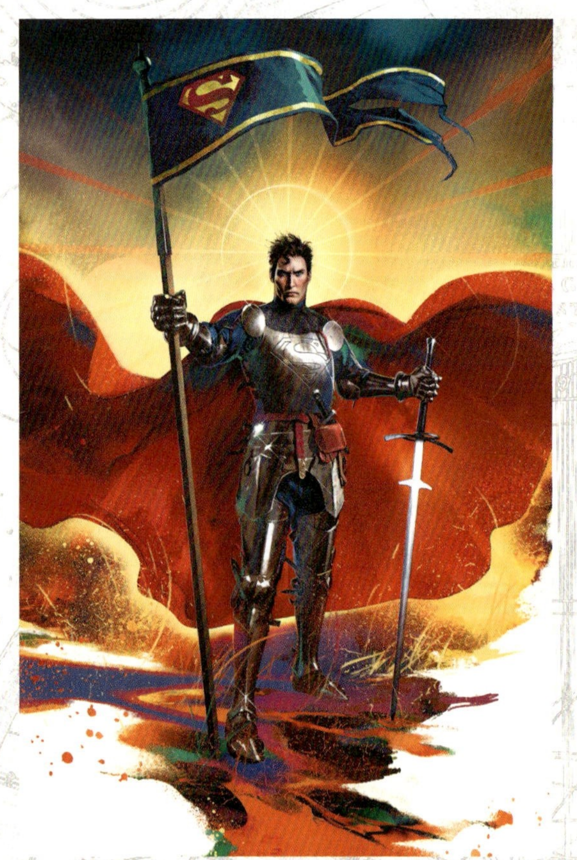

**DARK KNIGHTS OF STEEL 3**
Variant-Cover von JOSHUA MIDDLETON

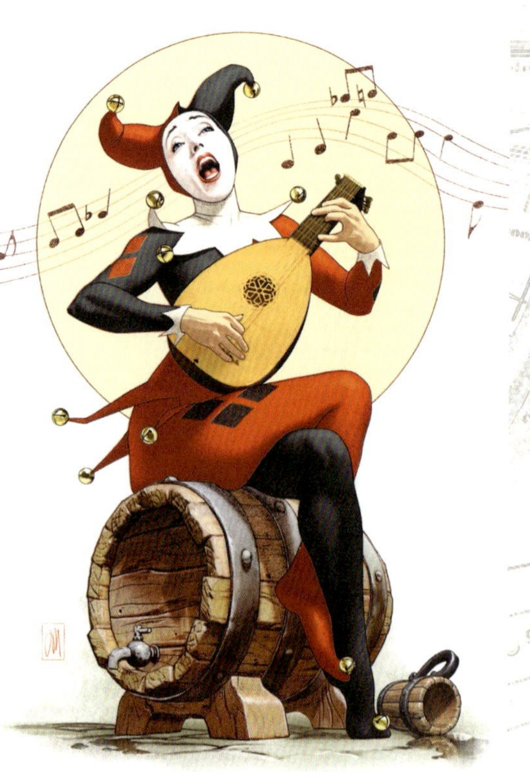

**DARK KNIGHTS OF STEEL 4**
Variant-Cover von JOSHUA MIDDLETON

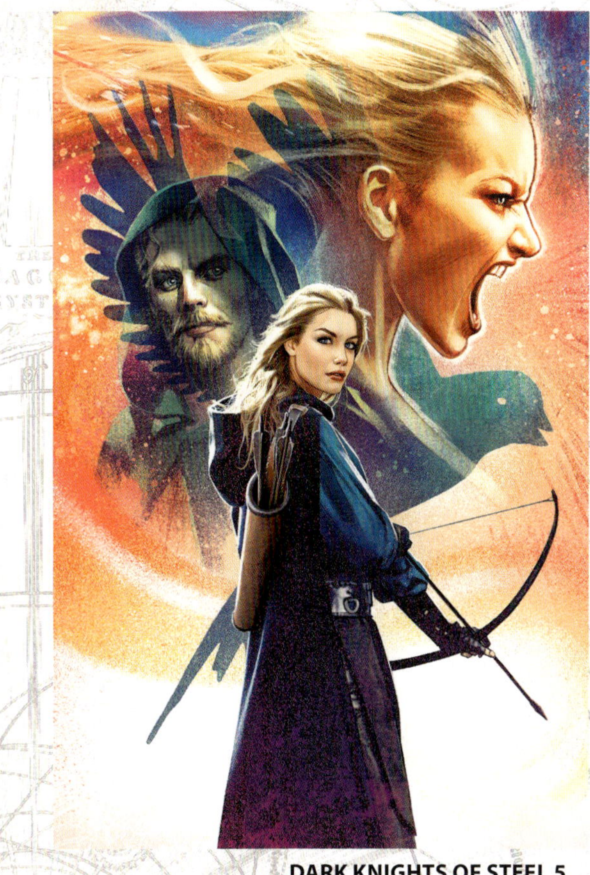

**DARK KNIGHTS OF STEEL 5**
Variant-Cover von JOSHUA MIDDLETON

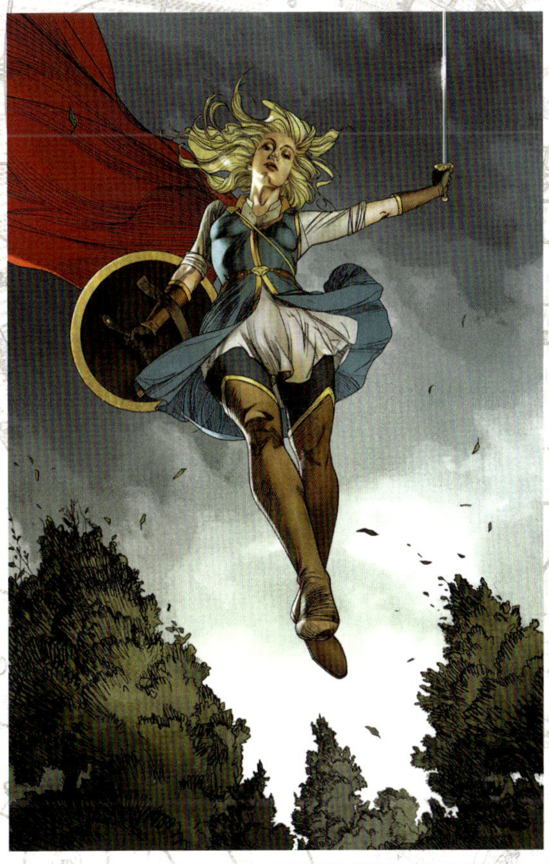

**DARK KNIGHTS OF STEEL 6**
Variant-Cover von JOSHUA MIDDLETON

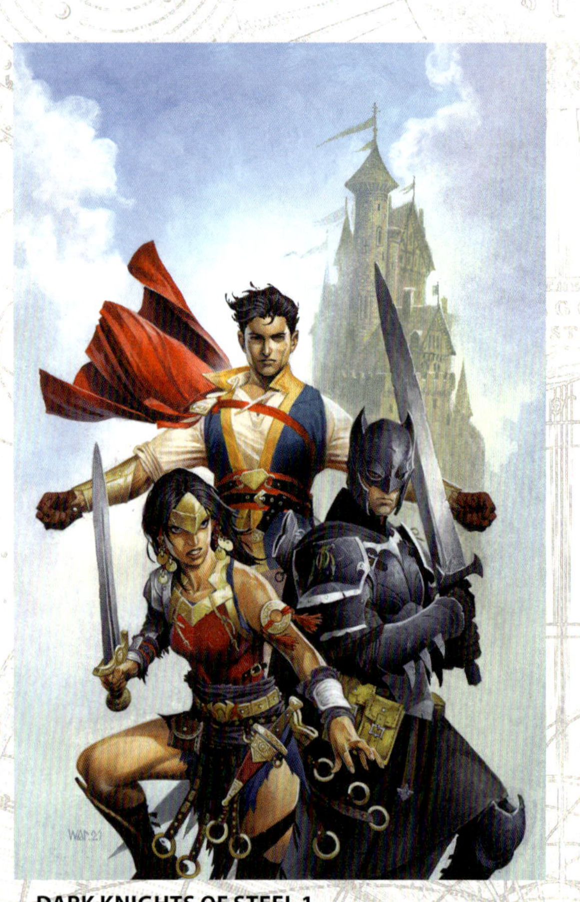

**DARK KNIGHTS OF STEEL 1**
Variant-Cover von WAYNE REYNOLDS

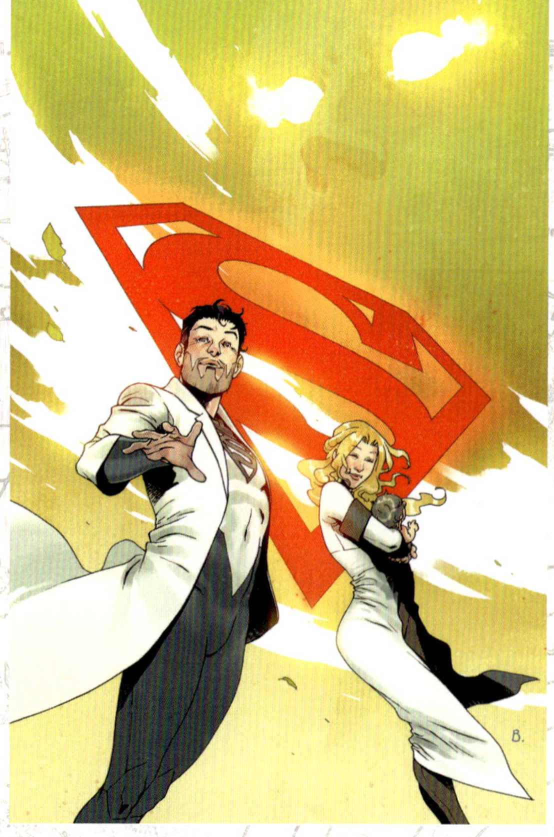

**DARK KNIGHTS OF STEEL 4**
Variant-Cover von BENGAL

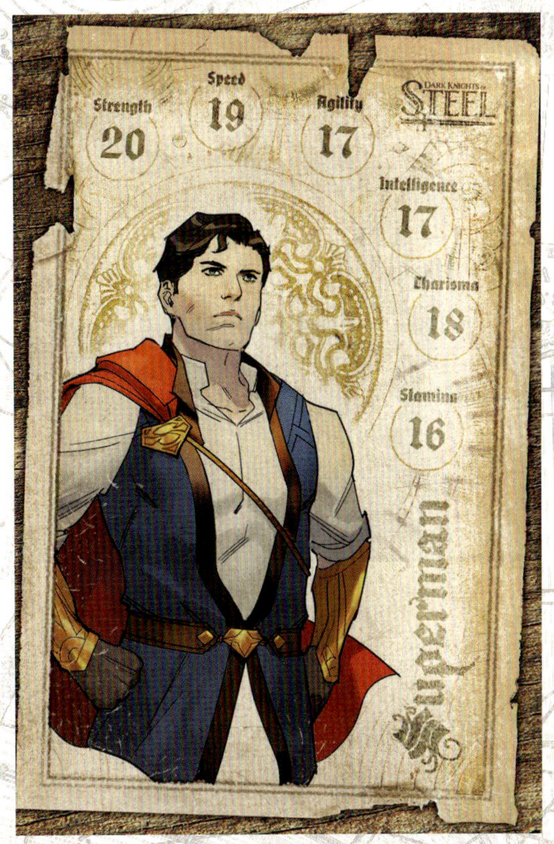


**DARK KNIGHTS OF STEEL 1**
Variant-Cover von YASMINE PUTRI

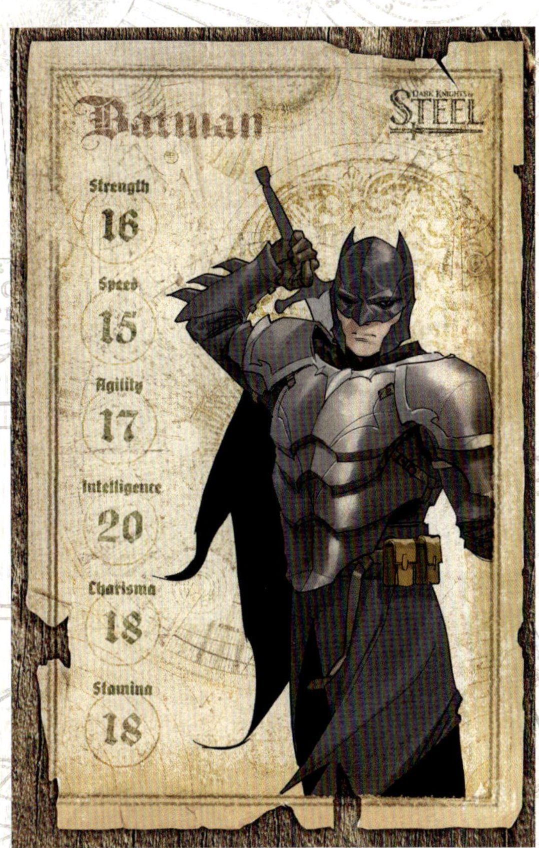


**DARK KNIGHTS OF STEEL 2**
Variant-Cover von YASMINE PUTRI

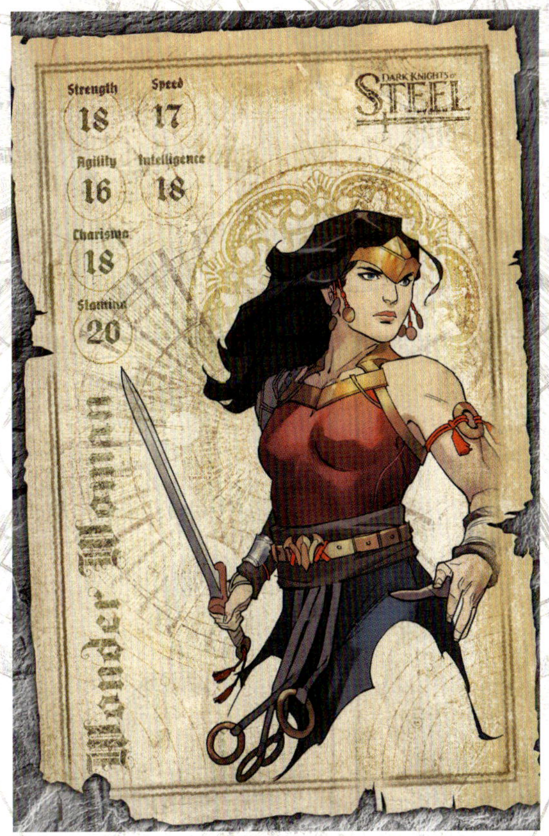


**DARK KNIGHTS OF STEEL 3**
Variant-Cover von YASMINE PUTRI

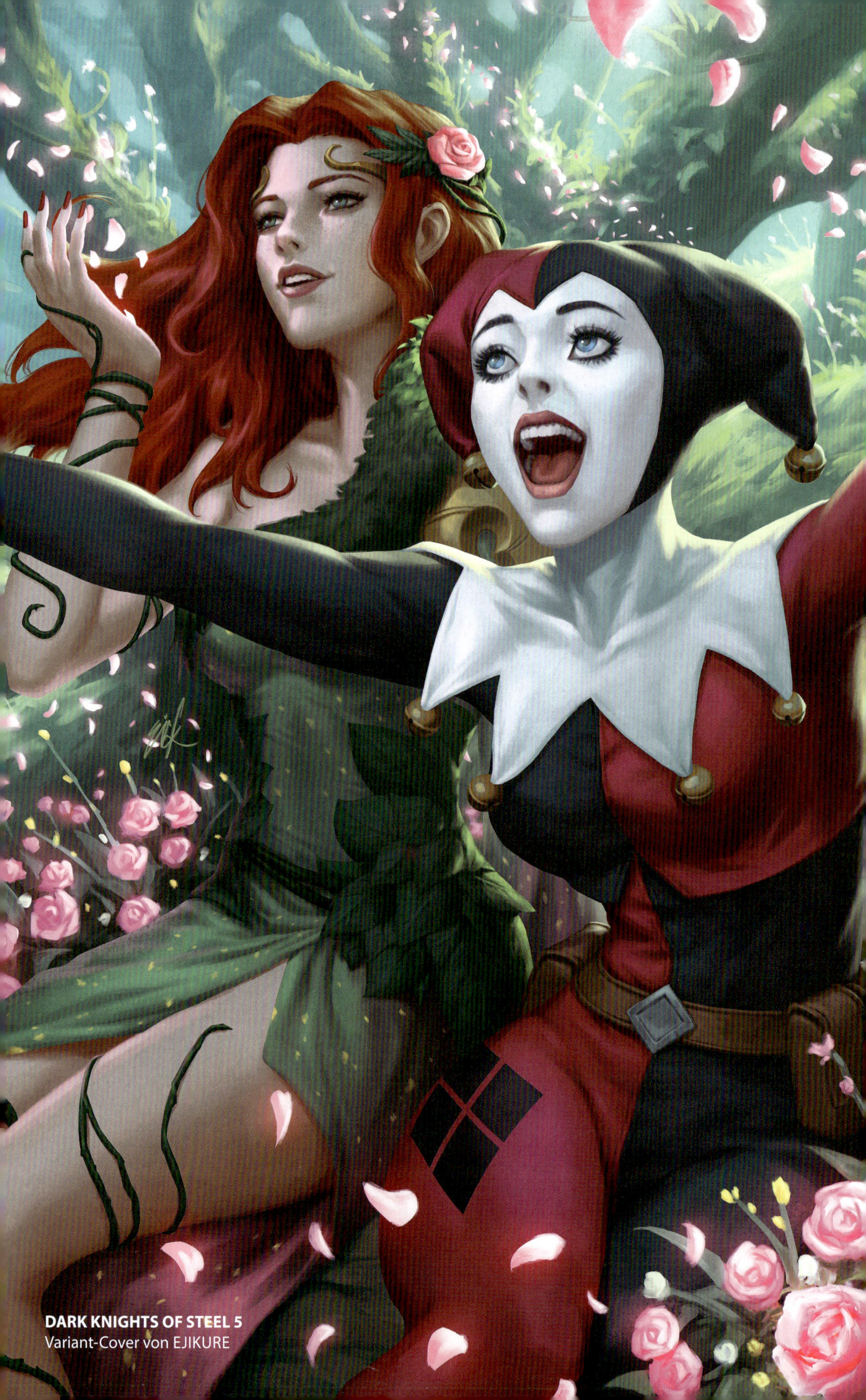

**DARK KNIGHTS OF STEEL 5**
Variant-Cover von EJIKURE

# DAS KREATIV-TEAM

**TOM TAYLOR** ist ein erfolgreicher Autor von Comics, Theaterstücken und TV-Serien. Zu seinen erfolgreichsten Werken zählen DC-HORROR: DER ZOMBIE-VIRUS samt Sequels, INJUSTICE – GÖTTER UNTER UNS zum gleichnamigen Videogame, NIGHTWING, BATMAN: EQUILIBRIUM, das Crossover JUSTICE LEAGUE/POWER RANGERS, ERDE 2, HELLBLAZER: GEFALLENE ENGEL und SUICIDE SQUAD. Außerdem schrieb er *Wolverine*, *Der überragende Iron Man*, *Dein freundlicher Nachbar Spider-Man*, *X-Men: Red*, *Dark Ages*, diverse *Star Wars*-Comics und seine eigene Serienschöpfung *Seven Secrets*. Die Animationsserie *Die Nektons – Abenteurer der Tiefe* geht obendrein auf Comics von Taylor zurück.

**YASMINE PUTRI** lebt und arbeitet in Indonesien. Ihr Debüt für die US-amerikanischen Comic-Verlage gab die Charakter-Designerin 2015 als Cover-Künstlerin. Seitdem gestaltete sie Titelbilder für NIGHTWING, HELLBLAZER, BATMAN – DETECTIVE COMICS, RED HOOD: OUTLAW, DC-HORROR: DER ZOMBIE-VIRUS, *Avengers*, *Secret Wars*, *Spider-Man*, *Black Panther*, *Spider-Gwen*, *Star Wars* und andere Top-Titel. Vor der Miniserie in diesem Band zeichnete sie ihre ersten Comic-Innenseiten mit den Ikonen des DC-Universums für eine Kurzgeschichte in US-DC NUCLEAR WINTER SPECIAL, außerdem tuschte sie eine Story für US-SUPERMAN: MAN OF TOMORROW.

**BENGAL** arbeitet von Frankreich aus für die US-amerikanischen Verlage. Neben vielen Covern für SUPERGIRL, *Wolverine*, *Spider-Gwen: Ghost-Spider*, *Firefly* und andere, zeichnete er selbst Seiten für BATGIRL – DIE NEUEN ABENTEUER, BATMAN, *Spider-Women* und die eigenständige Serie *Death or Glory*. Für den französischen Markt entstanden die Comics *Naja* und *Meka* mit Jean-David Morvan sowie das von Bengal sowohl geschriebene als auch gezeichnete *Luminae*.

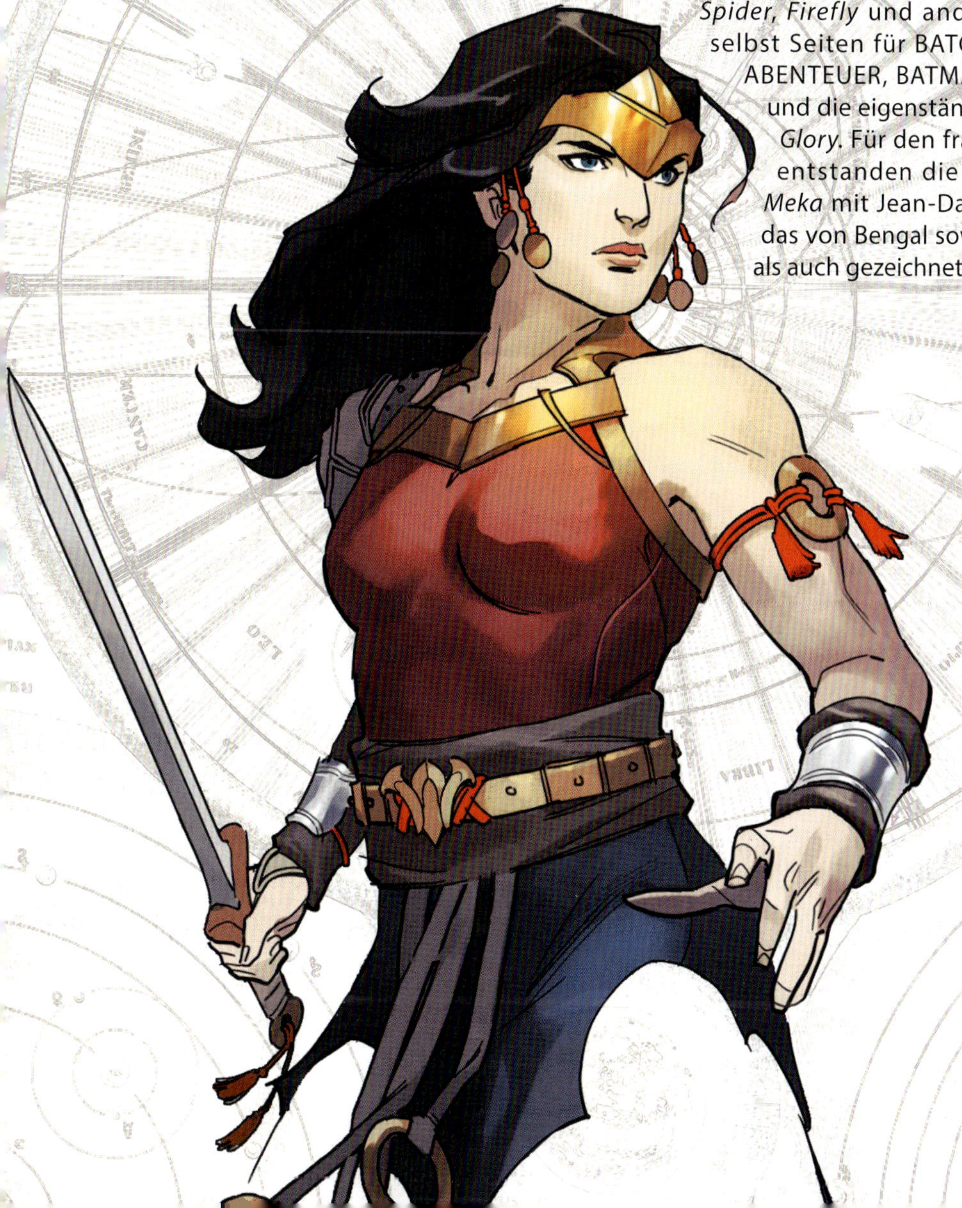

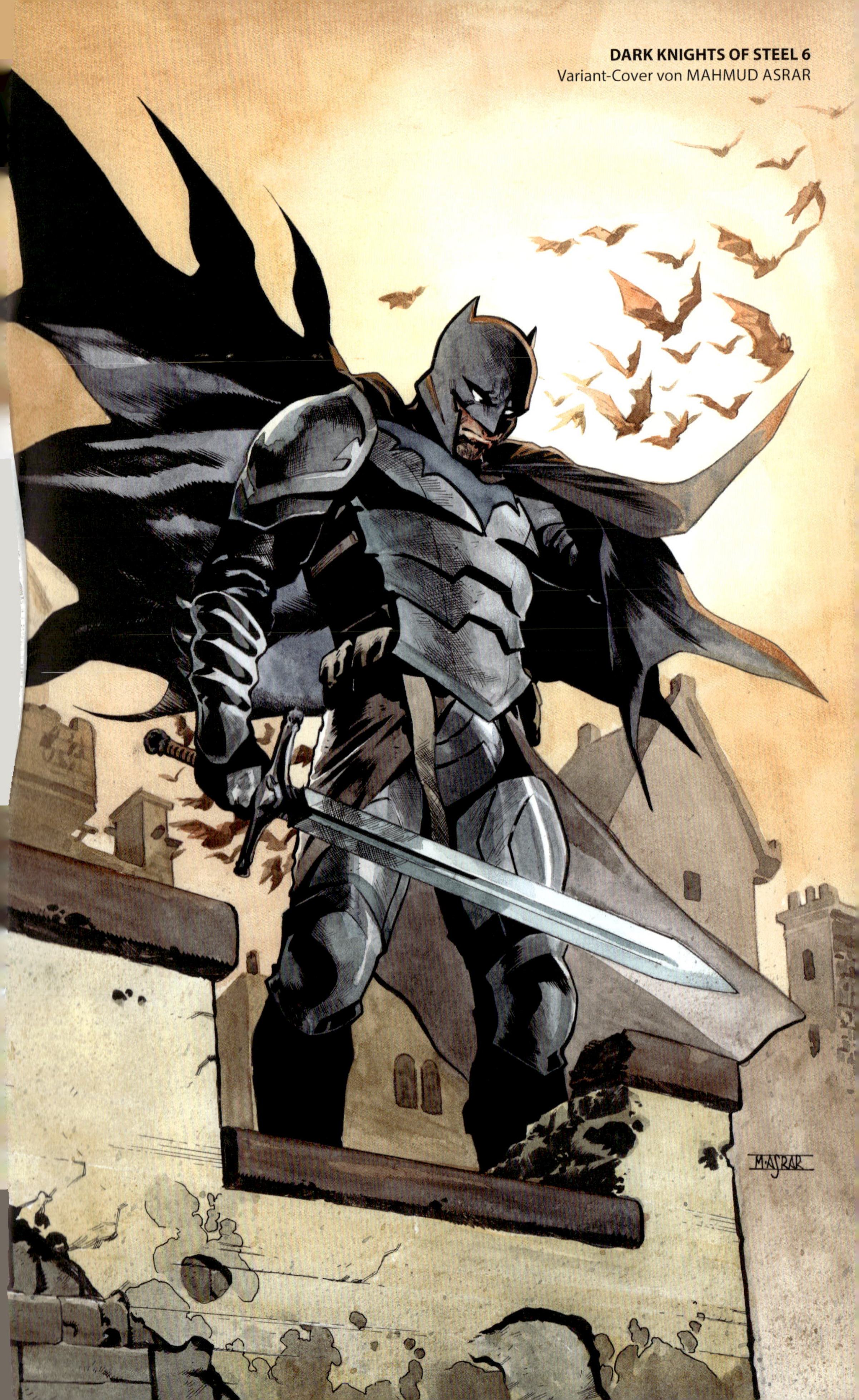


**DARK KNIGHTS OF STEEL 6**
Variant-Cover von MAHMUD ASRAR